# die 44 wichtigsten Fälle Strafrecht BT I

- Vermögensdelikte -

Hemmer/Wüst/Berberich

Hemmer/Wüst Verlagsgesellschaft



Hemmer/Wüst/Berberich, die 44 wichtigsten Fälle Strafrecht BT I – Vermögensdelikte

**ISBN 978-3-86193-551-3**

**10. Auflage 2017**

gedruckt auf chlorfrei gebleichtem Papier
von Schleunungdruck GmbH, Marktheidenfeld

# Vorwort

Die vorliegende Fallsammlung ist für **Studenten in den ersten Semestern** gedacht. Gerade in dieser Phase ist es wichtig, bei der Auswahl der Lernmaterialien den richtigen Weg einzuschlagen. **Auch in den späteren Semestern und im Referendariat** sollte man in den grundsätzlichen Problemfeldern sicher sein. Die essentials sollte jeder kennen.

Die Gefahr zu Beginn des Studiums liegt darin, den Stoff zu abstrakt zu erarbeiten. Nur ein **problemorientiertes Lernen**, d.h. ein Lernen am konkreten Fall, führt zum Erfolg. Das gilt für die kleinen Scheine / die Zwischenprüfung genauso wie für das Examen. In juristischen Klausuren wird nicht ein möglichst breites Wissen abgeprüft. In juristischen Klausuren steht der Umgang mit konkreten Problemen im Vordergrund. Nur wer gelernt hat, sich die Probleme des Falles aus dem Sachverhalt zu erschließen, schreibt die gute Klausur. Es geht darum, Probleme zu erkennen und zu lösen. Abstraktes anwendungsunspezifisches Wissen, sog. „Träges Wissen“, täuscht Sicherheit vor, schadet aber letztlich.

Bei der Anwendung dieser Lernmethode sind wir Marktführer. Profitieren Sie von der über 40-jährigen Erfahrung des **Juristischen Repetitoriums hemmer** im Umgang mit Examensklausuren. Diese Erfahrung fließt in sämtliche Skripten des Verlages ein. Das Repetitorium beschäftigt **ausschließlich Spitzenjuristen**, teilweise Landesbeste ihres Examenstermins. Die so erreichte Qualität in Unterricht und Skripten werden Sie anderswo vergeblich suchen. Lernen Sie mit den Profis!

Ihre Aufgabe als Jurist wird es einmal sein, konkrete Fälle zu lösen. Diese Fähigkeit zu erwerben ist das Ziel einer guten juristischen Ausbildung. Nutzen Sie die Chance, diese Fähigkeit bereits zu Beginn Ihres Studiums zu trainieren. Erarbeiten Sie sich das notwendige Handwerkszeug anhand unserer Fälle. Sie werden feststellen: Wer Jura richtig lernt, dem macht es auch Spaß. Je mehr Sie verstehen, desto mehr Freude werden Sie haben, sich neue Probleme durch eigenständiges Denken zu erarbeiten. Wir bieten Ihnen mit unserer **juristischen Kompetenz** die notwendige Hilfestellung.

Fallsammlungen gibt es viele. Die Auswahl des richtigen Lernmaterials ist jedoch der entscheidende Aspekt. Vertrauen Sie auf unsere Erfahrungen im Umgang mit Prüfungsklausuren. Unser Beruf ist es, **alle klausurrelevanten Inhalte** zusammenzutragen und verständlich aufzubereiten. Prüfungsinhalte wiederholen sich. Wir vermitteln Ihnen das, worauf es in der Prüfung ankommt – verständlich – knapp – präzise.

Achten Sie dabei insbesondere auf die richtige Formulierung. Jura ist eine Kunstsprache, die es zu beherrschen gilt. Abstrakte Floskeln, ausgedehnte Meinungsstreitigkeiten sollten vermieden werden. Wir haben die Fälle daher bewusst kurz gehalten. Der Blick für das Wesentliche darf bei der Bearbeitung von Fällen nie verloren gehen.

Wir hoffen, Ihnen den Einstieg in das juristische Denken mit der vorliegenden Fallsammlung zu erleichtern und würden uns freuen, Sie auf Ihrem Weg in der Ausbildung auch weiterhin begleiten zu dürfen.

**Karl-Edmund Hemmer & Achim Wüst**

**Inhaltsverzeichnis:** Die Zahlen beziehen sich auf die Seiten des Skripts.

## Kapitel I: Diebstahl

## Kapitel II: Unterschlagung



## Kapitel III: Raub und Erpressung

## Kapitel IV: Betrug

## Kapitel V: Hehlerei



## Kapitel VI: Untreue



## Kapitel VII: Erschleichen von Leistungen

# Kapitel I: Diebstahl

## Fall 1: Der aufmerksame Ladendetektiv

***Sachverhalt:***

*Wolfgang (W) nimmt in einem Drogeriemarkt eine Flasche Sonnenmilch im Wert von 1,99 € aus einem Regal. Mit der Ware in der Hand begibt er sich aus dem Laden. Der Drogeriemarkt ist offen gestaltet, so dass dieser auch ohne Passieren der Kassen verlassen werden kann. W will sich gerade – wie von vornherein beabsichtigt – mit der unbezahlten Beute entfernen. Im Bereich der vor dem Laden aufgestellten Warenbehälter wird er jedoch vom Ladendetektiv Dieter (D) gestellt.*

***Bearbeitervermerk:***

*Prüfen Sie die Strafbarkeit des W nach dem StGB.*

### A. Einordnung

In vielen Klausuren aus dem Bereich der Vermögensdelikte spielen der Tatbestand des Diebstahls (§ 242 StGB), die Regelbeispiele des § 243 StGB und die Qualifikationstatbestände der §§ 244, 244a StGB eine herausgehobene Rolle. Die nachfolgenden Fälle haben daher zunächst unterschiedliche Probleme aus dem Bereich des Diebstahls zum Gegenstand. Im Fall 1 ist in besonderem Maße der objektive Tatbestand des § 242 I StGB zu problematisieren. Voraussetzung für eine Strafbarkeit ist insofern die Wegnahme einer fremden beweglichen Sache. Dabei ist fraglich, ob die Wegnahme bereits mit dem Verlassen des Geschäftslokals vollendet war oder es sich um einen gem. § 242 II i.V.m. §§ 22, 23 I StGB strafbaren Diebstahlsversuch gehandelt hat.

### B. Gliederung

**Strafbarkeit des W**

**I. Diebstahl, § 242 I StGB**

Objektiver Tatbestand
**(P) Vollendung der Wegnahme?**
⇨ i. Erg. (-)

**II. Versuchter Diebstahl, §§ 242 I, II, 22, 23 I StGB**

**1.** Vorprüfung
⇨ Keine Vollendung
⇨ Strafbarkeit des Versuchs

**2.** Tatentschluss (+)

**3.** Unmittelbares Ansetzen (+)

**4.** Rechtswidrigkeit und Schuld (+)

**5.** Zwischenergebnis
⇨ §§ 242 I, II, 22, 23 I StGB (+)

**6.** Strafantragserfordernis, § 248a StGB

**III. Hausfriedensbruch, § 123 I StGB**

**(P) tatbestandsausschl. Einverständnis**
⇨ i. Erg. § 123 I StGB (-)

**IV. Gesamtergebnis:**

§§ 242 I, II, 22, 23 I StGB i.V.m. § 248a StGB

## Lösung

## Strafbarkeit des W

### I. Diebstahl, § 242 I StGB

W könnte sich wegen vollendeten Diebstahls gem. § 242 I StGB strafbar gemacht haben, indem er die Flasche Sonnenmilch an sich nahm und mit dieser in der Hand den Laden verließ.

**hemmer-Methode**: Machen Sie sich zur Gewohnheit, bereits im Obersatz die konkrete Verhaltensweise zu benennen, welche Anknüpfungspunkt einer möglichen Strafbarkeit sein könnte.

#### 1. Objektiver Tatbestand

Die Flasche Sonnenmilch ist eine für W fremde bewegliche Sache und damit taugliches Tatobjekt. Als Tathandlung setzt § 242 I StGB eine Wegnahme voraus. Hierunter ist der Bruch fremden Allein- oder Mitgewahrsams und die Begründung neuen, nicht notwendig tätereigenen Gewahrsams zu verstehen.

Gewahrsam in diesem Sinne meint die von einem natürlichen Herrschaftswillen getragene tatsächliche Herrschaft eines Menschen über eine Sache, deren Reichweite von der Verkehrsauffassung bestimmt wird.[1]

**hemmer-Methode**: Machen Sie sich von Anfang an klar: die Stoffmenge, die bereits in den Klausuren der Anfänger- und Fortgeschrittenenübungen, erst recht aber in den Examensklausuren von Ihnen beherrscht werden sollte, ist immens umfangreich. Versuchen Sie daher von Anfang an, sich übergeordnete Strukturen, Zusammenhänge und Argumentationsmuster klar zu machen und vermeiden Sie stumpfes Auswendiglernen von einzelnen Fakten. Früher oder später würden Sie damit Schiffbruch erleiden. Allerdings gibt es auch einzelne Definitionen, die Sie parat haben müssen. So setzt der Korrektor einer Strafrechtsklausur eine exakte Auseinandersetzung mit dem Begriff der Wegnahme als selbstverständlich voraus. Fehler in diesem Bereich wiegen besonders schwer. Prägen Sie sich die obige Definition daher gut ein. Lernen Sie nicht oberflächlich. In vielen Klausuren findet sich die unsaubere Definition: Wegnahme ist der Bruch fremden und die Begründung neuen Gewahrsams.
Dies genügt in manchen, aber nicht in allen Fällen. Zeigen Sie an solchen Stellen Ihre Fähigkeit zu gründlichem und sorgfältigem Arbeiten.

Ursprünglicher Träger der tatsächlichen Sachherrschaft an der Flasche Sonnenmilch war – je nach den Umständen und der Größe des Drogeriemarktes – entweder der Inhaber des Ladenlokals oder das dort angestellte Personal.

**hemmer-Methode**: Innerhalb von Dienst-, Auftrags- und Arbeitsverhältnissen kann die tatsächliche Sachherrschaft an den Waren dem Geschäftsinhaber, einem Angestellten oder auch beiden zufallen. Wer nun genau Gewahrsamsinhaber ist, müssen Sie nicht im Detail klären, wenn wie im Fall klar ist, dass jedenfalls fremder Gewahrsam gebrochen wurde.

---

1 WESSELS/HILLENKAMP, Rn. 71.
LACKNER/KÜHL, § 242 Rn. 8 ff.

Fraglich ist, ob W mit Verlassen des Ladenlokals den fremden Gewahrsam gebrochen hat.

Ein vollendeter Diebstahl läge aber nur dann vor, wenn der Täter nicht nur fremden Gewahrsam gebrochen, sondern auch neuen begründet hätte. Die Frage des Gewahrsamsbruchs könnte daher dahinstehen, wenn die tatsächliche Sachherrschaft hier noch nicht auf W übergegangen wäre. Ob W schon durch die Ansichnahme der Flasche im Laden bzw. durch das Verlassen des Ladenlokals mit der Flasche in der Hand eigenen Gewahrsam begründet hat und der Diebstahl damit vollendet ist, beurteilt sich nach der Verkehrsauffassung.

Bei kleineren, leicht beweglichen Gegenständen kann eine vollendete Wegnahme angenommen werden, wenn der Täter die Gegenstände ergriffen hat, festhält und damit durch die Kassensperre geht, ohne die Ware zur Bezahlung des Kaufpreises vorzulegen. Nach gängiger Auffassung ist der Diebstahl in einem Selbstbedienungsladen insbesondere dann vollendet, wenn der Täter den Gegenstand in seiner Kleidung verbirgt, weil dann von einer sog. „Gewahrsamsenklave" gesprochen werden kann.

Allerdings lässt sich ein allgemeiner Rechtssatz dahingehend, dass ein vollendeter Diebstahl stets vorliegt, sobald der Täter z.B. die jeweilige Abteilung des Kaufhauses mit einer dort an sich genommenen Sache verlässt, ohne sie bezahlt zu haben, nicht aufstellen. Maßgebend sind auch hier wieder die Anschauungen des alltäglichen Lebens und die Umstände des Einzelfalls.

Sind – wie hier – vor einem Geschäft Waren in aufgestellten Behältern im Freien zum Kauf präsentiert, so gehört dieser Aufstellbereich noch zum Geschäftsbereich, an dem der Geschäftsinhaber grundsätzlich Gewahrsam hat. Befindet sich der Täter mit im Ladengeschäft entnommener, nicht bezahlter Ware noch in diesem Bereich, kann deshalb nicht ohne weiteres ein vollendeter Diebstahl angenommen werden.

Das Aufstellen von Waren vor einem Geschäft dient dazu, Kunden zum Kauf zu animieren. Die Ware soll mit in das Geschäft genommen und dort allein oder mit weiteren Gegenständen an der Kasse bezahlt werden. Es ist aber nicht ungewöhnlich, dass ein Kunde, der zunächst keine Waren aus den im Freien aufgestellten Behältern entnommen hat, sich noch im Nachhinein – vor Bezahlung im Laden entnommener Ware – zum Kauf draußen präsentierter Gegenstände entschließt. Dies muss insbesondere dann gelten, wenn nach der baulichen Gestaltung des Ladenlokals der Kassenbereich ohne weiteres umgangen werden kann. In einem solchen Fall liegt es nahe, dass der Ladeninhaber dem Kunden gerade ermöglichen will, vor Bezahlung der innerhalb des Ladenlokals entnommenen Ware noch außerhalb aufgestellte Waren an sich zu nehmen und erst anschließend im Laden die Ware zu bezahlen.[2]

Im vorliegenden Fall ist daher entscheidend, dass W die Ware noch nicht etwa in seine Kleidung oder in eine mitgeführte Tasche eingesteckt hatte, sondern sie vielmehr sichtbar in der Hand hielt und den Geschäftsbereich noch nicht vollständig verlassen hatte.

Die Zugriffsmöglichkeit des Ladeninhabers war daher noch nicht hinreichend geschmälert, so dass von einer vollendeten Wegnahme nicht ausgegangen werden kann.

[2] BayObLG, NJW 1997, 3326 = Life&Law 1998, 174 = **juris**byhemmer (Wenn dieses Logo hinter einer Fundstelle abgedruckt wird, finden Sie die Entscheidung online unter „juris by hemmer": www.hemmer.de.).

**hemmer-Methode**: Gefragt war hier vor allem eine Argumentation, die sich an den Umständen des Falles orientiert und nicht das bloße Herunterbeten einer auswendig gelernten Definition.

**2. Zwischenergebnis**

W hat sich nicht gemäß § 242 I StGB strafbar gemacht.

**II. Versuchter Diebstahl, §§ 242 I, II, 22, 23 I StGB**

**hemmer-Methode**: Nicht vergessen: Wenn Sie die Vollendung eines Tatbestandes verneinen, ist stets zumindest gedanklich an die Prüfung eines Versuches zu denken.

**1. Vorprüfung**

Ein vollendeter Diebstahl liegt nicht vor. Der Versuch des Diebstahls ist nach § 242 II i.V.m. §§ 22, 23 I Alt. 2, 12 II StGB strafbar.

**2. Tatentschluss**

W müsste Tatentschluss zur Begehung eines Diebstahls, d.h. Vorsatz bezüglich aller Merkmale des objektiven Tatbestandes und Zueignungsabsicht gehabt haben.

Im vorliegenden Fall nahm W die Sonnenmilch mit Wissen und Wollen an sich. Es entsprach gerade seinem Plan, bei der Tat die allgemeine Verkehrsanschauung auszunutzen, wonach es nichts Ungewöhnliches ist, mit einer im Ladenlokal entnommenen Ware vor Bezahlung nach den draußen angebotenen Waren zu sehen. Auch die Absicht rechtswidriger Zueignung ist bei W nicht in Frage zu stellen.

Es kam W darauf an, sich die Sonnenmilch zumindest vorübergehend anzueignen (Aneignungskomponente), und er nahm zumindest billigend in Kauf, den bisherigen Gewahrsamsinhaber auf Dauer von der Sachherrschaft auszuschließen (Enteignungskomponente).

**hemmer-Methode**: Das BayObLG hat in diesem Fall klargestellt, dass an die Feststellung des Diebstahlsvorsatzes in Fällen, in denen der Täter die Ware noch im Geschäftsbereich offen in der Hand hält, erhöhte Anforderungen zu stellen sind. Der vorliegende Sachverhalt ist insoweit allerdings eindeutig, es wird klargestellt, dass W sich mit der unbezahlten Beute entfernen wollte.
Insbesondere darf der Schluss auf den Vorsatz nicht allein aus der Mitnahme der Ware ins Freie gezogen werden.
Eine Verurteilung wegen versuchten Diebstahls kommt daher in so gelagerten Konstellationen nur dann in Frage, wenn die besondere Raffinesse des Täters nachgewiesen werden kann, was in der Praxis (anders als bei einem Klausursachverhalt) häufig nur bei einer entsprechenden Einlassung des Beschuldigten gelingen dürfte.

**3. Unmittelbares Ansetzen**

Mit dem Ergreifen der Flasche aus dem Regal in der vorgefassten Absicht, diese für sich zu behalten, hat W subjektiv die Schwelle zum „Jetzt geht's los" überschritten und objektiv Handlungen vorgenommen, die nach seiner Vorstellung von der Tat ohne wesentliche Zwischenschritte in die Vollendung des Diebstahls unmittelbar einmünden sollten. Mithin hat W zur Begehung des Diebstahls nach seiner Vorstellung unmittelbar i.S.d. § 22 StGB angesetzt.[3]

[3] Vgl. ausführlich zum Begriff des unmittelbaren Ansetzens i.S.d. § 22 StGB HEMMER/WÜST/HAHN/RÖHM, Die 34 wichtigsten Fälle zum Strafrecht-AT, Fall 20 (Das Kind auf dem Arm).

### 4. Rechtswidrigkeit und Schuld

Rechtswidrigkeit und Schuld sind gegeben.

### 5. Zwischenergebnis

W ist wegen versuchten Diebstahls nach §§ 242 I, II, 22, 23 I StGB zu bestrafen.

### 6. Strafantragserfordernis gem. § 248a StGB

Zu beachten ist die Vorschrift des § 248a StGB, wonach die Verfolgung der Tat von der Stellung eines Strafantrages i.S.d. §§ 77 ff. StGB, § 158 II StPO abhängt.

**hemmer-Methode**: Schöpfen Sie den Sachverhalt aus: Nicht umsonst wird hier mitgeteilt, dass die Sonnenmilch einen Wert von 1,99 € hat. Achten Sie beim Diebstahl immer darauf, ob es sich um geringwertige Sachen i.S.d. § 248a StGB handelt.
Beachten Sie zudem, dass die §§ 259 II, 263 IV, 265a III, 266 II StGB auf die Regelung des § 248a StGB verweisen.
Ferner sollten Sie sich merken, dass die Vorschrift des § 248a StGB ihrem eindeutigen Wortlaut zu Folge nur für den Diebstahl nach § 242 StGB, nicht aber für den besonders schweren Fall des Diebstahls (§ 243 StGB) oder für die Qualifikationen der §§ 244, 244a StGB gilt.
Im Gegensatz zu § 243 II StGB setzt § 248a StGB ferner lediglich objektive Geringwertigkeit des Diebstahlobjekts voraus. Ob der Täter diese Geringwertigkeit auch subjektiv erkannt hat, spielt keine Rolle, weil § 248a StGB nicht die eigentliche Tat, sondern lediglich die Zulässigkeit der Strafverfolgung betrifft und bei strafprozessualen Verfahrensvoraussetzungen stets allein die objektive Sachlage ausschlaggebend ist.
Die Grenze für die Geringwertigkeit liegt nach BGH bei 25 €.[4]
Wenn in einem Klausur-Sachverhalt nichts zu einem gestellten Strafantrag vermerkt ist, wäre es falsch, aus diesem Grund die Strafbarkeit aus dem verwirklichten Delikt abzulehnen. Vielmehr sollte man lediglich den Hinweis auf das Erfordernis eines Strafantrags geben.
Ist im Sachverhalt dagegen vermerkt, wer wann einen Strafantrag gestellt hat, sollten sie die §§ 77 ff. StGB näher prüfen und insbesondere darauf achten, ob eine antragsberechtigte Person den Antrag gestellt hat und ob der Antrag rechtzeitig gestellt wurde.
Denken Sie insofern an den Praktiker: Fehlt es in einem Ermittlungsverfahren wegen Diebstahls einer geringwertigen Sache an einem Strafantrag, so kann nach § 248a StGB die Straftat nur verfolgt werden, wenn die Strafverfolgungsbehörde wegen des besonderen öffentlichen Interesses ein Einschreiten von Amts wegen für geboten hält.

## III. Hausfriedensbruch, § 123 I StGB

W könnte sich durch das Betreten des Drogeriemarktes ferner wegen Hausfriedensbruches gem. § 123 I StGB strafbar gemacht haben.

Beim Ladenlokal handelt es sich um eine abgeschlossene Verkaufsstelle, die dauernd einem wirtschaftlichen Zweck dient, mithin um Geschäftsräume i.S.d. § 123 I Var. 2 StGB. W müsste in diese eingedrungen sein. Ein solches strafrechtlich relevantes Eindringen erfordert ein Betreten gegen den erkennbaren oder zu vermutenden Willen des Hausrechtsinhabers.

---

4 BGH, Beschluss vom 09.07.2001 – 2 StR 176/04 = **juris**byhemmer.

Der Ladeninhaber erklärt jedoch konkludent ein tatbestandsausschließendes Einverständnis für das Betreten des Ladens durch die Allgemeinheit. Dieses entfällt nach vorzugswürdiger Ansicht nicht allein dadurch, dass die Geschäftsräume zu deliktischen Zwecken betreten werden, solange die Absicht des Täters nicht äußerlich eindeutig erkennbar zutage tritt.

Ein Eindringen i.S.d. § 123 I StGB ist hier daher zu verneinen.

**hemmer-Methode**: Anders als eine Einwilligung ist ein durch Täuschung erwirktes Einverständnis gleichwohl wirksam.
Anders wäre die Situation zu beurteilen, wenn der Täter etwa maskiert in das Geschäft gekommen oder bereits vor der Tat vom Ladeninhaber mit einem Hausverbot bedacht worden wäre, weil er bereits wegen eines früheren Diebstahls erwischt worden war. In einem solchen Fall ist er dann ausdrücklich von diesem Einverständnis ausgenommen.

### IV. Gesamtergebnis

W hat sich wegen versuchten Diebstahls einer geringwertigen Sache gem. §§ 242 I, II, 22, 23 I StGB i.V.m. § 248a StGB strafbar gemacht.

## D. Zusammenfassung

**Sound**:
Abgrenzung Versuch ⇔ Vollendung beim Diebstahl.
Geringwertigkeit i.S.d. § 248a StGB.

Eine **vollendete Wegnahme** i.S.d. § 242 I StGB liegt vor, wenn der Täter fremden Allein- oder Mitgewahrsam an einer fremden, beweglichen Sache gebrochen und neuen, nicht notwendig tätereigenen Gewahrsam begründet hat. Ab welchem Zeitpunkt dies bejaht werden kann, beurteilt sich nach der Verkehrsauffassung und den Anschauungen des alltäglichen Lebens.

Ist das **Diebstahlsobjekt geringwertig**, so hängt die Verfolgbarkeit der Tat gem. § 248a StGB grundsätzlich von der Stellung eines Strafantrages ab. Die Geringwertigkeitsgrenze liegt derzeit bei 50 €.

## E. Zur Vertiefung

**Zum Fall:**

- BayObLG, NJW 1997, 3326 = Life&Law 1998, 174 = **juris**byhemmer.
- Hemmer/Wüst/Berberich, Strafrecht BT I, Rn. 13 ff.
- OLG Hamm, NJW 2003, 3145 = Life&Law 2003, 782 ff. = **juris**byhemmer (Geringwertigkeitsgrenze bei 50 €).
- Anders OLG Oldenburg, NJW 2005, 1879 = Life&Law 2005, 548 ff. = **juris**byhemmer (Geringwertigkeitsgrenze bei 30 €).

# Fall 2: Weinbrand und Zigaretten

***Sachverhalt (im Anschluss an Fall 1):***

*Wolfgang (W) geht nun in einen Supermarkt. Dort steckt er zunächst eine Flasche Weinbrand im Wert von 3,99 € in seine weite Manteltasche. Darüber hinaus legt er zwei Schachteln Zigaretten im Wert von je 4,50 € in seinen Einkaufswagen unter von ihm mitgeführte Prospekte. An der Kasse bezahlt W weder die Flasche Weinbrand noch die Zigaretten, die von der Kassiererin nicht bemerkt werden.*

***Bearbeitervermerk:***

*Prüfen Sie die Strafbarkeit des W nach dem StGB.*

## A. Einordnung

Wie Fall 1 befasst sich auch der nachstehende Fall 2 mit Problemen aus dem Bereich des Diebstahlstatbestandes. Wiederum ist zunächst hinsichtlich der in die Manteltasche verbrachten Flasche Weinbrand zu fragen, wann im Einzelfall eine Wegnahme i.S.d. § 242 I StGB vollendet ist. Hinsichtlich der Zigaretten ist zu prüfen, ob eine Wegnahmehandlung des W i.S.d. § 242 I StGB oder eine täuschungsbedingte Vermögensverfügung der Kassiererin und damit letztlich eine Strafbarkeit wegen Betruges gem. § 263 I StGB gegeben ist.

## B. Gliederung

**Strafbarkeit des W**

**I. Diebstahl des Weinbrandes durch Einstecken in die Manteltasche, § 242 I StGB**

1. Objektiver Tatbestand
   Fremde, bewegliche Sache (+)
   **(P) Wegnahme?**

⇨ Bei kleinen leicht fortzuschaffenden Gegenständen bereits im Ladenlokal bei Begründung einer sog. Gewahrsamsenklave möglich, hier also (+)

2. Subjektiver Tatbestand (+)
3. Rechtswidrigkeit und Schuld (+)
4. Zwischenergebnis: § 242 I StGB (+)
5. Strafantragserfordernis gem. § 248a StGB

**II. Diebstahl der Zigaretten durch Verstecken im Einkaufswagen, § 242 I StGB**

Objektiver Tatbestand

1. Fremde, bewegliche Sache (+)
2. **(P) Wegnahme durch W?**

⇨ Hier bei Verbringen der Ware in den Einkaufskorb noch keine Gewahrsamsenklave begründet, i. Erg. daher Wegnahme insofern (-)

**III. Diebstahl der Zigaretten durch Nichtbezahlen an der Kasse, § 242 I StGB**

1. Objektiver Tatbestand
   Fremde, bewegliche Sache (+)

**(P) Wegnahme?**

⇨ Abgrenzung § 242 I StGB / § 263 I StGB

⇨ **Entscheidendes Kriterium: innere Willensrichtung des Geschädigten**
Eine Ansicht: Fall des § 263 I StGB

h.M.: § 242 I StGB; Arg.: hinsichtlich nicht erkannter, im Einkaufswagen versteckter Waren besteht kein Wille der Kassiererin zu einer bewussten Vermögensverfügung

**2.** Subjektiver Tatbestand (+)

**3.** Rechtswidrigkeit und Schuld (+)

**4.** Zwischenergebnis: § 242 I StGB (+)

**5.** Strafantragserfordernis gem. § 248a StGB

## C. Lösung

### Strafbarkeit des W

#### I. Diebstahl des Weinbrandes durch Einstecken in die Manteltasche, § 242 I StGB

W könnte sich zunächst durch das Einstecken der Flasche Weinbrand in seine weite Manteltasche wegen vollendeten Diebstahls gem. § 242 I StGB strafbar gemacht haben.

#### 1. Objektiver Tatbestand

Die Flasche Weinbrand stellt eine für W fremde, bewegliche Sache und damit ein taugliches Diebstahlsobjekt dar. Ferner müsste W die Flasche weggenommen haben. Unter Wegnahme versteht man den Bruch fremden Allein- oder Mitgewahrsams und die Begründung neuen, nicht notwendigerweise tätereigenen Gewahrsams. Fraglich ist, ob W bereits mit dem Einstecken der Flasche in seine weite Manteltasche fremden Gewahrsam gebrochen und neuen begründet hat.

Nach der bei kleinen, unauffälligen und leicht fortzuschaffenden Gegenständen herrschenden sog. Apprehensionstheorie[5] kommt es hierfür auf das räumliche Verlassen des Ladenlokals nicht an.

Vielmehr begründet der Täter bereits in dem Moment neuen Gewahrsam (und hat damit auch fremden gebrochen), in dem er die Sache in die eigene Kleidung oder in eine mitgeführte Tasche steckt. Die Kleidung stellt nämlich eine eigene Gewahrsamssphäre dar und bildet eine sog. Gewahrsamsenklave, innerhalb derer dem ursprünglichen Sachherrschaftsinhaber der Zugriff auf die Sache entzogen ist.

W hat die Flasche Weinbrand daher weggenommen. Der objektive Tatbestand ist erfüllt.

#### 2. Subjektiver Tatbestand

W handelte hinsichtlich sämtlicher Merkmale des objektiven Tatbestandes mit Wissen und Wollen, also vorsätzlich, und in der Absicht, sich die Sache rechtswidrig zuzueignen.

#### 3. Rechtswidrigkeit und Schuld

W handelte rechtswidrig und schuldhaft.

#### 4. Zwischenergebnis

W hat sich wegen Diebstahls gem. § 242 I StGB strafbar gemacht.

[5] Etymologisch lässt sich der Begriff vom lateinischen Verb „apprehendere“ (= ergreifen; an sich nehmen) erklären. Vgl. zu den anderen Ansichten WESSELS/HILLENKAMP, Rn. 110.

### 5. Strafantragserfordernis gem. § 248a StGB

Bei der Flasche Weinbrand handelt es sich um eine geringwertige Sache.

Die Verfolgung der Tat ist daher gem. § 248a StGB von der Stellung eines Strafantrages abhängig.

**hemmer-Methode**: Wird ein solcher nicht gestellt, können die Strafverfolgungsbehörden dennoch einschreiten, wenn ein besonderes öffentliches Interesse an der Strafverfolgung besteht, was z.B. bei einschlägigen Voreintragungen im Bundeszentralregister, bei Rückfall oder bei besonderer Berührung von Allgemeininteressen der Fall sein kann, bei einem einfachen und einmaligen Ladendiebstahl dagegen in der Regel zu verneinen sein wird.

## II. Diebstahl der Zigaretten durch Verstecken im Einkaufswagen, § 242 I StGB

W könnte durch das Verstecken der zwei Schachteln Zigaretten unter den mitgeführten Prospekten im Einkaufwagen einen weiteren Diebstahl gem. § 242 I StGB begangen haben.

### 1. Objektiver Tatbestand

Die Zigaretten waren als bewegliche Sachen für W fremd.

Problematisch ist das Vorliegen einer Wegnahme durch W. W müsste insofern fremden Gewahrsam an den Zigaretten gebrochen und neuen, hier tätereigenen Gewahrsam an ihnen begründet haben. Fraglich ist, ob W bereits durch das Verbringen der Zigaretten in den Einkaufswagen neuen Gewahrsam begründet hat. Dies könnte auf den ersten Blick nach der bei kleinen Gegenständen herrschenden Apprehensionstheorie der Fall sein, da W die Zigaretten an sich genommen hat.

Im Unterschied zur Flasche Weinbrand aber hat W die Zigaretten nicht in eine eigene Gewahrsamssphäre (eigene Kleidung, mitgeführte Tasche) verbracht, sondern die Zigaretten nach dem Ergreifen aus dem Regal in seinen Einkaufswagen gelegt. Es fehlt damit an der Schaffung einer Gewahrsamsenklave, die für die Annahme einer Wegnahme im fremden Herrschaftsbereich erforderlich wäre. Eine solche erfordert nämlich, dass der Täter die Sache derart in seine Herrschaft bringt, dass der vorherige Gewahrsamsinhaber nicht mehr auf sie zugreifen kann, ohne die Verfügungsgewalt des Täters wieder zu beseitigen. Das Verstecken der Ware unter den Prospekten ist insofern nicht ausreichend. Vielmehr bestand hinsichtlich der Zigaretten für den Ladenbesitzer nach wie vor eine jederzeitige Zugriffsmöglichkeit.

W hat also allein durch das Verstecken im Einkaufswagen noch keinen Gewahrsam begründet. Der objektive Tatbestand ist nicht erfüllt.

### 2. Zwischenergebnis

W hat sich durch das Verstecken der Zigaretten im Einkaufswagen nicht gem. § 242 I StGB strafbar gemacht.

## III. Diebstahl der Zigaretten durch Nichtbezahlen an der Kasse, § 242 I StGB

Ein strafbarer Diebstahl des W könnte aber darin zu sehen sein, dass er die unter den Prospekten versteckten Zigaretten an der Kasse nicht bezahlt hat.

### 1. Objektiver Tatbestand

Bei den Zigaretten handelt es sich um für W fremde, bewegliche Sachen.

Fraglich ist, ob das Passieren der Kasse ohne Bezahlung als Gewahrsamsbruch und -neubegründung, also als Wegnahme durch W, angesehen werden kann. Der Diebstahlstatbestand könnte insofern am Vorliegen eines tatbestandsausschließenden Einverständnisses scheitern.

**hemmer-Methode**: Unterscheiden Sie das tatbestandsausschließende Einverständnis von der rechtfertigenden Einwilligung. Ersteres kommt nur bei Delikten in Betracht, die tatbestandlich ein Handeln gegen oder ohne den Willen des Betroffenen verlangen wie etwa § 123 I StGB („eindringen") oder § 242 I StGB („Wegnahme"). Im Gegensatz zur Einwilligung muss das Einverständnis nicht frei von Willensmängeln zustande gekommen sein. Hier genügt ein rein tatsächliches Vorliegen.[6]
Die folgenden Ausführungen sollten Sie genau durcharbeiten. Es geht hierbei um die in vielen Klausuren zu problematisierende Abgrenzung zwischen Diebstahl und Betrug. Ob Sie diese Frage i.R.d. Prüfung des § 242 StGB unter dem Merkmal „Wegnahme" oder i.R.d. Prüfung des § 263 StGB unter dem Merkmal „Vermögensverfügung" ansprechen, spielt letztlich keine Rolle. Es gibt keine zwingende Aufbauregel dahingehend, dass zunächst § 263 StGB oder § 242 StGB zu diskutieren wäre. Entscheidend sind in diesem Bereich vielmehr die Struktur und die Qualität Ihrer Argumentation.

Verschafft sich der Täter eine Sache durch Verstecken im Einkaufswagen und anschließendes Passieren des Kassenbereichs, so kommt es für die strafrechtliche Abgrenzung zwischen Diebstahl und Betrug darauf an, ob sich der Täter durch eine Wegnahme i.S.d. § 242 I StGB, also eine eigenmächtige Handlung, oder aber durch eine mittels einer Täuschung erwirkten Vermögensverfügung des Getäuschten i.S.d. § 263 I StGB in den Besitz der Sache bringt.

Dabei wird allgemein angenommen, dass diese Merkmale sich gegenseitig ausschließen, dass also Diebstahl und Betrug nicht gleichzeitig vorliegen können.

Für die Unterscheidung kommt es dabei nicht auf das äußere Bild von Geben oder Nehmen an, sondern darauf, ob nach der inneren Willensrichtung des Geschädigten ein freiwilliger oder ein unfreiwilliger Gewahrsamsverlust vorliegt, ob also der Geschädigte bewusst über die Vermögensstücke zu Gunsten des Täters verfügen oder ob er den Gewahrsam an ihnen behalten wollte. Aus diesem Grund fordert die h.M. für den Sachbetrug, dass sich das Opfer der vermögensbedeutsamen Wirkung seines Verhaltens bewusst ist.

**hemmer-Methode**: Eines solchen Erfordernisses bedarf es beim Forderungsbetrug nicht. Hier stellt sich eine entsprechende Abgrenzungsfrage zu § 242 StGB von vorneherein nicht, da als taugliches Diebstahlsobjekt nur fremde, bewegliche Sachen, nicht aber Forderungen in Betracht kommen.

Von diesen praktisch unstreitigen Grundsätzen ausgehend nimmt eine Ansicht in Fällen der vorliegenden Art an, dass nach allgemeiner Anschauung die Kassiererin durch die Erlaubnis, den Kassenbereich zu verlassen, dem Kunden gestattet habe, sich des gesamten Inhaltes des Einkaufswagens zu bemächtigen.

x Zöller S. 81
BT I

[6] Vgl. hierzu HEMMER/WÜST/HAHN/RÖHM, Die 34 wichtigsten Fälle zum Strafrecht-AT, Fall 10 (Die Mutprobe).

Sie sei sich daher der vermögensbeeinflussenden Wirkung der so erteilten Erlaubnis durchaus bewusst gewesen und habe sich lediglich in einem Irrtum über die tatsächlichen Verhältnisse befunden.[7]

Dieser Ansicht liegt also die Annahme zu Grunde, eine Kassiererin treffe in solchen Fällen auch hinsichtlich unbemerkt vorbeigeschleuster Waren eine bewusste Verfügung.

Dies stellt aber letztlich eine Fiktion dar: Bei genauer Betrachtung fehlt es nämlich an einem solchen Willen, wenn die Kassiererin nicht erkennt, dass sich im Einkaufswagen noch weitere Waren befinden.

Erst recht kann nicht davon die Rede sein, dass ein genereller Verfügungswille der Kassiererin in Bezug auf den gesamten Inhalt des Einkaufswagens besteht.[8]

Die Aufgabe der Kassiererin beschränkt sich vielmehr auf die Abrechnung der ihr vorgezeigten Waren; durch das Eintippen oder Einscannen der dazugehörigen Preise in die Kasse werden die Gegenstände individualisiert, auf die sich ihr Übertragungswille bezieht.[9] Weitergehende Erklärungen kann und will sie schon aufgrund ihrer arbeitsvertraglichen Verpflichtungen nicht abgeben, eine weiterreichende Verantwortung aufgrund der von ihr nur begrenzt durchgeführten Kontrolle deshalb nicht übernehmen.[10]

**hemmer-Methode**: Ob eine andere Beurteilung geboten ist, wenn eine Kassiererin den Täter ausdrücklich fragt, ob er sämtliche Waren vorgelegt hat und dieser die Frage bewusst wahrheitswidrig beantwortet, lässt der BGH ausdrücklich offen. Er scheint aber dazu zu tendieren, auch bei einer solchen Konstellation Diebstahl anzunehmen; denn eine solche Frage der Kassiererin ändert nichts daran, dass sich der Täter durch deren Täuschung nur die Gelegenheit zur Wegnahme verschafft, indem die Kassiererin ihn in der irrigen Vorstellung, sie habe alle Waren erfasst, die Kassenzone passieren lässt.

Überdies ist noch zu bedenken, dass die Unterstellung eines generellen Verfügungswillens der Kassiererin und – davon ausgehend – die Annahme von Betrug in diesen Fällen im Blick auf den qualifizierten Straftatbestand des räuberischen Diebstahls (§ 252 StGB) zu schwer erträglichen Unterschieden in der Behandlung von Sachverhalten führen würde, die nach Anschauung des täglichen Lebens gleich gelagert sind.[11]

Als Vortat des räuberischen Diebstahls kommt nämlich nur ein (vollendeter) Diebstahl in Betracht, nicht aber ein Betrug. Die Annahme von Betrug in einem Falle wie dem Vorliegenden hätte danach zur Folge, dass der Täter, der nach dem Verlassen des Kassenbereichs gegen einen ihn verfolgenden Detektiv tätlich wird, um sich im Besitz der nicht bezahlten Ware zu erhalten, nur wegen Betruges und Nötigung, sowie ggf. wegen Körperverletzung verurteilt werden könnte.

Hätte derselbe Täter demgegenüber die Ware bereits vor dem Passieren der Kasse eingesteckt und damit einen vollendeten Diebstahl begangen, so wäre er, wenn er unter den gleichen Voraussetzungen Gewalt anwendet, wegen des Verbrechens des räuberischen Diebstahls zu bestrafen.

---

[7] OLG Düsseldorf, NStZ 1993, 287 = **juris**byhemmer.

[8] BGH, NJW 1995, 3129 f. = **juris**byhemmer.

[9] BGH, NJW 1995, 3129 f. = **juris**byhemmer.

[10] OLG Zweibrücken, NStZ 1995, 448 f. = **juris**byhemmer.

[11] BGH, NJW 1995, 3129 f. = **juris**byhemmer.

Eine solch unterschiedliche Bewertung an sich gleicher Sachverhalte wäre willkürlich und würde auch dem Schutzzweck des § 252 StGB nicht gerecht.

**hemmer-Methode:** Bringen Sie derartige strafpolitische Überlegungen immer am Ende Ihrer Argumentation. Vorrangig ist die Auslegung des Gesetzes anhand der bekannten Kriterien (Wortlaut, Entstehungsgeschichte, Sinn und Zweck, Systematik). Derart praktische Überlegungen können ein so gefundenes Ergebnis freilich stützen und abrunden. Denken Sie aber insbesondere stets an die Wortlautgrenze (vgl. Art 103 II GG), selbst wenn ein bestimmtes Ergebnis noch so wünschenswert ist.

Fraglich ist damit lediglich noch, ab welchem Zeitpunkt von einem vollendeten Diebstahl ausgegangen werden kann.

Dies ist nach überzeugender Auffassung der Fall, wenn die Ware durch die Kassenzone gebracht wurde und der Zahlungsvorgang abgeschlossen ist. Dann liegt unter Berücksichtigung der Verkehrsauffassung Vollendung vor.[12]

**2. Subjektiver Tatbestand**

W handelte mit Wissen und Wollen hinsichtlich der Verwirklichung des objektiven Tatbestands und in der Absicht, sich die Sachen rechtswidrig zuzueignen.

**3. Rechtswidrigkeit und Schuld**

W handelte auch rechtswidrig und schuldhaft.

**4. Zwischenergebnis**

W hat sich auch hinsichtlich der Zigaretten wegen Diebstahls gem. § 242 I StGB strafbar gemacht.

**5. Strafantragserfordernis gem. § 248a StGB**

Da es sich bei den Zigaretten um geringwertige Sachen handelt, ist hinsichtlich der Strafverfolgung das Strafantragserfordernis des § 248a StGB zu beachten.

**IV. Gesamtergebnis**

W hat sich damit sowohl hinsichtlich der Flasche Weinbrand als auch hinsichtlich der Zigaretten wegen Diebstahls gem. § 242 I StGB strafbar gemacht. Die Delikte stehen in zeitlichem und räumlichem Zusammenhang zueinander und basieren auf dem einheitlichen Willensentschluss des W, Sachen aus dem Supermarkt zu stehlen. Insofern handelt es sich um eine natürliche Handlungseinheit, sodass Tateinheit i.S.d. § 52 StGB vorliegt.

**Zusammenfassung zu Fall 1 und 2:**
Der Diebstahl im Selbstbedienungsladen ist eine Standardkonstellation, die sehr häufig in Übungs- und Examensklausuren anzutreffen ist. Hauptproblem ist hierbei meistens die Frage nach dem Vollendungszeitpunkt und die Abgrenzung zum Betrug.
Weitere wichtige Probleme sind in diesem Zusammenhang:

- die **Diebesfalle**, die nur zu einem versuchten Diebstahl führt, da das tatbestandsausschließende Einverständnis des Gewahrsamsinhabers der Annahme eines vollendeten Gewahrsamsbruchs und damit einer vollendeten Wegnahme entgegensteht,

[12] OLG Köln, NJW 1984, 810 = **juris**byhemmer.

- der **beobachtete Diebstahl**, wobei die Beobachtung nach h.M. der Vollendung nicht entgegensteht, Stichwort: Diebstahl ist „kein heimliches“ Delikt,
- der durch den **Ladendetektiv** oder durch **elektromagnetische Sicherungsvorkehrungen** überführte Täter. Hier ist grundsätzlich Vollendung anzunehmen, da derartige Schutzmaßnahmen eine Wegnahme nicht verhindern, sondern lediglich die begangene Tat aufdecken und die Rückführung der Sache an den Eigentümer ermöglichen sollen.

Bei kleinen, leicht fortzuschaffenden Gegenständen setzt die Wegnahme i.S.d. § 242 I StGB ein räumliches Verlassen des Ladenlokals nicht voraus. Vielmehr begründet der Täter bereits in dem Moment neuen Gewahrsam, in dem er die Sache in die eigene Kleidung oder in eine mitgeführte Tasche, also in eine **sog. Gewahrsamsenklave**, steckt.

Nicht ausreichend ist dagegen das bloße **Verbringen** der Ware **in den Einkaufskorb**, selbst wenn dies in der Absicht geschieht, die Ware später an der Kasse nicht zu bezahlen, da hier eine jederzeitige Zugriffsmöglichkeit des Ladenbesitzers bestehen bleibt.

Versteckt der Täter Waren im **Einkaufswagen** und passiert damit die Kasse, so ist eine Abgrenzung des Diebstahls gem. § 242 I StGB vom Betrug gem. § 263 I StGB vorzunehmen.

Es kommt hierbei darauf an, ob nach der inneren Willensrichtung des Geschädigten ein freiwilliger (dann Betrug) oder unfreiwilliger Gewahrsamsverlust (dann Diebstahl) vorliegt, ob also der Geschädigte bewusst über die Vermögensstücke zu Gunsten des Täters verfügen oder ob er den Gewahrsam an ihnen behalten wollte.

## D. Zusammenfassung

**Sound**:
Entnahme von Waren aus einem Supermarkt als Wegnahme i.S.d. § 242 I StGB. Abgrenzung von Diebstahl und Betrug.

## E. Zur Vertiefung

**Rechtsprechung zur Abgrenzung Betrug und Diebstahl:**

- BGH, Beschluss vom 28.07.2010 – 4 StR 254/09 = Life&Law 2010, 38 ff. = **juris**byhemmer („Tankstellenfall“).

# Fall 3: Vergessen, verloren, gestohlen

***Sachverhalt:***

*Otto (O) lässt, nachdem er gerade seine Klausur in der Übung im Strafrecht für Fortgeschrittene im Audimax geschrieben und abgegeben hat, seinen Schönfelder im Hörsaal liegen. Er bemerkt dies nur wenige Minuten später. Als er in den Hörsaal zurückkehrt, stellt er fest, dass der Gesetzestext verschwunden ist. Sein Kommilitone Thilo (T) hat nämlich zwischenzeitlich den Schönfelder in seine Tasche eingesteckt und mitgenommen, da er ihn für die nächsten Klausuren gut gebrauchen kann.*

*Auf die gleiche Weise verfährt T auch mit dem wertvollen Füllfederhalter des Professors Zerstreu (Z), den dieser im Audimax verloren hat. Z, der den Verlust erst Tage später bemerkt, hat keine Vorstellung, wie bzw. wo der Füllfederhalter verloren gegangen ist.*

***Bearbeitervermerk:***

*Prüfen Sie die Strafbarkeit des T nach dem StGB.*

## A. Einordnung

Bei diesem Fall steht wieder der Tatbestand des Diebstahls gem. § 242 I StGB im Mittelpunkt. Besonders problematisch ist der objektive Tatbestand. Insofern ist sorgfältig zwischen den Gewahrsamsverhältnissen an vergessenen und an verlorenen Sachen zu differenzieren.

## B. Gliederung

### Strafbarkeit des T

**I. Diebstahl, § 242 I StGB, hinsichtlich des Schönfelders**

**1.** Objektiver Tatbestand
fremde, bewegliche Sache (+)

**(P) Gewahrsamsverhältnisse an vergessenen Sachen?**

⇨ fortbestehender Gewahrsam des O, bloße **Gewahrsamslockerung**

**2.** Subjektiver Tatbestand (+)

**3.** Rechtswidrigkeit und Schuld (+)

**4.** Ergebnis: § 242 I StGB (+)

**II. Diebstahl, § 242 I StGB, hinsichtlich des Füllfederhalters**

**1.** Objektiver Tatbestand
fremde, bewegliche Sache (+)

**(P) Gewahrsamsverhältnisse an verlorenen Sachen?**

⇨ kein fortbestehender Gewahrsam des Z, aber neuer Gewahrsam der Universitätsverantwortlichen, da Verlust innerhalb fremder Gewahrsamssphäre

**2.** Subjektiver Tatbestand (+)

**3.** Rechtswidrigkeit und Schuld (+)

**4.** Ergebnis: § 242 I StGB (+)

## C. Lösung

### Strafbarkeit des T

**I. Diebstahl gemäß § 242 I StGB hinsichtlich des Schönfelders**

T könnte sich durch das Einstecken des Schönfelders gemäß § 242 I StGB strafbar gemacht haben.

### 1. Objektiver Tatbestand

Bei dem Schönfelder handelt es sich um eine für T fremde, bewegliche Sache.

Fraglich ist, ob T diese weggenommen hat. Wegnahme bedeutet den Bruch fremden Allein- oder Mitgewahrsams und die Begründung neuen, nicht notwendigerweise tätereigenen Gewahrsams.

T müsste also zunächst den Gewahrsam des O gebrochen haben.

Hierbei müsste er den Schönfelder ohne oder gegen den Willen des O aus dessen Herrschaftsbereich geschafft haben. Problematisch ist jedoch, ob der ursprünglich am Schönfelder bestehende Gewahrsam des O zum Zeitpunkt der Tathandlung überhaupt noch fortbestanden hat.

Gewahrsam ist die von einem natürlichen Willen getragene tatsächliche Sachherrschaft, wobei die Verkehrsauffassung zu berücksichtigen ist. Hier könnte es bereits an der tatsächlichen Herrschaft des O über den Schönfelder fehlen, da sich O gar nicht mehr im Hörsaal befindet. Insofern ist allerdings die Verkehrsauffassung zu berücksichtigen. Danach wird bei vergessenen oder zurückgelassenen Sachen eine Sachherrschaft des ursprünglichen Gewahrsamsinhabers so lange angenommen, wie dieser noch weiß, wo er die Sache liegengelassen hat. O hat hier den Schönfelder lediglich vergessen und gewusst, dass er im Audimax lag, so dass nur eine Gewahrsamslockerung eingetreten ist. Der noch fortbestehende gelockerte Gewahrsam des O konnte daher von T gebrochen werden. Dies geschah, indem T den Schönfelder in seine Tasche einsteckte und damit der Herrschaft des O entzog.

Durch das Einstecken in die eigene Tasche hat T auch den Schönfelder in seinen Herrschaftsbereich verbracht (Gewahrsamsenklave)[13] und damit neuen Gewahrsam begründet.

T hat somit eine fremde, bewegliche Sache weggenommen. Der objektive Tatbestand ist erfüllt.

### 2. Subjektiver Tatbestand

T handelte vorsätzlich und mit der Absicht, sich den Schönfelder rechtswidrig zuzueignen.

### 3. Rechtswidrigkeit und Schuld

Die Tat war rechtswidrig. T handelte schuldhaft.

### 4. Ergebnis

T hat sich hinsichtlich des Schönfelders gemäß § 242 I StGB strafbar gemacht. Hinsichtlich der Strafverfolgung ist das Strafantragserfordernis des § 248a StGB zu beachten.

## II. Diebstahl gemäß § 242 I StGB hinsichtlich des Füllfederhalters

T könnte sich durch das Mitnehmen des Füllfederhalters wegen eines weiteren Diebstahls gem. § 242 I StGB strafbar gemacht haben.

### 1. Objektiver Tatbestand

Auch der Füllfederhalter stellt eine für T fremde, bewegliche Sache dar.

Fraglich ist erneut, ob T den Füllfederhalter weggenommen hat. Hierzu müsste T zunächst fremden Gewahrsam gebrochen haben. Ursprünglich hatte Z Gewahrsam an seinem Füllfederhalter. Dieser könnte jedoch entfallen sein, als er den Füllfederhalter verloren hat.

[13] Vgl. insofern nochmals oben Fall 1.

Gewahrsam im Sinne tatsächlicher Sachherrschaft ist nämlich dann zu verneinen, wenn der ursprüngliche Gewahrsamsinhaber nicht mehr weiß, wo sich die Sache befindet, da er dann jede Einwirkungsmöglichkeit auf die Sache verloren hat.

**hemmer-Methode**: Hier war es wichtig, den Sachverhalt genau zu lesen. Der entscheidende Unterschied lag in der Formulierung „Verlust erst Tage später bemerkt" bzw. „keine Vorstellung (...) wie verloren gegangen".
Generell gilt: Nehmen Sie sich in der Klausursituation stets ausreichend Zeit für die Lektüre des Sachverhalts und des Bearbeitervermerks. Lesen Sie am besten den Sachverhalt zweimal. In vielen Klausuren wird der Sachverhalt nicht „ausgeschöpft" oder „verbogen", weil er zu Beginn der Prüfung nicht genau erfasst wurde. Die Vorstellung eines zu Beginn der Klausur falsch oder unvollständig eingeprägten Sachverhalts lässt sich in der Aufregung und unter dem Zeitdruck einer Prüfung vielfach nicht mehr korrigieren. Vermeiden Sie solche Fehlerquellen, in dem Sie gleich in den ersten Minuten Ihrer Klausur bei der Lektüre der Aufgabe besonders konzentriert arbeiten. Sinnvoll ist es, jedenfalls bei komplexeren Sachverhalten, Skizzen (Personenskizze, Zeitstrahl) anzufertigen.

Z hat den Füllfederhalter verloren und daher keinen Gewahrsam mehr an diesem gehabt. Den Gewahrsam des Z konnte T folglich nicht mehr brechen.

Möglicherweise haben jedoch Repräsentanten der Universität Gewahrsam am Füllfederhalter des Z erlangt. Innerhalb eines räumlich fremden Herrschaftsbereichs endet nämlich bei Verlust einer Sache zwar regelmäßig der Gewahrsam des Verlierers, zugleich erlangt jedoch in solchen Fällen der Inhaber des jeweiligen Machtbereichs objektiv tatsächliche Sachherrschaft. In subjektiver Hinsicht ist insofern von einem generellen Sachherrschaftswillen an verloren gegangenen Gegenständen, die sich in der eigenen Herrschaftssphäre befinden, auszugehen. Vorliegend befand sich der Füllfederhalter in den Unterrichtsräumen der Universität und war damit von einem solchen generellen Gewahrsamswillen erfasst. Daher bestand vorliegend Gewahrsam der Repräsentanten der Universität.

T hat somit durch das Entfernen des Füllfederhalters fremden Gewahrsam der Universitätsverantwortlichen gebrochen und gleichzeitig neuen, tätereigenen Gewahrsam begründet.

**hemmer-Methode**: Dieser generelle Gewahrsamswille aufgrund der Verantwortlichkeit für einen bestimmten räumlichen Machtbereich kommt häufig in Klausuren vor. Andere Beispiele sind Ladenlokale, Museen oder öffentliche Verkehrsmittel.
Wenn der bisherige Sachherrschaftsinhaber seine Sache dagegen in freier Natur verliert, scheidet eine Strafbarkeit wegen Diebstahls regelmäßig aus. In solchen Fällen muss dann § 246 I StGB geprüft werden. Dabei ist allerdings zu beachten, dass in der bloßen Nichtanzeige eines Fundes oder der bloßen Nichtrückgabe einer gefundenen oder auch entliehenen Sache noch keine eindeutig erkennbare Zueignungshandlung gesehen werden kann, da beides auch auf bloßer Sorglosigkeit und Nachlässigkeit beruhen kann.[14]

Es liegt daher auch hinsichtlich des Füllfederhalters eine Wegnahme vor. Der objektive Tatbestand ist erfüllt.

[14] WESSELS/HILLENKAMP, Rn. 281.

**2. Subjektiver Tatbestand**

T handelte vorsätzlich und in der Absicht, sich den Füllfederhalter rechtswidrig zuzueignen.

**3. Rechtswidrigkeit und Schuld**

Die Tat war rechtswidrig und T handelte schuldhaft.

**4. Ergebnis**

T hat sich durch das Mitnehmen des Füllfederhalters gemäß § 242 I StGB strafbar gemacht.

**hemmer-Methode**: Durch die Angabe „wertvoll" im Sachverhalt sollten hier jedwede Überlegungen zu § 248a StGB von vornherein „abgeblockt" werden.
Wenn Sie § 242 I StGB hier aus zutreffenden Gründen bejahen, muss in der Klausur eine Strafbarkeit wegen Unterschlagung gem. § 246 I StGB nicht mehr angesprochen werden. § 246 StGB ist nämlich als Auffangtatbestand konzipiert, der alle Formen rechtswidriger Zueignung fremder beweglicher Sachen umfasst, für sie jedoch nur dann eine selbständige Strafe begründet, wenn sie nicht in anderen Vorschriften mit schwererer Strafe bedroht sind (formelle Subsidiarität).

Hinsichtlich der Gewahrsamsverhältnisse an verlorenen und an vergessenen Sachen ist zu differenzieren:

Beim **Verlust einer Sache** endet die Sachherrschaft des bisherigen Gewahrsamsinhabers.

Geht die Sache außerhalb eines räumlich umgrenzten Herrschaftsbereichs (z.B. Wald) verloren, so wird sie zwar nicht herrenlos (bleibt also fremd), aber gewahrsamslos.

Es kommt dann keine Strafbarkeit wegen Diebstahls, sondern nur eine solche wegen Unterschlagung gem. § 246 I StGB in Betracht.

Bei **Verlust in einem fremden Machtbereich** tritt dagegen an die Stelle des bisherigen Gewahrsams des Verlierers neuer Gewahrsam des Inhabers dieses Machtbereichs, da sich die Sache dann in seinem objektiven Sachherrschaftsbereich befindet und von seinem generellen Beherrschungswillen umfasst ist. Hier kommt also § 242 I StGB in Betracht.

Bei **vergessenen Sachen** liegt lediglich eine Gewahrsamslockerung vor, wenn der Gewahrsamsinhaber weiß, wo sich die Sache befindet und er auf sie zu einem späteren Zeitpunkt Zugriff nehmen kann. Hier bleibt also ebenfalls eine Wegnahme und damit eine Strafbarkeit nach § 242 I StGB möglich.

## D. Zusammenfassung

**Sound**:
Gewahrsamsverhältnisse an verlorenen und vergessenen Sachen.

## E. Zur Vertiefung

- Hemmer/Wüst/Berberich, Strafrecht BT I, Rn. 8.

# Fall 4: Letztes Hemd mit Tasche

***Sachverhalt:***

*Wilfried (W) trifft bei einem Waldspaziergang an einer einsamen Stelle auf den nach einer plötzlichen Herzattacke bewusstlos am Boden liegenden Alfred (A). Statt ihm zu helfen, was W möglich gewesen wäre, nutzt er die vermeintlich gute Gelegenheit und nimmt einen 100 €-Schein aus dessen Brieftasche, da A ihm ohnehin noch diesen Betrag schuldet. A verstirbt wenig später.*

***Bearbeitervermerk:***

*Prüfen Sie die Strafbarkeit des W nach dem StGB.*

## A. Einordnung

Auch im Fall 4 liegt einer der Schwerpunkte in der Bestimmung der Gewahrsamsverhältnisse an dem Geldschein. Nimmt man hier fortbestehenden Gewahrsam des A zum Zeitpunkt der Tat an und bejaht man folglich das Vorliegen einer Wegnahme, so ist weiterhin zu erkennen, dass W im Verhältnis zu A tatsächlich Gläubiger einer Forderung in Höhe von 100 € gewesen ist. Dieser Umstand ist vor allem i.R.d. Prüfung der Rechtswidrigkeit der Zueignung zu erörtern.

Schließlich darf bei einer klausurmäßigen Falllösung der Tatbestand des § 323c StGB nicht übersehen werden.

## B. Gliederung

### Strafbarkeit des W

**I. Unterlassene Hilfeleistung, § 323 c StGB**

1. Objektiver Tatbestand
   Unglücksfall (+)
   Möglichkeit der Hilfeleistung
   Erforderlichkeit der Hilfeleistung (+)
   Zumutbarkeit der Hilfeleistung (+)
2. Subjektiver Tatbestand (+)
3. Rechtswidrigkeit und Schuld (+)
4. **Ergebnis:**
   § 323c StGB (+)

**II. Diebstahl hinsichtlich des 100 €-Scheins, § 242 I StGB**

1. Objektiver Tatbestand
   fremde, bewegliche Sache (+)

**(P) Gewahrsamsverhältnisse bei Bewusstlosigkeit**

a) **E.A.**: fortbestehender Gewahrsam immer (+), wenn zum Zeitpunkt der Vollendung der Tat der Tod noch nicht eingetreten ist

b) **A.A.**: kein fortbestehender Gewahrsam, wenn zwar zum Zeitpunkt der Vollendung der Tat der Tod noch nicht eingetreten ist, wenn aber zwischen diesem Zeitpunkt und dem Todeseintritt das Bewusstsein nicht wieder erlangt wird

2. Subjektiver Tatbestand
   Vorsatz (+)
   Zueignungsabsicht (+)

**(P) Zueignung rechtswidrig?**

⇨ Nach Wertsummentheorie: (-)

⇨ Nach h.M.: (+)

**(P) Bewertung eines Irrtums über das Tatbestandsmerkmal der Rechtswidrigkeit der beabsichtigten Zueignung**

a) **E.A.**: § 17 S. 2 StGB

b) **A.A.**: § 16 StGB

3. **Ergebnis**: § 242 I StGB (-)

## C. Lösung

### Strafbarkeit des W

#### I. Unterlassene Hilfeleistung, § 323c StGB

W könnte sich durch die Nichtversorgung des nach der Herzattacke verletzten und bewusstlosen A nach § 323c StGB strafbar gemacht haben.

**hemmer-Methode**: Klausurtaktisch kann es – jedenfalls bei umfangreicheren Fällen – sinnvoll sein, mit dem Strafvorwurf zu beginnen, der den Problemschwerpunkt darstellt. Dies wäre hier § 242 I StGB.

#### 1. Objektiver Tatbestand

Bei der Herzattacke des A handelt es sich um ein plötzlich eintretendes Ereignis, das zu einer erheblichen Gefahr für diese Person, nämlich zu ihrer Bewusstlosigkeit, geführt hat, mithin also um einen Unglücksfall.[15]

Eine Hilfeleistung zugunsten des A war dem W möglich. Dies fordert § 323c StGB als ungeschriebenes Tatbestandsmerkmal. Zur Vornahme einer unmöglichen Handlung kann nämlich keine Pflicht bestehen.[16] Die Hilfeleistung müsste auch erforderlich gewesen sein. Erforderlichkeit i.S.d. § 323c StGB ist dann gegeben, wenn ohne die Hilfeleistung die Gefahr bestünde, dass sich die Unglückssituation zu einer nicht ganz unerheblichen Schädigung von Personen oder Sachen auswirkt.

Umgekehrt ist die Erforderlichkeit einer Hilfeleistung dann zu verneinen, wenn der Betroffene sich selbst zu helfen vermag oder anderweitig ausreichende Hilfe vorhanden ist. Nach diesen Grundsätzen ist hier eine Hilfeleistung zugunsten des A, der an einer einsamen Stelle im Wald bewusstlos geworden war, erforderlich gewesen.

Schließlich setzt der objektive Tatbestand des § 323c StGB voraus, dass die Hilfeleistung zumutbar ist. Die Beurteilung des Merkmals der Zumutbarkeit richtet sich nach dem allgemeinen Sittlichkeitsempfinden. Es ist eine Abwägung zwischen den Gefahren der Unglückssituation und den eigenen Interessen des Täters vorzunehmen. Hier hätte W ohne weiteres selbst helfen oder jedenfalls fremde Hilfe herbeiholen können. Dies hat er jedoch unterlassen und so den Tatbestand des § 323c StGB objektiv verwirklicht.

**hemmer-Methode**: § 323c StGB gehört zur Gruppe der echten Unterlassungsdelikte. Diese erschöpfen sich in der Nichtvornahme einer Handlung die vom Gesetz gefordert wird.[17] Weitere Beispiele bilden etwa §§ 123 I Alt. 2, 138, 142 II StGB.

#### 2. Subjektiver Tatbestand

W handelte mit Wissen und Wollen.

Sein Vorsatz bezog sich auf den Unglücksfall sowie die Möglichkeit, Erforderlichkeit und Zumutbarkeit der Hilfeleistung.

#### 3. Rechtswidrigkeit und Schuld

W handelte rechtswidrig und schuldhaft.

---

15 Vgl. BGH (GrS) 6, 147 ff.

16 Fischer, § 323c StGB Rn. 11.

17 Joecks, StGB, § 13 Rn. 2.

#### 4. Ergebnis

W hat sich wegen unterlassener Hilfeleistung gem. § 323c StGB strafbar gemacht.

**hemmer-Methode**: § 323c StGB wirft in der Klausur selten besondere Schwierigkeiten auf. Es handelt sich dabei aber um einen Tatbestand, der vielfach übersehen wird.
Dies wird vom Korrektor besonders dann bemängelt, wenn er – wie hier – einschlägig ist.
Nebenbei: Umstritten ist, ob der Selbstmord einen Unglückfall i.S.d. § 323c StGB darstellt.
Während die Rechtsprechung dies grundsätzlich bejaht und lediglich Einschränkungen bei der Zumutbarkeit der Hilfeleistung vornimmt, lehnen große Teile der Literatur bereits das Vorliegen eines Unglücksfalles mit der Begründung ab, ein freiverantwortlicher Suizid beruhe auf einer freien und bewussten Entscheidung des Selbstmörders. Vgl. vertiefend hierzu Hemmer/Wüst StrafR BT II, Rn. 20 ff.
Bestehen dagegen wie vorliegend i.R.d. § 323c StGB keine größeren Probleme, so sind ausführliche Diskussionen unangebracht und werden u.U. sogar als anfängerhaft eingestuft.

### II. Diebstahl hinsichtlich des 100 €-Scheins, § 242 I StGB

W könnte sich durch das Einstecken des 100 €-Scheins aus der Brieftasche des bewusstlosen A gemäß § 242 I StGB strafbar gemacht haben.

#### 1. Objektiver Tatbestand

Bei dem Geldschein handelt es sich um eine für W fremde, bewegliche Sache.

Fraglich ist, ob W diese weggenommen hat.

Unter Wegnahme versteht man den Bruch fremden Allein- oder Mitgewahrsams und die Begründung neuen, nicht notwendig tätereigenen Gewahrsams.

Eine Strafbarkeit des W gem. § 242 I StGB setzt also zunächst voraus, dass A zum Zeitpunkt der Tat noch Gewahrsam an seiner Brieftasche und damit zwangsläufig auch an dem Geldschein hatte, den W dann gebrochen haben müsste.

Für die Frage, ob objektiv das für den Gewahrsam notwendige tatsächliche Herrschaftsverhältnis sowie subjektiv der Beherrschungswille des A besteht, ist die Verkehrsauffassung maßgeblich. Damit endet zwar der Gewahrsam einer Person mit ihrem Tode. Nach der Auffassung des täglichen Lebens verliert aber der Gewahrsamsinhaber seine tatsächliche Sachherrschaft nicht schon dadurch, dass er einschläft oder bewusstlos wird, da Gewahrsam keine ständige und ununterbrochene Zugriffsmöglichkeit verlangt. Vielmehr ist ein sog. potentieller Gewahrsamswille ausreichend.

Anders urteilt die Rechtsprechung dagegen, wenn die Bewusstlosigkeit – wie im vorliegenden Fall – ohne zwischenzeitliche Unterbrechung in den Tod übergeht, da in einem solchen Fall rückschauend betrachtet die Behinderung in der Gewahrsamsausübung nicht nur vorübergehender Natur gewesen sei.[18]

Gegen diese Ansicht spricht jedoch, dass für die strafrechtliche Beurteilung einer Tat stets der Zeitpunkt ihrer Vollendung maßgeblich sein muss.

Ein solcher Geschehensablauf kann lediglich i.R.d. Strafzumessung, nicht aber bei der Feststellung von Unrecht und Schuld Bedeutung erlangen.

[18] BayObLG, JR 1961, 188.

Zum Zeitpunkt der Vollendung der Tat war A lediglich bewusstlos, aber noch nicht verstorben.

W hat damit den noch fortbestehenden Gewahrsam des A an dem 100 €-Schein gebrochen und gleichzeitig neuen Gewahrsam begründet. Es liegt eine Wegnahme vor. Der objektive Tatbestand ist erfüllt.

**hemmer-Methode**: Folgt man der Rechtsprechung und verneint vorliegend den Gewahrsam eines Bewusstlosen, der später verstirbt, ist jedenfalls an den Auffangtatbestand der Unterschlagung gem. § 246 I StGB zu denken.

**2. Subjektiver Tatbestand**

W handelte vorsätzlich und mit der Absicht, sich den Geldschein zuzueignen.

**hemmer-Methode**: Bei der Subsumtion müssen die Zueignungsabsicht und die Rechtswidrigkeit der Zueignung klar voneinander getrennt werden. Erstere ist zweifelsfrei gegeben, da von einer Absicht des W hinsichtlich einer zumindest vorübergehenden Aneignung und von bedingtem Vorsatz hinsichtlich einer dauernden Enteignung des A ausgegangen werden kann. Aus diesem Grunde sollte man sich an dieser Stelle bei einer Klausurlösung kurz fassen.

Fraglich ist aber, ob die beabsichtigte Zueignung des W auch rechtswidrig war. Dies wäre der Fall, wenn dem Täter kein fälliger und einredefreier Anspruch auf Übereignung der Sache zugestanden hätte.

**hemmer-Methode**: Bei der Rechtswidrigkeit der Zueignung handelt es sich um ein objektives Tatbestandsmerkmal, das vom Vorsatz des Täters umfasst sein muss (vgl. § 15 StGB).

Es wird nur aus logischen Gesichtspunkten im subjektiven Tatbestand geprüft, da man erst nach Klärung der Frage, worauf sich die beabsichtigte Zueignung bezieht, deren Rechtswidrigkeit überprüfen kann.
Das Merkmal der Rechtswidrigkeit der Zueignung darf aber auf keinen Fall mit den allgemeinen Rechtfertigungsgründen gleichgesetzt und unter dem Prüfungspunkt „Rechtswidrigkeit der Tat" geprüft werden.

W hatte hier gegen A einen zivilrechtlichen Anspruch auf Zahlung von 100 €.

Fraglich ist jedoch, ob er auch einen Anspruch genau auf den weggenommen 100 €-Schein aus der Brieftasche des A hatte. Geldschulden werden weitgehend wie Gattungsschulden behandelt.

Bei diesen besteht grundsätzlich kein Anspruch auf einen bestimmten Gegenstand; vielmehr steht dem Schuldner das Recht zu, den Gegenstand auszuwählen, den er dem Gläubiger andienen möchte.

Folglich hatte W keinen Anspruch auf den konkret weggenommenen Gegenstand, also den 100 €-Schein des A, weswegen die erstrebte Zueignung nach h.M. rechtswidrig war.

Gegen dieses Ergebnis opponiert die sog. Wertsummentheorie, die davon ausgeht, dass bei Münzen und Banknoten nach der Verkehrsauffassung regelmäßig nicht die Sache als solche, sondern die in dieser verkörperte Wertsumme maßgeblich sei. Folglich sei einzig und allein entscheidend, ob ein Anspruch auf den zugeeigneten Betrag bestanden habe. Dies wäre hier zu bejahen, so dass man bei Zugrundelegung der Wertsummentheorie im Ergebnis zur Rechtmäßigkeit der erstrebten Zueignung des W käme.

Allerdings ist zu beachten, dass sich der Wortlaut des § 242 I StGB ausdrücklich auf eine fremde, bewegliche Sache bezieht.

Außerdem würde die Grenze zwischen den Eigentums- und den Vermögensdelikten im engeren Sinne (z.B. Betrug, Erpressung) verschwimmen, wenn man auch i.R.d. § 242 I StGB nicht auf die konkrete Sache, sondern auf den in ihr verkörperten Wert abstellte. Mit dieser Argumentation ist die Wertsummentheorie abzulehnen.

Die beabsichtigte Zueignung des W war daher rechtswidrig.

**hemmer-Methode**: Selbstverständlich sind die Argumente der Vertreter der Wertsummentheorie nicht ohne weiteres von der Hand zu weisen. In einer Klausur könnten Sie sich ebenso gut für diese Theorie entscheiden. Klausurtaktisch spricht aber vieles dafür, der h.M. zu folgen und auf diese Weise die Klausur „zu verlängern", da man dann noch das im Sachverhalt angelegte Irrtumsproblem behandeln kann.
Entwickeln Sie im Laufe der Zeit durch regelmäßiges Training am Fall ein Gespür für solche klausurtaktischen Gesichtspunkte.

Fraglich ist allerdings, ob W auch Vorsatz bezüglich der Rechtswidrigkeit der Zueignung hatte.

Hierzu müsste W Kenntnis von den dieses normative Tatbestandsmerkmal ausfüllenden Tatsachen gehabt, sowie dessen rechtlich-sozialen Bedeutungsgehalt nach Laienart richtig erfasst haben (sog. Parallelwertung in der Laiensphäre).

Teilweise wird bei der insbesondere in Frage stehenden zweiten Voraussetzung danach differenziert, ob der Täter fälschlicherweise glaubt, einen fälligen, einredefreien Anspruch auf die weggenommene Sache zu besitzen oder von einem in Wirklichkeit nicht bestehenden Selbsthilferecht ausgeht.

Während im ersten Fall der Vorsatz entfallen soll, sei im zweiten Fall lediglich ein nach § 17 S. 2 StGB zu behandelnder vermeidbarer Erlaubnisirrtum anzunehmen.

Gegen diese Differenzierung spricht jedoch, dass gerade einem Laien der Unterschied zwischen diesen beiden Annahmen nicht deutlich gemacht werden kann, da er meistens nur die diffuse Vorstellung haben wird, „ihm stehe das Geld zu".

Aus diesem Grund ist die Ansicht der Rechtsprechung vorzugswürdig, die in derartigen Fällen dem Täter einheitlich eine „goldene Brücke" bauen will und beide Fälle als Tatbestandsirrtum i.S.d. § 16 I S. 1 StGB wertet.[19]

W glaubte hier daran, dem A den 100 €-Schein wegnehmen zu dürfen, da er wusste, dass ihm noch eine offene Forderung in dieser Höhe gegen den A zustand. Dieser Irrtum führt nach § 16 I S. 1 StGB zum Entfallen des Vorsatzes des W.

### 3. Ergebnis

W hat sich nicht gem. § 242 I StGB strafbar gemacht.

**hemmer-Methode**: Wenn man der Gegenansicht folgt und lediglich von einem vermeidbaren Erlaubnisirrtum i.S.d. § 17 S. 2 StGB ausgeht, wäre W wegen Diebstahls in einem besonders schweren Fall zu bestrafen, da auch die Voraussetzungen des Regelbeispiels des § 243 I S. 2 Nr. 6 StGB hier gegeben sind.

[19] Vgl. BGH, StV 1991, 515; BGH, NStZ 1994, 128; ferner zum Problem WESSELS/HILLENKAMP, Rn. 190.

Dieses Ergebnis erscheint allerdings kriminalpolitisch wenig überzeugend, zumal teilweise in der Literatur eine Strafbarkeit verneint wird (vgl. „Wertsummentheorie“). Gut vertretbar wäre es hingegen, von einem für den Laien unvermeidbaren Verbotsirrtum auszugehen. Dann handelte der Täter ohne Schuld, § 17 S. 1 StGB.

## D. Zusammenfassung

**Sound**:
Unterlassene Hilfeleistung, § 323c StGB.
Gewahrsamsverhältnisse bei Schlaf, Bewusstlosigkeit und Tod.
Rechtswidrigkeit der beabsichtigten Zueignung.

§ 323c StGB setzt in objektiver Hinsicht einen **Unglücksfall** sowie die **Möglichkeit, Erforderlichkeit und Zumutbarkeit der Hilfeleistung** voraus.

Gewahrsam i.S.d. § 242 I StGB setzt **objektiv** ein tatsächliches Herrschaftsverhältnis zur Sache sowie **subjektiv** einen entsprechenden Beherrschungswillen voraus. Maßgeblich ist insofern eine Beurteilung nach der Verkehrsauffassung und den Anschauungen des täglichen Lebens. Danach endet der Gewahrsam einer Person mit ihrem Tode. Bei Schlaf oder Bewusstlosigkeit dagegen besteht der Gewahrsam fort. Ein sog. **potentieller Gewahrsamswille** genügt.

Die beabsichtigte Zueignung i.S.d. § 242 I StGB ist nicht rechtswidrig, wenn dem Täter ein fälliger und einredefreier Anspruch auf die Sache zusteht.

Glaubt der Täter irrtümlich, einen solchen Anspruch zu haben, so entfällt nach h.M. gem. § 16 I S. 1 StGB sein Vorsatz in Bezug auf das Tatbestandsmerkmal der Rechtswidrigkeit der beabsichtigten Zueignung.

## E. Zur Vertiefung

**Rechtsprechung:**

- Zur „Asche“ im Sinne des § 168 I StGB gehören sämtliche nach der Einäscherung verbleibende Rückstände, d.h. auch die vormals mit einem Körper fest verbundenen, nicht verbrennbaren Bestandteile. Bei Zahngold handelt es sich um keine eigentumsfähige Sache, solange es sich um einen Verbrennungsrückstand bei der Einäscherung einer Leiche handelt. Es ist insoweit herrenlos und scheidet als Tatobjekt eines Diebstahls gemäß § 242 I StGB aus: BGH, Beschluss vom 30.06.2015 – 5 StR 71/15 = **juris**byhemmer.

**Sonderproblem:**

- Zur rechtlichen Bewertung des Entwendens von Pfandflaschen siehe Berberich, Life&Law 2008, 700 ff.

**Zum Tatbestand der unterlassenen Hilfeleistung gem. § 323c StGB:**

- Hemmer/Wüst/Berberich, Strafrecht BT II, Rn. 310f ff.

**Zum potentiellen Gewahrsamswillen:**

- Hemmer/Wüst/Berberich, Strafrecht BT I, Rn. 9.

**Zur Rechtswidrigkeit der beabsichtigten Zueignung:**

- Hemmer/Wüst/Berberich, Strafrecht BT I, Rn. 25 ff.

# Fall 5: Radlosigkeit

***Sachverhalt:***

*Anton (A) stellt sein Fahrrad vor dem Haus seiner Tante ab, die er besuchen will. Dabei bemerkt er nicht, dass für diesen Tag die Sperrmüllabfuhr angekündigt wurde. Der ahnungslose Theo (T) sieht das Fahrrad neben anderen zur Mitnahme bereitgestellten Sachen und nimmt es hocherfreut mit, um es für sich zu behalten.*

***Bearbeitervermerk:***

*Prüfen Sie die Strafbarkeit des T.*

## A. Einordnung

Im vorliegenden Fall ist zunächst i.R.d. objektiven Tatbestandes des § 242 I StGB zu prüfen, ob ein taugliches Tatobjekt, also eine fremde, bewegliche Sache, vorliegt. Näher einzugehen ist hier auf das Merkmal der Fremdheit. An dieser Stelle kann es auch in einer strafrechtlichen Klausur erforderlich werden, eine zivilrechtliche Prüfung der Eigentumslage vorzunehmen.

I.R.d. Tathandlung der Wegnahme ist sodann auf die Gewahrsamsverhältnisse am Fahrrad einzugehen.

Schließlich ist in subjektiver Hinsicht die Frage aufzuwerfen, wie sich die Fehlvorstellung des T auswirkt, der davon ausging, dass das Fahrrad zur Mitnahme bei der Sperrmüllabholung auf der Straße bereitgestellt worden sei.

## B. Gliederung

**Strafbarkeit des T**

**I. Diebstahl, § 242 I StGB**

**1.** Objektiver Tatbestand
Bewegliche Sache (+)

**(P) Fremdheit der Sache**
**(-) bei Dereliktion** gem. § 959 BGB, hier aber nur vorübergehendes Abstellen des Fahrrades durch A, daher Dereliktion (-), Fremdheit (+)

**(P) Tathandlung**
Wegnahme der Sache durch T?

⇨ Keine gewahrsamslose Sache durch Abstellen des Rades, sondern gelockerter Gewahrsam des A

**2.** Subjektiver Tatbestand

**(P) Vorsatz des T in Bezug auf Fremdheit der Sache** (-), T hält das Rad für herrenlos, kein Vorsatz (§ 16 I S. 1 StGB)

**II. Unterschlagung, § 246 I StGB**

Mangels Vorsatzes hinsichtlich einer fremden Sache auch keine Unterschlagung**III. Ergebnis**: Straflosigkeit des T

## C. Lösung

### Strafbarkeit des T

**I. Diebstahl, § 242 I StGB**

T könnte sich durch die Mitnahme des Fahrrades wegen Diebstahls gem. § 242 I StGB strafbar gemacht haben.

**1. Objektiver Tatbestand**

Bei dem Fahrrad handelt es sich jedenfalls um eine bewegliche Sache.

Diese müsste ferner für T fremd gewesen sein.

Fremd ist eine Sache, wenn sie im Eigentum eines anderen steht, wobei auch Miteigentum eines anderen genügt.

Das Merkmal der Fremdheit ist also nur dann zu verneinen, wenn die Sache herrenlos i.S.d. §§ 958 ff. BGB ist oder ausschließlich dem Täter gehört. Das Fahrrad stand ursprünglich im Alleineigentum des A.

Eine Aufgabe des Eigentums durch A (Dereliktion) gem. § 959 BGB liegt hier nicht vor, da A das Fahrrad nur vorübergehend abstellen wollte. Das Fahrrad war daher zum Zeitpunkt der Tat für T fremd.

**hemmer-Methode**: Die Tatsache, dass T subjektiv von einer solchen Dereliktion ausging, sollte an dieser Stelle überhaupt nicht erwähnt werden, da dies ein Problem des Vorsatzes, also des subjektiven Tatbestandes darstellt. Von daher kann man sich im objektiven Tatbestand auf kurze Ausführungen beschränken.

Weiterhin müsste T die Sache weggenommen haben. Er müsste also fremden Gewahrsam am Fahrrad gebrochen und neuen an ihm begründet haben.

Durch das nur vorübergehende Abstellen des Fahrrades durch A ist dieses nicht gewahrsamslos geworden. Vielmehr ist nach der Verkehrsauffassung weiterhin von einem gelockerten Gewahrsam auszugehen, der von einem entsprechenden Gewahrsamswillen des A getragen war. Daher müsste T diesen noch fortbestehenden Gewahrsam des A gebrochen haben, was durch die Mitnahme des Fahrrades geschah. Diese führte auch zur Begründung von neuem – hier tätereigenem – Gewahrsam an der Sache.

T hat daher das Fahrrad weggenommen. Der objektive Tatbestand ist erfüllt.

**2. Subjektiver Tatbestand**

Zum subjektiven Tatbestand des Diebstahls gehört, dass der Täter vorsätzlich in Bezug auf alle Merkmale des objektiven Tatbestandes und in der Absicht handelt, die fremde, bewegliche Sache sich oder einem Dritten rechtswidrig zuzueignen.

Fraglich ist zunächst, ob T hier den Vorsatz hatte, den objektiven Tatbestand des § 242 I StGB zu verwirklichen. Dazu müsste er zunächst gewusst haben, dass es sich bei dem mitgenommenen Fahrrad um eine fremde Sache handelte.

Aus Sicht des T könnte das Fahrrad herrenlos gewesen sein, wenn er vom Vorliegen einer Eigentumsaufgabe (Dereliktion) i.S.d. § 959 BGB durch den ursprünglichen Eigentümer ausging. Eine solche Dereliktion wird durch eine einseitige, nicht empfangsbedürftige Willenserklärung vorgenommen. Bei Gegenständen, die als Sperrmüll am Straßenrand deponiert werden, ist grundsätzlich von einem solchen Willen des ursprünglichen Eigentümers zur Eigentumsaufgabe auszugehen. Da T annahm, dass das Fahrrad zum Sperrmüll gehörte, und damit glaubte, eine herrenlose Sache vor sich zu haben, fehlte ihm gem. § 16 I S. 1 StGB der Vorsatz, eine fremde bewegliche Sache wegzunehmen.

**hemmer-Methode**: Es existieren im StGB auch Vorschriften, welche die Wegnahme von herrenlosen (§ 292 StGB) oder sogar tätereigenen Sachen (§ 289 StGB) unter Strafe stellen.

Allerdings sind diese Vorschriften im vorliegenden Fall offensichtlich nicht einschlägig, so dass es verfehlt wäre, hier auf diese einzugehen.

Auf das Vorliegen einer Zueignungsabsicht ist daher nicht mehr einzugehen. Der subjektive Tatbestand ist nicht erfüllt. T ist nicht wegen Diebstahls strafbar.

### II. Unterschlagung, § 246 I StGB

Aus den gleichen Gründen scheidet auch eine Strafbarkeit wegen Unterschlagung gem. § 246 I StGB aus. Auch die Unterschlagung setzt nämlich als Tatobjekt eine fremde bewegliche Sache voraus.

### III. Ergebnis

T ist straflos.

## D. Zusammenfassung

**Sound**:
Fremdheit einer Sache i.S.d. §§ 242 I, 246 I StGB.

Fremd ist eine Sache, wenn **sie im Eigentum eines anderen** steht, wobei auch Miteigentum eines anderen genügt.

Das Merkmal der Fremdheit ist zu verneinen, wenn die Sache **herrenlos** i.S.d. §§ 958 ff. BGB ist oder ausschließlich dem Täter gehört.

**Irrt** sich der **Täter in Bezug auf** das Merkmal der **Fremdheit**, hält er also eine fremde Sache irrtümlich für seine eigene oder für herrenlos, so entfällt gem. § 16 I S. 1 StGB sein diesbezüglicher Vorsatz und damit der subjektive Tatbestand des Diebstahls und der Unterschlagung.

## E. Zur Vertiefung

**Zum Merkmal der Fremdheit:**

- Hemmer/Wüst/Berberich BT I, Rn. 3 ff.
- Hemmer/Wüst, Strafrecht für die Zwischenprüfung, Rn. 328.

**Rechtsprechung zur Fremdheit:**

- Auch illegal erworbene Drogen können tauglicher Gegenstand eines Eigentumsdelikts sein, vgl. BGH, NJW 2006, 72 f. = Life&Law 2006, 333 ff. = **juris**byhemmer.

# Fall 6: Die verlorene Dienstmütze

***Sachverhalt:***

*Der Bundeswehrsoldat Sven (S) hat seine Dienstmütze verloren. Um staatlichen Regressansprüchen zu entgehen, nimmt er die Dienstmütze seines Kameraden Otto (O) aus dessen Spind und gibt diese am Ende der Dienstzeit mit den sonstigen Ausrüstungsgegenständen an die Bekleidungskammer ab.*

***Bearbeitervermerk:***

*Prüfen Sie die Strafbarkeit des S nach § 242 I StGB.*

## A. Einordnung

Im Fall 6 sind zunächst i.R.d. objektiven Tatbestands bei der Prüfung der Fremdheit der Sache die Eigentums- und bei der Prüfung einer Wegnahme die Gewahrsamsverhältnisse an der Mütze zu klären.

Das Hauptproblem des Falles liegt aber im subjektiven Tatbestand. § 242 I StGB stellt ein Delikt mit überschießender Innentendenz dar. Neben dem Vorsatz in Bezug auf sämtliche Merkmale des objektiven Tatbestandes muss der Täter zusätzlich in der Absicht handeln, die Sache sich oder einem Dritten rechtswidrig zuzueignen. Auf das Vorliegen einer solchen Zueignungsabsicht ist hier näher einzugehen, da S zu keinem Zeitpunkt das fremde Eigentum an der Sache leugnet und Eigenbesitz für sich in Anspruch nimmt.

## B. Gliederung

**Strafbarkeit des S**

**I. Diebstahl, § 242 I StGB**

**1. Objektiver Tatbestand**

**a)** Sache (+)

**b)** Beweglich (+)

**c)** Fremd (+)
⇨ Eigentümer = Bundeswehr

**d)** Wegnahme
⇨ Fremder Gewahrsam des O gebrochen und neuer Gewahrsam durch Mitnahme der Mütze begründet

**2. Subjektiver Tatbestand**
Vorsatz in Bezug auf Merkmale des objektiven Tatbestandes (+)

**(P) Zueignungsabsicht**, i. Erg. (-)

⇨ Bereits Aneignungskomponente (-)

⇨ Keine Betätigung eines Willens durch S, die fremde Sache der Substanz nach oder den in dieser verkörperten Sachwert dem eigenen Vermögen auch nur vorübergehend einzuverleiben

**II. Ergebnis:**
§ 242 I StGB (-)

## C. Lösung

### Strafbarkeit des S

**I. Diebstahl, § 242 I StGB**

S könnte sich wegen Diebstahls gem. § 242 I StGB strafbar gemacht haben, indem er die Dienstmütze des O aus dessen Spind nahm und sie an die Bekleidungskammer der Bundeswehr abgab.

### 1. Objektiver Tatbestand

Bei der Dienstmütze handelt es sich um eine für S fremde, bewegliche Sache, da sie im Eigentum der Bundeswehr stand.

Fraglich ist, ob S die Dienstmütze weggenommen hat.

Wegnahme bedeutet den Bruch fremden Allein- oder Mitgewahrsams und die Begründung neuen, nicht unbedingt tätereigenen Gewahrsams. Dabei ist der Gewahrsamsbegriff vom Eigentumsbegriff zu unterscheiden. Während letzterer für das Merkmal der Fremdheit von entscheidender Bedeutung ist, kommt es i.R.d. Feststellung der Gewahrsamsverhältnisse an einer Sache nicht auf rechtliche Wertungen, sondern ausschließlich auf das Vorliegen eines faktischen, tatsächlichen Herrschaftsverhältnisses an.

Eigentümer war hier zwar die Bundeswehr. Da sich aber die Dienstmütze im Spind des O befand, ist dieser als ursprünglicher Gewahrsamsinhaber anzusehen. Dessen Gewahrsam also musste S brechen, bevor er neuen Gewahrsam begründen konnte. Ein Gewahrsamsbruch ist hier in der Entnahme der Mütze aus dem Spind des O zu sehen. Indem S die Mütze mitnahm, hat er auch neuen, eigenen Gewahrsam begründet. Eine Wegnahmehandlung ist damit zu bejahen.

Der objektive Tatbestand ist erfüllt.

**hemmer-Methode**: Für die Verwirklichung des § 242 I StGB stellt es kein Hindernis dar, dass Eigentümer und Gewahrsamsinhaber personenverschieden sind. Interessant wird ein solches personelles Auseinanderfallen allerdings bei der Frage nach der Strafantragsberechtigung in den Fällen der §§ 247, 248a StGB. Hier ist davon auszugehen, dass sowohl der Eigentümer als auch der Gewahrsamsinhaber von § 242 I StGB geschützt sind, so dass beide einen entsprechenden Strafantrag (vgl. § 77 I StGB) stellen können.

### 2. Subjektiver Tatbestand

S handelte mit Wissen und Wollen, also mit Vorsatz in Bezug auf alle objektiven Tatbestandsmerkmale.

Beim Diebstahl handelt es sich allerdings um ein Delikt mit überschießender Innentendenz. Neben dem Vorsatz bezüglich der objektiven Tatbestandsmerkmale setzt der subjektive Tatbestand zusätzlich die Absicht des Täters voraus, die Sache sich oder einem Dritten rechtswidrig zuzueignen.

Fraglich ist hier, ob S mit einer solchen Zueignungsabsicht gehandelt hat.

Der Begriff der Zueignung setzt sich aus zwei Elementen zusammen, nämlich der Aneignung und der Enteignung.

Nach h.M. bedeutet ein „Sich-Zueignen“ die Anmaßung einer eigentümerähnlichen Verfügungsgewalt zu eigenen Zwecken (lat.: „se ut dominum gerere“) durch die Betätigung des Willens, die fremde Sache oder den in der Sache verkörperten Sachwert – wenn auch nur für eine vorübergehende Zeitspanne – dem eigenen Vermögen einzuverleiben (Aneignungskomponente) und die endgültige und dauerhafte Verdrängung des bislang Berechtigten aus seiner Position (Enteignungskomponente).

Dabei genügt hinsichtlich der Enteignungskomponente in subjektiver Hinsicht bedingter Vorsatz, während hinsichtlich der Aneignungskomponente Absicht im technischen Sinne, also zielgerichteter Wille, beim Täter vorliegen muss.

Vorliegend erkannte S aber die Eigentümerstellung der Bundeswehr an der Dienstmütze zu jedem Zeitpunkt an.

Er hat keinen Eigenbesitz begründet bzw. begründen wollen. Vielmehr war er jederzeit bereit, die Mütze am Ende der Dienstzeit wieder zurückzugeben. Aus diesem Grunde hat er sich schon keine eigentümerähnliche Verfügungsgewalt über die Sache angemaßt.

**hemmer-Methode**: Genau genommen fehlt es bezogen auf die Sachsubstanz selbst sowohl an der An- als auch an der Enteignungskomponente der Zueignung.

Möglicherweise könnte sich S jedoch den in der Mütze verkörperten Sachwert einverleibt haben. Nach der sog. Vereinigungsformel[20] genügt es nämlich, wenn sich der Täter entweder die Sache selbst oder den in ihr verkörperten Sachwert in sein Vermögen einverleiben will.

Ein „Sich-Zueignen“ ist daher auch dann zu bejahen, wenn der Täter eine Sache zwar nicht ihrer Substanz nach, aber doch ihrem wirtschaftlichen Wert nach gewinnen will.

**hemmer-Methode**: Zumindest in einer Klausur (im Gegensatz zur Hausarbeit) sollten Sie die Vereinigungsformel, welche die Substanz- und die Sachwerttheorie kombiniert, ohne längere Diskussion ihren Ausführungen zugrunde legen, da sie allgemein anerkannt ist. Vergleichen Sie insofern nochmals die oben gegebene Definition des Sich-Zueignens, die bereits dem Ansatz der Vereinigungsformel entspricht.

Bei der Anwendung des Ansatzes der Sachwerttheorie ist aber zu beachten, dass Diebstahl eine Straftat gegen das Eigentum und anders als etwa der Betrug kein allein gegen fremdes Vermögen gerichtetes Bereicherungsdelikt darstellt. Daher ist von einer Zueignung des Sachwerts und damit von einem Diebstahl nur dann auszugehen, wenn der Täter sich den spezifisch in der Sache verkörperten, also den mit der Sache nach ihrer Art und Funktion verknüpften Wert zueignen wollte (lat.: lucrum ex re).

Anders ist zu entscheiden, wenn der Täter lediglich die Verwendungsmöglichkeit der Sache, z.B. zur Begehung eines Betrugs und damit den Vorteil aus einem Geschäft mit der Sache (lat.: lucrum ex negotio cum re) ausnutzen wollte.

Hier stellt die Möglichkeit, die Mütze bei der Ausmusterung zur Vermeidung von staatlichen Regressansprüchen zu verwenden, keinen in der Sache selbst nach ihrer Art und Funktion verkörperten Wert (lat.: lucrum ex re) dar, sondern fällt unter die zweite Kategorie (lat.: lucrum ex negotio cum re).

## II. Ergebnis

S hat ohne Zueignungsabsicht gehandelt. Der subjektive Tatbestand ist nicht erfüllt. S hat sich nicht wegen Diebstahls gem. § 242 I StGB strafbar gemacht.

**hemmer-Methode**: Die Fallfrage bezog sich hier lediglich auf die Prüfung einer Diebstahlsstrafbarkeit des S. In einer Klausur wäre gegebenenfalls noch ein Dreiecksbetrug gegenüber der Bundeswehr zu Lasten des O zu prüfen. Dabei ist zu beachten, dass zwar Getäuschter, Irrender und Verfügender i.R.d. § 263 I StGB personengleich sein müssen; die Person, bei der der Vermögensschaden eintritt, kann aber durchaus auch eine andere sein.

[20] RGSt 61, 228, 233; BGHSt 9, 348 = **juris**byhemmer; BGHSt 35, 152 = **juris**byhemmer.

Ein Betrug gegenüber und zu Lasten der Bundeswehr scheitert daran, dass diese keinen Schaden erleidet, da sie Ansprüche gegen O geltend machen wird. In Betracht kommt somit nur ein Dreiecksbetrug gegenüber der Bundeswehr zu Lasten des O. Vgl. im Einzelnen ausführlich zum Betrugstatbestand die Fälle 25 bis 35.

## D. Zusammenfassung

**Sound**:
Subjektiver Tatbestand des § 242 I StGB.

Der subjektive Tatbestand des § 242 I StGB setzt zunächst Vorsatz hinsichtlich aller Merkmale des objektiven Tatbestandes voraus. Ferner muss der Täter in der Absicht handeln, die fremde, bewegliche Sache sich oder einem Dritten rechtswidrig zuzueignen.

Sich-Zueignen bedeutet die Anmaßung einer eigentümerähnlichen Verfügungsgewalt zu eigenen Zwecken (lat.: **se ut dominum gerere**) durch die Betätigung des Willens, die fremde Sache oder den in ihr verkörperten Sachwert – wenn auch nur für eine vorübergehende Zeitspanne – dem eigenen Vermögen einzuverleiben (**Aneignungskomponente**) und die endgültige und dauerhafte Verdrängung des bislang Berechtigten aus seiner Position (**Enteignungskomponente**).

**Merkformel**:
Bezüglich der Aneignungskomponente ist Absicht Voraussetzung. Die Aneignung muss nur für eine vorübergehende Zeitspanne angestrebt werden.
Hinsichtlich der Enteignungskomponente genügt einfacher (auch bedingter) Vorsatz. Die Enteignung muss nach dem Täterwillen auf Dauer angelegt sein.

## E. Zur Vertiefung

**Zur Zueignungsabsicht:**

- Hemmer/Wüst, Strafrecht für die Zwischenprüfung, Rn. 339 ff.
- Hemmer/Wüst/Berberich, StrafR BT I, Rn. 18 ff.

**Rechtsprechung zur Zueignungsabsicht:**

- BGH, Beschluss vom 09.06.2015 – 3 StR 146/15 = Life&Law 2016, 402 ff. = **juris**byhemmer: Wer ein Mobiltelefon ausschließlich deshalb wegnimmt, um darauf vermeintlich gespeicherte Bilder zu löschen, weist keine für die Bejahung der Zueignungsabsicht erforderliche Aneignungsabsicht auf. Diese setzt vielmehr voraus, der Täter im Zeitpunkt der Wegnahme die fremde Sache unter Ausschließung des Eigentümers oder bisherigen Gewahrsamsinhabers körperlich oder wirtschaftlich für sich oder einen Dritten erlangen und sie der Substanz oder dem Sachwert nach seinem Vermögen oder dem eines Dritten „einverleiben" oder zuführen will.

# Fall 7: Der Besuch des Sepp

***Sachverhalt:***

*Sepp (S) bemerkt bei einem Besuch, dass sich in der Jacke der Hannelore (H) ein Sparbuch sowie ein Geldbeutel mit einer ec-Karte und einem handschriftlichen Zettel mit der dazugehörigen PIN befinden. Er nimmt das Sparbuch und die ec-Karte an sich, prägt sich die PIN ein, geht damit zur Hausbank der H und hebt vom Sparbuch 500 € sowie am Geldautomaten 300 € ab. Kurz darauf steckt er unbemerkt beide Gegenstände wieder zurück in die Jacke der H, was er von Anfang an vorhatte.*

Sparbuch - 500 € +
ec Karte - 300 € +

***Bearbeitervermerk:***

*Prüfen Sie die Strafbarkeit des S nach § 242 I StGB bezüglich der ec-Karte und des Sparbuchs.*

## A. Einführung

Im Fall 7 liegt der Schwerpunkt wiederum im Bereich der Zueignungsabsicht als subjektives Tatbestandsmerkmal des Diebstahls. Wichtig ist hier vor allem, in exakter Weise herauszuarbeiten, worauf sich die beabsichtigte Zueignung beziehen muss, was also Gegenstand der beabsichtigten Zueignung ist. Nach h.M. (sog. Vereinigungsformel) kann dies die Substanz der Sache, aber auch der in ihr verkörperte wirtschaftliche Wert sein.

Generell gilt in Fällen der vorliegenden Art: Gibt der Sachverhalt die Lösung eines Falles und einer Abwandlung auf oder beinhaltet er mehrere Varianten, so will der Klausurersteller in aller Regel prüfen, inwieweit Sie in der Lage sind, die Unterschiede der einzelnen Konstellationen argumentativ darzustellen. Zeigen Sie hier Ihre Fähigkeit, zu differenzieren. Nur in den seltensten Fällen wird das Ergebnis in allen Varianten das gleiche sein.

## B. Gliederung

**Strafbarkeit des S**

**I. Diebstahl hinsichtlich des Sparbuchs der H, § 242 I StGB**

**1. Objektiver Tatbestand**

⇨ Sparbuch der H
= fremde bewegliche Sache, Wegnahmehandlung (+)

**2. Subjektiver Tatbestand**
Vorsatz bzgl. obj. Tatbestand (+)

**(P) Zueignungsabsicht**

**a)** Hinsichtlich der **Sachsubstanz** des Sparbuchs (-), da von Anfang an Rückführungswille

⇨ Enteignungskomponente (-)

**b)** Hinsichtlich des **Sachwertes** (lat.: **lucrum ex re**) des Sparbuchs (+)

**3.** Rechtswidrigkeit und Schuld (+)

**4. Ergebnis**: § 242 I StGB bzgl. Sparbuch (+)

**II. Diebstahl hinsichtlich der ec-Karte der H, § 242 I StGB**

**1. Objektiver** Tatbestand
ec-Karte der H
= fremde, bewegliche Sache
Wegnahmehandlung (+)

**2. Subjektiver Tatbestand**
Vorsatz in Bezug auf obj. Tatbestand (+)

**(P) Zueignungsabsicht**

a) Hinsichtlich der **Sachsubstanz** der ec-Karte (-)

b) Hinsichtlich des **Sachwertes** (lat.: **lucrum ex re**) der ec-Karte (-)

**3. Ergebnis**: § 242 I StGB bzgl. ec-Karte (-)

## C. Lösung

### Strafbarkeit des S

#### I. Diebstahl hinsichtlich des Sparbuchs der H, § 242 I StGB

Durch das An-Sich-Nehmen des Sparbuchs der H und durch das Abheben von 500 € von diesem Sparbuch bei der Bank könnte sich S wegen Diebstahls gem. § 242 I StGB strafbar gemacht haben.

#### 1. Objektiver Tatbestand

S hat das Sparbuch der H – eine fremde bewegliche Sache – aus deren Jacke an sich genommen. Darin ist eine Wegnahmehandlung i.S.d. § 242 I StGB zu sehen. Der objektive Tatbestand ist erfüllt.

**hemmer-Methode**: In diesem Fall bereitet der objektive Tatbestand des Diebstahls keine Schwierigkeiten. Fassen Sie sich daher kurz und überfrachten Sie ihre Klausur an solchen Stellen nicht durch die hier nicht angezeigte Wiedergabe auswendig gelernter Definitionen. Dies bringt in der Klausur keine Punkte.

#### 2. Subjektiver Tatbestand

S handelte vorsätzlich in Bezug auf den objektiven Tatbestand.

S müsste jedoch zudem auch in Zueignungsabsicht gehandelt haben. Zueignung ist die Anmaßung einer eigentümerähnlichen Herrschaftsmacht über die fremde bewegliche Sache durch dauerhafte Enteignung des bisherigen Berechtigten und zumindest vorübergehende Aneignung der Sachsubstanz oder des in der Sache verkörperten spezifischen Sachwertes.

Die Sachsubstanz des Sparbuchs selbst wollte sich S hier nicht zueignen. Es fehlt insofern an der Enteignungskomponente. S wollte die H hinsichtlich der Sache an sich nicht dauerhaft enteignen; dies nahm er nicht einmal billigend in Kauf.

Vielmehr hatte er von Anfang an vor, das Sparbuch nach dem Abhebevorgang bei der Bank umgehend wieder in die Jacke der H zurückzustecken. Dieser Rückführungswille steht der Annahme einer beabsichtigen Zueignung der Sachsubstanz des Sparbuches entgegen.

Gegenstand der Zueignung kann aber nach der von der h.M. vertretenen Vereinigungsformel[21] auch der Wert einer Sache sein, sofern dieser Sachwert in der Sache selbst verkörpert ist (lat.: lucrum ex re). Durch das Abheben der 500 € wurde ein entsprechender Sachwert dauerhaft dem Sparbuch entzogen. Insofern kam es dem S auf das Innehaben einer eigentümerähnlichen Herrschaftsstellung an. Auch der nötige Enteignungsvorsatz zum Zeitpunkt der Wegnahme war hier gegeben, denn S wollte das Sparbuch von vornherein nur als eine um 500 € entwertete Hülse an die H zurückgeben.

---

21 Vgl. insofern nochmals Fall 6.

S handelte daher insofern in Zueignungsabsicht. Die von ihm beabsichtigte Zueignung war auch rechtswidrig, da dem S kein fälliger und einredefreier Anspruch auf das abgehobene Geld (= Sachwert, den S sich zueignen will) zustand. Auch diesbezüglich handelte S vorsätzlich.

### 3. Rechtswidrigkeit und Schuld

Die Tat war rechtswidrig und S handelte schuldhaft.

### 4. Ergebnis

S hat sich hinsichtlich des Sparbuchs wegen Diebstahls gemäß § 242 I StGB strafbar gemacht.

## II. Diebstahl hinsichtlich der ec-Karte der H, § 242 I StGB

S könnte sich wegen eines weiteren Diebstahls hinsichtlich der ec-Karte der H strafbar gemacht haben, indem er auch diese aus der Tasche nahm und damit in Kenntnis der entsprechenden PIN am Geldautomaten 300 € abhob.

### 1. Objektiver Tatbestand

S hat der H eine für ihn fremde bewegliche Sache, nämlich deren ec-Karte, weggenommen.

### 2. Subjektiver Tatbestand

S handelte mit Wissen und Wollen, also vorsätzlich.

S müsste jedoch darüber hinaus erneut auch mit Zueignungsabsicht gehandelt haben.

**hemmer-Methode**: Da bereits bei der ersten Diebstahlsprüfung der Begriff der Zueignungsabsicht definiert wurde, können Sie sich bei der zweiten Prüfung in der Klausur kürzer fassen, in Teilbereichen nach oben verweisen und sich auf die Hervorhebung der Unterschiede konzentrieren.
Unübersichtlich wirken dagegen Verweise nach unten, also auf Passagen, die der Leser bislang noch nicht kennt. Dies sollten Sie in der Klausur daher dringend unterlassen.

Die Sachsubstanz der Karte selbst wollte sich S nicht zueignen. Diesbezüglich steht wiederum der bereits zum Zeitpunkt der Vornahme der Tathandlung vorhandene Rückführungswille einer dauerhaften Enteignung der H entgegen.

In Betracht kommt allenfalls die Zueignung des spezifisch in der Karte verkörperten Funktionswertes (lat.: lucrum ex re).

Allerdings ist im Falle der ec-Karte der Wert des Anspruches auf Auszahlung gegen die Bank nicht in der Karte selbst verkörpert, sodass sie nach der Abhebung nicht wie eine „Hülle ohne Inhalt" zurückgegeben wird. Anders als beispielsweise bei einer Telefonkarte oder beim Sparbuch ist der Wert des jeweiligen Guthabens nicht an die Karte selbst gebunden.

Denn einerseits kann der Berechtigte auch ohne Vorlage der ec-Karte über sein Girokonto verfügen. Andererseits besagt die ec-Karte auch nichts über den Guthabenstand des Kontos oder den Dispositionskredit des Kontoinhabers. Sie stellt vielmehr nur eine tatsächliche Möglichkeit, vergleichbar mit einem Schlüssel zu einem Geldtresor, dar, an das auf dem Konto vorhandene Geld zu gelangen.

Der Struktur des § 242 I StGB entsprechend, dem es nicht auf den Schutz des Vermögens des Karteninhabers, sondern nur auf den Schutz des Eigentums an einer bestimmten Sache ankommt, wird nur der wirtschaftliche Wert geschützt, der in der Sache selbst verkörpert ist.

Dies ist aber bezüglich des Geldes, welches mittels der ec-Karte an Geldautomaten abgehoben werden kann, gerade nicht der Fall.

### 3. Ergebnis

S hat hinsichtlich der ec-Karte ohne Zueignungsabsicht gehandelt. Eine Strafbarkeit nach § 242 I StGB ist insofern nicht gegeben. Vielmehr handelt es sich um einen Fall der bloßen Gebrauchsanmaßung (lat.: furtum usus).

**hemmer-Methode**: Die Konstellation der bloßen Gebrauchsanmaßung ist lediglich hinsichtlich bestimmter Tatobjekte in § 248b StGB unter Strafe gestellt. Beachten Sie, dass vorliegend die Prüfung des § 242 I StGB auf die ec-Karte und das Sparbuch beschränkt ist. Zu prüfen wäre ansonsten des weiteren § 242 I StGB hinsichtlich der „Ansichnahme“ des Geldes. Nach h.M. scheitert § 242 I StGB hier aber am fehlenden Gewahrsamsbruch, dagegen wäre § 246 I StGB bezüglich des Geldes zu bejahen (str.). Vertiefend dazu Life&Law 2003, 810 ff.

Bezogen auf die Geldautomatenbenutzung wäre im vorstehenden Fall allerdings noch auf § 263a I StGB einzugehen, der Strafbarkeitslücken in diesem Bereich schließen soll. Dessen Prüfung war aber von der Fallfrage nicht umfasst. Vgl. zu den Fallbeispielen zum Computerbetrug die Fälle 36 und 37.

## D. Zusammenfassung

**Sound**:
Zueignungsabsicht beim Diebstahl eines Sparbuchs und einer ec-Karte.

Entwendet der Täter ein Sparbuch und eine ec-Karte und hat er von Anfang an vor, die Sachen nach dem Abheben eines bestimmten Geldbetrages wieder an den Berechtigten zurückzugeben, so ist wie folgt zu differenzieren:

Im Falle des Sparbuchs ist eine Zueignungsabsicht **hinsichtlich des Sachwertes** zu bejahen, da der Täter das Sparbuch nach dem Abhebevorgang **nicht ohne Wertminderung zurückgeben** kann.

Im Fall der ec-Karte dagegen ist eine Zueignungsabsicht zu verneinen, da diese nach dem Willen des Täters nach ihrer Verwendung gerade ohne Wertminderung und ohne Eigentumsleugnung an den Berechtigten zurückgelangen soll.

## E. Zur Vertiefung

**Zum Sparbuchdiebstahl:**

- Hemmer/Wüst/Berberich, StrafR BT I, Rn. 19.

# Fall 8: Das alte, neue Buch

***Sachverhalt:***

*Franz (F) entwendet aus einem Antiquariat ein wertvolles Buch. Wenige Tage später verkauft er das Buch dem Inhaber des Antiquariats, wie von vornherein beabsichtigt, als fast neuwertig zurück.*

***Bearbeitervermerk:***

*Prüfen Sie die Strafbarkeit des F gemäß § 242 I StGB.*

## A. Einordnung

Fall 8 hat ein in vielen Klausuren abgeprüftes Problem aus dem Bereich der Zueignungsabsicht zum Gegenstand. In der Konstellation der Rückveräußerung einer zuvor entwendeten Sache an deren Eigentümer ist fraglich, ob der Täter eine dauerhafte Enteignung des bisherigen Berechtigten zumindest billigend in Kauf nimmt, da er ja von Anfang an vor hat, die Sache letztlich wieder in dessen Hände zu bringen. Insofern werden in Rechtsprechung und Literatur zwei unterschiedliche Auffassungen vertreten.

## B. Gliederung

**Strafbarkeit des F**

**I. Diebstahl gem. § 242 I StGB**

**1.** Objektiver Tatbestand
fremde, bewegliche Sache (+)
Wegnahme (+)

**2.** Subjektiver Tatbestand
Vorsatz hinsichtlich obj. Tatbestand (+)
Zueignungsabsicht
Absicht, sich die fremde, bewegliche Sache zumindest vorübergehend anzueignen (Aneignungskomponente) ⇨ (+)

**(P) Vorsatz, bisherigen Berechtigten auf Dauer von Sachherrschaft auszuschließen (Enteignungskomponente)**
⇨ Mindermeinung (-), h.M. (+)

**3.** Rechtswidrigkeit und Schuld (+)

**II. Ergebnis:**
§ 242 I StGB (+)

## C. Lösung

### Strafbarkeit des F

#### I. Diebstahl gem. § 242 I StGB

Durch das Entwenden des Buches und dessen anschließende Rückveräußerung an den Inhaber des Antiquariats könnte sich F wegen Diebstahls gem. § 242 I StGB strafbar gemacht haben.

#### 1. Objektiver Tatbestand

Das Buch ist eine für F fremde bewegliche Sache. Er hat dieses Buch dem Inhaber des Antiquariats auch weggenommen. Der objektive Tatbestand ist erfüllt.

#### 2. Subjektiver Tatbestand

F handelte bezüglich des objektiven Tatbestandes vorsätzlich.

Er müsste zudem in der Absicht gehandelt haben, sich oder einem Dritten das Buch rechtswidrig zuzueignen. Hierzu müsste ihm Aneignungsabsicht und Enteignungsvorsatz vorgeworfen werden können.

F hatte die Absicht, das Buch vorübergehend, nämlich bis zum Rückverkauf, seinem Vermögen einzuverleiben und sich insofern eine eigentümerähnliche Stellung anzumaßen.

Problematisch ist aber insbesondere das Vorliegen eines auf die dauernde Enteignung gerichteten bedingten Vorsatzes. Da F bereits bei der Wegnahme fest entschlossen war, das Buch dem Inhaber des Antiquariats wieder zurückzuverkaufen, ließe sich möglicherweise ein auf die Sachsubstanz des Buches bezogener dauernder Enteignungsvorsatz verneinen.

Allerdings kann nach der sogenannten Vereinigungstheorie nicht nur die Sachsubstanz, sondern auch der Sachwert Gegenstand der Zueignung sein, sofern er in der Sache selbst verkörpert ist (lat.: lucrum ex re).

**hemmer-Methode**: Vergleichen Sie insoweit auch den lehrreichen Fall des OLG Celle[22], in dem ein Täter, der in einem Warenhaus ein neuwertiges Taschenbuch in der vorgefassten Absicht entwendete, es nach der Lektüre wieder zurückzugeben, wegen Diebstahls bestraft wurde, da nach Auffassung des Gerichtes für den Enteignungsvorsatz auch die Wertminderung des Buchs durch den beabsichtigten Gebrauch ausreicht.

Dies ist jedoch hier insoweit problematisch, als F das Buch innerhalb kürzester Zeit und ohne Wertminderung dem Antiquariat zurückverkaufen wollte. Der von ihm so erstrebte Verkaufserlös ist genau genommen nur als Vorteil aus einem Geschäft mit der Sache (lat.: lucrum ex negotio cum re) anzusehen, nicht aber als unmittelbar in der Sache selbst verkörperter Wert (lat.: lucrum ex re).

Aus diesen Gründen verneint eine Mindermeinung daher in Fällen der vorliegenden Art die Zueignungsabsicht und sieht hier in der Wegnahme der fremden Sache lediglich eine als bloße Gebrauchsanmaßung straflose Vorbereitungshandlung zum Betrug gem. § 263 I StGB gegenüber dem Eigentümer.[23]

Zu einem anderen Ergebnis kommt dagegen die h.M.[24]: Würde man nämlich in der Konstellation der Rückveräußerung einer zuvor entwendeten Sache an deren Eigentümer die Zueignungsabsicht ablehnen, würde unberücksichtigt bleiben, dass F dem Antiquariat gegenüber als Eigentümer des Buches auftritt, die fremde, bewegliche Sache somit als angeblich eigene anbietet und dem Antiquariat das Buch nur dann wieder überlassen möchte, wenn dieses den von ihm geforderten Kaufpreis zahlt.

Aus diesem Grunde sprechen die besseren Argumente dafür, hier sogar bezogen auf die Sachsubstanz selbst von bedingtem Enteignungsvorsatz auszugehen.

Ferner wäre die Gegenauffassung auch aus kriminalpolitischer Sicht bedenklich, da sie einem ertappten Dieb die Möglichkeit einer Schutzbehauptung eröffnen würde, wenn dieser sich durch das Vorbringen, er habe vorgehabt, die Sache an den Eigentümer zurück zu veräußern, einer Strafbarkeit wegen Diebstahls entziehen könnte.

---

22 OLG Celle, NJW 1967, 1921.

23 HOYER in SK, § 242 Rn. 95.

24 BGHSt 24, 115, 159 = **juris**byhemmer; WESSELS/HILLENKAMP, Rn. 158 f.; LACKNER/KÜHL, § 242 Rn. 26.

**hemmer-Methode**: Bei der Rückveräußerung an den Eigentümer müssen Sie in der Klausur auch an andere Tatbestände denken.
In Betracht kann insbesondere eine Erpressung gem. § 253 I, II StGB kommen, wenn der Täter offen als Dieb der Sache auftritt und z.B. mit deren Zerstörung für den Fall der Nichtzahlung eines Lösegeldes droht oder ein Betrug gem. § 263 I StGB, wenn sich der Täter bewusst wahrheitswidrig als Eigentümer der Sache ausgibt.

### 3. Rechtswidrigkeit und Schuld

F handelte rechtswidrig und schuldhaft.

### II. Ergebnis

F hat sich wegen Diebstahls gem. § 242 I StGB strafbar gemacht.

Wer eine fremde Sache in der Absicht wegnimmt, diese sodann als angeblich eigene an deren Eigentümer zurück zu veräußern, erfüllt nach h.M. den Tatbestand des § 242 I StGB.

Es liegt insbesondere ein **auf die dauerhafte Enteignung des bislang Berechtigten gerichteter Vorsatz** vor, da in der Rückveräußerung keine Wiederherstellung der bisherigen Eigentümerposition gesehen werden kann, sondern vielmehr gerade umgekehrt eine Leugnung der Rechte des Eigentümers, dem lediglich die Chance eingeräumt wird, sich eine neuerliche Sachherrschaftsbeziehung zu erkaufen.

## D. Zusammenfassung

**Sound**:
Rückveräußerung einer zuvor entwendeten Sache an deren Eigentümer.

## E. Zur Vertiefung

**Zum Fall:**

- Hemmer/Wüst/Berberich, StrafR BT I, Rn. 20.
- Instruktiv zur Zueignungsabsicht: BGH, Beschluss vom 14.02.2012 – 3 StR 392/11 = Life&Law 2012, 723 ff. = **juris**byhemmer.

# Fall 9: Der Genießer

***Sachverhalt:***

*Theo (T) ist bei Nacht in die verschlossene Galerie des Emil (E) eingebrochen, um dort ein wertvolles Gemälde von Oskar Schlemmer zu stehlen. In den Räumlichkeiten der Galerie gibt er sodann beim Anblick des Gemäldes sein ursprüngliches Vorhaben aufgrund von Gewissensbissen auf und entschließt sich, das Haus wieder zu verlassen. Auf dem Rückweg fällt sein Blick auf eine Flasche Wein, deren Wert T richtig mit 10 € einschätzt. T öffnet die Flasche, setzt sich nochmals vor das Gemälde, genießt Wein und Kunst in der nächtlichen Ruhe und verlässt sodann die Galerie.*

***Bearbeitervermerk:***

*Prüfen Sie die Strafbarkeit des T nach dem neunzehnten Abschnitt des StGB.*

## A. Einführung

Fall 9 hat Probleme aus dem Bereich des § 243 StGB zum Gegenstand. Dogmatisch handelt es sich bei § 243 StGB im Gegensatz zu den §§ 244, 244a StGB nicht um einen Qualifikationstatbestand, sondern um eine Strafzumessungsregel nach der Regelbeispieltechnik für einen besonders schweren Fall des Diebstahls. Die Prüfung des § 243 StGB hat daher im Klausuraufbau nach Bejahung der Tatbestandsmäßigkeit, der Rechtswidrigkeit und der Schuld zu erfolgen.

Im Fall besteht die Besonderheit, dass T zunächst in die Galerie des E eingebrochen ist, um das Gemälde von Oskar Schlemmer zu entwenden. Zu diesem Zeitpunkt hat er nicht daran gedacht, die Weinflasche zu öffnen und zu leeren. Diesen Entschluss hat er erst später gefasst, nachdem er sein ursprüngliches Vorhaben, das Bild zu stehlen, bereits endgültig aufgegeben hatte. Er stellt sich daher die Frage, ob hinsichtlich der Weinflasche der Strafrahmen des § 242 I StGB oder derjenige des § 243 I S. 1 StGB heranzuziehen ist.

## B. Gliederung

**I. Diebstahl in einem besonders schweren Fall hinsichtlich des Weines, §§ 242 I, 243 I S. 2 Nr. 1 StGB**

1. Objektiver Tatbestand
   Weinflasche = fremde bewegliche Sache
   Öffnen und Leeren dieser Flasche = Wegnahme
2. Subjektiver Tatbestand
   Vorsatz (+)
   Zueignungsabsicht (+)
3. Rechtswidrigkeit und Schuld (+)
4. **Strafzumessung: Besonders schwerer Fall des Diebstahls, § 243 I S. 2 Nr. 1 StGB?**
   Galerie = umschlossener Raum
   Einbrechen (+)

**(P) Zur Ausführung der Tat?**

a) Nach h.M. und Rechtsprechung: grundsätzlich unerheblich, ob der Diebstahlsvorsatz zunächst auf bestimmte Objekte beschränkt war oder dahin ging, alles „Stehlenswerte“ mitzunehmen

**b)** Hier jedoch: wesentliche Zäsur, Wille zum Stehlen des Bildes endgültig aufgegeben und neuerlicher, davon zu trennender Diebstahlsentschluss bezüglich der Weinflasche gefasst, daher § 243 I S. 2 Nr. 1 StGB (-)

**5. Ergebnis**: (nur) § 242 I StGB (+)

**6. Strafantragserfordernis, § 248a StGB**

**II. Versuchter Diebstahl in einem besonders schweren Fall hinsichtlich des Gemäldes, §§ 242 I, II, 22, 23 I StGB i.V.m. § 243 I StGB**

**1. Vorprüfung**
Nichtvollendung (+)
Strafbarkeit des Versuchs
⇨ §§ 23 I Alt. 2, 242 II StGB (+)

**2. Tatentschluss** (+)

**3. Unmittelbares Ansetzen (+)**

**4. Rechtswidrigkeit und Schuld (+)**

**5. Strafzumessung: Besonders schwerer Fall des Diebstahls, § 243 I S. 2 Nr. 1 StGB?**

**a)** Galerie = umschlossener Raum

**b)** Einbrechen (+)

**c)** Zur Ausführung der Tat (+)

**d)** § 243 II StGB (-)

**6. Rücktritt vom Versuch**

**a)** Kein Fehlschlag

**b)** Unbeendeter oder beendeter Versuch
⇨ hier unbeendeter Versuch
⇨ Rücktritt nach § 24 I S. 1 Alt. 1 StGB

**c)** Aufgeben der Tat (+)

**d)** Freiwilligkeit (+)

⇨ **Rücktritt daher (+)**

## C. Lösung

## Strafbarkeit des T

### I. Diebstahl in einem besonders schweren Fall hinsichtlich des Weines, §§ 242 I, 243 I S. 2 Nr. 1 StGB

T könnte dadurch, dass er in der Galerie die Weinflasche leer getrunken hat, einen Diebstahl in einem besonders schweren Fall begangen haben.

#### 1. Objektiver Tatbestand

Die Weinflasche ist eine für T fremde bewegliche Sache.
Er hat durch das Öffnen und Leeren dieser Flasche den zwar möglicherweise gelockerten, jedenfalls aber trotz seiner Abwesenheit fortbestehenden Gewahrsam des E an ihr gebrochen und neuen tätereigenen Gewahrsam begründet. Eine Wegnahme liegt vor. Der objektive Tatbestand ist damit erfüllt.

#### 2. Subjektiver Tatbestand

T handelte vorsätzlich und in der Absicht, sich den Wein rechtswidrig zuzueignen. Auch der subjektive Tatbestand ist erfüllt.

#### 3. Rechtswidrigkeit und Schuld

Die Tat war rechtswidrig und T handelte schuldhaft.

## 4. Besonders schwerer Fall des Diebstahls, § 243 I S. 2 Nr. 1 StGB

**hemmer-Methode**: Regelbeispiele gehören systematisch zum Bereich der Strafzumessung.
Aus diesem Grunde sollten sie im Aufbau gesondert von den „normalen" Tatbestandsmerkmalen nach der Schuld geprüft werden. Die Unterscheidung zwischen Regelbeispielen und Tatbestandsmerkmalen ist ohne weiteres auf den ersten Blick ersichtlich. Bei Regelbeispielen taucht im Gesetz immer die Formulierung auf „Ein besonders schwerer Fall *liegt in der Regel* vor, wenn...". Lesen Sie das Gesetz ganz genau. Machen Sie sich frühzeitig mit der Formulierungstechnik des Gesetzgebers vertraut und erkennen Sie so wichtige Hinweise zur Auslegung einer Vorschrift bereits aus deren Wortlaut. Sachlich besteht der Unterschied zwischen echten Tatbestandsmerkmalen und Regelbeispielen darin, dass erstere zwingend und abschließend sind, während letzteren lediglich Indizwirkung zukommt.

T könnte hier wegen Diebstahls in einem besonders schweren Fall gemäß § 243 I S. 2 Nr. 1 StGB zu bestrafen sein.

T ist nämlich, indem er sich von außen gewaltsam Zugang verschafft hat, i.R. seiner Tat in die Galerie und damit in einen umschlossenen Raum i.S.d. § 243 I S. 2 Nr. 1 StGB eingebrochen.

Er handelte insoweit auch vorsätzlich.

**hemmer-Methode**: Beachten Sie, dass die Regelbeispiele tatbestandsähnlich sind. Ihre Verwirklichung muss daher grundsätzlich vom Vorsatz des Handelnden umfasst sein.

Das Regelbeispiel des § 243 I S. 2 Nr. 1 StGB wäre allerdings nur dann tatsächlich erfüllt, wenn T *zur Ausführung der Tat* in die Galerie eingebrochen wäre. T müsste daher bereits beim Einbrechen Diebstahlsvorsatz gehabt haben. Zwar bestand zum Zeitpunkt des Einbruchs ein solcher Diebstahlsvorsatz.

Dieser war jedoch ursprünglich auf einen anderen als den später weggenommenen Gegenstand, nämlich auf das Gemälde von Oskar Schlemmer gerichtet gewesen.

Nach der Rechtsprechung ist es grundsätzlich für die Gesamtbeurteilung einer einheitlichen Tat unerheblich, ob der Diebstahlsvorsatz zunächst auf bestimmte Objekte beschränkt war, oder dahin ging, alles „Stehlenswerte" mitzunehmen. Dies sei insbesondere aus kriminalpolitischen Erwägungen heraus notwendig, da andernfalls Schutzbehauptungen Vorschub geleistet würde: Jeder ertappte Dieb könnte sonst bei einem Einbruch eine Bestrafung wegen vollendeten Diebstahls in einem besonders schweren Fall gemäß § 243 I S. 2 Nr. 1 StGB dadurch abwenden, dass er glaubhaft macht, er sei eingebrochen, um eine andere Sache als die mitgenommene zu entwenden.

Hier jedoch ist folgende Besonderheit zu beachten: als T vor dem Gemälde von Oskar Schlemmer stand, ist eine wesentliche Zäsur eingetreten. Der Wille zum Stehlen des Bildes wurde von ihm endgültig aufgegeben und ein neuer, davon zu trennender Diebstahlsentschluss bezüglich der Weinflasche wurde gefasst. Insbesondere die zeitliche Zäsur zwischen der Aufgabe des Diebstahlsvorsatzes hinsichtlich des Bildes und des Fassens eines neuen, auf die Weinflasche gerichteten Tatentschlusses spricht dafür, dass nicht von einer „Tat" i.S.d. § 243 I S. 2 Nr. 1 StGB gesprochen werden kann.

Das Geschehen ist als neue Tat anzusehen, der das Einbrechen i.S.d. § 243 I S. 2 Nr. 1 StGB nicht mehr anhaftet.

Ein anderes Regelbeispiel kommt nicht in Betracht. Auch ein unbenannter schwerer Fall i.S.d. § 243 I S. 1 StGB kann nach den Gesamtumständen hier nicht angenommen werden.

**5. Ergebnis**

T hat sich wegen Diebstahls gem. § 242 I StGB strafbar gemacht. Ein besonders schwerer Fall, mit der Folge, dass die Strafe dem Strafrahmen des § 243 StGB zu entnehmen wäre, ist nicht gegeben.

**6. Strafantrag, § 248a StGB**

Da der Wein lediglich einen Wert von 10 € aufweist und kein besonders schwerer Fall i.S.d. § 243 StGB vorliegt, ist zur Verfolgung des Diebstahls grundsätzlich ein Strafantrag gemäß §§ 248a, 77 ff. StGB erforderlich.

**II. Versuchter Diebstahl in einem besonders schweren Fall bzgl. des Gemäldes, §§ 242 I, II, 22, 23 I StGB i.V.m. § 243 I StGB**

Unterscheiden Sie in diesem Zusammenhang **vier denkbare Konstellationen:**[25]

1. **§ 242 I StGB vollendet und dabei ein Regelbeispiel verwirklicht**
   (Beispiel: vollendeter Einbruchsdiebstahl)

⇨ Strafbarkeit wegen Diebstahls in einem besonders schweren Fall gem. §§ 242 I, 243 I StGB, unstreitig

2. **§ 242 StGB nur versucht und dabei ein Regelbeispiel verwirklicht**
   (Täter bricht Tresor, also ein verschlossenes Behältnis, auf; dieser ist aber wider Erwarten leer)

⇨ Strafbarkeit wegen versuchten Diebstahls in einem besonders schweren Fall gem. §§ 242 I, II, 22, 23 I StGB i.V.m. § 243 I StGB, unstreitig

3. **§ 242 I StGB vollendet und dabei ein Regelbeispiel „versucht“**
   Begrifflich gibt es nur den Versuch einer Straftat, nicht aber den eines Regelbeispiels; aus diesem Grunde wurde der Begriff hier in Anführungszeichen gesetzt!
   (*Beispiel:* Täter will Tresor mit einer Brechstange öffnen und darin befindliches Geld entwenden. Wider Erwarten steht der Tresor offen und der Täter kann ohne Einsatz der Brechstange das Geld an sich nehmen)

⇨ Lösung: nach h.L. und BGH Strafbarkeit (nur) wegen einfachen Diebstahls

4. **§ 242 I StGB versucht und dabei ein Regelbeispiel „versucht“**
   (Beispiel: Täter will Tresor mit einer Brechstange öffnen und darin befindliches Geld entwenden. Wider Erwarten steht der Tresor offen und wider Erwarten ist der Tresor leer)

⇨ Lösung streitig:
Nach h.L. Strafbarkeit (nur) wegen versuchten Diebstahls gem. §§ 242 I, II, 22, 23 I StGB
Nach der Rechtsprechung wegen versuchten Diebstahls in einem besonders schweren Fall gem. §§ 242 I, II, 22, 23 I StGB i.V.m. § 243 I StGB.

Vgl. eingehend zu diesen Konstellationen Hemmer/Wüst/Berberich, StrafR BT I, Rn. 30 f.

[25] Vgl. Sie insofern auch den nachfolgenden Fall 10 „Die Kasse des Eisverkäufers“.

T könnte durch das Einbrechen in die Galerie einen versuchten Diebstahl in einem besonders schweren Fall (§§ 242 I, II, 22, 23 I StGB i.V.m. § 243 I StGB) begangen haben.

**hemmer-Methode**: Dieser Fall ist in einem Gutachten insoweit schwierig darstellbar, da man den zeitlich vorgelagerten Versuch erst dann prüfen kann, wenn man zu dem Ergebnis kam, dass ein einheitlicher, vollendeter Diebstahl wegen der Zäsur und des neu gefassten Entschlusses gerade nicht vorlag.

**1. Vorprüfung**

Die Tat ist nicht vollendet. Der Versuch des Diebstahls ist gem. §§ 23 I Alt. 1, 242 II StGB strafbar.

**2. Tatentschluss**

Der Vorsatz des T war auf die Wegnahme des Gemäldes von Oskar Schlemmer, also einer für ihn fremden, beweglichen Sache gerichtet.

Er hatte auch die Absicht, sich das Bild rechtswidrig zuzueignen.

**3. Unmittelbares Ansetzen**

T hat die Türe zur Galerie des E aufgebrochen und ist in die Räumlichkeiten eingebrochen.

Nach seiner ursprünglichen Vorstellung sollte es danach in unmittelbarem räumlichem und zeitlichem Zusammenhang zur Wegnahme des Gemäldes kommen. T hat also bereits die Schwelle zum „Jetzt geht's los" überschritten und damit unmittelbar angesetzt i.S.d. § 22 StGB.[26]

[26] Vgl. eingehend zum Begriff des unmittelbaren Ansetzens i.S.d. § 22 StGB HEMMER/WÜST/HAHN/RÖHM, Die 34 wichtigsten Fälle zum Strafrecht-AT, Fall 20 (Das Kind auf dem Arm).

**4. Rechtswidrigkeit und Schuld**

Die Tat war rechtswidrig und T handelte schuldhaft.

**5. Besonders schwerer Fall des Diebstahls, § 243 I S. 2 Nr. 1 StGB**

Fraglich ist weiterhin, ob nicht sogar ein versuchter Diebstahl in einem besonders schweren Fall vorliegt. Eigentlich sind die Voraussetzungen des § 243 I S. 2 Nr. 1 StGB erfüllt, da T zur Ausführung der Tat in einen umschlossenen Raum eingebrochen war.

Zum entscheidenden Zeitpunkt des Einbrechens war der Vorsatz des T auch nicht auf eine geringwertige Sache gerichtet, da T ursprünglich ein wertvolles Bild von Oskar Schlemmer stehlen wollte, so dass die Geringwertigkeitsgrenze des § 243 II StGB, die zurzeit bei 50 € liegt, deutlich überschritten ist. Das Regelbeispiel des § 243 I S. 2 Nr. 1 StGB ist mithin verwirklicht.[27]

**6. Rücktritt vom Versuch, § 24 I S. 1 Alt. 1 StGB**

Der Versuch des T war nicht fehlgeschlagen, da er die Tat – in den Räumlichkeiten der Galerie angekommen – ohne weiteres mit den ihm zur Verfügung stehenden Mitteln hätte vollenden können. Es liegt damit ein grundsätzlich rücktrittsfähiger Versuch vor.

Dieser Versuch war unbeendet, da T nach Abschluss der letzten Ausführungshandlung noch nicht geglaubt hat, alles getan zu haben, was nach seiner Vorstellung von der Tat zu ihrer Vollendung notwendig war.

[27] Vgl. OLG Hamm, NJW 2003, 3145 = Life&Law 2003, 782 ff. = jurisbyhemmer.

Für den Rücktritt vom Versuch ist damit § 24 I S. 1 Alt. 1 StGB einschlägig. T hat die weitere Ausführung der Tat aufgegeben.

Er hat dabei aus einem autonomen Motiv heraus, nämlich aus Gewissensbissen, mithin freiwillig gehandelt und ist folglich strafbefreiend gem. § 24 I S. 1 Alt. 1 StGB vom Versuch zurückgetreten.

**hemmer-Methode**: Wegen des offensichtlich erfolgten Rücktritts wäre es hier i.R.d. Diebstahlsversuchs hinsichtlich des Gemäldes auch vertretbar gewesen, von vornherein auf nähere Ausführungen zu § 243 StGB zu verzichten.
Die Frage, welcher Strafrahmen einschlägig sein könnte, ist nämlich rein theoretisch und daher von untergeordnetem Interesse, wenn sich der Täter im Ergebnis gar nicht strafbar gemacht hat.

Im Rahmen einer einheitlichen Tat ist es i.R.d. § 243 I StGB unerheblich, ob der Diebstahlsvorsatz zunächst auf bestimmte Objekte beschränkt war oder dahin ging, alles „Stehlenswerte“ mitzunehmen.

Hat der Täter dagegen beim Einbruch zunächst vor, einen ganz bestimmten Gegenstand zu entwenden und gibt er diesen Entschluss – später in den Räumlichkeiten angekommen – endgültig auf, so ist er hinsichtlich eines im Anschluss daran neu gefassten und in die Tat umgesetzten Entschlusses, nunmehr einen anderen Gegenstand wegzunehmen, lediglich wegen einfachen Diebstahls gem. § 242 I StGB, nicht aber wegen Diebstahls in einem besonders schweren Fall gem. §§ 242 I, 243 I StGB zu bestrafen.

## D. Zusammenfassung

**Sound**:
Endgültige Vorsatzaufgabe nach Verwirklichung eines Regelbeispiels i.S.d. § 243 I S. 2 StGB.

**hemmer-Methode:** Aus der Rechtsprechung vgl. BGH, NStZ 2002, 150 = Life&Law 2002, 100 ff.: Häufig verwirklicht der Täter, der einen Einbruchsdiebstahl begeht, dabei zugleich die Tatbestände des Hausfriedensbruchs (§ 123 I Alt. 1 StGB) und der Sachbeschädigung (§ 303 I StGB). Umstritten ist, wie sich diese Delikte auf Konkurrenzebene zum Diebstahl in einem besonders schweren Fall gem. §§ 242 I, 243 I S. 2 Nr. 1 StGB verhalten. Lange ging die h.M. davon aus, dass die §§ 123 I, 303 I StGB in einer solchen Konstellation als typische Begleittaten konsumiert werden. Zumindest für den Bereich der Sachbeschädigung hat sich der BGH in der zitierten Entscheidung dieser Ansicht entgegen gestellt. Der BGH argumentiert zunächst mit dogmatischen Grundsätzen: Nur Tatbestände könnten miteinander konkurrieren, nicht jedoch ein Tatbestand mit einer bloßen Strafzumessungsregel, also dem Regelbeispiel einer anderen Vorschrift.

Zudem gehe heutzutage ein Einbruchsdiebstahl i.S.d. §§ 242 I, 243 I S. 2 Nr. 1 Alt. 1 StGB keineswegs mehr typischerweise mit einer Sachbeschädigung einher. Vielmehr bleibe bei einer Vielzahl von Einbrüchen eine Substanzverletzung aus, indem der Täter etwa elektronische Sicherungssysteme überwinde.

Zudem müsse der von §§ 242, 243 StGB geschützte Gewahrsamsinhaber der weggenommenen Sache nicht notwendigerweise mit dem Eigentümer der beschädigten Sache personenidentisch sein.
Schließlich träten in der Praxis oftmals durch die Sachbeschädigung höhere Schäden auf als durch den nachfolgenden Diebstahl. § 303 I StGB könne daher auch unter diesem Gesichtspunkt in seinem Unrechtsgehalt nicht als durch die §§ 242, 243 StGB aufgezehrt angesehen werden. Diese Argumente überzeugen.

## E. Zur Vertiefung

**Zum Fall:**

- Hemmer/Wüst/Berberich, StrafR BT I, Rn. 34.

**Zur Strafzumessungsvorschrift des § 243 StGB:**

- Hemmer/Wüst/Berberich, StrafR BT I, Rn. 29 ff.

# Fall 10: Die Kasse des Eisverkäufers

***Sachverhalt:***

*Ralf (R) ist wieder einmal etwas knapp bei Kasse. Er will daher an einem heißen Sommertag kurz vor Ladenschluss die Ladenkasse der Eisdiele Rimini des Salvatore (S) leer räumen und so die Tageseinnahmen an sich bringen. Die üblicherweise abgeschlossene Kasse will er mit einem nachgemachten Schlüssel öffnen. Als er in der Eisdiele angekommen einen unbeobachteten Moment abwartet und zur Verwirklichung seines Planes ansetzt, stellt er beim Anblick der Ladenkasse fest, dass S schneller war, die Kasse bereits geöffnet und das darin befindliche Geld schon an sich genommen hat. Enttäuscht geht R nach Hause.*

> versuchter Diebstahl
> P: versuchtes Regelbeispiel

***Bearbeitervermerk:***

*Prüfen Sie die Strafbarkeit des R nach dem 19. Abschnitt des StGB.*

## A. Einführung

Fall 10 orientiert sich an einer Entscheidung des BayObLG. Abgesehen von einem kleineren Problem im Bereich des Rücktritts geht es hier vor allem darum, die bereits im vorangegangenen Fall angedeutete Frage aufzuwerfen, inwieweit der Täter aus dem Strafrahmen des § 243 I S. 1 StGB zu bestrafen ist, wenn er beabsichtigt, im Rahmen eines Diebstahls nach § 242 StGB ein Regelbeispiel zu verwirklichen, dann aber dieses Regelbeispiel nicht vollendet verwirklicht wird und zudem der Diebstahl im Versuchsstadium stecken bleibt.

## B. Gliederung

**I. Versuchter Diebstahl in einem besonders schweren Fall, §§ 242 I, II, 22, 23 I i.V.m. § 243 I S. 2 Nr. 2 StGB**

**1.** Vorprüfung
keine Vollendung
Strafbarkeit des Versuchs (§§ 23 I Alt. 2, 242 II StGB)

**2.** Tatentschluss
Vorsatz in Bezug auf die objektiven Merkmale des § 242 I StGB (+)
Zueignungsabsicht (+)

**3.** Unmittelbares Ansetzen (+)

**4.** Rechtswidrigkeit und Schuld (+)

**5.** Rücktritt
(-), da Versuch fehlgeschlagen

**6. Besonders schwerer Fall, § 243 I S. 2 Nr. 2 Alt. 1 StGB**

**(P)** R hatte vor, ein Regelbeispiel zu verwirklichen, hat dies aber objektiv nicht getan

⇨ **Strafrahmen des § 242 I StGB oder des § 243 I S. 1 StGB einschlägig?**

**a)** *h.M. in der Literatur*:
§ 243 StGB nur, wenn Regelbeispiel voll verwirklicht ist, hier also (-)

**b)** *Rechtsprechung* dagegen:
Maßgeblich in der Versuchskonstellation ist Tätervorstellung; diese ist auf Verwirklichung eines Regelbeispiels gerichtet, daher § 243 StGB hier (+)

**II. Ergebnis**:
§§ 242 I, II, 22, 23 I StGB i.V.m. § 243 I S. 2 Nr. 2 StGB

## C. Lösung

### Strafbarkeit des R

#### I. Versuchter Diebstahl in einem besonders schweren Fall, §§ 242 I, II, 22, 23 I i.V.m. § 243 I S. 2 Nr. 2 StGB

R könnte sich wegen versuchten Diebstahls in einem besonders schweren Fall strafbar gemacht haben, indem er in einem unbeobachteten Moment zur Ladenkasse des S ging, in der Absicht, diese mit dem nachgemachten Schlüssel zu öffnen und die darin befindlichen Tageseinnahmen zu entnehmen.

**1. Vorprüfung**

R hat das Geld des S nicht weggenommen. Die Tat ist folglich nicht vollendet. Die Strafbarkeit des Versuchs ergibt sich aus §§ 23 I Alt. 2, 242 II StGB.

**2. Tatentschluss**

Vorsatz + rechtswidrige Zueignung !

R wollte das Geld aus der Ladenkasse wegnehmen und es sich rechtswidrig zueignen. Ein Tatentschluss für einen Diebstahl ist damit zu bejahen.

**3. Unmittelbares Ansetzen**

R hat in der Eisdiele einen unbeobachteten Moment abgewartet und war gerade im Begriff, die Kasse zu öffnen, als er bemerkte, dass diese bereits offen und zudem leer war. Er hat damit gem. § 22 StGB nach seiner Vorstellung von der Tat unmittelbar zur Verwirklichung des Tatbestandes angesetzt.

**4. Rechtswidrigkeit und Schuld**

Rechtfertigungs- und Entschuldigungsgründe sind nicht ersichtlich. Die Tat war rechtswidrig und R handelte schuldhaft.

**5. Rücktritt**

Zu prüfen ist das Vorliegen eines strafbefreienden Rücktritts nach § 24 I StGB.

Ein solcher scheidet allerdings von vorneherein aus, wenn der Versuch des Täters fehlgeschlagen ist. Fehlgeschlagen ist ein Versuch dann, wenn die zu seiner Ausführung vorgenommenen Handlungen ihr Ziel nicht erreicht haben und der Täter erkannt hat oder zumindest annimmt, dass er mit den ihm zur Verfügung stehenden Mitteln den tatbestandlichen Erfolg nicht mehr oder zumindest nicht ohne zeitlich relevante Zäsur herbeiführen kann. Hier konnte R sein Vorhaben nicht mehr realisieren, da S bereits vorher die Einnahmen aus der Kasse entnommen hatte. Dies hat R auch erkannt.

Der Versuch des R war damit in diesem Augenblick fehlgeschlagen und folglich nicht mehr rücktrittsfähig.

**hemmer-Methode**: Prüfen Sie in der Klausursituation immer wenn ein Versuch im Raum steht zumindest gedanklich auch einen Rücktritt von diesem. Hier konnte eine Strafbefreiung nach § 24 I StGB mit kurzer Begründung abgelehnt werden. Oftmals stellt jedoch die Prüfung des § 24 StGB einen der Schwerpunkte in der Klausur dar. Vergleichen Sie insofern zu einigen typischen Konstellationen aus diesem Bereich Hemmer/Wüst/Hahn/Röhm, Die 34 wichtigsten Fälle zum Strafrecht-AT, Fälle 24-26.

### 6. Besonders schwerer Fall, § 243 I S. 2 Nr. 2 StGB

Fraglich ist, ob der Strafrahmen des § 242 I StGB oder aber derjenige des § 243 I S. 1 StGB einschlägig ist. Da R vorhatte, die Kasse mit einem nachgemachten Schlüssel zu öffnen, kommt hier eine Strafbarkeit wegen versuchten Diebstahls in einem besonders schweren Fall in Betracht.

In Rechtsprechung und Literatur ist allerdings umstritten, ob eine Bestrafung aus § 243 StGB schon dann vorzunehmen ist, wenn der Täter – wie im vorliegenden Fall – die Verwirklichung eines Regelbeispiels zwar beabsichtigt hatte, es aber objektiv nicht verwirklicht hat.

Einigkeit besteht zunächst, dass es aus dogmatischen Gründen den Versuch eines Regelbeispiels nicht geben kann, da es sich bei der Vorschrift des § 243 StGB um eine Strafzumessungsregel handelt. Einen Versuch gibt es nach dem eindeutigen Wortlaut des § 22 StGB jedoch nur bezogen auf Tatbestände. Es heißt eben in § 22 StGB gerade **nicht**: „eine Straftat versucht, wer nach seiner Vorstellung von der Tat zur Verwirklichung des Tatbestandes oder des Regelbeispiels unmittelbar ansetzt".

Eine Strafbarkeit wegen versuchten oder vollendeten Diebstahls in einem versuchten besonders schweren Fall ist daher nicht denkbar.

Vielfach wird daraus nun die Schlussfolgerung gezogen, dass Regelbeispiele grundsätzlich erst dann Bedeutung erlangen, wenn sie voll verwirklicht sind.[28]

**hemmer-Methode**: Nach dieser Ansicht würde es für § 243 StGB nicht einmal genügen, wenn der Täter den falschen Schlüssel in die Kasse gesteckt hätte und dann vor Öffnung der Kasse vom Personal überwältigt würde.

Begründet wird dieses Ergebnis in erster Linie damit, dass eine Bestrafung aus § 243 StGB in einer solchen Konstellation letztlich eine analoge Anwendung des § 22 StGB zu Lasten des Täters darstellte und damit gegen Art. 103 II GG bzw. § 1 StGB verstoße.

Die Rechtsprechung geht demgegenüber unter Verweis auf § 23 II StGB davon aus, dass es der Wille des Gesetzgebers sei, die versuchte Tat, sofern sie strafbar sei, grundsätzlich derselben Strafandrohung zu unterwerfen wie die vollendete, so dass sich der Strafrahmen insoweit nach dem Tatentschluss richte. Dies dürfe nicht nur für echte Tatbestandsmerkmale gelten, sondern auch für Regelbeispiele, die zumindest tatbestandsähnlich seien.[29]

**hemmer-Methode**: Die Ansicht des BGH kann man auf einen einfachen Nenner bringen: Beim Versuch ist nicht primär entscheidend, was objektiv passiert, sondern was der Täter wollte.

Dieser Grundsatz müsse auch dann gelten, wenn mit der Ausführung des Regelbeispiels noch nicht einmal begonnen wurde (sog. Teilausführung), sondern diese lediglich beabsichtigt war, solange der Täter zumindest bereits zur Tat, also zum Diebstahl, unmittelbar angesetzt hat. Dieser Ansatz vermag zu überzeugen. Vor allem führt die Bejahung des Regelbeispiels nicht zu einer unbilligen Strafschärfung.

[28] Vgl. etwa WESSELS/HILLENKAMP, Rn. 206 f.; LACKNER/KÜHL, § 46 Rn. 15.

[29] BGHSt 33, 370 = **juris**byhemmer; BayObLG, NStZ 1997, 442 = **juris**byhemmer.

Denn die Tat bleibt auch bei Verwirklichung des Regelbeispiels eine versuchte, da der Grundtatbestand nur versucht wurde. Der Auffassung der Rechtsprechung ist daher zu folgen.

**hemmer-Methode**: Hingegen verneint der BGH die Verwirklichung eines Regelbeispiels, wenn der Grundtatbestand vollendet ist und der Täter (lediglich) ein Regelbeispiel verwirklichen wollte. Würde man in dieser Konstellation ebenfalls die bloße Willensrichtung des Täters für die Bejahung von § 243 StGB ausreichen lassen, käme es zu einer erheblichen Strafschärfung bei vollendetem Diebstahl. Dies erscheint unbillig, da selbst der Versuch einer Qualifikation nicht zu einem solchen Ergebnis führt.

### II. Ergebnis

R hat sich wegen eines versuchten Diebstahls in einem besonders schweren Fall gem. §§ 242 I, II, 22, 23 I StGB i.V.m. § 243 I S. 2 Nr. 2 StGB strafbar gemacht.

## D. Zusammenfassung

**Sound**: Versuch und § 243 StGB.

Gelangen **weder der geplante Diebstahl noch das in Aussicht genommene Regelbeispiel über das Versuchsstadium hinaus**, so ist der Täter nach h.M. in der Literatur (nur) wegen versuchten Diebstahls gem. §§ 242 I, II, 22, 23 I StGB, nach der Rechtsprechung dagegen wegen versuchten Diebstahls in einem besonders schweren Fall gem. §§ 242 I, II, 22, 23 I StGB i.V.m. § 243 StGB zu bestrafen.

## E. Zur Vertiefung

**Zum Fall:**

- BayObLG, NStZ 1997, 442 mit Anmerkungen Graul, JuS 1999, 852; Wolters, JR 1999, 37 und Sander/Malkowski, NStZ 1999, 36 = **juris**byhemmer.

**Rechtsprechung zur Problematik Versuch und Regelbeispiel:**

- BGH, Beschluss vom 28.07.2010, 1 StR 332/10 = Life&Law 2011, 323 ff. = **juris**byhemmer.

# Fall 11: Die zweite Karriere

***Sachverhalt:***

*A, B und C schließen sich nach gescheiterten beruflichen Karrieren zusammen, um ihren Lebensunterhalt in Zukunft mit gelegentlichen „Brüchen“ zu bestreiten. Sie planen, zunächst die Kasse und einige Kleidungsgegenstände aus dem Bekleidungsgeschäft des Otto (O) zu entwenden. X soll für dieses Vorhaben als einmalige Aushilfskraft engagiert werden. Wie im Vorfeld geplant, läuft das Vorhaben dann wie folgt ab: A und B locken unter einem Vorwand O zu einem gemeinsamen Essen aus dem Laden. C und X begeben sich in der Zwischenzeit zu den Geschäftsräumen. Sie brechen die Ladentür auf, räumen die Kasse aus, bringen mehrere Kleidungsgegenstände an sich und teilen die Beute später mit A und B.*

***Bearbeitervermerk:***

*Prüfen Sie die Strafbarkeit von A, B und C gemäß § 244a StGB.*

*Wie hat sich X nach dem 19. Abschnitt des StGB strafbar gemacht?*

## A. Einführung

Fall 11 hat im Wesentlichen die Prüfung des Qualifikationstatbestandes des § 244a I StGB zum Gegenstand. Insofern orientiert sich der Fall an der wichtigen Entscheidung des Großen Senats des BGH zum Begriff der Bande.

## B. Gliederung

**Strafbarkeit von A, B und C**

**I. Schwerer Bandendiebstahl in Mittäterschaft, §§ 244a I, 25 II StGB**

**1.** Objektiver Tatbestand

**a)** Grundtatbestand des § 242 I StGB
fremde bewegliche Sache (+)
Wegnahmehandlung (+)

**b)** Qualifikation des § 244a I StGB

**aa)** Vorauss.: § 244a I StGB

**(P)** **Vorliegen einer Bande**, die sich zur fortgesetzten Begehung von Raub oder Diebstahl verbunden hat
Bande bereits bei erstem Vorhaben denkbar
Mitgliederzahl?

⇨ Nach **BGH** (GrS) **mindestens drei**

**(P)** **unter Mitwirkung eines anderen Bandenmitglieds**

⇨ Nach **BGH** (GrS) **keine Mitwirkung aller Mitglieder unmittelbar am Tatort** erforderlich
Ausreichend ferner, wenn am Tatort wie hier nur ein Bandenmitglied mit einem bandenfremden Beteiligten zusammenwirkt

**bb)** Zusätzliche Vorauss.: Fall des § 244 I Nr. 1 oder 3 StGB oder des § 243 I S. 2 StGB?
§ 244 I Nr. 3 StGB (-),
Geschäftsräume des O ≠ Wohnung

⇨ Aber § 243 I S. 2 Nr. 1 und Nr. 3 StGB (+)

**2.** Subjektiver Tatbestand
Vorsatz (+)
Zueignungsabsicht (+)

**3.** Rechtswidrigkeit und Schuld (+)

**II.** **Ergebnis**:
§§ 244a I, 25 II StGB (+)

**Strafbarkeit des X**

**I. Diebstahl in einem besonders schweren Fall in Mittäterschaft, §§ 242 I, 243 I S. 2, 25 II StGB**

**1.** Grundtatbestand des § 242 I StGB (+)

**2.** Rechtswidrigkeit und Schuld (+)

**3.** Besonders schwerer Fall, § 243 I S. 2 StGB

**(P) § 243 I S. 2 Nr. 3 StGB** (-), da wegen Täterbezogenheit des Merkmals der Gewerbsmäßigkeit § 28 II StGB analog anwendbar
Aber § 243 I S. 2 Nr. 1 StGB (+)

**4. Ergebnis**:
§§ 242 I, 243 I S. 2 Nr. 1, 25 II StGB (+)

**II. Bandendiebstahl in Mittäterschaft, §§ 244 I Nr. 2, 25 II StGB**

**1.** Objektiver Tatbestand
Grundtatbestandes des § 242 I StGB (+)

**(P) Qualifikation des § 244 I Nr. 2 StGB** (-), X selbst nicht Bandenmitglied; wechselseitige Zurechnung nicht möglich, da Bandenmitgliedschaft täterbezogenes Merkmal i.S.d. § 28 StGB
Aus dem selben Grund auch § 244a I StGB (-)

**2. Ergebnis**:
§§ 242 I, 243 I S. 2 Nr. 1, 25 II StGB

## C. Lösung

### Strafbarkeit von A, B und C

#### I. Schwerer Bandendiebstahl in Mittäterschaft, §§ 244a I, 25 II StGB

A, B und C könnten sich wegen mittäterschaftlich begangenen schweren Bandendiebstahls gem. §§ 244a I, 25 II StGB strafbar gemacht haben, indem A und B den O im Rahmen eines Abendessens ablenkten und währenddessen C und X die Kasse und mehrere Kleidungsstücke aus den Geschäftsräumen des O entwendeten.

**hemmer-Methode**: § 244a I StGB kombiniert den Bandendiebstahl i.S.d. § 244 I Nr. 2 StGB mit den übrigen Voraussetzungen des § 244 I StGB bzw. den Voraussetzungen des § 243 I S. 2 StGB. Es handelt sich hierbei um ein Verbrechen (§ 12 I StGB). Die Vorschrift ist häufig einschlägig, wenn Bandenmitglieder agieren, denn fast immer ist bei diesen gewerbsmäßiges Handeln (§ 243 I S. 2 Nr. 3 StGB) anzunehmen.

**1. Objektiver Tatbestand**

Bei den Kleidungsgegenständen und der Kasse des O handelt es sich um für A, B, und C fremde, bewegliche Sachen, die sie in bewusstem und gewolltem Zusammenwirken, also mittäterschaftlich, weggenommen haben. Der objektive Tatbestand des Grundtatbestandes, also des § 242 I StGB, ist damit erfüllt.

Zu prüfen ist ferner, ob A, B und C auch die Qualifikation des § 244a I StGB verwirklicht haben.

Hierzu müssten sie den Diebstahl zunächst als Mitglied einer Bande, die sich zur fortgesetzten Begehung von Raub oder Diebstahl verbunden hat, unter Mitwirkung eines anderen Bandenmitglieds begangen haben, § 244a I a.E. StGB.

Ferner müsste der Diebstahl unter den Voraussetzungen des § 243 I S. 2 StGB begangen sein oder es müsste ein Fall des § 244 I Nr. 1 oder 3 StGB vorliegen.

**a)** A, B und C könnten sich zu einer Bande, die sich zur fortgesetzten Begehung von Raub oder Diebstahl verbunden hat, zusammengeschlossen haben.

Eine Bande in diesem Sinne setzt nicht voraus, dass die Täter schon zusammen einen oder mehrere Diebstähle begangen haben. Allerdings muss die Verbindung über die Planung einer konkreten Einzeltat, die Ausnutzung einer bestimmten Gelegenheit und über ein bloß kurzfristiges Zusammenwirken hinausgehen und ganz allgemein auf die künftige, noch unbestimmte Begehung von Raub oder Diebstahl abzielen.[30]

In Rechtsprechung und Literatur ist umstritten, wie viele Mitglieder erforderlich sind, um von einer Bande sprechen zu können. Die Rechtsprechung ließ lange für eine Bande i.S.d. § 244a I StGB sowie für andere Bandentatbestände bei Vorliegen der weiteren Voraussetzungen auch den Zusammenschluss von nur zwei Personen genügen.[31]

Nach einer Entscheidung des Großen Senats des BGH setzt der Begriff der Bande aber den Zusammenschluss von mindestens drei Personen voraus.[32] Begründen lässt sich dies mit empirischen Untersuchungen, welche nachweisen, dass die als besonders gefährlich einzustufenden „gruppendynamischen Effekte" in der Regel erst ab drei Personen einsetzen.

Die Personen müssen sich mit dem Willen verbunden haben, künftig für eine gewisse Dauer Straftaten des im Gesetz genannten Deliktstyps zu begehen.

Da hier ein solcher Zusammenschluss von drei Personen vorliegt, bedarf es keiner näheren Erörterung dieser Rechtsprechungsänderung.

Selbst das Erfordernis dreier Mitglieder i.S.d. insofern restriktiveren Auslegung des Großen Senats ist hier erfüllt.

**hemmer-Methode**: Der Streit um die Mindestanzahl der Bandenmitglieder hat sich dadurch weitgehend erledigt, dass der Große Senat des BGH im Ergebnis der h.L. gefolgt ist, die schon seit jeher für eine Bande den Zusammenschluss von mindestens drei Personen gefordert hat.

**b)** § 244a I StGB setzt weiterhin die Begehung eines Diebstahls unter „Mitwirkung eines anderen Bandenmitglieds" voraus. Hier haben C und X fremde, bewegliche Sachen weggenommen. A und B waren dagegen während dieser Zeit nicht am Tatort anwesend, sondern haben den O i.R.d. Abendessens abgelenkt.

**aa)** Nach früher vertretener Ansicht musste jeder Täter i.R.d. § 244a I StGB am Tatort selbst mitwirken, d.h. den Diebstahl in einem örtlichen und zeitlichen, wenn auch nicht notwendig körperlichen Zusammenwirken mit einem anderen Bandenmitglied begehen.

Grund für die Strafschärfung der Vorschrift sei die besondere Gefährlichkeit, die sich aus der gemeinsamen örtlichen Anwesenheit bei der Tatbegehung ergebe. Nach dieser Ansicht kämen von vornherein nur C (und X), nicht aber A und B als Mittäter des § 244a I StGB in Frage.

Bei Letzteren wäre lediglich Beihilfe nach §§ 244a I, 27 StGB in Betracht zu ziehen.

[30] Vgl. BGH, NStZ 1996, 443 = **juris**byhemmer.

[31] BGHSt 23, 239 = **juris**byhemmer; BGHSt 38, 26 = **juris**byhemmer; BGHSt 42, 255 = **juris**byhemmer; BGH, NStZ 1998, 255 = **juris**byhemmer.

[32] BGH (GrS), StV 2001, 399 ff. = Life&Law 2001, 634 ff.

**bb)** Überzeugender erscheint jedoch die Gegenansicht[33], nach welcher der Tatbestand des Bandendiebstahls nicht voraussetzt, dass jeder potentielle Täter selbst am Tatort mitwirkt.

Ob jemand Täter oder Teilnehmer ist, bestimmt sich nach den Grundregeln des Allgemeinen Teils.
Hierbei ist davon auszugehen, dass A und B, obwohl sie nicht am Tatort selbst anwesend waren, die nach der h.L. erforderliche funktionelle Tatherrschaft aufwiesen bzw. einen Tatbeitrag mit Täterwillen (lat.: animus auctoris) erbrachten, wie es die Rechtsprechung fordert.[34]

**cc)** Problematisch ist weiterhin, dass am Ort des Diebstahls mit C nur ein Bandenmitglied tätig wurde. Der ebenfalls vor Ort anwesende X war kein Mitglied der Bande, sondern wurde lediglich für dieses Vorhaben zum Nachteil des Bekleidungsgeschäfts des O als Aushilfskraft eingesetzt. Daher stellt sich die Frage, ob nicht zumindest aus der Gesetzesformulierung („unter Mitwirkung eines anderen Bandenmitglieds") geschlossen werden muss, dass mindestens zwei Bandenmitglieder vor Ort zusammen den Diebstahl begehen.

Hierbei ist nach dem Sinn und Zweck der erhöhten Strafandrohung des § 244 I Nr. 2 StGB bzw. des § 244a I StGB zu fragen:

Die besondere Gefährlichkeit bandenmäßig begangener Diebstähle, der das Gesetz durch die erhöhte Strafandrohung begegnen will, kann sich zum einen darin ausdrücken, dass zwei Bandenmitglieder am Tatort zusammenwirken.

Sie kann aber zum anderen ihren Grund auch darin haben, dass die Bandenmitglieder – unter Umständen jeweils Spezialisten – arbeitsteilig zusammenwirken, etwa dadurch, dass ein Bandenmitglied die Tat in ihren Einzelheiten plant und ein anderes die erforderlichen Vorbereitungen trifft.
Zum Beispiel kundschaftet ein Mitglied den Tatort aus oder besorgt die Transportmittel, ein weiteres Mitglied nimmt die Sache am Tatort weg (oder lässt diese durch einen bandenfremden Dritten wegnehmen) und schließlich bringt noch ein drittes Mitglied die entwendete Sache in Sicherheit. Der Bandenchef einer gerade wegen des arbeitsteiligen Zusammenwirkens ihrer Mitglieder erfolgreich agierenden Großbande muss daher auch dann wegen Bandendiebstahls bestraft werden können, wenn möglicherweise auf seine Anweisungen am Tatort nur ein Bandenmitglied allein tätig wird bzw. wie im vorliegenden Fall mit einem bandenfremden Beteiligten agiert, sogar dann, wenn letztlich die Wegnahmehandlung als solche durch ein Nichtbandenmitglied durchführt wird.

**hemmer-Methode**: Genau genommen gibt es i.R.d. § 244 I Nr. 2 StGB und damit auch des § 244a I StGB drei große Streitfragen, zu denen die Entscheidung des Großen Senats des BGH Stellung bezieht:

1. **Wie vieler Mitglieder bedarf es zu einer Bande?**
   ⇨ BGH: drei
2. **Muss jeder potentielle Mittäter am Tatort anwesend sein?**
   ⇨ BGH: nein
3. **Wie viele Bandenmitglieder müssen bei der Begehung des Diebstahls am Tatort anwesend sein?**
   ⇨ BGH: kein einziges Mitglied, Wegnahmehandlung kann auch durch bandenfremden Beteiligten erfolgen

---

[33] BGH (GrS), StV 2001, 399 ff. = Life&Law 2001, 634 ff.

[34] Vgl. im Einzelnen zur Abgrenzung von Täterschaft und Teilnahme HEMMER/WÜST/HAHN/RÖHM, Die 34 wichtigsten Fälle zum Strafrecht-AT, Fall 29 (Ein Täter kommt selten allein).

Nach alledem haben A, B und C die Merkmale der Bandenqualifikation des § 244a I a.E. StGB erfüllt.

**c)** Der Qualifikationstatbestand des § 244a I StGB setzt ferner voraus, dass der Diebstahl entweder unter den Voraussetzungen des § 243 I S. 2 StGB begangen wurde oder dass ein Fall des § 244 I Nr. 1 oder 3 StGB vorliegt

Ein Fall des § 244 I Nr. 3 StGB liegt nicht vor, denn bei den Geschäftsräumen des O handelt es sich nicht um eine Wohnung.

A, B und C könnten jedoch die Voraussetzungen des § 243 I S. 2 StGB verwirklicht haben, auf die § 244a I StGB ebenfalls Bezug nimmt.

**hemmer-Methode**: Beachten Sie, dass die Voraussetzungen des § 243 I S. 2 StGB i.R.d. § 244a I StGB echte Tatbestandsmerkmale sind und hier nicht als Regelbeispiele eingestuft werden können. Daher kommt bei Nichtvollendung im Rahmen dieser Vorschrift dann auch ganz normal eine Versuchsstrafbarkeit in Betracht. Die dargestellte Problematik bei Regelbeispielen[35] stellt sich i.R.d. § 244a I StGB nicht.

In Betracht kommt hier zunächst § 243 I S. 2 Nr. 1 StGB. C und X haben die Ladentür des O gewaltsam aufgebrochen und sind damit i.S.d. § 243 I S. 2 Nr. 1 StGB in einen Geschäftsraum eingebrochen. Dieses tatbezogene Merkmal wird auch dem A und dem B zugerechnet, da es vom gemeinsamen Tatplan gedeckt war.

A, B und C könnten außerdem gewerbsmäßig i.S.d. § 243 I S. 2 Nr. 3 StGB gehandelt haben. Gewerbsmäßig handelt, wer sich aus wiederholter Tatbegehung eine Einnahmequelle von einer gewissen Dauer und Erheblichkeit schaffen will.[36]

Dies ist hier der Fall, da A, B und C nach ihren jeweils gescheiterten beruflichen Karrieren auf illegale Weise ihren Lebensunterhalt durch wiederholte Diebstähle bestreiten wollten.

Der objektive Tatbestand des § 244a I StGB ist somit erfüllt.

### 2. Subjektiver Tatbestand

A, B und C handelten sowohl hinsichtlich des Grundtatbestandes als auch hinsichtlich der Qualifikation vorsätzlich, insbesondere aufgrund des gemeinsamen Tatplans. Sie handelten auch mit Zueignungsabsicht i.S.d. § 242 I StGB.

### 3. Rechtswidrigkeit und Schuld

Die Tat war rechtswidrig und A, B und C handelten schuldhaft.

### 4. Ergebnis

A, B und C haben sich damit wegen schweren Bandendiebstahls in Mittäterschaft gem. §§ 244a I, 25 II StGB strafbar gemacht.

## Strafbarkeit des X

### I. Diebstahl in einem besonders schweren Fall in Mittäterschaft, §§ 242 I, 243 I S. 2, 25 II StGB

**hemmer-Methode**: Bezogen auf X ist es sinnvoll, zunächst mit dem Grundtatbestand des § 242 I StGB zu beginnen, wenn man i.R.d. Vorüberlegungen zutreffenderweise zu dem Ergebnis kam, dass X aus der Qualifikation des § 244a I StGB nicht bestraft werden kann.

[35] Vgl. Fall 8 (Das alte, neue Buch) und Fall 9 (Der Genießer).

[36] Vgl. LACKNER/KÜHL, vor § 52 Rn. 20.

Da sich § 243 StGB als Strafzumessungsregel nur auf § 242 StGB bezieht, sollte man auf diese Vorschrift nicht zu ausführlich eingehen, wenn deutlich wird, dass die echten Qualifikationstatbestände der §§ 244, 244a StGB – und die Regelbeispiele des § 243 I S. 2 StGB in diesem Rahmen als echte Tatbestandsmerkmale – zu prüfen sind. Zitieren Sie aus diesen Gründen nicht §§ 242 I, 243 I StGB mit § 244 StGB oder § 244a StGB in einer Überschrift zusammen.

### 1. Tatbestand

X hat mit A, B und C in arbeitsteiligem Zusammenwirken die Kasse und die Kleidungsstücke des O, also fremde, bewegliche Sachen, vorsätzlich und mit Zueignungsabsicht weggenommen und so den Tatbestand des § 242 I StGB verwirklicht.

### 2. Rechtswidrigkeit und Schuld

Rechtfertigungs- und Entschuldigungsgründe sind nicht ersichtlich. Die Tat war rechtswidrig und X handelte schuldhaft.

### 3. Besonders schwerer Fall, § 243 I S. 2 StGB

Zu prüfen ist ferner, ob ein besonders schwerer Fall des Diebstahls i.S.d. § 243 I StGB gegeben ist. Die Mittäter A, B und C haben gewerbsmäßig i.S.d. § 243 I S. 2 Nr. 3 StGB gehandelt. I.R.d. § 243 I StGB ist es bei den tatbezogenen Merkmalen nicht erforderlich, dass der Täter das Regelbeispiel eigenhändig verwirklicht. Bei Mittätern ist daher in der Regel auf den gemeinsamen Tatplan abzustellen.

Bei dem Merkmal „gewerbsmäßig“ gemäß § 243 I S. 2 Nr. 3 StGB handelt es sich aber wegen der Täterbezogenheit um ein besonderes persönliches Merkmal, sodass § 28 II StGB analog anzuwenden ist. Da X selbst nicht gewerbsmäßig gehandelt hat – er wollte sich aus der Begehung von Diebstählen keine laufende Einnahmequelle von einigem Gewicht verschaffen, sondern wollte lediglich am Vorhaben zu Lasten des O einmalig mitwirken – kommt ein besonders schwerer Fall insoweit nicht in Betracht.

Allerdings ist X zusammen mit C in die Geschäftsräume des O eingebrochen, weswegen § 243 I S. 2 Nr. 1 StGB (Einbruchsdiebstahl) zu bejahen ist.

Auch handelte X insofern vorsätzlich.

**hemmer-Methode**: I.R.d. § 243 I S. 2 StGB stellt § 243 I S. 2 Nr. 3 StGB das einzige täterbezogene Merkmal dar, das von jedem Beteiligten persönlich verwirklicht sein muss.
Alle anderen Merkmale sind tatbezogen und damit einer wechselseitigen Zurechnung zugänglich.

### 4. Ergebnis

X ist wegen Diebstahls in einem besonders schweren Fall in Mittäterschaft gem. §§ 242 I, 243 I S. 2 Nr. 1, 25 II StGB zu bestrafen.

## II. Bandendiebstahl in Mittäterschaft, §§ 244 I Nr. 2, 25 II StGB

### 1. Objektiver Tatbestand

Der objektive Tatbestand des Grundtatbestandes, also des § 242 I StGB, ist erfüllt (s. eben I.). Hinsichtlich der Qualifikation des § 244 I Nr. 2 StGB ist fraglich, wie sich der Umstand auswirkt, dass X nicht selbst Bandenmitglied ist.

Eine wechselseitige Zurechnung dieses Merkmals nach den Zurechnungsregeln der Mittäterschaft ist nicht möglich, da sich das Merkmal „Bandenmitgliedschaft“ nicht auf die Tathandlung bezieht, sondern ein täterbezogenes, besonderes persönliches Merkmal i.S.d. § 28 StGB darstellt. Da es sich um ein strafschärfendes Merkmal handelt, kommt § 28 II StGB zur Anwendung, mit der Folge, dass X nicht aus § 244 I Nr. 2 StGB bestraft werden kann.

Aus dem gleichen Grund scheidet auch eine Strafbarkeit wegen schweren Bandendiebstahls gem. § 244a I StGB aus.

### 2. Ergebnis

X hat sich wegen mittäterschaftlich begangenen Diebstahls in einem besonders schweren Fall gem. §§ 242 I, 243 I S. 2 Nr. 1, 25 II StGB strafbar gemacht.

**hemmer-Methode**: Beachten Sie in diesem Kontext auch Folgendes: Der 4. Strafsenat (BGH, NJW 2002, 1662 f. = Life&Law 2002, 542 ff. = **juris**byhemmer) hat in Fortführung der Rechtsprechung des Großen Senats entschieden, dass Mitglied einer Bande auch ein Beteiligter sein kann, dem nach der Bandenabrede nur Aufgaben zufallen sollen, die sich bei wertender Betrachtung als Gehilfentätigkeit darstellen.
Planen also beispielsweise W, Y und Z, über eine nicht unerhebliche Zeit miteinander Diebstähle zu begehen und soll Z an diesen Taten jeweils nur eingeschränkt als Fahrer mitwirken, so hindert dies seine Einstufung als Mitglied einer Bande und damit die Bejahung einer solchen nicht.

## D. Zusammenfassung

**Sound**:
Begriff der Bande i.S.d. §§ 244 I, 244a I Nr. 2 StGB. Begriff der Gewerbsmäßigkeit i.S.d. § 243 I S. 2 Nr. 3 StGB.

Bande ist nach der Rechtsprechung des Großen Senats des BGH der Zusammenschluss von **mindestens drei Personen**, die sich mit dem Willen verbunden haben, künftig für eine **gewisse Dauer** mehrere **selbständige, im Einzelnen noch ungewisse Straftaten** zu begehen. Dabei genügt auch die Zusage von Tatbeiträgen, die lediglich für eine Beihilfe ausreichen.

Der Qualifikationstatbestand des Bandendiebstahls setzt ferner nicht voraus, dass wenigstens zwei Bandenmitglieder örtlich und zeitlich den Diebstahl gemeinsam vollziehen, sondern lässt es genügen, wenn **ein Mitglied als Täter und ein anderes Mitglied bei diesem Diebstahl in irgendeiner Weise zusammenwirken**. Die Wegnahme selbst kann sogar durch einen bandenfremden Täter durchgeführt werden.

**Gewerbsmäßigkeit** i.S.d. § 243 I S. 2 Nr. 3 StGB liegt als **täterbezogenes Merkmal i.S.d. § 28 II StGB (analog)** vor, wenn sich der Täter aus der fortlaufenden Begehung von Straftaten eine Einnahmequelle von einiger Dauer und einigem Gewicht verschaffen will.

## E. Zur Vertiefung

**Zum Fall:**

- BGH StV 2001, 399 ff. = Life&Law 2001, 634 ff.

**Rechtsprechung zur „Bande“:**

- BGH, Beschluss vom 01.02.2011 – 3 StR 432/10 = Life&Law 2011, 561 ff. = **juris**byhemmer: Voraussetzung für die Annahme einer Bandentat nach §§ 244 I Nr. 2, 244a I StGB ist neben der Mitwirkung eines weiteren Bandenmitglieds stets, dass die Einzeltat Ausfluss der Bandenabrede ist und nicht ausschließlich im eigenen Interesse der unmittelbar an dem Diebstahl beteiligten Bandenmitglieder ausgeführt wird.
- Mitglied einer Bande kann auch sein, wer die regelmäßige Erbringung nicht ganz unerheblicher Beihilfehandlungen im Vorfeld zusagt. Auch die Mitwirkung an der Beuteverwertung nach Vollendung kann als Beihilfehandlung qualifiziert werden und damit die Bandenmitgliedschaft begründen. Siehe dazu BGH, NStZ 2007, 33 f. = Life&Law 2006, 681 ff. = **juris**byhemmer, mit sehr lesenswerter Zusammenfassung im hemmer-Background zu den prüfungsrelevanten Problemfeldern einer „bandenmäßigen Begehung“.

**Allgemein zum Bandendiebstahl und zum schweren Bandendiebstahl:**

- Hemmer/Wüst/Berberich, StrafR BT I, Rn. 39, 41.

**Zum Begriff der Gewerbsmäßigkeit:**

- Hemmer/Wüst/Berberich, StrafR BT I, Rn. 29.

**Zum Begriff „falscher Schlüssel“:**

- KG StV 2004, 544 ff. = Life&Law 2005, 114 ff. = **juris**byhemmer: Ein Wohnungseinbruchsdiebstahl mittels “falschem Schlüssel” liegt nicht vor, wenn der benutzte Schlüssel zurückbehalten wurde, um sich damit später Zugang zu verschaffen, der Wohnungsinhaber dies aber nicht bemerkt hat.

**Zu den Anforderungen an einen Wohnungseinbruchsdiebstahl:**

- Hemmer/Wüst/Berberich, StrafR BT I, Rn. 29.
- BGH, NStZ 2005, 631 ff. = Life&Law 2005, 104 ff. = **juris**byhemmer: Der Flur und der offene Empfangsbereich des Foyers eines Seniorenheims sind keine Wohnungen i.S.d. § 244 I Nr. 3 StGB.
- BGH, NStZ 2008, 338 ff. = Life&Law 2008, 746 ff. = **juris**byhemmer: Bricht der Täter in ein Geschäfts- oder Ladenlokal ein und gelangt von dort ungehindert in den räumlich abgegrenzten Wohnbereich des Tatopfers, so ist § 244 I Nr. 3 StGB nicht erfüllt. Denn der eindeutige Wortlaut setzt voraus, dass der Täter gerade „in eine Wohnung“ einbricht.

# Kapitel II: Unterschlagung

## Fall 12: Imponiergehabe

***Sachverhalt:***

*Steffen (S) hat sich von Ludwig (L) dessen PKW geliehen, um damit seiner Freundin Gundula (G) zu imponieren. Als G ihn dennoch verlässt und er daraufhin in Geldschwierigkeiten gerät, gibt er zunächst den PKW zu dem mit L vereinbarten Termin nicht zurück. Einige Tage später geht S zum Pfandhaus des Paul (P) und bietet dort das Auto als Pfand für ein Darlehen an. P geht auf das Angebot ein. Dabei ist sich S angesichts seiner nach der Trennung von G angespannten wirtschaftlichen Situation nicht sicher, ob er den PKW später wieder wird auslösen können.*

***Bearbeitervermerk:***

*Prüfen Sie die Strafbarkeit des S nach dem 19. Abschnitt des StGB.*

### A. Einführung

Fall 12 beschäftigt sich mit dem Tatbestand der Unterschlagung. Regelmäßig wird hier in Klausuren das Hauptproblem bei der Subsumtion unter das objektive Tatbestandsmerkmal der Zueignungshandlung liegen.

Daneben wird in vielen Klausuren der Qualifikationstatbestand der veruntreuenden Unterschlagung (§ 246 II StGB) gänzlich übersehen. Dies wirkt sich im Ergebnis insbesondere dann erheblich zum Nachteil des Bearbeiters aus, wenn die Qualifikation erfüllt ist, was in Anbetracht der weiten Fassung des § 246 II StGB häufig der Fall ist.

### B. Gliederung

**Strafbarkeit des S**

**I. Diebstahl, § 242 I StGB**

⇨ Kein Gewahrsamsbruch, da L den PKW freiwillig an den S übergeben hat

⇨ § 242 I StGB (-)

**II. Unterschlagung, § 246 I StGB**

**1.** Objektiver Tatbestand
PKW des L
= für S fremde, bewegliche Sache

**(P) Zueignungshandlung**

**a)** (-) in der bloßen Nichtrückgabe der entliehenen Sache an L zum vereinbarten Rückgabetermin

**b)** (+) in der Verpfändung des PKW an P, da S die Sache nicht mit Sicherheit wieder sofort auslösen kann, sobald sie der Eigentümer wieder benötigt

**2.** Subjektiver Tatbestand (+)

**3.** Rechtswidrigkeit und Schuld (+)

**4.** Ergebnis: (einfache) Unterschlagung gem. § 246 I StGB (+)

**III. Veruntreuende Unterschlagung, § 246 II StGB**

**(P)** PKW = anvertraut? ⇨ i. Erg. (+)

**IV. Gesamtergebnis**:
Strafbarkeit des S gem. § 246 II StGB

## C. Lösung

### Strafbarkeit des S

#### I. Diebstahl, § 242 I StGB

S könnte sich zunächst wegen Diebstahls strafbar gemacht haben, indem er den PKW nach Ablauf der Leihfrist dem L nicht zurückgab und diesen an P verpfändete. L hat durch die Leihe sein Eigentum am PKW nicht verloren. Bei diesem handelt es sich also um eine fremde bewegliche Sache für S. § 242 I StGB setzt als Tathandlung eine Wegnahme durch den Täter voraus.

Hierunter ist der Bruch fremden Allein- oder Mitgewahrsams und die Begründung neuen, nicht notwendig tätereigenen Gewahrsams zu verstehen.

An einem solchen Gewahrsamsbruch fehlt es hier. S hat den PKW nach Abschluss des Leihvertrages von L freiwillig übergeben bekommen. Bereits der objektive Tatbestand des § 242 I StGB ist damit auf Grund des tatbestandsausschließenden Einverständnisses des L nicht erfüllt.

#### II. Unterschlagung, § 246 I StGB

#### 1. Objektiver Tatbestand

Bei dem PKW handelt es sich um ein taugliches Tatobjekt i.S.d. § 246 I StGB. Dieser war nämlich eine für S fremde, bewegliche Sache, da er nach wie vor im Eigentum des L stand.

Ferner müsste sich S den PKW zugeeignet haben. Der Begriff der Zueignung ist i.R.d. § 246 I StGB und des § 242 I StGB inhaltsgleich zu verstehen. Im Unterschied zum Diebstahl genügt allerdings i.R.d. Unterschlagung eine auf Zueignung gerichtete Absicht des Täters nicht; vielmehr setzt der Tatbestand hier objektiv das Vorliegen einer Zueignung voraus. Man spricht dabei vom Erfordernis einer objektiven Manifestation des Zueignungswillens des Täters.

Insofern bedarf es einer äußerlich in Erscheinung tretenden Zueignungshandlung, also einer Handlung, durch die der Täter nach außen hin zu erkennen gibt, er wolle die Sache dem bisherigen Eigentümer entziehen und sie nunmehr dem eigenen Vermögen oder dem eines Dritten zuführen. Dabei setzt eine Sich-Zueignung voraus, dass sich der Täter die Sache selbst ihrer Substanz nach oder den in ihr verkörperten Wert zumindest vorübergehend aneignet und dem Eigentümer auf Dauer entzieht.[37]

**hemmer-Methode**: Beachten Sie unbedingt, dass i.R.d. § 246 I StGB die Zueignung ein objektives Merkmal darstellt und sprechen Sie daher hier auf keinen Fall von Zueignungsabsicht.

Eine solche Zueignungshandlung könnte hier zunächst darin gesehen werden, dass S die Sache zu dem mit dem Verleiher L vereinbarten Termin nicht an diesen zurückgegeben hat. Die h.M. sieht jedoch zutreffenderweise in der bloßen Nichtrückgabe einer entliehenen Sache noch keine Zueignung i.S.d. § 246 I StGB, da ein solches Verhalten auch auf bloßer Nachlässigkeit beruhen kann.[38]

Fraglich ist aber, ob S sich den PKW durch die Verpfändung an P zugeeignet hat.

[37] Eine Drittzueignung liegt demgegenüber vor, wenn der Täter die Sache in das Vermögen eines Dritten überführt.

[38] BGHSt 34, 309, 312 = **juris**byhemmer; OLG Hamm, wistra 1999, 112 = **juris**byhemmer mit Besprechung FAHL, JA 1999, 539.

**hemmer-Methode**: Schöpfen Sie den Sachverhalt vollumfänglich aus! In diesem Fall war es wichtig zu sehen, dass eine Zueignungshandlung zum einen in der Nichtrückgabe der Sache, zum anderen in der Verpfändung derselben durch S gesehen werden könnte.
Nehmen Sie solche Vorgaben des Sachverhalts auf und zeigen Sie an diesen Stellen Ihre Fähigkeit zur Entwicklung einer differenzierten Lösung.

Grundsätzlich kann in der Verpfändung einer Sache (unabhängig von deren zivilrechtlicher Wirksamkeit) eine Zueignung i.S.d. § 246 I StGB zu sehen sein, und zwar dann, wenn der Verpfänder die Sache nicht mit Sicherheit wieder sofort auslösen kann, sobald sie der Eigentümer wieder benötigt. Geht nämlich der Verpfänder davon aus, dass er die Sache jederzeit wieder auslösen kann, maßt er sich nur den Gebrauch der Sache an, was der Annahme einer Zueignung entgegensteht.[39]

**hemmer-Methode**: Anders sieht es dagegen bei der Sicherungsübereignung aus, da diese – auch wenn sie ihrer Funktion nach eher ein besitzloses Pfandrecht ist – eine Übertragung des Eigentums beinhaltet, worin jedenfalls eine Zueignung liegt.[40]

Fraglich bleibt hier daher nur, ob es für die Annahme einer Zueignung ausreicht, dass S sich bei der Verpfändung lediglich nicht sicher war, ob er den PKW später wieder würde auslösen können. Nach h.M. ist es ausreichend, wenn der Täter ernstlich damit rechnet und sich damit abfindet, dass ihm eine rechtzeitige Auslösung nicht gelingen werde, da i.R.d. § 246 I StGB für die Zueignung generell dolus eventualis ausreicht. Hiervon ist nach dem Sachverhalt auszugehen.

**hemmer-Methode**: Die Prüfung des objektiven Tatbestandes setzt an dieser Stelle notwendig ein Eingehen auf die subjektive Vorstellung des S bei Begehung der Tat voraus.

### 2. Subjektiver Tatbestand

S handelte vorsätzlich hinsichtlich der Merkmale des objektiven Tatbestandes. Eine darüber hinausgehende Absicht ist nicht erforderlich. Bei der Unterschlagung handelt es sich, anders als beim Diebstahl, nicht um ein Delikt mit überschießender Innentendenz.

### 3. Rechtswidrigkeit und Schuld

Die Tat war rechtswidrig und S handelte schuldhaft.

### 4. Ergebnis

S hat den Tatbestand der (einfachen) Unterschlagung gem. § 246 I StGB erfüllt.

## III. Veruntreuende Unterschlagung, § 246 II StGB

oder nach Tathandl. prüfen ?!

S könnte ferner den Qualifikationstatbestand des § 246 II StGB verwirklicht haben. Er müsste insofern eine ihm anvertraute Sache sich oder einem Dritten zugeeignet haben.

Anvertraut sind nach h.M. Sachen, die der Täter vom Eigentümer oder von einem Dritten mit der Verpflichtung erlangt hat, sie zu einem bestimmten Zweck zu verwenden, aufzubewahren oder auch nur zurückzugeben.[41]

---

[39] Vgl. BGHSt 12, 299 = **juris**byhemmer.
[40] Vgl. BGHSt 1, 262 = **juris**byhemmer.
[41] Vgl. BGHSt 9, 90 = **juris**byhemmer; BGHSt 16, 280 ff. = **juris**byhemmer.

Aus dem Veruntreuungstatbestand des § 246 II StGB scheiden daher im Wesentlichen nur die Fälle aus, in denen der Täter einseitig – etwa durch Fund – die Verfügungsgewalt über die Sache begründet.

Anvertraut i.S.d. Qualifikation sind dagegen regelmäßig gemietete, geliehene oder in Verwahrung gegebene Sachen. Der PKW des L war nach dieser Definition dem S nach Übergabe infolge Abschluss des Leihvertrages anvertraut.

S handelte auch hinsichtlich der Qualifikation vorsätzlich, rechtswidrig und schuldhaft.

### IV. Gesamtergebnis

S ist damit gem. § 246 II StGB zu bestrafen.

Der Tatbestand der Unterschlagung setzt in objektiver Hinsicht eine äußerlich in Erscheinung tretende Zueignungshandlung voraus. Dies ist eine Handlung, durch die der Täter nach außen hin zu erkennen gibt, er wolle die Sache ihrer Substanz oder dem in ihr verkörperten Wert nach dem bisherigen Eigentümer auf Dauer entziehen und sie nunmehr zumindest vorübergehend dem eigenen Vermögen oder dem eines Dritten zuführen.

Anvertraut i.S.d. § 246 II StGB sind solche Sachen, die der Täter vom Eigentümer oder von einem Dritten mit der Verpflichtung erlangt hat, sie zu einem bestimmten Zweck zu verwenden, aufzubewahren oder auch nur zurückzugeben.

## D. Zusammenfassung

**Sound**:
Zueignung i.S.d. § 246 I StGB.
Merkmal des Anvertrautseins, § 246 II StGB.

## E. Zur Vertiefung

**Zu § 246 StGB:**

- Hemmer/Wüst/Berberich, StrafR BT I, Rn. 43 ff.

# Fall 13: Die Münzsammlung der Arbeitgeberin

***Sachverhalt:***

*Annette (A) entwendet während der Arbeit als Hausangestellte eine wertvolle Münzsammlung ihrer Arbeitgeberin Susanne (S), die gerade beim Einkaufen ist. Zwei Wochen später verkauft sie diese Münzsammlung als angeblich eigene an ihren Bekannten Leopold (L).*

***Bearbeitervermerk:***

*Prüfen Sie die Strafbarkeit der A.*

## A. Einführung

Im vorliegenden Fall ist i.R.d. Diebstahlsprüfung zunächst auf die Frage einzugehen, ob S weiterhin trotz kurzfristiger Abwesenheit von ihrer Wohnung während des Einkaufs Gewahrsam an der Münzsammlung hatte.

Im Mittelpunkt des Falles steht dann aber die Frage, inwieweit sich der Täter, der sich eine fremde bewegliche Sache bereits durch Diebstahl oder Unterschlagung zugeeignet hat, dieselbe Sache später durch eine neuerliche Handlung nochmals zueignen kann. Dies wird in Rechtsprechung und Literatur uneinheitlich gesehen.

## B. Gliederung

**I. Diebstahl, § 242 I StGB**

**1.** Objektiver Tatbestand
fremde bewegliche Sache (+)

**(P) Fortbestehender Gewahrsam der S** während der Abwesenheit von ihrer Wohnung
⇨ i. Erg. (+), Wegnahme daher (+)

**2.** Subjektiver Tatbestand
Vorsatz (+)
Sich-Zueignungsabsicht (+)

**3.** Rechtswidrigkeit und Schuld (+)

**4.** Ergebnis: § 242 I StGB (+)

**II. Unterschlagung, § 246 I StGB**

**1.** Objektiver Tatbestand
fremde bewegliche Sache

**(P) Objektive Zueignungshandlung?**
Grds.: Abgabe eines Angebots zum Verkauf einer Sache unter Anmaßung der Eigentümerrechte = nach außen hin erkennbarer Zueignungsakt

**(P) Möglichkeit einer wiederholten Zueignung am gleichen Tatobjekt?**

**a) Tatbestandslösung** (-)
Neuerliche Zueignungshandlung stellt bereits tatbestandlich keine Unterschlagung dar

**b) Konkurrenzlösung**
Tatbestand des § 246 I StGB erfüllt, Unterschlagung tritt lediglich auf Konkurrenzebene als mitbestrafte Nachtat hinter den ersten Zueignungsakt zurück

**2. Ergebnis**: § 246 I StGB (-)

**III. Gesamtergebnis:**

§ 242 I StGB (+)

## C. Lösung

### Strafbarkeit der A

#### I. Diebstahl, § 242 I StGB

A könnte sich zunächst durch das Entwenden der Münzen nach § 242 I StGB strafbar gemacht haben.

#### 1. Objektiver Tatbestand

A hat die Münzsammlung, eine für sie fremde, bewegliche Sache, in der Wohnung der S an sich gebracht und mitgenommen.

Darin ist der Bruch fremden Gewahrsams der S, der auch zu diesem Zeitpunkt trotz Abwesenheit der S von ihrer Wohnung jedenfalls als gelockerter Gewahrsam fortbestand, und die Begründung neuen, eigenen Gewahrsams, mithin eine Wegnahme i.S.d. § 242 I StGB, zu sehen.

#### 2. Subjektiver Tatbestand

A handelte vorsätzlich und in der Absicht, sich die Münzsammlung rechtswidrig zuzueignen.

#### 3. Rechtswidrigkeit und Schuld

Rechtfertigungs- und Entschuldigungsgründe sind nicht ersichtlich. Die Tat war rechtswidrig und A handelte schuldhaft.

#### 4. Ergebnis

A hat sich damit wegen Diebstahls gem. § 242 I StGB strafbar gemacht.

#### II. Unterschlagung, § 246 I StGB

A könnte sich ferner einer Unterschlagung gem. § 246 I StGB schuldig gemacht haben, indem sie die Münzsammlung dem L zum Verkauf anbot.

#### 1. Objektiver Tatbestand

Bei der Münzsammlung handelt es sich um eine für A fremde, bewegliche Sache. Insbesondere hat S ihre Eigentümerstellung nicht durch den Diebstahl durch A verloren.

A müsste sich die Münzen rechtswidrig zugeeignet haben, d.h. sie müsste einen Zueignungswillen in objektiv erkennbarer Weise betätigt haben.

**hemmer-Methode**: Bei der Unterschlagung lässt sich der objektive Tatbestand schwierig vom subjektiven Tatbestand trennen.
Die Frage, ob jemand den Zueignungswillen manifestiert hat, lässt sich nicht von der Frage trennen, ob diese Person auch einen Zueignungswillen aufweist. Daher ist folgendes Aufbauschema empfehlenswert:

**1.** Fremde bewegliche Sache

**2.** Sich oder einem Dritten zueignen

**a)** Subjektives Element (Zueignungswille)

**b)** Objektives Element (Manifestation des Zueignungswillens)

**3.** Rechtswidrigkeit der Zueignung

**4.** Vorsatz bezogen auf 1. und 3.

Grundsätzlich stellt die Abgabe eines Angebots zum Verkauf einer Sache unter Anmaßung der Eigentümerrechte einen Zueignungsakt im Sinne eines Sich-Zueignens dar.

Problematisch ist im vorliegenden Fall aber, dass sich A die Münzen schon einmal – wie oben unter I. dargestellt – zugeeignet hatte, indem sie diese der S während ihrer Arbeit entwendete. Damit stellt sich die Frage, ob an ein- und demselben Tatobjekt eine sog. wiederholte Zueignung möglich ist. Dies ist streitig und wird in Rechtsprechung und Schrifttum unterschiedlich beantwortet:

**a) Tatbestandslösung**

Der BGH und eine Mindermeinung in der Literatur[42] verneinen die Möglichkeit einer wiederholten Zueignung und damit im vorliegenden Fall die Möglichkeit einer Verwirklichung des Tatbestandes des § 246 I StGB (daher die Bezeichnung dieser Ansicht als sog. „Tatbestandslösung"). Dies gilt nicht nur dann, wenn der Täter sich die Sache vorher durch eine Unterschlagung zugeeignet hat, sondern auch dann, wenn der Täter an der Sache auf andere schuldhafte und strafbare Weise (z.B. durch Betrug oder Diebstahl) Eigenbesitz begründet hat.

Strafrechtlich sei die Veräußerung einer unterschlagenen bzw. gestohlenen Sache nur als neue Betätigung der bereits durch die erste Straftat erlangten tatsächlichen Herrschaft über diese Sache zu bewerten und könne keine neue selbständig strafbare Handlung darstellen. Zueignung bedeute Herstellung der Herrschaft über eine Sache oder erstmalige Verfügung über sie, nicht jedoch bloße Ausnutzung dieser Herrschaftsstellung; Zueignung sei mit anderen Worten (schuldhafte und strafbare) Begründung des Eigenbesitzes unter Ausschluss des Berechtigten.

Daher müssten nachträgliche Äußerungen des Herrschaftswillens nach der ersten Zueignung bereits tatbestandlich bedeutungslos bleiben; es handele sich hierbei nicht um (straflose) Verwertungsdelikte, sondern nur noch um Ausnutzung der zuvor deliktisch herbeigeführten eigentümerähnlichen Herrschaft.

Nach dieser Ansicht setzt die Unterschlagung damit also tatbestandlich voraus, dass sich der Täter die fremde Sache nicht bereits zuvor durch eine andere strafbare Handlung zugeeignet hat. Hiernach würde vorliegend § 246 I StGB schon tatbestandlich ausscheiden.

**b) Konkurrenzlösung**

Demgegenüber vertritt die h.M. in der Literatur[43], dass es sich bei der wiederholten Betätigung des Herrschaftswillens über eine bereits deliktisch erlangte Sache tatbestandsmäßig um eine wiederholte Zueignung handle. Diese trete lediglich als straflose Nachtat hinter den ersten Zueignungsakt zurück, soweit durch sie keine weitere Vertiefung des Schadens bewirkt werde. Das Problem wird demnach von dieser Meinung nicht bereits auf Tatbestands-, sondern erst auf Konkurrenzebene gelöst (daher die Bezeichnung dieser Ansicht als sog. „Konkurrenzlösung").

**hemmer-Methode**: Keinesfalls kann aus dem Gesetzeswortlaut „(...) wenn die Tat nicht in anderen Vorschriften mit schwererer Strafe bedroht ist (...)" eine Entscheidung des Gesetzgebers zu Gunsten der Konkurrenzlösung herausgelesen werden.

[42] Vgl. BGHSt 14, 38, 43 f. = **juris**byhemmer; BGH, NStZ-RR 1996, 131; RENGIER § 5 Rn. 24; KREY/HELLMANN, Rn. 174.

[43] Vgl. WESSELS/HILLENKAMP, Rn. 301 ff.; ESER in SCHÖNKE/SCHRÖDER, § 246 Rn. 19.

Diese Subsidiaritätsklausel gilt nämlich nur für eine gleichzeitig begangene (materiell-rechtliche) Tat i.S.d. § 52 StGB.[44]
Erfüllt der Täter im Rahmen einer Tat etwa zugleich die Tatbestände des § 242 I StGB und des § 246 I StGB, so kann er auf Grund des eindeutigen Wortlauts nur nach § 242 I StGB bestraft werden. Die Unterschlagung ist demgegenüber formell subsidiär.

Begründet wird die Konkurrenzlösung damit, dass das fortbestehende Eigentum weiterhin schutzwürdig sei und es außerdem zu Strafbarkeitslücken bei Teilnehmern an einer wiederholten Zueignung käme, da nach der Tatbestandslösung keine vorsätzliche und rechtswidrige Haupttat gegeben sei. Diese aber ist nach dem in den §§ 26, 27 StGB normierten Prinzip der limitierten Akzessorietät Voraussetzung einer Teilnehmerstrafbarkeit.

Nach dieser Ansicht hätte A vorliegend tatbestandlich eine (wiederholte) Zueignung vorgenommen.

#### c) Stellungnahme

Das Argument der Konkurrenzlösung, dass die Tatbestandslösung zu Strafbarkeitslücken führe, weil Teilnehmer an wiederholten Zueignungen mangels Haupttat nicht strafbar wären, geht fehl, denn diese vermeintlichen Strafbarkeitslücken können sachgerecht über die Anschlussdelikte der §§ 257 ff. StGB geschlossen werden. Darüber hinaus verbleibende Strafbarkeitslücken sind als vom Gesetzgeber gewollt hinzunehmen.

Weiterhin würden mit der Konkurrenzlösung die Verjährungsvorschriften bzgl. der Ersttat umgangen: Wenn diese verjährt, so lebt damit zugleich die mitbestrafte Nachtat wieder auf.

Folgt man daher im Ergebnis der vorzugswürdigen Auffassung des BGH, so fehlt es hier mangels der für § 246 I StGB erforderlichen Zueignung bereits an der Verwirklichung des objektiven Tatbestandes.

#### 2. Ergebnis

A hat sich nicht wegen einer Unterschlagung gem. § 246 I StGB strafbar gemacht.

### III. Gesamtergebnis

A hat sich wegen eines Diebstahls gem. § 242 I StGB strafbar gemacht.

## D. Zusammenfassung

**Sound**:
Wiederholte Zueignung.

Von einer wiederholten Zueignung spricht man, wenn der Täter eine Zueignungshandlung i.S.d. § 246 I StGB vornimmt, nachdem er sich die Sache zuvor bereits durch ein strafbares Eigentums- oder Vermögensdelikt zugeeignet hat. Die sog. **Tatbestandslösung** verneint in einer solchen Konstellation bereits auf Tatbestandsebene die Möglichkeit einer solchen doppelten Zueignung; die **Konkurrenzlösung** sieht die neuerliche Zueignungshandlung als tatbestandsmäßige Unterschlagung an, die lediglich auf Konkurrenzebene als mitbestrafte Nachtat hinter die zunächst begangene Straftat zurücktritt.

[44] Nicht abgestellt wird in diesem Zusammenhang auf den prozessualen Tatbegriff des § 264 StPO. Vgl. ausführlich zur Subsidiaritätsklausel in § 246 I StGB CANTZLER/ZAUNER, Jura 2003, 483 ff.; HEGHMANNS, JuS 2003, 954 ff.

## E. Zur Vertiefung

**Rechtsprechung zur Subsidiaritätsklausel des § 246 I StGB:**

- BGHSt 43, 237 = NJW 1998, 465; BGH, NJW 2002, 2188 ff. = Life&Law 2002, 686 ff., **alle Entscheidungen = juris**byhemmer.

**Zum Problem der wiederholten Zueignung:**

- Hemmer/Wüst/Berberich, StrafR BT I, Rn. 45.

# Fall 14: Der Herausgabeprozess

***Sachverhalt:***

*Nach der genussvollen Nacht in der Galerie des Emil (E) – bekannt aus Fall 9 „Der Genießer“ - möchte Theo (T) nunmehr das Gemälde „Gelber Mond“ von Oskar Schlemmer kaufen. Obwohl sich E und T i.R.d. Vertragsverhandlungen nicht auf einen Kaufpreis einigen konnten und obwohl das Gemälde auch nicht übereignet wurde, verklagt T den E auf Herausgabe des Bildes. Dabei behauptet er in der Klageschrift wahrheitswidrig, er sei Eigentümer des Gemäldes und habe dieses dem E nur geliehen. Nach einigen Tagen überkommt den T ein schlechtes Gewissen. Er nimmt seine Klage wieder zurück. Zu einer näheren rechtlichen Würdigung durch das Gericht war es zu diesem Zeitpunkt noch nicht gekommen.*

***Bearbeitervermerk:***

*Prüfen Sie die Strafbarkeit des T nach dem 19. Abschnitt des StGB.*

## A. Einführung

Auch im Fall 14 spielt der Tatbestand des § 246 StGB die zentrale Rolle. Abgesehen von der Prüfung eines (versuchten) Prozessbetruges, der hier von der Fallfrage ausgeklammert wurde, ist zu erörtern, ob sich T wegen Unterschlagung strafbar gemacht hat. Problematisch ist insofern, dass T zu keinem Zeitpunkt Besitzer oder Gewahrsamsinhaber hinsichtlich des Gemäldes war. Der Wortlaut des § 246 I StGB umfasst in seiner jetzigen Fassung auch solche Fälle, im Schrifttum wird allerdings vielfach eine einschränkende Auslegung befürwortet.

## B. Gliederung

**Strafbarkeit des T**

**I. Unterschlagung, § 246 I StGB**

**1.** Gemälde = fremde bewegliche Sache

**2. Zueignung i.S.d. § 246 I StGB?**

Grundsätzlich Erhebung einer Herausgabeklage auf wissentlich wahrheitswidriger Tatsachengrundlage (+)

**(P)** Kein Besitz oder Gewahrsam des T an der Sache

**a)** Nach Wortlaut der Vorschrift: § 246 I StGB (+)

**b)** Literatur: einschränkende Auslegung

**II. Ergebnis:**

§ 246 I StGB (-)

## C. Lösung

### Strafbarkeit des T

#### I. Unterschlagung, § 246 I StGB

T könnte sich wegen Unterschlagung gemäß § 246 I StGB strafbar gemacht haben, indem er beim zuständigen Zivilgericht eine Klageschrift (§ 253 ZPO) einreichte und in dieser die Herausgabe des angeblich in seinem Eigentum stehenden Gemäldes von Oskar Schlemmer verlangte.

Bei dem Gemälde handelt es sich um eine für T fremde, da im Eigentum des E stehende, bewegliche Sache.

Fraglich ist, ob das Verhalten des T als Zueignung i.S.d. § 246 I StGB angesehen werden kann. Erforderlich wäre insofern subjektiv das Vorhandensein eines Zueignungswillens, der äußerlich manifestiert, d.h. in objektiv erkennbarer Weise betätigt wird.

Durch die auf § 985 BGB gestützte Herausgabeklage wird ein solcher Wille äußerlich manifestiert. T geriert sich insofern dem Gericht und dem Beklagten E gegenüber als Eigentümer der Sache.

Die Klage zielt darauf, dem E als bisherigem Berechtigten dauerhaft die Verfügungsgewalt über das Gemälde zu entziehen.

Bis zur Reform des Unterschlagungstatbestandes i.R.d. 6. StrÄG 1998 stellte die Fassung des § 246 I StGB als zusätzliche Voraussetzung auf, dass sich der Täter im Besitz oder Gewahrsam der Sache befinden muss. Dies ist jedoch de lege lata nicht mehr erforderlich, so dass das Verhalten des T nunmehr auf den ersten Blick nach dem Wortlaut der Vorschrift als Unterschlagung zu werten sein müsste.

**hemmer-Methode**: Mit der Änderung wollte der Gesetzgeber insbesondere die Fälle der sog. Fundunterschlagung, bei der Zueignungshandlung und Gewahrsamserlangung gleichzeitig erfolgen, sowie Zueignungshandlungen des mittelbaren Besitzers, der keinen Gewahrsam an der Sache hat, der Vorschrift des § 246 StGB zuordnen, um kriminalpolitisch unbefriedigende Strafbarkeitslücken in diesen Bereichen zu schließen.

Seit Inkrafttreten der jetzigen Fassung des § 246 StGB ist allerdings umstritten, ob i.R.d. Unterschlagung tatsächlich auf jegliche Beziehung des Täters zur unterschlagenen Sache verzichtet werden kann.

Ein Verzicht auf jede Einschränkung des Tatbestandes wird teilweise als ein Verstoß gegen den Bestimmtheitsgrundsatz des Art. 103 II GG angesehen. Zudem wird vorgebracht, dass eine derartig weite Fassung zu einer unnötigen Vorfeldkriminalisierung führen würde.[45]

Aus diesen Gründen wird zutreffend eine tatsächlich bestehende Herrschaftsbeziehung zur Sache gefordert, die schon zum Zeitpunkt der Zueignungshandlung aktuell bestehen müsse. Eine solche Herrschaftsbeziehung besteht unzweifelhaft beim Allein- oder Mitgewahrsam. Auch beim mittelbaren Besitz sei noch ein ausreichendes Band zwischen Täter und Sache gegeben.

Wenn jedoch, wie im vorliegenden Fall, überhaupt keine Herrschaftsbeziehung zu dem Gemälde bestanden hat, kann eine Unterschlagung gem. § 246 I StGB nicht angenommen werden.

### II. Ergebnis

T hat sich daher nicht wegen Unterschlagung strafbar gemacht.

**hemmer-Methode**: Daneben wäre in einer Klausur noch ein versuchter (Prozess-)Betrug zu prüfen gewesen. Dabei handelt es sich um die Konstellation eines sog. Dreiecksbetruges.[46] Durch die Behauptung wahrheitswidriger Tatsachen wollte T das erkennende Gericht täuschen und so zur Stattgabe seiner Herausgabeklage durch ein entsprechendes Urteil, d.h. zur Vornahme einer irrtumsbedingten Verfügung über das Vermögen des E veranlassen.

45 Vgl. KREY/HELLMANN, Rn. 165.

46 Vgl. ausführlich zu dieser Konstellation unter Fall 28 (Vor Gericht und auf hoher See ist man in Gottes Hand).

Lediglich der Getäuschte und der Verfügende, nicht aber der Getäuschte und der Geschädigte müssen im Fall des § 263 I StGB personengleich sein. Jedoch kann T hier aufgrund des in der Klagerücknahme zu sehenden strafbefreienden Rücktritts nach § 24 I StGB auch nicht gem. §§ 263 I, II, 22, 23 I StGB bestraft werden.

## D. Zusammenfassung

**Sound**:
Einschränkende Auslegung des Unterschlagungstatbestandes.

Um eine uferlose Ausweitung des Unterschlagungstatbestandes zu vermeiden, die zu verfassungsrechtlichen Problemen führen könnte, wird im Schrifttum gefordert, dass vor oder während der Zueignungshandlung eine irgendwie geartete Herrschaftsbeziehung des Täters zur Sache besteht.

## E. Zur Vertiefung

**Zum Tatbestand der Unterschlagung:**

- Hemmer/Wüst/Berberich, StrafR BT I, Rn. 43 ff.

**Rechtsprechung zur möglichen Unterschlagung durch Veräußerung einer zur Sicherheit übereigneten Sache:**

- BGH, NStZ 2005, 631 = Life&Law 2006, 400 ff. = **juris**byhemmer.

# Fall 15: Die Konkurrenz schläft nicht

***Sachverhalt:***

***Grundfall:***

*Anton (A) war es als Angestelltem der Firma Kopierboutique GmbH (K) gestattet worden, CD´s seiner Firma mit nach Hause zu nehmen, um dort mit diesen zu arbeiten. Als er entdeckt, dass sich auf diesen CD´s Angebotslisten der Firma K befinden, veräußert er sie an eine Konkurrenzfirma.*

***Abwandlung:***

*A druckt die Angebotslisten aus und schickt diese an die Kunden der Firma K, wobei er sich als Inhaber einer Konkurrenzfirma ausgibt. Als das Verhalten auffliegt, wird dem A gekündigt und eine Frist für die Rückgabe der CD´s gesetzt. A lässt diese Frist verstreichen.*

***Bearbeitervermerk:***

*Prüfen Sie die Strafbarkeit des A nach § 246 StGB.*

## A. Einführung

Im Fall 15 ist zum einen sorgfältig zu prüfen, ob eine Zueignung i.S.d. § 246 I StGB gegeben ist. Daneben spielt die Prüfung des Qualifikationstatbestandes der veruntreuenden Unterschlagung gem. § 246 II StGB eine besondere Rolle.

## B. Gliederung

**Grundfall**

**Strafbarkeit des A**

**I. Veruntreuende Unterschlagung, § 246 I, II StGB**

**1.** Objektiver Tatbestand

**a)** CD´s =
für A fremde, bewegliche Sachen
Zueignung durch Verkauf der Sachen

⇨ **Grundtatbestand** (+)

**b)** CD´s =
anvertraut i.S.d. § 246 II StGB?
⇨ i. Erg. (+)

⇨ **Qualifikationstatbestand** (+)

**2.** Subjektiver Tatbestand
Vorsatz hinsichtlich des Grundtatbestandes und der Qualifikation (+)

**3.** Rechtswidrigkeit und Schuld (+)

**II. Ergebnis:**
**§ 246 I, II StGB (+)**

**Abwandlung**

**Strafbarkeit des A**

**I. Veruntreuende Unterschlagung, § 246 I, II StGB**

**1.** Zueignung durch die Nichtrückgabe der CD´s?

⇨ Im Ergebnis (-), da dieses Verhalten ebenso auf bloßer Nachlässigkeit beruhen kann

**2.** Zueignung durch Ausdruck der Angebotslisten und Versenden an Kunden?

⇨ Im Ergebnis (-), keine Substanzzueignung hinsichtlich der CD´s; keine Sachwertzueignung, da A nicht den in den CD´s verkörperten Sachwert entzieht

**II. Ergebnis: § 246 I, II StGB (-)**

## C. Lösung

### Strafbarkeit des A

#### I. Veruntreuende Unterschlagung, § 246 I, II StGB

A könnte durch die Veräußerung der CD´s an die Konkurrenzfirma eine veruntreuende Unterschlagung begangen haben.

#### 1. Objektiver Tatbestand

Bei den CD´s handelt es sich um fremde, bewegliche Sachen. Diese hat sich A durch den Verkauf nach außen hin objektiv erkennbar rechtswidrig zugeeignet.

Fraglich ist, ob diese Unterschlagung auch veruntreuend i.S.d. § 246 II StGB war. Anvertraut i.S.d. § 246 II StGB sind Sachen, die der Täter vom Eigentümer oder einem Dritten mit der Verpflichtung erlangt hat, sie zu einem bestimmten Zweck zu verwenden, aufzubewahren oder auch nur zurückzugeben.[47] Hiervon ist im vorliegenden Fall auszugehen. A hat die CD´s im Rahmen seines Arbeitsverhältnisses mit der Firma K zur Benutzung zu Arbeitszwecken überlassen bekommen.

#### 2. Subjektiver Tatbestand

A handelte sowohl hinsichtlich des Grundtatbestandes als auch hinsichtlich der Qualifikation des § 246 II StGB vorsätzlich.

#### 3. Rechtswidrigkeit und Schuld

Die Tat war rechtswidrig und A handelte schuldhaft.

[47] BGHSt 9, 90 = **juris**byhemmer; BGHSt 16, 280 = **juris**byhemmer; WESSELS/HILLENKAMP, Rn. 295.

#### II. Ergebnis

A hat sich wegen veruntreuender Unterschlagung gem. § 246 I, II StGB strafbar gemacht.

## D. Lösung Abwandlung

#### I. Veruntreuende Unterschlagung, § 246 I, II StGB

**1.** A könnte durch die Nichtrückgabe der CD´s eine veruntreuende Unterschlagung begangen haben.

**hemmer-Methode**: § 246 II StGB stellt gewissermaßen den „kleinen Bruder“ des § 266 I Alt. 2 StGB, also des sog. Treuebruchstatbestandes bei der Untreue dar. Der Anwendungsbereich des § 246 II StGB ist daher auf Grund der formellen Subsidiarität[48] des Unterschlagungstatbestandes auf die Fälle beschränkt, bei denen dem Täter keine Vermögensbetreuungspflicht i.S.d. § 266 I Alt. 2 StGB nachgewiesen werden kann. Daher sollten Sie in einer Klausur, in der die Fallfrage nicht auf die Prüfung des § 246 StGB beschränkt ist, zunächst kurz auf § 266 StGB eingehen, und in diesem Rahmen die Frage nach einer Vermögensbetreuungspflicht des Täters ansprechen.

Fraglich ist hier zunächst, ob überhaupt eine Zueignungshandlung durch ein Unterlassen vorgenommen werden kann. Insofern ist davon auszugehen, dass ähnlich wie im Zivilrecht auch das sog. „beredte Schweigen“ bzw. die Nichtbefolgung einer Rückgabepflicht als Betätigung eines Zueignungswillens gewertet werden kann.

[48] Vgl. dazu nochmals oben Fall 13 und ausführlich CANTZLER/ZAUNER, Jura 2003, 483 ff.; HEGHMANNS, JuS 2003, 954 ff.

Erforderlich wäre jedoch, dass die Nichtrückgabe einer entliehenen Sache eine unzweideutige Manifestation des Zueignungswillens darstellt. Aus dem bloßen Unterlassen der Rückgabe einer geschuldeten Sache kann jedoch noch nicht der sichere Schluss gezogen werden, dass der Unterlassende den Gegenstand seinem Vermögen einverleiben will, da dieses Verhalten ebenso auf einer das fremde Eigentum nicht in Frage stellenden Nachlässigkeit beruhen kann.

**hemmer-Methode**: Gem. § 261 StPO kann eine Verurteilung nur erfolgen, wenn das Gericht von der Strafbarkeit „überzeugt“ ist. Für Sie bedeutet das, dass sie im Gutachten nur dann eine Strafbarkeit bejahen können, wenn der Sachverhalt genügend Anhaltspunkte für eine Überzeugung von der Strafbarkeit des Täters beinhaltet. Insoweit können Sie mit dem „in dubio pro reo“-Grundsatz argumentieren.

**2.** A könnte aber dadurch, dass er die auf den CD´s gespeicherten Angebotslisten ausgedruckt und an die Kunden geschickt hat, eine veruntreuende Unterschlagung begangen haben.

Gegenstand der Zueignung kann nach allgemeiner Auffassung auch der Sachwert sein, sofern er in der Sache selbst verkörpert ist (lat.: lucrum ex re), so dass A sich zumindest den wirtschaftlichen Wert der CD´s zugeeignet haben könnte.

Die Problematik besteht hier allerdings darin, dass die CD´s mit den Angebotslisten für die Firma K selbst nach der Verwendung durch A nicht wirtschaftlich wertlos i.S.e. leeren Hülse waren. Vielmehr konnten diese von der Firma K weiterhin verwendet werden. Damit fehlt es an einer dauernden Enteignung, selbst wenn man in den CD´s einen entsprechenden Sachwert zu erkennen vermag. Eine Zueignung liegt folglich nicht vor.

## II. Ergebnis

A ist nicht wegen veruntreuender Unterschlagung (§ 246 I, II StGB) strafbar.

## E. Zusammenfassung

**Sound**:
Veruntreuende Unterschlagung im Rahmen eines Arbeitsverhältnisses. Keine Zueignung bei lediglich unterlassener Rückgabe einer Sache zum vereinbarten Termin.

**Anvertraut** i.S.d. § 246 II StGB sind solche Sachen, die der Täter von einem Dritten mit der Verpflichtung erlangt hat, sie zu einem bestimmten Zweck zu verwenden, aufzubewahren oder auch nur zurückzugeben. Sachen, die einem Arbeitnehmer im Rahmen eines Arbeitsverhältnisses zur Benutzung überlassen werden, sind ihm in der Regel anvertraut.

Die bloß **unterlassene Rückgabe einer Sache** zum vereinbarten Termin ist grundsätzlich nicht als Zueignung anzusehen, da ein solches Verhalten auch auf bloßer Nachlässigkeit beruhen kann.

wie bei 242

## F. Zur Vertiefung

**Zur veruntreuenden Unterschlagung:**

- Hemmer/Wüst/Berberich, StrafR BT I, Rn. 43.

# Kapitel III: Raub und Erpressung

## Fall 16: Der Handtaschenspezialist

***Sachverhalt:***

*Joachim (J) hat sich auf die Entwendung von Handtaschen spezialisiert. Als mit Paula (P) wieder einmal eine ahnungslose Passantin durch die Straßen seiner Stadt flaniert, nähert er sich dieser von hinten mit seinem Fahrrad. J entreißt der völlig überraschten P blitzschnell deren Handtasche und flieht mit der Beute. In der Handtasche befand sich die Geldbörse der P mit 100 €.*

***Bearbeitervermerk:***

*Prüfen Sie die Strafbarkeit des J. Auf eine mögliche gewerbsmäßige Begehungsweise ist nicht einzugehen.*

### A. Einführung

Fall 16 bildet einen ersten Fall zum Grundtatbestand des Raubes gem. § 249 I StGB. Beim Raub handelt es sich um ein zweiaktiges Delikt eigenständiger Art, das die Merkmale des § 242 I StGB mit denen einer qualifizierten Nötigung verbindet. § 249 I StGB kann damit umschrieben werden als die Wegnahme fremder, beweglicher Sachen zwecks Zueignung (Diebstahlskomponente) mittels einer qualifizierten Nötigungshandlung (Gewalt gegen eine Person oder Drohung mit gegenwärtiger Gefahr für Leib oder Leben). Dabei wird in Klausuren vielfach übersehen, dass die Diebstahls- und die Nötigungskomponente nicht beziehungslos nebeneinander stehen, sondern einer finalen Verknüpfung bedürfen. Die Nötigung durch den Täter muss gerade der Wegnahme der Sache dienen (vgl. insofern Fall 17, „Nachbarn").

Verneint man im vorliegenden Fall mit guten Gründen den Raub, so stellt sich i.R.d. anschließenden Diebstahlsprüfung die Frage, ob hier ein besonders schwerer Fall des Diebstahls i.S.d. § 243 StGB gegeben ist.

### B. Gliederung

**I. Raub, § 249 I StGB**

Handtasche = fremde bewegliche Sache

Entreißen der Tasche = Wegnahme

**(P) Einsatz qualifizierter Nötigungsmittel zur Wegnahme?**

⇨ Gewalt gegen eine Person setzt körperlich vermittelten Zwang zur Überwindung eines tatsächlich geleisteten oder erwarteten Widerstandes voraus, hier (-), bloßer Überraschungsangriff des J

⇨ § 249 I StGB (-)

**II. Diebstahl, § 242 I StGB**

**1.** Objektiver Tatbestand (+)

**2.** Subjektiver Tatbestand (+)

**3.** Rechtswidrigkeit und Schuld (+)

**4. (P) § 243 I S. 2 Nr. 2 StGB**?

⇨ i. Erg. (-), Handtasche der P zwar Behältnis, aber nicht verschlossen und nicht dem Schutz gegen Wegnahme dienend

**III. Ergebnis:**

Strafbarkeit des J gem. § 242 I StGB

## C. Lösung

### Strafbarkeit des J

#### I. Raub, § 249 I StGB

J könnte sich durch das Entreißen und Ansichnehmen der Handtasche wegen Raubes gem. § 249 I StGB strafbar gemacht haben.

Bei der Tasche der P handelt es sich um eine für J fremde, bewegliche Sache.

Eine Wegnahme setzt den Bruch fremden Allein- oder Mitgewahrsams und die Begründung neuen, nicht notwendig tätereigenen Gewahrsams voraus. J hat durch das Entreißen die Tasche der P gegen deren Willen entzogen, also deren Gewahrsam gebrochen, sowie neuen, hier eigenen Gewahrsam daran begründet. Damit hat er die Tasche der P weggenommen.

J müsste weiterhin die Wegnahme mittels Gewalt gegen eine Person oder unter Androhung von gegenwärtiger Gefahr für Leib oder Leben durchgeführt haben.

Gewalt gegen eine Person ist nur der körperlich wirkende Zwang durch eine unmittelbare oder mittelbare Einwirkung auf einen anderen, der nach der Vorstellung des Täters dazu bestimmt und geeignet ist, einen tatsächlich geleisteten oder erwarteten Widerstand zu überwinden oder unmöglich zu machen. Ein rein psychischer Zwang, also eine bloß seelische Zwangswirkung, wie etwa das Auslösen von Panik oder Erregungszuständen, genügt dagegen nicht.[49]

**hemmer-Methode**: Beachten Sie insoweit den Unterschied zu § 240 I StGB, wo seit langem um die Definition des dortigen Gewaltbegriffs gestritten wird. Hier ist bei entsprechend gelagerten Sachverhalten in einer Klausur die Frage aufzuwerfen, ob bei der Nötigung auch psychisch wirkender Zwang genügt. I.R.d. § 249 I StGB stellt sich dieser Streit jedoch nicht, da das Gesetz hier ausdrücklich von „Gewalt gegen eine Person" spricht und so rein psychische Zwangslagen ausschließt. In § 240 I StGB ist demgegenüber nur von „Gewalt" die Rede, sodass dem Wortlaut der Vorschrift allein kein abschließendes Ergebnis entnommen werden kann.
An diesem Beispiel sehen Sie wiederum: Lesen Sie in einer Klausur stets mit äußerster Sorgfältigkeit und Genauigkeit sowohl den Sachverhalt einschließlich des Bearbeitervermerks als auch den Gesetzestext.
Fehler, die in diesem Bereich durch Nachlässigkeit entstehen, sind besonders ärgerlich, da sie einfach durch regelmäßiges Training vermieden werden können.
Achten Sie also bei Tatbeständen, bei denen der Gewaltbegriff auftaucht, genau auf die Gesetzesformulierung, die Ihnen hier wertvolle Fingerzeige liefern kann.

Problematisch ist hier, dass J der überraschten P deren Tasche blitzschnell entrissen hat. In einem solchen Fall handelt der Täter nicht, um einen angenommenen Widerstand zu brechen. Vielmehr versucht er, durch seinen Überraschungsangriff zu verhindern, dass das Opfer überhaupt Widerstand leistet. Der Täter will dem Widerstand damit zuvorkommen.

---

[49] WESSELS/HILLENKAMP, Rn. 319 ff.; JOECKS, StGB, § 249 Rn. 16 ff.

Das bloße Festhalten der Tasche durch das Opfer kann bei einer solchen Sachlage nicht als zu überwindender Widerstand angesehen werden, wenn das überraschte Opfer keinen Angriff erwartet und die Tasche daher nicht zur Abwehr eines solchen fest in der Hand hält, so dass sie ihm nur durch eine erhebliche Krafteinwirkung entrissen werden könnte, sondern sie lediglich trägt, um sie so vor dem Herunterfallen auf den Boden zu schützen.

**hemmer-Methode**: Achten Sie bei Fällen des „Handtaschenraubes" genau auf die Angaben der Aufgabenstellung. Ist von einem überraschten Opfer die Rede oder rechnet das Opfer mit einem Angriff, so dass eine erhebliche Kraftentfaltung nötig wird? Nur im letzteren Fall ist nach praktisch einhelliger Ansicht von einem Raub auszugehen.

Damit ist der objektive Tatbestand des § 249 I StGB nicht erfüllt. J hat sich nicht wegen Raubes strafbar gemacht.

## II. Diebstahl, § 242 I StGB

J könnte sich durch sein Verhalten wegen eines Diebstahls strafbar gemacht haben.

### 1. Objektiver Tatbestand

J hat der P deren Handtasche mitsamt Inhalt und damit eine fremde bewegliche Sache weggenommen.

### 2. Subjektiver Tatbestand

J handelte vorsätzlich und in der Absicht rechtswidriger Zueignung.

**hemmer-Methode**: Im vorliegenden Fall flieht J mit der gesamten Beute. Die Zueignungsabsicht kann daher hier problemlos bejaht werden. Anders wäre zu entscheiden gewesen, wenn J noch am Tatort oder zumindest in unmittelbarer zeitlicher und räumlicher Nähe die Tasche geöffnet, das Geld entnommen und dann die leere Tasche weggeworfen und zurückgelassen hätte. Wer nämlich ein Behältnis wegnimmt, es dabei aber allein auf den Inhalt abgesehen hat und sich daher sofort des Behältnisses entledigt, sobald er den entsprechenden Inhalt an sich gebracht hat, handelt zwar in Bezug auf den Inhalt, nicht jedoch in Bezug auf das Behältnis mit Zueignungsabsicht (BGH, NStZ 2000, 531; BGH, NStZ-RR 2000, 343).
Hier aber hat J das Behältnis zumindest zum Transport der eigentlichen Beute verwenden wollen und auch verwendet. In solchen Fällen erstreckt sich die Zueignungsabsicht des Täters sowohl auf das Behältnis als auch auf dessen Inhalt.
Achten Sie auf solche Feinheiten im Sachverhalt. Vielfach erwartet der Klausurersteller hier eine genaue Subsumtion und Argumentation.
Erkennen Sie solche Klippen in einer Klausur und schulen Sie Ihre Fähigkeiten bei der Erstellung differenzierender Falllösungen.
Oft wird den Juristen scherzhaft vorgeworfen, sie könnten einen Fall nicht kurz und knapp auf den Punkt gebracht lösen, sondern würden ihre Ausführungen stets mit der Floskel „Es kommt darauf an, (...)" einleiten. Darin liegt ein Stückchen Wahrheit. In einer Klausur werden keine Schemafälle abgeprüft. Jeder Fall hat seine eigenen Schwierigkeiten und Tücken, die nicht durch auswendig gelerntes Wissen gemeistert werden können, sondern nur durch differenzierte, strukturierte und organisierte Überlegungen und Argumentation.
Ebenso geht im Übrigen die Rechtsprechung vor.

Vielfach werden Sie in gerichtlichen Entscheidungen Sätze finden wie „Es kommt auf die Umstände des jeweiligen Einzelfalles an." oder „Es verbietet sich eine schematische Lösung.". Arbeiten Sie daher von Anfang an wie die Profis.

### 3. Rechtswidrigkeit und Schuld

Die Tat war rechtswidrig und J handelte schuldhaft.

### 4. Besonders schwerer Fall des Diebstahls gem. § 243 StGB

Zu prüfen bleibt, ob J aus dem Strafrahmen des § 242 I StGB zu bestrafen ist, oder ob sogar ein Diebstahl in einem besonders schweren Fall i.S.d. § 243 I StGB vorliegt.

In Betracht kommt das Regelbeispiel des § 243 I S. 2 Nr. 2 Alt. 1 StGB. Dann müsste J eine Sache gestohlen haben, die durch ein verschlossenes Behältnis gegen Wegnahme besonders gesichert war. Bei der Handtasche der P handelt es sich um ein Behältnis, nämlich ein zur Aufnahme von Sachen dienendes und sie umschließendes Raumgebilde, das im Gegensatz zum umschlossenen Raum nicht dazu bestimmt ist, von Menschen betreten zu werden.[50]

Das Regelbeispiel des § 243 I S. 2 Nr. 2 Alt. 1 kommt dabei selbst dann in Betracht, wenn der Täter wie hier J das Behältnis als Ganzes entwendet.

Im Ergebnis liegt aber dennoch kein Fall des § 243 I S. 2 Nr. 2 StGB vor. Zum einen enthält nämlich der Sachverhalt keine Angaben darüber, ob es sich bei der Handtasche der P um ein offenes oder ein verschlossenes Behältnis gehandelt hat.

Zum anderen müsste zudem der Zweck einer Schließvorrichtung gerade in der Sicherung der Sache gegen Wegnahme bestehen. Die Tasche der P dient hier jedoch lediglich dem Transport der in ihr befindlichen Sachen.

**hemmer-Methode:** Mit entsprechender Begründung wäre es vertretbar, einen unbenannten besonders schweren Fall i.S.d. § 243 I S. 1 StGB anzunehmen.

### III. Ergebnis

J hat sich wegen (einfachen) Diebstahls gem. § 242 I StGB strafbar gemacht.

## D. Zusammenfassung

**Sound**:
Gewalt i.S.d. § 249 I StGB bei der plötzlichen Entwendung von Handtaschen.
Besonders schwerer Fall des Diebstahls gem. § 243 I S. 2 Nr. 2 StGB.

Gewalt gegen eine Person ist **nur der körperlich wirkende Zwang** durch eine unmittelbare oder mittelbare Einwirkung auf einen anderen, die nach der Vorstellung des Täters dazu bestimmt und geeignet ist, einen tatsächlich geleisteten oder erwarteten Widerstand zu überwinden oder unmöglich zu machen. Ein **rein psychischer Zwang**, also eine bloß seelische Zwangswirkung, wie etwa das Auslösen von Panik oder Erregungszuständen, genügt dagegen nicht. Bei Handtaschenfällen kommt es daher maßgeblich darauf an, ob das Opfer einfach durch den plötzlichen Zugriff des Täters überrascht wird oder ob es dadurch Widerstand gegen die Wegnahme leistet, dass es sich fest an die Tasche klammert und diese festhält.

[50] BGHSt 1, 158, 163 = **juris**byhemmer.

**Behältnis** i.S.d. § 243 I S. 2 Nr. 2 Alt. 1 StGB ist ein zur Aufnahme von Sachen dienendes und sie umschließendes Raumgebilde, das im Gegensatz zum umschlossenen Raum nicht dazu bestimmt ist, von Menschen betreten zu werden. Das Regelbeispiel kommt auch dann in Betracht, wenn der Täter das Behältnis als Ganzes entwendet.

**Verschlossen** ist das Behältnis, wenn sein Inhalt durch ein Schloss, eine sonstige technische Schließvorrichtung oder auf andere Weise gegen einen ordnungswidrigen Zugriff von außen gesichert ist. Schließlich setzt § 243 I S. 2 Nr. 2 StGB voraus, dass die Vorrichtung die Sache gerade gegen Wegnahme sichert.

## E. Zur Vertiefung

**Zum Gewaltbegriff in § 240 I StGB und § 249 I StGB:**

- Hemmer/Wüst/Berberich, StrafR BT I, Rn. 49 ff.

**Rechtsprechung:**

- Rechtsprechung zur Abgrenzung von Raub zu räuberischer Erpressung sowie zum Rücktritt nach § 24 II StGB bei Mittätern siehe BGH, 3 StR 257/09 = Life&Law 2010, 100 ff. = **juris**byhemmer.

**Zum Regelbeispiel des § 243 I S. 2 Nr. 2 StGB:**

- Hemmer/Wüst/Berberich, StrafR BT I, Rn. 29.

# Fall 17: Nachbarn

***Sachverhalt:***

*Gunter (G) ist schlecht gelaunt. Als ihm dann auch noch sein Nachbar Jürgen (J), mit dem er seit langen Jahren im Streit lebt, über den Weg läuft, schlägt er diesen nieder. J geht bewusstlos zu Boden. Dabei entdeckt G, dass J überraschenderweise in seiner Jackentasche 200 € bei sich führt. Kurz entschlossen nimmt G das Geld an sich.*

***Bearbeitervermerk:***

*Prüfen Sie die Strafbarkeit des G nach dem StGB.*
*Die Vorschriften des 17. Abschnitts des StGB sind hierbei außer Betracht zu lassen.*

## A. Einführung

In Fall 17 steht nochmals der Grundtatbestand des Raubes gem. § 249 I StGB im Mittelpunkt. Während die Diebstahls- und die Nötigungskomponente hier für sich allein betrachtet unproblematisch bejaht werden können, ist näher auf die zudem erforderliche Finalität zwischen diesen beiden Komponenten einzugehen. G hat nämlich den Schlag, der zur Bewusstlosigkeit seines Nachbarn führte, zunächst nicht ausgeführt, um diesem die 200 € zu entwenden.

Im Anschluss an die Prüfung des Raubes ist bei Verneinung einer Strafbarkeit nach § 249 I StGB i.R.d. Diebstahls auf das Regelbeispiel des § 243 I S. 2 Nr. 6 StGB einzugehen.

## B. Gliederung

**I. Raub, § 249 I StGB**

**1.** Objektiver Tatbestand

**a)** Diebstahlskomponente (+)

**b)** Nötigungskomponente (+)
Niederschlagen des J
= Gewalt gegen eine Person

**c) (P) Finale Verknüpfung zw. Diebstahls- und Nötigungskomponente** (-)

⇨ Gewaltanwendung hier zum Zeitpunkt der Wegnahme bereits abgeschlossen, lediglich Gewaltwirkung noch fortdauernd

**2. Ergebnis**:
§ 249 I StGB (-)

**II. Besonders schwerer Fall des Diebstahls, §§ 242 I, 243 I S. 2 Nr. 6 StGB**

**1.** Objektiver Tatbestand
fremde bewegliche Sache (+)
Wegnahme (+)

**2.** Subjektiver Tatbestand
Vorsatz (+)
Zueignungsabsicht (+)

**3.** Rechtswidrigkeit und Schuld (+)

**4. (P) § 243 I S. 2 Nr. 6 StGB**
Hilflosigkeit des J zum Stehlen ausgenutzt? ⇨ i. Erg. (+)

**III. Ergebnis:**

Strafbarkeit des G gem. §§ 242 I, 243 I S. 2 Nr. 6 StGB

## C. Lösung

### Strafbarkeit des G

#### I. Raub, § 249 I StGB

G könnte dadurch, dass er den J niederschlug und sodann die 200 € aus dessen Jackentasche an sich nahm, einen Raub begangen haben.

#### 1. Objektiver Tatbestand

#### a) Diebstahlskomponente

Bei den 200 € handelt es sich, da das Geld im Eigentum des J stand, um eine für den G fremde und bewegliche Sache.

Weiterhin wäre erforderlich, dass G dem J diese Sache weggenommen hat, wozu der Bruch fremden Allein- oder Mitgewahrsams und die Begründung neuen, nicht notwendig tätereigenen Gewahrsams erforderlich ist.

Fraglich ist jedoch, ob J zu dem Zeitpunkt, als G das Geld an sich nahm, noch Gewahrsam hatte, da er bereits bewusstlos war. Mittlerweile geht die h.M. in Rechtsprechung und Literatur davon aus, dass auch ein Bewusstloser noch Gewahrsam an den von ihm mitgeführten Sachen hat, da ein potentieller Gewahrsamswille noch fortbesteht.[51] Dies gilt entgegen einer Mindermeinung unabhängig davon, ob der Bewusstlose später das Bewusstsein nochmals wiedererlangt oder verstirbt.[52]

#### b) Nötigungskomponente

Die von § 249 I StGB geforderte Nötigungshandlung liegt im Niederschlagen des J, so dass hier Gewalt gegen eine Person in Form von vis absoluta angewendet wurde.

**hemmer-Methode**: Unterscheiden Sie i.R.d. Gewaltbegriffs vis absoluta und vis compulsiva.
Von vis absoluta spricht man bei einer physisch vermittelten Zwangswirkung durch Schaffen eines unüberwindlichen Hindernisses (Beispiel: Bewusstlosschlagen des Opfers).
Vis compulsiva zielt dagegen darauf ab, den Willen des Opfers zu beugen und einen rein tatsächlich noch möglichen Widerstand zu brechen (Beispiel: Abgabe von Schreckschüssen).
In der Klausur ist es für das Ergebnis meist irrelevant, welche Form der Gewalt vorliegt. Eine Entscheidung ist dennoch anzuraten, da sie von vielen Klausurerstellern erwartet wird.

#### c) Finale Verknüpfung zwischen Diebstahls- und Nötigungskomponente

Weiterhin setzt der Tatbestand des Raubes voraus, dass die (qualifizierte) Nötigung des Opfers und die Wegnahme der fremden, beweglichen Sache in einer inneren Beziehung und in einem bestimmten zeitlichen Verhältnis zueinander stehen.

Erforderlich ist insofern, dass der Täter seinen Wegnameentschluss spätestens während der noch fortdauernden Gewaltanwendung fasst.

---

[51] BGHSt 4, 210 = **juris**byhemmer; BGH, NStZ 1985, 1911; FAHL, Jura 1998, 458; WESSELS/HILLENKAMP, Rn. 75.

[52] Vgl. zu diesem Problem nochmals oben Fall 4 (Letztes Hemd mit Tasche).

Nutzt der Täter dagegen – wie G im vorliegenden Fall – lediglich die fortdauernde Wirkung der von ihm ohne Wegnahmevorsatz verübten Gewalt aus, ohne dass die Nötigungshandlung als solche noch fortdauert, so ist die erforderliche Finalbeziehung zwischen Nötigung und Wegnahme nicht gegeben.[53]

**hemmer-Methode**: Anders wäre der Fall zu beurteilen, wenn der Täter das Opfer zunächst ohne Wegnahmevorsatz in den Polizeigriff genommen hätte und sich, noch während er das Opfer festhält, entschließt, diesem die Brieftasche zu entwenden. Hier dauert die Gewaltanwendung noch fort.

### 2. Ergebnis

G hat keinen Raub begangen.

## II. Besonders schwerer Fall des Diebstahls, §§ 242 I, 243 I S. 2 Nr. 6 StGB

Das Verhalten des G könnte aber als Diebstahl zu bestrafen sein.

### 1. Objektiver Tatbestand

G hat dem J die Geldscheine im Wert von 200 €, aus der Sicht des G fremde und bewegliche Sachen, weggenommen.

### 2. Subjektiver Tatbestand

G handelte mit Wissen und Wollen hinsichtlich der objektiven Tatbestandsmerkmale. Zudem hatte er die Absicht, sich die Scheine rechtswidrig zuzueignen.

### 3. Rechtswidrigkeit und Schuld

Die Tat war rechtswidrig und schuldhaft.

### 4. Besonders schwerer Fall des Diebstahls, § 243 I S. 2 Nr. 6 StGB

G könnte das Regelbeispiel des § 243 I S. 2 Nr. 6 StGB verwirklicht haben und wegen Diebstahls in einem besonders schweren Fall zu bestrafen sein.

§ 243 I S. 2 Nr. 6 StGB verlangt, dass der Täter die Hilflosigkeit eines anderen, einen Unglücksfall oder eine gemeine Gefahr zum Stehlen ausnutzt. Kennzeichnend für dieses Regelbeispiel ist damit die besonders verwerfliche Begehungsweise des Täters in Situationen, in denen der Selbstschutz des Opfers beeinträchtigt und deshalb ein erhöhtes Schutzbedürfnis gegeben ist. Hilflosigkeit ist zu bejahen, wenn das Opfer zur Zeit der Tat – verschuldet oder nicht – außer Stande ist, sich ohne Hilfe anderer gegen eine seine Rechtsgüter bedrohende Gefahr zu helfen.

Da J zur Zeit der Wegnahme bewusstlos war, ist er hilflos i.d.S. gewesen. G hat die Hilflosigkeit des J zur Begehung des Diebstahls vorsätzlich ausgenutzt, so dass ein besonders schwerer Fall des Diebstahls i.S.d. § 243 I S. 2 Nr. 6 Var. 1 StGB vorliegt.

## III. Ergebnis

G ist gem. §§ 242 I, 243 I S. 2 Nr. 6 StGB zu bestrafen.

[53] WESSELS/HILLENKAMP, Rn. 333 ff.; BGH, NJW 1969, 619.

## D. Zusammenfassung

**Sound**:
Sachentwendung bei fortwirkenden, nicht zu Raubzwecken geschaffenen Zwangslagen. Besonders schwerer Fall des Diebstahl gem. § 243 I S. 2 Nr. 6 StGB.

Begründet der Täter seinen Wegnahmeentschluss während der noch **fortdauernden Gewaltanwendung**, so begeht er einen Raub. Ist dagegen die Gewaltanwendung bereits abgeschlossen und nutzt der Täter lediglich die **fortdauernde Wirkung** der von ihm zunächst ohne Wegnahmevorsatz ausgeübten Nötigungshandlung im Rahmen eines neuen Entschlusses zur Entwendung von Sachen, so ist bereits der objektive Tatbestand des Raubes zu verneinen.

Das Regelbeispiel des § 243 I S. 2 Nr. 6 StGB ist erfüllt, wenn der Täter die Hilflosigkeit eines anderen, einen Unglücksfall oder eine gemeine Gefahr zum Stehlen ausnutzt. Kennzeichnend ist insofern die **besonders verwerfliche Begehungsweise** in Situationen, in denen der Selbstschutz des Opfers beeinträchtigt und deshalb ein erhöhtes Schutzbedürfnis gegeben ist.

## E. Zur Vertiefung

**Rechtsprechung zum Finalzusammenhang zwischen Nötigungsmittel und Wegnahme sowie der „raubspezifischen Einheit“:**

- BGH, Beschluss vom 20.01.2016 – 1 StR 398/15 = **juris**byhemmer: Notwendige Voraussetzung für eine Strafbarkeit wegen Raubes ist eine finale Verknüpfung zwischen dem Einsatz der qualifizierten Nötigungsmittel und der Wegnahme sowie eines räumlich-zeitlichen Zusammenhangs dergestalt, dass es zu einer nötigungsbedingten Einschränkung der Dispositionsfreiheit des Gewahrsamsinhabers über das Tatobjekt gekommen ist. An dem erforderlichen raum-zeitlichen Zusammenhang („raubspezifische Einheit“) kann es fehlen, wenn ein durch die Nötigung hervorgerufenes Verhalten des Opfers nach Abschluss der qualifizierten Nötigungshandlung weder objektiv noch nach der Tätervorstellung ein notwendiges Zwischenziel zur Begründung des Gewahrsams ist.
- BGH, Beschluss vom 25.09.2012 – 2 StR 340/12 = Life&Law 2013, 275 ff. = **juris**byhemmer: Nutzt der Täter die Wirkungen zuvor mit anderer Zielrichtung verübter Gewalt zu einer Wegnahme aus, so ist der raubspezifische Finalzusammenhang erst erfüllt, wenn der Täter hierauf im Wege einer neuen, nach dem Entschluss zur Wegnahme erfolgten Gedankenäußerung als konkludente Drohung Bezug nimmt.

- Allein der Umstand, dass die Wirkungen der ohne Wegnahmeabsicht ausgeübten Gewalt noch andauern und der Täter dies ausnutzt, genügt für die Annahme eines Raubes nicht, vgl. BGH, NStZ 2006, 508 f. = Life&Law 2006, 767 ff. = **juris**byhemmer. Dort finden Sie im hemmer-Background auch instruktive und sehr lesenswerte Hinweise zu dem schwierigen Problemfeld, ob eine „Gewaltanwendung durch Unterlassen“ möglich ist.
- BGH, NStZ 2004, 152 f. = Life&Law 2004, 250 ff. = **juris**byhemmer; Fassen eines Wegnahmevorsatzes des Täters nach Fesselung des Opfers; zur Frage der Raubgewalt durch Unterlassen siehe auch Walter, NStZ 2005, 240 ff.

**Zum Erfordernis des Finalzusammenhanges beim Raub gem. § 249 I StGB:**

- Hemmer/Wüst/Berberich, StrafR BT I, Rn. 60.

# Fall 18: Der Lippenpflegestift

***Sachverhalt:***

*Anton (A) begibt sich in ein Ladenlokal. Er drückt dem Angestellten Otto (O) einen Lippenpflegestift in den Rücken. Da O davon ausgeht, dass es sich um einen Pistolenlauf handelt, er also mit einer Waffe bedroht wird, lässt er A die Ladenkasse, in der sich 750 € befinden, leer räumen.*

***Bearbeitervermerk:***

*Prüfen Sie die Strafbarkeit des A nach dem 20. Abschnitt des StGB.*

## A. Einführung

In Fall 18 stellt sich die Frage, ob A aus dem Qualifikationstatbestand des § 250 StGB bestraft werden kann. Dies wäre der Fall, wenn es sich bei dem Lippenpflegestift um ein sonstiges Werkzeug oder Mittel i.S.d. § 250 I Nr. 1 lit. b) StGB handeln würde.

## B. Gliederung

**I. Schwerer Raub, §§ 249 I, 250 I Nr. 1 lit. b) StGB**

1. Objektiver Tatbestand

a) **Grundtatbestand des § 249 I StGB**

aa) **Diebstahlskomponente (+)**
Geldscheine = für A fremde und bewegl. Sachen
Entnahme des Geldes aus der Ladenkasse = Wegnahme

bb) **Nötigungskomponente (+)**
Drücken des Lippenpflegestiftes in den Rücken des O = Drohung mit einer gegenwärtigen Gefahr für dessen Leib und Leben; Finalität (+)

b) **Qualifikationstatbestand des § 250 I Nr. 1 lit. b) StGB**

(P) **Lippenpflegestift** = sonstiges Mittel oder Werkzeug i.S.d. Vorschrift? Grundsätzlich auch sog. Scheinwaffen trotz objektiver Ungefährlichkeit erfasst

⇨ Jedoch im Hinblick auf hohe Strafdrohung restriktive Auslegung: § 250 I Nr. 1 lit. b) StGB (-) bei objektiv erkennbar ungefährlichen Gegenständen, da hier die Täuschungshandlung des Täters im Vordergrund steht

2. Subjektiver Tatbestand
Vorsatz (+)
Zueignungsabsicht (+)

3. Rechtswidrigkeit und Schuld (+)

**II. Ergebnis:**

Strafbarkeit des A wegen (einfachen) Raubes gem. § 249 I StGB (+)

## C. Lösung

### Strafbarkeit des A

**I. Schwerer Raub, §§ 249 I, 250 I Nr. 1 lit. b) StGB**

A könnte sich dadurch, dass er die Ladenkasse ausräumte, wegen schweren Raubes gem. §§ 249 I, 250 I Nr. 1 lit. b) StGB strafbar gemacht haben.

## 1. Objektiver Tatbestand

Zu prüfen ist zunächst der Grundtatbestand des § 249 I StGB: Bei den Geldscheinen im Wert von 750 € handelt es sich um für A fremde und bewegliche Sachen.

Diese hat er der Ladenkasse des O entnommen und damit weggenommen.

Da A den Eindruck erweckt hat, bei dem in den Rücken gedrückten Gegenstand handele es sich um eine Pistole, hat er konkludent den O mit einer gegenwärtigen Gefahr für dessen Leib und Leben bedroht. Diese Drohung sollte wiederum nach Vorstellung des A die Wegnahme des Geldes ermöglichen (Finalität).

A hat daher den Grundtatbestand des § 249 I StGB erfüllt. Fraglich ist, ob A auch den Qualifikationstatbestand des § 250 I Nr. 1 lit. b) StGB verwirklicht hat. Dazu müsste der Lippenpflegestift ein sonstiges Mittel oder Werkzeug im Sinne dieser Vorschrift sein.

Unter § 250 I Nr. 1 lit. b) StGB fallen nach Wortlaut und Wille des Gesetzgebers in Abgrenzung zu § 250 I Nr. 1 lit. a) StGB gerade solche Gegenstände, die objektiv ungefährlich sind, weswegen sog. Scheinwaffen grundsätzlich von dieser Vorschrift erfasst sind.

Fraglich ist jedoch, ob der Lippenpflegestift als eine solche Scheinwaffe angesehen werden kann.

**hemmer-Methode**: Innerhalb der unterschiedlichen Qualifikationen des § 250 StGB weist der Raub mit Waffen die größte Klausurrelevanz auf.
I.R.d. § 250 I Nr. 1 StGB (Mindestfreiheitsstrafe 3 Jahre) erfasst die Nr. 1 lit. a) die gefährlichen Gegenstände, setzt aber grundsätzlich keine Verwendungsabsicht voraus, wohingegen beim Mitführen von ungefährlichen Gegenständen die Verwendungsabsicht hinzukommen muss, um die hohe Strafandrohung zu rechtfertigen [Nr.1 lit. b)]. Allerdings ist im Rahmen von Nr. 1 lit. a) ein Streit um die Auslegung des Merkmals „ein anderes gefährliches Werkzeug bei sich führt" ausgebrochen.
Denn ob ein Werkzeug gefährlich ist, lässt sich normalerweise erst nach Art seiner Verwendung beurteilen. Daher wird teilweise auch in dieser Variante ein sog. Verwendungsvorbehalt gefordert.
§ 250 II Nr. 1 StGB (Mindestfreiheitsstrafe 5 Jahre) setzt dagegen die tatsächlich erfolgte Verwendung eines gefährlichen Gegenstands voraus.
Vgl. zu allen Varianten des § 250 StGB ausführlich Life&Law 2003, 58 ff.; ferner in diesem Zusammenhang lesenswert OLG Braunschweig, NJW 2002, 1735 f. = Life&Law 2002, 609 ff. (zur parallelen Problematik i.R.d. § 244 I Nr. 1 lit. a) StGB).

Dafür spricht zunächst, dass es i.R.d. § 250 I Nr. 1 lit. b) StGB gerade nicht auf die objektive Gefährlichkeit ankommt.

Insbesondere ist aus Opfersicht das Bedrohungsgefühl, die gefühlte Todesangst, genauso stark wie bei einer echten Waffe oder einer Pistolenattrappe.

Der Unterschied zwischen dem von T eingesetzten Lippenpflegestift und einer möglicherweise täuschend echt aussehenden Pistolenattrappe besteht jedoch darin, dass letztere nach ihrem äußeren Erscheinungsbild geeignet ist, den Eindruck zu erwecken, es handele sich um eine echte Waffe.

Bei erkennbar ungefährlichen Gegenständen wie dem Lippenpflegestift ist dagegen weniger die Beschaffenheit des Gegenstandes, sondern vielmehr die Täuschungshandlung des Täters das entscheidende Moment, das beim Opfer ein Bedrohungsgefühl auslöst.

Aus diesem Grunde erscheint es sinnvoll, derartige Gegenstände aus dem Anwendungsbereich des § 250 I Nr. 1 lit. b) StGB herauszunehmen, um den Qualifikationstatbestand, der eine Mindestfreiheitsstrafe von drei Jahren vorsieht, nicht zu extensiv auszulegen.

A hat daher nur den objektiven Tatbestand des Grundtatbestandes des Raubes gem. § 249 I StGB, nicht aber den der Qualifikation des § 250 I Nr. 1 lit. b) StGB verwirklicht.

### 2. Subjektiver Tatbestand

A handelte vorsätzlich mit Wissen und Wollen und in der Absicht, sich die Geldscheine rechtswidrig zuzueignen.

### 3. Rechtswidrigkeit und Schuld

Die Tat war rechtswidrig und A handelte schuldhaft.

### II. Ergebnis

A ist daher wegen Raubes gem. § 249 I StGB zu bestrafen.

## D. Zusammenfassung

**Sound**:
Raub mit Scheinwaffen.

Der **Wortlaut** des § 250 I Nr. 1 lit. b) StGB erfasst eindeutig auch sog. Scheinwaffen, also Gegenstände, die objektiv betrachtet gerade keine Gefährlichkeit aufweisen. Gleichwohl dürfen bei der Auslegung der Merkmale „Werkzeug oder Mittel“ objektive Gesichtspunkte nicht gänzlich unberücksichtigt bleiben.

Vielmehr muss der Gegenstand nach seiner objektiven Erscheinung unter den konkreten Umständen seiner geplanten Anwendung aus der Sicht des Täters ohne weiteres geeignet sein, beim Opfer den Eindruck der Gefährlichkeit hervorzurufen.

Kann der Gegenstand dagegen seiner Art nach – wie z.B. ein kurzes gebogenes Plastikrohr unter dem Pullover oder ein in den Rücken des Opfers gedrückter Lippenpflegestift – **nur unter Täuschung über dessen wahre Eigenschaft** bei der Tat eingesetzt werden, so steht diese Täuschung des Täters so sehr im Vordergrund, dass eine Anwendung des § 250 I Nr. 1 lit. b) StGB – nicht zuletzt im Hinblick auf dessen hohen Strafrahmen – den Gesetzeszweck verfehlen würde. In solchen Fällen ist daher von einem einfachen Raub gem. § 249 I StGB auszugehen.

**hemmer-Methode:** Zur Rechtsprechung des BGH vgl. NJW 2003, 1677 = Life&Law 2003, 409 ff. = **juris**byhemmer: Umstritten war lange Zeit, ob es sich bei einer zur Bedrohung verwendeten, geladenen Schreckschusspistole um eine Waffe oder ein gefährliches Werkzeug i.S.d. § 250 II Nr. 1 StGB handelt. Der Große Senat des BGH hat in der genannten Entscheidung die Waffeneigenschaft bejaht. Zur Begründung führt das Gericht wissenschaftliche Erkenntnisse an, die belegen, dass die Gefährlichkeit einer geladenen Schreckschusspistole nicht wesentlich hinter der einer Gaspistole zurücksteht.

Gaspistolen werden von der Rechtsprechung seit jeher als Waffen anerkannt. Zudem hat der Gesetzgeber zum 01.04.2003 das Waffenrecht neu geregelt und dabei ebenfalls Schreckschusswaffen als Schusswaffen eingestuft und für deren Führen eine Waffenscheinpflicht eingeführt. Beachten Sie zudem, dass seit dem Frühjahr 2008 das Tragen von Scheinwaffen in der Öffentlichkeit verboten ist. Damit unterfallen nun auch Scheinwaffen dem Waffengesetz. Gleichwohl bleibt es dabei, dass Scheinwaffen keine Waffen im Sinne des StGB sind. Denn insoweit besteht keine mit geladenen Schreckschuss- oder Gaspistolen vergleichbare abstrakte Gefährlichkeit.

## E. Zur Vertiefung

**Rechtsprechung bestätigt die „Labello-Entscheidung“:**

- Bei Verwendung eines objektiv ersichtlich ungefährlichen Gegenstandes, den das Opfer nicht oder nur unzureichend sinnlich wahrnehmen kann (und soll), steht das Täuschungselement im Vordergrund. Entsprechend dem gesetzgeberischen Willen erscheint es daher gerechtfertigt, solche Gegenstände, die bereits nach dem äußeren Erscheinungsbild offensichtlich ungefährlich sind, vom Anwendungsbereich des § 250 I Nr. 1 lit. b) StGB auszunehmen, vgl. BGH, NStZ 2007, 332 („kurzes Metallrohr“) sowie BGH, Beschluss vom 11.05.2011 – 2 StR 618/10 = Life&Law 2012, 275 ff. = **juris**byhemmer.

**Zum schweren Raub gem. § 250 StGB im Allgemeinen:**

- Hemmer/Wüst/Berberich, StrafR BT I, Rn. 65 ff.

**Zur Scheinwaffenproblematik i.R.d. § 250 I Nr. 1 lit. b) StGB:**

- Hemmer/Wüst/Berberich, StrafR BT I, Rn. 67.

# Fall 19: Das große Ding

***Sachverhalt:***

*Von ständigen Geldnöten geplagt plant Oskar (O) das große Ding: Er entschließt sich, „eine Bank zu machen". Entsprechend betritt er mit vorgehaltener und durchgeladener Pistole tags darauf kurz vor Feierabend die Schalterhalle der B-Bank, in der sich zu seiner Überraschung kein Kunde mehr befindet. Lediglich der hinter Panzerglas gesicherte Kassenschalter ist mit dem Bankangestellten Konstantin (K) besetzt. O fordert den K auf, ihm 30.000 € in bar zu geben. K kommt der Aufforderung des O nach und übergibt diesem das Geld, woraufhin O mit der Beute die Flucht ergreift.*

***Bearbeitervermerk:***

*Prüfen Sie die Strafbarkeit des O nach dem 20. Abschnitt des StGB.*

## A. Einführung

In vielen Klausuren, in denen Vermögensdelikte zu prüfen sind, spielt die Abgrenzung zwischen § 249 StGB und §§ 253, 255 StGB eine Rolle. Es handelt sich dabei um einen der klassischen Meinungsstreitigkeiten. In diesem Zusammenhang müssen Ihnen daher die entscheidenden Argumente vertraut sein. Mindestens genauso wichtig ist es aber, in der Klausursituation zu erkennen, inwieweit der Meinungsstreit im konkreten Fall überhaupt ergebnisrelevant ist. Vermeiden Sie unbedingt ein schematisches Darstellen auswendig gelernter Probleme ohne Bezug zum Sachverhalt. Dieser Fehler taucht gerade im Abgrenzungsbereich Raub / räuberische Erpressung häufig auf.

Fall 19 wirft ferner die Frage auf, ob eine Strafbarkeit wegen Verwendens einer Waffe i.S.d. § 250 II Nr. 1 Alt. 1 StGB auch dann denkbar ist, wenn entgegen des Tatplans des Täters am Tatort ein Opfer nicht vorhanden oder aber etwa durch Panzerglas geschützt ist und somit eine objektive Gefahr für eine Person nicht gegeben ist.

## B. Gliederung

**I. Schwere räuberische Erpressung §§ 253, 255, 250 II Nr. 1 StGB**

**1. Objektiver Tatbestand**

**a) (P) Abgrenzung Raub / räuberische Erpressung**

⇨ Nach **Rspr.** maßgebliches Abgrenzungskriterium: **äußeres Erscheinungsbild**;
Geben (⇨ dann Erpressung) oder Nehmen (⇨ dann Raub)

⇨ Nach **h.L.** maßgebliches Abgrenzungskriterium: **innere Willensrichtung des Opfers** (Tb der Erpressung setzt als ungeschriebenes Tb Vermögensverfügung des Opfers voraus)

⇨ Hier nach beiden Ansichten:
§ 249 StGB (-), §§ 253, 255 StGB (+)
Daher Meinungsstreit i. Erg. irrelevant

**b) Qualifikation des § 250 II Nr. 1 StGB: Verwenden einer Waffe bei der Tat**
Bei der Tat (+)
Pistole = Waffe (+)

**(P) Verwenden?**
Nach Wortlaut der Vorschrift (+), O hat Waffe als Drohmittel eingesetzt
Jedoch nach Mindermeinung: einschränkende Auslegung der Vorschrift, da zu keinem Zeitpunkt eine objektive Gefahr für eine Person bestand
Nach h.M.: § 250 II Nr. 1 Alt. 1 StGB (+)

**2.** Subjektiver Tatbestand
Vorsatz bzgl. GrundTB und Qualifikation (+)
Absicht rechtswidriger Bereicherung (+)

**3.** Rechtswidrigkeit und Schuld
Keine Rechtfertigungsgründe (+)
Schuldhaftes Handeln des O (+)

**II. Ergebnis:**

§§ 253, 255, 250 II Nr. 1 StGB (+)

## C. Lösung

### Strafbarkeit des O

#### I. Schwere räuberische Erpressung, §§ 253, 255, 250 II Nr. 1 StGB

O könnte sich durch den Banküberfall wegen schwerer räuberischer Erpressung strafbar gemacht haben.

**1. Objektiver Tatbestand**

O müsste durch Drohung mit gegenwärtiger Gefahr für Leib oder Leben den Bankangestellten K zu einer Handlung, Duldung oder Unterlassung genötigt haben und dadurch müsste ein Vermögensschaden entstanden sein, §§ 253, 255 StGB. A hat K hier mit dem Tod durch Erschießen gedroht, was ein qualifiziertes Nötigungsmittel i.S.d. § 255 Alt. 2 StGB darstellt.

Umstritten ist, von welcher Qualität das abgenötigte Verhalten sein muss.

**a) Abgrenzung Raub / räuberische Erpressung**

Während die Rechtsprechung jedwede Duldung einer Wegnahme genügen lässt und damit im Ergebnis den Raub nur als lex specialis gegenüber den §§ 253 I, 255 StGB ansieht, steht das überwiegende Schrifttum auf dem Standpunkt, dass beide Delikte sich gegenseitig ausschließen und für die §§ 253 I, 255 StGB eine Vermögensverfügung erforderlich ist.

Der Streit könnte im vorliegenden Fall aber dahinstehen, wenn O nach beiden Ansichten aus §§ 253 I, 255 StGB zu bestrafen wäre.[54]

**hemmer-Methode**: Ob Sie aufbautechnisch bei der Abgrenzung zwischen § 249 I StGB und §§ 253 I, 255 StGB mit dem Raub oder der räuberischen Erpressung anfangen, bleibt weitgehend Ihnen überlassen. Es gibt hier keine zwingenden Vorgaben.
Zeitsparender erscheint es vielfach, gleich mit dem Delikt zu beginnen, für das man sich letztlich entscheidet.

Die Rechtsprechung, die zur Abgrenzung von Raub und räuberischer Erpressung allein auf das äußere Erscheinungsbild (Geben oder Nehmen) abstellt, würde hier §§ 253 I, 255 StGB bejahen, weil der Bankangestellte K dem O das Geld übergeben und O sich dieses nicht aus der Kasse genommen hat. Aber auch die mehrheitliche Literatur, für die die innere Willensrichtung des Opfers ausschlaggebend ist, gelangte zur räuberischen Erpressung, weil die Vermögensverschiebung maßgeblich vom Handeln des K abhing.

[54] Vgl. ausführlich zu diesem Streit den nachfolgenden Fall 20 (Die Spritztour).

Da dieser sich nämlich aufgrund der Panzerglasscheibe in Sicherheit befand, lässt sich nicht behaupten, dass der Täter sich aufgrund der Zwangseinwirkung das Geld genauso gut selbst hätte nehmen können.

Insofern liegt eine von der Literatur für §§ 253, 255 StGB geforderte Vermögensverfügung vor. Schließlich ist auch die Tatsache, dass der Bankangestellte K nicht über eigenes Vermögen verfügt, in der vorliegenden Konstellation nicht problematisch, da – wie auch immer man die Abgrenzung in solchen Dreiecksfällen vornehmen mag – ein Näheverhältnis und eine rechtliche Befugnis, über fremdes Vermögen zu verfügen, bereits aufgrund des Arbeitsvertrages und des Anstellungsverhältnisses mit der B gegeben sind.[55]

Auf den Meinungsstreit um die Abgrenzung der Tatbestände muss daher hier nicht weiter eingegangen werden.

O hat den K zur Übergabe des Geldes genötigt und damit einen kausalen Vermögensschaden bei B herbeigeführt, sodass der objektive Tatbestand der §§ 253 I, 255 StGB erfüllt ist.

**hemmer-Methode**: Mehr brauchte man zu der klassischen Abgrenzung von Raub und räuberischer Erpressung an dieser Stelle nicht zu schreiben. Stürzen Sie sich in der Klausur nie sofort auf einen Meinungsstreit, ohne sich vorher zu fragen, in welchem Maße es auf ihn im betreffenden Fall wirklich ankommt.

Wenn Rechtsprechung und Literatur – wie hier – aus demselben Straftatbestand verurteilen, genügt es regelmäßig, den Streit kurz anzudeuten, um so zu erkennen zu geben, dass man das Problem kennt. Eine breit angelegte Diskussion könnte in einer solchen Konstellation nämlich zu Punktabzügen führen, da sie erkennen lässt, dass Sie zwar möglicherweise ein Problem abstrakt beherrschen, aber nicht in der Lage sind, dessen Bedeutung im zur Bearbeitung gestellten Sachverhalt zutreffend zu bewerten. Abgesehen davon führt eine umfängliche Diskussion an Stellen, an denen sie nicht notwendig ist, häufig zu Zeitproblemen, da sie vom Klausurersteller hier nicht erwartet wird und Ihnen daher die Zeit bei den übrigen Schwerpunkten der Klausur, die dann tatsächlich Argumentation erfordern, fehlt.

Etwas ausführlicher sollten Sie auf die Abgrenzung eingehen, wenn die Rechtsprechung zu §§ 253 I, 255 StGB und die Literatur zu § 249 I StGB oder umgekehrt gelangt. Dagegen muss das Problem in vollem Umfang argumentativ entschieden werden, wenn dem Täter die Zueignungsabsicht fehlt. In einem solchen Fall ist nach Rechtsprechung und Literatur § 249 I StGB abzulehnen. Die Rechtsprechung kommt dann aber regelmäßig zur Bejahung von §§ 253 I, 255 StGB, während die herrschende Lehre die räuberische Erpressung bei fehlender Vermögensverfügung des Opfers ablehnt.

Sie sehen also: Die gute Klausur in diesem Bereich zeichnet sich neben der Qualität der Argumente vor allem durch die richtige Schwerpunktsetzung aus.

### b) Qualifikation d. § 250 II Nr. 1 StGB

Fraglich ist, ob auch der Qualifikationstatbestand des § 250 II Nr. 1 StGB gegeben ist. Nach dem Wortlaut der Vorschrift scheint dies auf den ersten Blick der Fall zu sein, denn das Merkmal des Verwendens erfordert nicht, dass es zum Einsatz der Waffe kommt, sondern ist immer schon dann erfüllt, wenn die Waffe als Drohmittel eingesetzt wird.[56]

---

[55] Vgl. näher zu diesem Problem unten Fall 28 (Vor Gericht und auf hoher See ist man in Gottes Hand) und Fall 30 (Der leichtgläubige Angestellte).

[56] Vgl. BGH, StV 1998, 487 = **juris**byhemmer; JOECKS, StGB, § 250 Rn. 22; RENGIER BT 1, § 8 Rn. 9; WESSELS/ HILLENKAMP, Rn. 350a.

Darüber hinaus war die hier eingesetzte Waffe auch schussbereit und damit objektiv gefährlich.

**hemmer-Methode**: Insoweit ist die Auslegung der Qualifikationen der § 250 I Nr. 1 lit. a) StGB und § 250 II Nr. 1 StGB in der Rechtsprechung mittlerweile geklärt.

Bedenken gegen eine Anwendung des § 250 II Nr. 1 StGB könnten aber insofern bestehen, als zu keinem Zeitpunkt eine objektive Gefahr für eine Person bestand, da sich außer dem K niemand mehr in der Schalterhalle befand und K durch das Panzerglas vor O geschützt war. Fraglich ist, ob insofern eine einschränkende Auslegung des § 250 II Nr. 1 StGB vorzunehmen ist.

Nicht verneint werden kann jedoch zunächst im vorliegenden Fall das Merkmal der Waffe. Zwar hat die Rechtsprechung inzwischen mehrfach betont, dass § 250 II Nr. 1 StGB nur objektiv gefährliche Tatmittel erfasst, so dass bei der Verwendung einer ungeladenen Schusswaffe allein der Auffangtatbestand des § 250 I Nr. 1 lit. b) StGB gegeben ist.

Damit sollte aber nicht der Waffenbegriff in der Weise eingeschränkt werden, dass etwa auch eine grundsätzlich gefährliche, geladene Schusswaffe diese Eigenschaft (zeitweise) verliert, sofern – etwa mangels Anwesenheit anderer Personen oder aus sonstigen Gründen – aktuell keine konkrete Verletzungsgefahr besteht.

Allerdings könnte das Merkmal des Verwendens in solchen Konstellationen einschränkend auszulegen sein. Dies erfordert der Wortlaut der Vorschrift zwar nicht zwingend.

Eine Anwendung des § 250 II Nr. 1 StGB wäre jedenfalls vom allgemeinen Sprachgebrauch gedeckt, denn man kann als Verwenden jedes Gebrauchmachen von der Waffe oder dem anderen gefährlichen Werkzeug verstehen, das über das bloße Bei-Sich-Führen hinausgeht.

Sinn und Zweck der Norm könnten aber zu einem anderen Ergebnis zwingen.

Will die Norm nur die nach Art der Durchführung besonders gefährlichen Raub- bzw. Erpressungstaten der Strafandrohung von mindestens fünf Jahren Freiheitsstrafe unterwerfen, so kann es für die rechtliche Bewertung keinen Unterschied machen, ob der Täter eine Scheinwaffe als Drohmittel einsetzt oder ob er mit einer geladenen schussbereiten Waffe droht, nach den Umständen der konkreten Tatsituation aber – etwa weil wie hier die einzig anwesende Person sich hinter schusssicherem Glas befindet – keine Gefahr einer Verletzung anderer besteht. Mit dieser Argumentation ließe sich hier die Anwendung § 250 II Nr. 1 StGB ablehnen.

Auf der anderen Seite bestehen gegen eine solche Restriktion des § 250 II Nr. 1 StGB Bedenken. Die erforderliche enge, eine objektive Gefährlichkeit verlangende Auslegung des Merkmals Waffe findet ihre Rechtfertigung darin, dass der Einsatz einer Pistolenattrappe oder einer Scheinwaffe als Drohmittel unter allen denkbaren Bedingungen, auch unter Berücksichtigung einer etwaigen Eskalation des Geschehens, notwendigerweise ungefährlich ist. Setzt der Täter aber eine schussbereite, scharfe Waffe ein, so lässt sich die Gefahr erheblicher Verletzungen letztlich nicht einmal dann ausschließen, wenn sich die einzige während der eigentlichen Tatausführung anwesende Person hinter schusssicherem Glas befindet.

Auch in einer solchen Konstellation, in der plötzlich Kunden die Bank betreten können oder in der der Täter bei Verlassen der Bank auf Dritte stoßen kann, die sich ihm in den Weg stellen, lässt sich die Anwendung des § 250 II Nr. 1 StGB mit seiner erhöhten Strafandrohung rechtfertigen.

Darüber hinaus wäre jeder Versuch, das Tatbestandsmerkmal des Verwendens in der Weise einschränkend auszulegen, dass es eines erhöhten – wie auch immer näher zu bestimmenden – Grades von Gefährlichkeit der Tatsituation bedarf, mit der Notwendigkeit verbunden, auf Abgrenzungskriterien zurückzugreifen, die nicht trennscharf sein können, was die Praxis vor erhebliche (Beweis-)Schwierigkeiten stellen würde.[57]

Das Fehlen einer konkreten Gefahr für eine Person kann daher für den Tatrichter allenfalls Anlass sein, unter Würdigung aller Umstände des Einzelfalles einen minder schweren Fall i.S.d. § 250 III StGB anzunehmen.

**hemmer-Methode**: Die hier dargestellte Problematik ist ein interessantes Beispiel für das Ringen der Rechtsprechung um eine adäquate Auslegung des § 250 II Nr. 1 StGB.

Nach alledem ist vorliegend der Qualifikationstatbestand des § 250 II Nr. 1 StGB erfüllt.

### 2. Subjektiver Tatbestand

O handelte mit Wissen und Wollen. Er hatte Vorsatz hinsichtlich aller Merkmale des objektiven Tatbestandes der Erpressung und des Qualifikationstatbestandes des § 250 II Nr. 1 Alt. 1 StGB.

Zudem kam es dem O darauf an, sich die 30.000 € als Vermögensvorteil rechtswidrig zu verschaffen. Auch die Absicht rechtswidriger Bereicherung ist damit zu bejahen.

### 3. Rechtswidrigkeit und Schuld

Rechtfertigungsgründe sind nicht ersichtlich. Eine Verwerflichkeit der Tat i.S.d. § 253 II StGB braucht hier nicht geprüft werden, da der Einsatz qualifizierter Nötigungsmittel i.S.d. § 255 StGB stets verwerflich ist. Die Tat war damit rechtswidrig und O handelte schuldhaft.

## II. Ergebnis

O hat sich wegen schwerer räuberischer Erpressung gem. §§ 253 I, 255, 250 II Nr. 1 Alt. 1 StGB strafbar gemacht.

# D. Zusammenfassung

**Sound**:
Verwenden einer Waffe i.S.d. § 250 II Nr. 1 StGB, wenn objektiv keine Gefahr für eine Person besteht.

Ein Verwenden einer Waffe i.S.d. § 250 II Nr. 1 Alt. 1 StGB liegt nach h.M. auch dann vor, wenn der Täter mit einer geladenen schussbereiten Waffe droht, **ohne dass** nach den Umständen der konkreten Tatsituation eine **Verletzungsgefahr** für eine andere Person besteht.

Weder der Wortlaut der Vorschrift noch deren Sinn und Zweck stehen einer solchen Auslegung entgegen.

---

[57] Vgl. BGH, NJW 1999, 2198, 2199 = **juris**byhemmer; WESSELS/ HILLENKAMP, Rn. 350a.

## E. Zur Vertiefung

**Rechtsprechung zum Begriff der "Waffe" i.S.d. § 244 I Nr. 1 lit. a) StGB (bzw. § 250 I Nr. 1 lit. a) StGB):**

- Ein Taschenmesser ist grundsätzlich ein gefährliches Werkzeug in diesem Sinne. Dies gilt unabhängig davon, ob der Dieb es allgemein für den Einsatz gegen Menschen vorgesehen hat. Vgl. BGH, NJW 2008, 2861 ff. = Life&Law 2008, 739 ff. = **juris**byhemmer.

**Zur Qualifikation des § 250 StGB:**

- Hemmer/Wüst/Berberich, StrafR BT I, Rn. 65 ff.

**Rechtsprechung zum Tatbestand des räuberischen Angriffs auf Kraftfahrer:**

- Beachten Sie, dass der BGH ausdrücklich seine jahrzehntelange Rechtsprechung bei der Auslegung des § 316a StGB geändert hat: Der Tatbestand des § 316a I StGB setzt abweichend von der älteren Rechtsprechung des Senats eine zeitliche Verknüpfung dergestalt voraus, dass im Tatzeitpunkt das Tatopfer noch „Führer“ oder „Mitfahrer“ eines Kfz sein muss, BGH, NStZ-RR 2004, 171 f. = Life&Law 2004, 622 ff. = **juris**byhemmer, sowie BGH, NJW 2008, 451 ff. = Life&Law 2008, 172 ff. = **juris**byhemmer.
- BGH, NJW 2005, 2564 ff. = Life&Law 2005, 688 ff. = **juris**byhemmer: Bei einem nicht verkehrsbedingten Halt (z.B. Kassieren durch einen Taxifahrer) kommt es auf den Einzelfall an, ob das Tatopfer noch als Führer eines Kfz angesehen werden kann. Dies ist nur der Fall, wenn der Kfz-Führer noch mit der Bewältigung von Verkehrsvorgängen beschäftigt ist.

**Rechtsprechung zum erpresserischen Menschenraub (§ 239a StGB) und zur Geiselnahme (§ 239b StGB):**

- BGH, Beschluss vom 06.08.2013 – 3 StR 175/13 = **juris**byhemmer: Bei der Geiselnahme nach § 239b I HS 1 StGB ist es erforderlich, dass der Täter einen Nötigungserfolg erstrebt, der über den zur Bemächtigung erforderlichen Zwang hinausgeht. Zwischen der Bemächtigungslage und der geplanten bzw. zumindest begonnenen Nötigung muss ein funktionaler und zeitlicher Zusammenhang in der Form bestehen, dass die abgenötigte Handlung, Duldung oder Unterlassung von dem Opfer vorgenommen werden soll, solange es sich in der Gewalt des Täters befindet.
- BGH, Urteil vom 22.10.2009 – 3 StR 372/09 = Life&Law 2010, 460 ff. = **juris**byhemmer: Ein Sich-Bemächtigen setzt im „Zwei-Personen-Verhältnis“ voraus, dass der erstrebten Handlung eine eigenständige Bedeutung zukommt. Erforderlich ist, dass der Täter eine gewisse Stabilität der Beherrschungslage ausnutzen will.

# Fall 20: Die Spritztour

***Sachverhalt:***

*Rolf (R) schlägt seinen Nachbarn Norbert (N), der auf der Motorhaube seines (Ns) Pkws sitzt, bewusstlos und macht mit dem Wagen eine kurze Spritztour. Nach einer Stunde stellt er den PKW – wie von Anfang an geplant – am Ausgangsort dem mittlerweile wieder erwachten N vor die Nase.*

***Bearbeitervermerk:***

*Prüfen Sie die Strafbarkeit des R. Die §§ 223 ff. StGB sowie § 316a StGB sind nicht zu prüfen.*

## A. Einführung

Fall 20 hat als zentrales Problem die Abgrenzung der Tatbestände des Raubes und der räuberischen Erpressung zum Gegenstand. Es handelt sich hierbei um eine der zentralen Meinungsstreitigkeiten des Vermögensstrafrechts, die vielfach in Klausuren abgeprüft wird. Machen Sie sich insofern unbedingt mit den gängigen Fallkonstellationen vertraut, in denen der Meinungsstreit ergebnisrelevant wird, und prägen Sie sich die gängigen Argumentationsmuster für die Ansicht der Rechtsprechung und der h.M. in der Literatur ein. Regelmäßig lassen sich in einer Klausur hier beide Ansichten gut vertreten. Entscheiden Sie daher den Meinungsstreit in der Prüfung vornehmlich unter klausurtaktischen Gesichtspunkten.

## B. Gliederung

**I. Raub, § 249 I StGB bzgl. PKW**

**1.** Objektiver Tatbestand
Niederschlagen des N =
Gewalt gegen eine Person (+)
Wegnahme des PKW (+)

**2.** Subjektiver Tatbestand
Vorsatz hinsichtlich des objektiven Tatbestandes (+)

**(P) Zueignungsabsicht**
Aneignungskomponente (+)
Enteignungsvorsatz (-), aufgrund des konkreten Rückführungswillens des R bereits zum Zeitpunkt der Wegnahme

**3. Ergebnis**:
§ 249 I StGB bzgl. PKW (-)

**II. Räuberische Erpressung bzgl. PKW, §§ 253 I, 255 StGB**

**1.** Objektiver Tatbestand

**a)** Niederschlagen des N = Gewalt gegen eine Person in Form der vis absoluta

**b)** Dadurch Duldung der Wegnahme des Autos erreicht

**c)** Vermögensnachteil ⇨ fehlende Nutzungsmöglichkeit des PKW für eine gewisse Zeit, Kraftstoffverbrauch

**d) Aber (P) Abgrenzung Raub ⇔ räuberische Erpressung**

⇨ **Nach Ansicht des BGH**:
objektiver Tatbestand der §§ 253 I, 255 StGB erfüllt, Vermögensverfügung des Genötigten nicht erforderlich

⇨ **Nach h.M. in der Literatur**: objektiver Tatbestand der §§ 253 I, 255 StGB (-), als ungeschriebenes Tatbestandsmerkmal Vermögensverfügung erforderlich

⇨ i. Erg. Ansicht der Literatur vorzugswürdig

**2. Ergebnis**: §§ 253 I, 255 StGB (-)

**III. Nötigung, § 240 I StGB**

1. Objektiver Tatbestand (+) Niederschlagen = Gewalt zur Duldung der Wegnahme des Autos
2. Subjektiver Tatbestand (+)
3. Rechtswidrigkeit (+) Keine Rechtfertigungsgründe, Verwerflichkeit gem. § 240 II StGB (+)
4. Schuld (+)
5. **Ergebnis**: § 240 I, II StGB (+)

**IV. Unbefugter Gebrauch eines Fahrzeugs, § 248b I StGB**

1. Objektiver Tatbestand (+)
2. Subjektiver Tatbestand (+)
3. Rechtswidrigkeit und Schuld (+)
4. Ergebnis: § 248b I StGB (+), Strafantragserfordernis gem. § 248b III StGB

**V. Konkurrenzen**

1. §§ 240, 248b StGB: § 52 StGB
2. „Benzindiebstahl" tritt hinter § 248b StGB zurück; deshalb auch keine Strafbarkeit wegen eines Raubes am Benzin möglich

## C. Lösung

### Strafbarkeit des R

#### I. Raub am PKW, § 249 I StGB

R könnte sich durch die Spritztour mit dem Auto des N wegen Raubes am PKW gem. § 249 I StGB strafbar gemacht haben.

#### 1. Objektiver Tatbestand

R hat den N niedergeschlagen, also gegen ihn Gewalt angewendet und das Auto unter Einsatz dieses Nötigungsmittels weggenommen. Der objektive Tatbestand ist erfüllt.

#### 2. Subjektiver Tatbestand

R handelte vorsätzlich mit Wissen und Wollen hinsichtlich des objektiven Tatbestandes.

Der subjektive Tatbestand des Raubes setzt darüber hinaus ein Handeln des Täters mit Zueignungsabsicht voraus. Zueignungsabsicht läge vor, wenn R den Wagen sich oder einem Dritten, wenn auch nur vorübergehend, aneignen wollte (Aneignungskomponente) und dabei zumindest billigend in Kauf nahm, diesen dem N endgültig zu entziehen (Enteignungskomponente).

R wollte sich den Gebrauchswert des Autos vorübergehend einverleiben. Er wollte mit dem Wagen eine Spritztour machen, sodass die Aneignungsabsicht hier vorliegt.

Er hatte aber von Anfang an vor, dem N das Auto nach der Spritztour wieder zurückzubringen. Aufgrund dieses konkreten Rückführungswillens zum Zeitpunkt der Wegnahmehandlung fehlt es R an dem zumindest bedingten Vorsatz zur dauernden Enteignung des N. Vielmehr war der Vorsatz des R lediglich auf eine Gebrauchsanmaßung bzgl. des PKW gerichtet. Folglich fehlt es am subjektiven Tatbestand.

**hemmer-Methode**: Anders wäre zu entscheiden, wenn R zum Zeitpunkt der Wegnahme den Entschluss gefasst hätte, das Fahrzeug nach der Fahrt irgendwo stehen zu lassen und so dem Zugriff Dritter preiszugeben, weil dann nicht gewährleistet wäre, dass N den Wagen zurückerhält.

### 3. Ergebnis

R hat sich nicht wegen Raubes gem. § 249 I StGB strafbar gemacht.

## II. Räuberische Erpressung, §§ 253 I, 255 StGB

Zu prüfen ist ferner eine Strafbarkeit des R wegen räuberischer Erpressung gem. §§ 253 I, 255 StGB.

### 1. Objektiver Tatbestand

R hat N bewusstlos geschlagen. Er hat damit Gewalt gegen eine Person in Form der vis absoluta angewendet.[58]

Dadurch hat er erreicht, dass N die Wegnahme des Autos duldete. Er hat damit dem N auch einen Vermögensnachteil zugefügt, da dieser das Auto in der Zwischenzeit nicht benutzen konnte und außerdem ein Kraftstoffverbrauch eingetreten ist.
Nach Ansicht des BGH, der sich streng am Wortlaut des § 253 I StGB orientiert („Handlung, Duldung oder Unterlassung"), ist damit der objektive Tatbestand der §§ 253 I, 255 StGB, gleichzeitig aber auch der objektive Tatbestand des § 249 I StGB erfüllt. Der BGH sieht in § 249 I StGB einen Spezialfall der §§ 253 I, 255 StGB.

Die §§ 253 I, 255 StGB seien also als Grunddelikt in § 249 I StGB enthalten. Da auch alle anderen Strafbarkeitsvoraussetzungen erfüllt sind (der vorübergehende Besitz des PKW ist ein Vermögensvorteil i.S.d. Erpressungstatbestandes), wäre R nach Auffassung des BGH aus §§ 253 I, 255 StGB zu bestrafen.

Nach der h.M. in der Literatur ist dagegen im vorliegenden Fall schon der objektive Tatbestand der §§ 253 I, 255 StGB nicht erfüllt. Erforderlich sei nämlich als ungeschriebenes Tatbestandsmerkmal der Erpressung, dass der Genötigte eine Vermögensverfügung vornimmt, durch die der Vermögensnachteil herbeigeführt wird. Eine solche Verfügung ist aber dann ausgeschlossen, wenn der Täter den Vermögensnachteil durch eine Wegnahmehandlung selbst verursacht. Nach der Literatur kommt – bei Anwendung von vis absoluta – ein Fall der §§ 253 I, 255 StGB keinesfalls in Betracht, da hierbei eine freiverantwortliche Vermögensverfügung von vornherein nicht denkbar ist.

Neben dem Wortlaut des § 253 I StGB, der das Merkmal der Vermögensverfügung nicht enthält, und kriminalpolitischen Interessen spricht für die Ansicht des BGH, dass der Tatbestand der Erpressung bei den Nötigungsmitteln den Begriff der Gewalt wortgleich wie in § 240 I StGB verwendet. I.R.d. Nötigung werden hierunter jedoch unstreitig beide Formen der Gewalt, also vis absoluta und vis compulsiva, erfasst. Die Ansicht der Literatur zwingt damit im Bereich der Erpressung zu einer engeren Auslegung eines wortgleichen Begriffs und führt damit innerhalb der §§ 240 I, 253 I StGB zu gewissen Inkongruenzen.

Dennoch soll hier der h.L. aus systematischen und teleologischen Gründen gefolgt werden. Hierfür spricht zum einen der Charakter des § 253 I StGB:

[58] Vgl. nochmals zur Unterscheidung zwischen vis absoluta und vis compulsiva oben Fall 17 (Nachbarn).

Es handelt sich bei diesem – im Gegensatz zum fremdschädigenden Raub – um ein Selbstschädigungsdelikt.

Die sich hier stellende Abgrenzungsfrage ist damit vergleichbar mit der Abgrenzung der §§ 242 I, 263 I StGB voneinander. Diese erfolgt aber unstreitig dadurch, dass i.R.d. § 263 I StGB eine Vermögensverfügung gefordert wird.

Zum anderen deutet auch die Systematik des Gesetzes darauf hin, dass die §§ 253 I, 255 StGB nicht die leges generales zu § 249 I StGB sein können. Denn es wäre im StGB gesetzestechnisch einmalig, dass das Grunddelikt (§§ 253 I, 255 StGB) bezüglich der Rechtsfolge auf die Spezialnorm (§ 249 I StGB) verweist. Außerdem wäre § 249 I StGB bei einer derartigen Auslegung letztlich überflüssig, da in den allermeisten Fällen zugleich der Tatbestand der räuberischen Erpressung erfüllt wäre.[59] Schließlich richtet sich der Wille des Gesetzgebers nach dem klaren Wortlaut des § 249 I StGB auf die Privilegierung des ohne Zueignungsabsicht Handelnden (vgl. §§ 292, 248b StGB). Diese Privilegierung wird von der Rechtsprechung unterlaufen: Die räuberische Erpressung gem. §§ 253 I, 255 StGB verlangt eben keine Zueignungsabsicht. Bestrafte man somit den privilegierungswürdigen Täter über den Umweg des § 255 StGB letztlich doch aus dem Strafrahmen des § 249 I StGB, so würde dadurch das ausdifferenzierte System der Wertstufenbildung im Bereich der Vermögensdelikte unterlaufen.

[59] Lediglich in den praktisch wenig bedeutsamen Fällen, in denen jemand mit den Nötigungsmitteln des Raubes wertlose Gegenstände entwendet, bliebe mangels Eintritts eines Vermögensnachteils lediglich Raum für einen Raub, nicht aber für eine räuberische Erpressung.

### 2. Ergebnis

Eine Strafbarkeit des R gem. §§ 253 I, 255 StGB scheidet daher aus.

## III. Nötigung, § 240 I StGB

**hemmer-Methode**: Beachten Sie, dass die §§ 249 ff. StGB immer durch ein Nötigungselement sowie einen vermögensstrafrechtlichen Aspekt gekennzeichnet und daher als zweiaktige Delikte konzipiert sind.
Aus diesem Grund müssen beim Nichteingreifen dieser Delikte zumindest gedanklich immer noch § 240 StGB und §§ 242 ff. StGB geprüft werden.

### 1. Objektiver Tatbestand

R hat den auf der Motorhaube seines PKW sitzenden N niedergeschlagen und damit durch Gewalt genötigt, die Wegnahme des Autos zu dulden.

### 2. Subjektiver Tatbestand

R handelte vorsätzlich mit Wissen und Wollen.

### 3. Rechtswidrigkeit

Rechtfertigungsgründe liegen nicht vor. Die Tat des R war verwerflich i.S.d. § 240 II StGB.

### 4. Schuld

R handelte schuldhaft.

### 5. Ergebnis

R hat sich wegen Nötigung gemäß § 240 I, II StGB strafbar gemacht.

## IV. Unbefugter Gebrauch eines Fahrzeugs, § 248b I StGB

### 1. Objektiver Tatbestand

R hat mit dem PKW des N ein Kraftfahrzeug (vgl. § 248b IV StGB) gegen dessen Willen in Gebrauch genommen und als Fortbewegungsmittel benutzt.

### 2. Subjektiver Tatbestand

R handelte dabei vorsätzlich.

### 3. Rechtswidrigkeit und Schuld

Rechtfertigungsgründe sind nicht ersichtlich. Die Tat war rechtswidrig und R handelte schuldhaft.

### 4. Ergebnis

R hat sich somit gem. § 248b I StGB strafbar gemacht. Die Strafverfolgung ist gem. § 248b III StGB von der Stellung eines Strafantrages (vgl. §§ 77 ff. StGB) abhängig.

## V. Konkurrenzen

§ 240 StGB und § 248b StGB stehen zueinander im Verhältnis der Idealkonkurrenz gem. § 52 StGB. Nach der ratio legis des § 248b StGB muss der gleichfalls vorliegende Diebstahl (§ 242 StGB) des im Tank befindlichen Benzins (Zueignung durch Verbrauch!) als mitbestrafte Begleittat zurücktreten.[60] Dann verbleibt auch kein Raum für eine (denkbare) Strafbarkeit wegen eines Raubes (§ 249 StGB) am Benzin.

## D. Zusammenfassung

**Sound**:
Abgrenzung Raub / räuberische Erpressung.

Nach Ansicht der **Rechtsprechung** ist die Abgrenzung zwischen Raub und räuberischer Erpressung nach dem **äußeren Erscheinungsbild** (Nehmen oder Geben?) vorzunehmen.

Hiernach beinhaltet jede Wegnahme i.S.d. § 249 I StGB auch eine Duldung i.S.d. §§ 253 I, 255 StGB, nämlich die Duldung der Wegnahme. § 249 I StGB ist im Verhältnis zu §§ 253 I, 255 StGB lex specialis.

Nach Ansicht der h.M. im **Schrifttum** stehen Raub und räuberische Erpressung zueinander im Verhältnis der Exklusivität. Danach ist bei §§ 253 I, 255 StGB – ebenso wie beim Betrug gem. § 263 I StGB – als ungeschriebenes Tatbestandsmerkmal eine Vermögensverfügung des Genötigten erforderlich. Entscheidend für die Abgrenzung ist hiernach die innere **Willensrichtung des Genötigten**.

---

60 BGHSt 14, 386 = **juris**byhemmer; LACKNER/KÜHL, § 248b Rn. 6; JOECKS, StGB, § 248b Rn. 15; LK-RUß, § 248b Rn. 13.

## E. Zur Vertiefung

**Zur Abgrenzung Raub ⇔ räuberische Erpressung:**

- Hemmer/Wüst/Berberich, StrafR BT I, Rn. 200 ff.

**Rechtsprechung zur sog. „Sicherungserpressung:**

- BGH, Beschluss vom 26.05.2011 – 3 StR 318/10 = Life&Law 2011, 805 ff. = **juris**byhemmer: Hat der Täter bereits aufgrund betrügerischen Handelns einen Vermögenschaden des Opfers herbeigeführt, stellt die Sicherung des bereits erlangten Vermögensvorteils mittels Anwendung von Nötigungsmitteln grundsätzlich keine strafbare (räuberische) Erpressung dar. In dieser Situation (sog. „Sicherungserpressung“) kommt jedoch eine Strafbarkeit wegen Nötigung gemäß § 240 StGB in Betracht.

**Rechtsprechung zur Rechtswidrigkeit der erstrebten Bereicherung:**

- BGH, Beschluss vom 23.02.2010 – 4 StR 438/09 = Life&Law 2010, 525 ff. = **juris**byhemmer: Bei einer unter Einsatz von Gewalt gegen eine Person verübten Nötigung zur Erfüllung einer begründeten (= fälligen und einredefreien) Forderung scheidet die Verwirklichung der räuberischen Erpressung mangels Rechtswidrigkeit der erstrebten Bereicherung aus.

**Rechtsprechung zum erzwungenen Verzicht auf eine wertlose Forderung:**

- Eine Erpressung kann auch dadurch begangen werden, dass der Täter das Tatopfer durch Drohung oder Gewalt dazu veranlasst, auf die Geltendmachung einer Forderung zu verzichten. Der von dem Tatbestand vorausgesetzte Vermögensnachteil tritt in diesen Fällen aber nur dann ein, wenn die Forderung werthaltig ist. Siehe dazu BGH, NStZ 2007, 95 f. = Life&Law 2007, 319 ff. = **juris**byhemmer.

**Rechtsprechung zur Abgrenzung Raub ⇔ räuberische Erpressung:**

- Die erzwungene Preisgabe eines Verstecks bewirkt regelmäßig keinen erpressungstypischen Vermögensnachteil. Siehe BGH, NStZ 2006, 38 ff. = Life&Law 2006, 192 ff. = **juris**byhemmer.
- BGH, Urteil vom 08.05.2013 – 2 StR 558/12 = Life&Law 2014, 430 ff. = **juris**byhemmer.

# Fall 21: Übers Eck zum Ziel

***Sachverhalt:***

*Theo (T) bedroht Otto (O) nach einer verbalen Auseinandersetzung mit einem Messer und sticht ihm mit diesem in den Bauch. O sinkt daraufhin bewusstlos zu Boden. In dem Bewusstsein, dass die Gewaltanwendung nachhaltigen Eindruck auf die anwesende Kerstin (K), die Freundin des O, gemacht hat, fordert T diese auf Grund eines spontan gefassten Entschlusses nunmehr auf, dem am Boden liegenden O die Uhr vom Handgelenk zu nehmen und ihm zu übergeben. Die eingeschüchterte K, die sich zunächst schützend vor O gestellt hatte, nimmt ihrem bewusstlosen Freund die Uhr vom Arm und reicht sie T, der mit der Uhr die Flucht ergreift.*

***Bearbeitervermerk:***

*Prüfen Sie die Strafbarkeit des T nach dem 20. Abschnitt des StGB.*

## A. Einführung

Der vorliegende Fall beschäftigt sich mit der schwierigen Konstellation der Dreieckserpressung. Gelangt man bei der Prüfung der Strafbarkeit des T mit zutreffender Argumentation zu dem Ergebnis, dass zwischen der gegen den O vorgetragenen Nötigung und der Wegnahme der für eine Strafbarkeit wegen Raubes erforderliche Finalzusammenhang nicht gegeben ist, so ist die Frage aufzuwerfen, inwieweit sich T wegen Raubes oder wegen räuberischer Erpressung durch die Nötigung gegenüber der K und der anschließenden Übergabe der Uhr an sich strafbar gemacht hat. Hier ist zu erkennen, dass es sich beim Nötigungsopfer K und dem später wirtschaftlich in seinem Vermögen geschädigten O um zwei verschiedene Personen handelt.

## B. Gliederung

**I. Schwerer Raub, §§ 249 I, 250 II Nr. 1 StGB (Niederstechen des O)**

**1.** Objektiver Tatbestand
Stich des T mit dem Messer = Gewalt gegen eine Person (+)
Aber Finalzusammenhang zwischen Gewalt und Wegnahme (-)

**2. Ergebnis**
bezogen auf die im Stich mit dem Messer liegende Gewaltanwendung: §§ 249 I, 250 II Nr. 1 StGB (-)

**II. Schwere räuberische Erpressung, §§ 253 I, 255, 250 II Nr. 1 StGB (Drohung gegenüber K)**

**1.** Objektiver Tatbestand

**a)** Drohung mit weiteren Gewalttätigkeiten = Drohung mit einer gegenwärtigen Gefahr für Leib oder Leben (zumindest auch) der K

**b) (P) Dreieckskonstellation: Genötigte (K) und Eigentümer (O) personenverschieden**

⇨ h.M: **rechtliche Verfügungsmacht** des Genötigten über die fremden Vermögensgegenstände nicht erforderlich

⇨ Jedoch: nicht jedes einem Dritten abgenötigte vermögensschädigende Verhalten ausreichend

⇨ Erforderlich ist vielmehr ein **Näheverhältnis** zwischen dem Genötigten und dem in seinem Vermögen Geschädigten; Nötigungsopfer muss zum Tatzeitpunkt „auf der Seite des Vermögensinhabers“ stehen

⇨ Hier K als Lebensgefährtin im Lager des O

**c) (P) Abgrenzung Raub ⇔ räuberische Erpressung**

⇨ Nach Ansicht der Rechtsprechung: **äußeres Erscheinungsbild** entscheidend

⇨ Daher hier §§ 253 I, 255 StGB, da Übergabe der Uhr von K an T

⇨ Nach h.L.: Vermögensverfügung der Genötigten erforderlich, innere Willensrichtung entscheidend

⇨ Hier Vermögensverfügung (-), da T sich die Uhr genauso hätte nehmen können
i. Erg. Ansicht der Literatur vorzugswürdig

**2. Ergebnis**: §§ 253 I, 255, 250 II Nr. 1 StGB (-)

**III. Schwerer Raub, §§ 249 I, 250 II Nr. 1 StGB (Drohung gegenüber K)**

1. Objektiver Tatbestand

a) Grundtatbestand des § 249 I StGB (+)

b) Qualifikation des § 250 II Nr. 1 StGB (+)

2. Subjektiver Tatbestand (+)

3. Rechtswidrigkeit und Schuld (+)

**IV. Ergebnis:**

§§ 249 I, 250 II Nr. 1 StGB (+)

## C. Lösung

### Strafbarkeit des T

#### I. Schwerer Raub, §§ 249 I, 250 II Nr. 1 StGB (Niederstechen des O)

T könnte einen schweren Raub begangen haben, indem er O mit dem Messer niederstach und sodann die Uhr entgegennahm.

**1. Objektiver Tatbestand**

Zwar stellt der Stich des T mit dem Messer unstreitig Gewalt gegen eine Person i.S.d. § 249 I StGB dar. Jedoch wurde diese Gewalt nicht eingesetzt, um die Wegnahme zu ermöglichen, da T es zu diesem Zeitpunkt noch gar nicht auf die Uhr abgesehen hatte.

Es fehlt folglich an der bereits für den Grundtatbestand des § 249 I StGB erforderlichen finalen Verknüpfung zwischen Gewalt und Wegnahme.[61]

**2. Ergebnis**

T hat sich daher bezogen auf die im Stich mit dem Messer liegende Gewaltanwendung gegenüber O nicht des (schweren) Raubes schuldig gemacht.

#### II. Schwere räuberische Erpressung, §§ 253 I, 255, 250 II Nr. 1 StGB (Drohung gegenüber K)

T könnte sich wegen schwerer räuberischer Erpressung gem. §§ 253 I, 255, 250 II Nr. 1 StGB strafbar gemacht haben, indem er von K forderte, sie solle ihm die Uhr des O geben.

[61] Vgl. zum Erfordernis des Finalzusammenhangs beim Raub nochmals oben Fall 17 (Nachbarn).

**hemmer-Methode**: Der Unterschied zwischen der (einfachen) Erpressung und der räuberischen Erpressung liegt in der Nötigungshandlung. Während bei § 253 I, II StGB jede Gewalt bzw. die Drohung mit einem empfindlichen Übel genügt, ist im Rahmen des § 255 StGB Gewalt gegen eine Person bzw. die Drohung mit gegenwärtiger Gefahr für Leib oder Leben erforderlich. Eine schwere räuberische Erpressung schließlich liegt vor, wenn der Täter zusätzlich einen der über § 255 StGB auch im Bereich der Erpressung anwendbaren („gleich einem Räuber zu bestrafen") Qualifikationstatbestände des § 250 StGB verwirklicht.

### 1. Objektiver Tatbestand

**a)** Zunächst ist nach dem Sachverhalt davon auszugehen, dass sich eine – zumindest konkludente – Drohung mit weiteren Gewalttätigkeiten und damit mit einer gegenwärtigen Gefahr für Leib oder Leben i.S.d. § 255 Alt. 2 StGB nicht nur gegen den O, sondern auch gegen die K richtete, um diese zur Wegnahme der Uhr des O und deren Übergabe an T zu zwingen.

**hemmer-Methode**: Aus diesem Grund war im Sachverhalt das Bewusstsein des T, dass die vorangegangene Gewaltanwendung nachhaltigen Eindruck auf K gemacht hatte, so deutlich hervorgehoben worden.

**b)** Problematisch ist jedoch, dass der dem T übergebene Gegenstand, nämlich die Uhr, nicht im Eigentum der genötigten K, sondern im Eigentum des O stand.

Die Nötigung zur Wegnahme von Gegenständen, die im Eigentum eines Dritten stehen, kann – je nach den Umständen des Einzelfalls – die Tatbestände der Nötigung in Tateinheit mit Anstiftung zum Diebstahl oder mit Diebstahl in mittelbarer Täterschaft, der (räuberischen) Erpressung oder des Raubes erfüllen.

Der Tatbestand der Erpressung schützt dabei sowohl das Vermögen als auch die Willensfreiheit. Aus dem Umstand, dass die Träger dieser beiden Rechtsgüter nicht identisch sein müssen, ergibt sich die Möglichkeit einer sog. *Dreieckserpressung*. Obwohl vom Wortlaut der Norm gedeckt, reicht es hierfür jedoch nicht aus, dass zwischen der abgenötigten Handlung, Duldung oder Unterlassung und dem bei einem Dritten eintretenden Vermögensschaden überhaupt eine kausale Verknüpfung besteht. Vielmehr bedarf der weit gefasste Tatbestand der Erpressung insoweit einer einschränkenden Auslegung unter Rückgriff auf den Wesensgehalt der Norm.[62]

I.R.d. bekannteren Parallelproblematik bei der Abgrenzung des Dreiecksbetrugs zum Diebstahl in mittelbarer Täterschaft[63] geht die h.M. davon aus, dass eine rechtliche Verfügungsmacht des Getäuschten über die fremden Vermögensgegenstände nicht erforderlich ist.[64]

**hemmer-Methode**: Letztlich geht es bei beiden Problemstellungen um Zurechnungsfragen. Wird der Mittler dem Täter zugerechnet, dann greift das Fremdschädigungsdelikt (§ 242 I StGB bzw. § 249 I StGB) ein. Erfolgt stattdessen eine Zurechnung zum Opfer, dann ist aus dem Selbstschädigungsdelikt (§ 253 I, II StGB bzw. § 263 I StGB) zu bestrafen.

62 Vgl. BGH, NStZ 1995, 498 = **juris**byhemmer.

63 Vgl. hierzu Fall 28 (Vor Gericht und auf hoher See ist man in Gottes Hand) und Fall 30 (Der leichtgläubige Angestellte).

64 Vgl. FISCHER, § 263 StGB Rn. 81; ein Überblick über diesen Streitstand findet sich bei JOECKS, StGB, § 263 Rn. 59 ff.

Auch nach der Rechtsprechung setzt eine Dreieckserpressung weder eine rechtliche Verfügungsmacht noch eine tatsächliche Herrschaftsgewalt des Genötigten über die fremden Vermögensgegenstände im Sinne einer Gewahrsamsdienerschaft voraus.

Dennoch kann nicht jedes einem Dritten abgenötigte, vermögensschädigende Verhalten eine Strafbarkeit wegen Erpressung begründen. Vielmehr muss nach Ansicht der Rechtsprechung zwischen dem Genötigten und dem in seinem Vermögen Geschädigten ein Näheverhältnis dergestalt bestehen, dass das Nötigungsopfer spätestens im Zeitpunkt der Tatbegehung auf der Seite des Vermögensinhabers steht.

Gerade in dem Umstand, dass der Täter die von einem Dritten wahrgenommene Schutzfunktion mit Nötigungsmitteln aufhebt, sieht der BGH den Unrechtsgehalt der Dreieckserpressung.[65]

Steht der Genötigte den Vermögensinteressen des Geschädigten dagegen gleichgültig gegenüber, so begeht der Täter lediglich eine Nötigung in Tateinheit mit Anstiftung zum Diebstahl oder Diebstahl in mittelbarer Täterschaft. So liegt der Fall hier aber nicht, denn die K stand als Lebensgefährtin des O in dessen Lager.

Zum gleichen Ergebnis kommt man, wenn man das Kriterium des Näheverhältnisses mit dem Argument ablehnt, dass der Dritte – ähnlich wie beim Nötigungsnotstand – quasi auf die Seite des Unrechts trete[66], und statt dessen auf den Gedanken der Opfergemeinschaft abstellt. Charakteristisch für die Erpressung ist nämlich deren „Freikaufcharakter“.

Eine Dreieckserpressung kann daher, wenn der Dritte mit fremdem Vermögen zahlt, auch dann vorliegen, wenn er nicht nur sich, sondern zugleich auch den Vermögensinhaber „freikauft“. Auch das ist vorliegend der Fall: Indem die K dem T die Uhr des O übergibt, ist sowohl für K als auch für O die Gefahr gebannt.

**c)** Aufgrund dieser Erwägungen steht jedoch nur fest, dass zwischen der Nötigung und dem Vermögensschaden eine innere Verknüpfung besteht und dass Nötigung in Tateinheit mit Diebstahl in mittelbarer Täterschaft bzw. mit Anstiftung zum Diebstahl deshalb ausscheidet. Noch nicht entschieden ist dagegen, ob Raub oder räuberische Erpressung vorliegt. Diese Abgrenzung weist allerdings bei der Dreieckserpressung keine Besonderheiten auf.[67]

Nach der Rechtsprechung, welche die Abgrenzung von Raub und räuberischer Erpressung auf Konkurrenzebene ausschließlich nach dem äußeren Erscheinungsbild vornimmt[68], lägen hier die §§ 253 I, 255 StGB vor, da die K dem T die Uhr übergeben hat.

Da aber aus systematischen Erwägungen (Stellung des § 255 StGB im Gesetz und vor allem das parallele Exklusivitätsverhältnis von §§ 242 I und 263 I StGB) die besseren Argumente für die h.L. sprechen, kann man unter Berücksichtigung der inneren Willensrichtung der K eine Vermögensverfügung hier nicht bejahen, da sich der T die Uhr genauso gut hätte nehmen können.[69]

[65] Vgl. BGHSt 41, 123 = NJW 1995, 2799 = NStZ 1995, 498 = **juris**byhemmer.

[66] So etwa MITSCH, NStZ 1995, 499.

[67] Vgl. insofern nochmals die vorangegangenen Fälle 19 (Das große Ding) und 20 (Die Spritztour).

[68] Vgl. BGH, NStZ 1995, 498 = **juris**byhemmer mit Verweis auf die ständige Rechtsprechung und BGH, NStZ-RR 1997, 321 mit Anmerkung CRAMER, NStZ 1998, 299 explizit für die Konstellation der Dreieckserpressung.

[69] A.A. insofern OTTO, JZ 1995, 1020, 1023, der davon ausgeht, die Übergabe durch K sei erforderlich gewesen, weil sich der T nicht habe

**hemmer-Methode**: Bei der Dreieckserpressung handelt es sich um ein schwieriges Problem des Besonderen Teils, so dass ein anderes Ergebnis selbstverständlich vertretbar war. Es kam hier vor allem darauf an, die beiden Problemkreise – Dreieckskonstellation einerseits, Abgrenzung von Raub und räuberischer Erpressung andererseits – sauber auseinanderzuhalten und mit eigenen Argumenten zu lösen.

**2. Ergebnis**

T hat damit mangels Vorliegens einer Vermögensverfügung keine räuberische Erpressung begangen.

**III. Schwerer Raub, §§ 249 I, 250 II Nr. 1 StGB (Drohung gegenüber K)**

**1. Objektiver Tatbestand**

**a) Grundtatbestand des § 249 I StGB**

T müsste die Uhr, eine für ihn fremde, bewegliche Sache, durch Drohung mit gegenwärtiger Gefahr für Leib oder Leben weggenommen haben. Dass die K keinen Gewahrsam an der Uhr hatte, steht der Annahme eines Raubes nicht entgegen. Denn auch beim Raub ist eine Dreieckskonstellation dergestalt denkbar, dass die Gewalt oder Drohung nicht gegen den Gewahrsamsinhaber, sondern gegen einen schutzbereiten Dritten eingesetzt wird.

Dass nach der Auffassung der Literatur im vorliegenden Fall eine Wegnahme vorliegt, weil es auf die Sichtweise der bedrohten K ankommt, wurde bereits oben ausgeführt.

Teilweise wird der vorliegende Fall auch als mittelbare Täterschaft eingestuft, wenn man annimmt, es handele sich um eine durch K vermittelte Wegnahme. Zwingend ist das allerdings nicht, denn wenn man aufgrund ihres Näheverhältnisses O und K quasi als eine Person behandelt, ist nicht so sehr das Abstreifen der Uhr (erster Teilakt), sondern deren Übergabe an T (zweiter Teilakt) strafrechtlich relevant.

Dies stellt unter Berücksichtigung der inneren Willensrichtung der K einen Raub des T in unmittelbarer Täterschaft dar.

**b) Qualifikation des § 250 II Nr. 1 StGB**

Da T der K mit dem Messer gedroht hat, folglich ein objektiv und nach Art seiner Anwendung im Einzelfall gefährliches Werkzeug i.S.d. § 250 II Nr. 1 Alt. 2 StGB bei der Tat als Drohmittel verwendet hat, liegt ein schwerer Raub vor.

**2. Subjektiver Tatbestand**

T handelte hinsichtlich des Grundtatbestandes und hinsichtlich der Qualifikation vorsätzlich und weist auch Zueignungsabsicht auf.

**3. Rechtswidrigkeit und Schuld**

Die Tat war rechtswidrig und T handelte schuldhaft.

**IV. Ergebnis**

T hat sich damit wegen eines schweren Raubes in unmittelbarer Täterschaft gem. §§ 249 I, 250 II Nr. 1 Alt. 2 StGB strafbar gemacht.

bücken wollen, um keinesfalls die Herrschaft über die Situation zu verlieren.

## D. Zusammenfassung

**Sound**:
Dreieckserpressung.

Eine Dreieckserpressung liegt vor, wenn sich die Angriffe des Täters, bezogen auf die Willensfreiheit und auf das Vermögen, gegen zwei unterschiedliche Personen richten. Erforderlich für eine Strafbarkeit nach §§ 253 I, 255 StGB ist insofern ein **Näheverhältnis zwischen dem Nötigungsopfer und dem Vermögensinhaber** zum Tatzeitpunkt.

Beide müssen im gleichen Lager stehen, der Genötigte muss die Vermögensinteressen des Vermögensinhabers wahrnehmen wollen.

Einer darüber hinausgehenden rechtlichen Verfügungsmacht des Genötigten über die fremden Vermögensgegenstände bedarf es demgegenüber nicht.

## E. Zur Vertiefung

**Zur Konstellation der Dreieckserpressung:**

- BGHSt 41, 123 = **juris**byhemmer.

# Fall 22: Das Pfand

***Sachverhalt:***

*Markus (M) hat seinem Freund Rolf (R) 1.000 € geliehen. Als R sich weigert, das Geld zurückzuzahlen, hält M diesen mit einer durchgeladenen Schusswaffe in Schach und nimmt dessen Stereoanlage als Sicherheit für die Forderung mit. Diese verwahrt er sodann zu Hause in seinem Keller.*

***Bearbeitervermerk:***

*Prüfen Sie die Strafbarkeit des M nach dem 20. Abschnitt des StGB.*

## A. Einführung

Fall 22 hat – auf Grund der Beschränkung im Bearbeitervermerk – ausschließlich Probleme aus dem Bereich Raub / Erpressung zum Gegenstand. Zunächst ist i.R.d. Raubes auf die Qualifikation des § 250 II Nr. 1 StGB einzugehen.

Das Schwergewicht muss aber sodann auf eine sorgfältige Prüfung des subjektiven Tatbestandes gelegt werden. Neben Vorsatzes hinsichtlich aller objektiven Tatbestandsmerkmale des Grunddeliktes und der Qualifikation ist erforderlich, dass der Täter mit Zueignungsabsicht handelt, was vorliegend insofern problematisch ist, als M die fremde bewegliche Sache lediglich als Druckmittel zur Durchsetzung seiner eigenen Darlehensforderung weggenommen hat, nicht aber um sie sich in das eigene Vermögen einzuverleiben.

Anschließend ist eine Strafbarkeit des M wegen schwerer räuberischer Erpressung zu prüfen. Hier ist die bereits in Fall 20 angesprochene Frage aufzuwerfen, ob die §§ 253 I, 255 StGB als ungeschriebenes Tatbestandsmerkmal eine Vermögensverfügung des Genötigten voraussetzen.

Lehnt man dies mit gut vertretbarer Begründung ab, so ist abschließend im Bereich des subjektiven Tatbestandes der Erpressung das vielfach in Klausuren übersehene Erfordernis der Stoffgleichheit anzusprechen.

## B. Gliederung

**I. Schwerer Raub, §§ 249 I, 250 II Nr. 1 StGB**

**1.** Objektiver Tatbestand

**a) Grundtatbestand**

- Stereoanlage = fremde bewegliche Sache
- Wegnahmehandlung (+)
- In-Schach-Halten mit durchgeladener Schusswaffe = Drohung mit gegenwärtiger Gefahr für Leib oder Leben
- Finalzusammenhang zwischen Nötigung und Wegnahme (+)

**b) Qualifikation des § 250 II Nr. 1 Alt. 1 StGB**
Vorhalten zu Drohzwecken = Verwenden

**2.** Subjektiver Tatbestand

- Vorsatz hinsichtlich des Grundtatbestandes (+)
- Vorsatz hinsichtlich der Qualifikation (+)
- **(P) Absicht rechtswidriger Zueignung**
  **Vorr.: Aneignungs- und Enteignungskomponente**

⇨ Hier Sache lediglich als Druckmittel zur Durchsetzung einer eigenen Forderung weggenommen, kein zielgerichteter Wille des Täters, die Sache selbst oder den in ihr verkörperten Wert dem eigenen Vermögen auch nur vorübergehend einzuverleiben

⇨ Subjektiver Tatbestand (-)

**3. Ergebnis**:
§§ 249 I, 250 II Nr. 1 StGB (-)

**II. Schwere räuberische Erpressung, §§ 253 I, 255, 250 II Nr. 1 StGB**

**1.** Objektiver Tatbestand

- Drohung mit gegenwärtiger Gefahr für Leib und Leben (+)
- Nötigung zu einer Handlung, Duldung oder Unterlassung (+)
- **(P) Vermögensverfügung erforderlich?**

**a)** Nach h.L. (+)

⇨ Damit §§ 253 I, 255, 250 II Nr. 1 StGB (-), da R auf Grund der Zwangssituation, in der er sich befand, nicht freiwillig verfügen konnte

**b)** Nach Rechtsprechung (-)

⇨ Damit §§ 253 I, 255, 250 II Nr. 1 StGB im Fall grundsätzlich denkbar

⇨ i. Erg. Ansicht der Rechtsprechung vorzugswürdig (klausurtaktische Entscheidung des Streites!)

- Vermögensnachteil (+)

**2.** Subjektiver Tatbestand

- Vorsatz hinsichtlich der objektiven Tatbestandsmerkmale (+)
- Absicht, sich einen Vermögensvorteil (= Sicherheit für eigene Forderung) zu verschaffen (+)
- Rechtswidrigkeit des erstrebten Vermögensvorteils (+)
- **(P) Stoffgleichheit zwischen erstrebtem Vermögensvorteil und vom Opfer erlittenem Schaden**: hier (-)

**3. Ergebnis**:
§§ 253 I, 255, 250 II Nr. 1 StGB (-)

## C. Lösung

### Strafbarkeit des M

#### I. Schwerer Raub, §§ 249 I, 250 II Nr. 1 StGB

M könnte sich durch das In-Schach-Halten des R mit der durchgeladenen Schusswaffe und die Mitnahme der Stereoanlage eines schweren Raubes schuldig gemacht haben.

**1. Objektiver Tatbestand**

M hat den R mit der durchgeladenen Schusswaffe in Schach gehalten. Darin liegt eine Drohung mit gegenwärtiger Gefahr für Leib oder Leben.

Ferner hat M den fremden Gewahrsam des R an der Stereoanlage, einer für M fremden, beweglichen Sache, gebrochen und neuen, hier tätereigenen Gewahrsam begründet. Auch eine Wegnahme ist damit zu bejahen. Schließlich sollte die Nötigungshandlung die Wegnahme der Stereoanlage ermöglichen. Der zwischen Nötigung und Wegnahme erforderliche Finalzusammenhang ist damit gegeben.

**hemmer-Methode**: In vielen Klausuren wird im Zusammenhang mit dem Tatbestand des Raubes die Prüfung des Tatbestandsmerkmals des Finalzusammenhanges zwischen Nötigungshandlung und Wegnahme vergessen. Dies kann zu erheblichen Punktabzügen führen.

Raub ist ein aus Nötigung und Diebstahl zusammengesetztes Delikt; es genügt zur Tatbestandsverwirklichung nicht, wenn der Täter zwar beide Komponenten verwirklicht hat, diese dabei aber beziehungslos nebeneinander stehen.

Für das Verwenden einer Schusswaffe genügt bereits das Vorhalten zu Drohzwecken. Folglich hat M auch den Qualifikationstatbestand des § 250 II Nr. 1 Alt. 1 StGB erfüllt.

### 2. Subjektiver Tatbestand

M hat sowohl hinsichtlich des Grundtatbestandes als auch hinsichtlich der Qualifikation vorsätzlich mit Wissen und Wollen gehandelt.

Fraglich ist i.R.d. subjektiven Tatbestandes allein die Absicht rechtswidriger Zueignung. Unter einer Sich-Zueignung versteht man die Begründung von Eigenbesitz unter Ausschluss des Berechtigten mit dem Willen, selbst wie ein Eigentümer über die Sache zu verfügen, sie insbesondere wirtschaftlich zu nutzen. Die Zueignungsabsicht setzt sich also aus einer Aneignungs- und einer Enteignungskomponente zusammen.

Gegenstand der Zueignung kann nach der heute herrschenden Vereinigungsformel sowohl die Sachsubstanz als auch der in der Sache verkörperte wirtschaftliche Wert sein.[70]

Nimmt der Täter die Sache allerdings weg, um sie als Druckmittel zur Durchsetzung einer eigenen Forderung zu benutzen, so will er weder die Sache selbst noch den in ihr verkörperten Wert seinem Vermögen einverleiben.[71] Es steht dann die Realisierung der eigenen Forderung im Vordergrund. Das auf den Gegenstand bezogene Sicherungsinteresse reicht für die Annahme einer Zueignungsabsicht nicht aus.

Gegen eine Sich-Zueignungsabsicht des M spricht im vorliegenden Fall ferner, dass dieser die Stereoanlage weder veräußert noch genutzt, sondern lediglich in seinem Keller verwahrt hat. Dass M, als er die Stereoanlage mitnahm, nicht erwähnte, dass R sie bei Begleichung seiner Schuld zurückerhalten würde, ist unschädlich, da es insoweit nur darauf ankommt, von welchen Vorstellungen sich der Täter subjektiv bei der Wegnahme leiten lässt.

Der subjektive Tatbestand des schweren Raubes ist damit nicht erfüllt.

### 3. Ergebnis

M hat sich nicht nach §§ 249 I, 250 II Nr. 1 StGB strafbar gemacht.

## II. Schwere räuberische Erpressung, §§ 253 I, 255, 250 II Nr. 1 StGB

Zu untersuchen ist, ob das In-Schach-Halten des R und die Mitnahme der Stereoanlage als schwere räuberische Erpressung anzusehen ist.

### 1. Objektiver Tatbestand

M müsste den R zunächst durch Drohung mit gegenwärtiger Gefahr für Leib oder Leben zu einer Handlung, Duldung oder Unterlassung veranlasst haben.

M hat R unter Vorhalten der Schusswaffe dazu genötigt, die Mitnahme der Stereoanlage durch M zu dulden.

---

70 Vgl. nochmals oben Fall 6 (Die verlorene Dienstmütze).

71 BGH, NStZ-RR 1998, 235 = Life&Law 1998, 718 = **juris**byhemmer.

Umstritten ist aber, welche Qualität das abgenötigte Verhalten des Opfers haben muss.[72]

Wenn man mit der h.L. in Anlehnung an § 263 I StGB verlangt, dass das abgenötigte Verhalten des Opfers in einer Vermögensverfügung besteht, kommen die §§ 253 I, 255 StGB hier von vornherein nicht in Betracht, da es an einer solchen freiwilligen Vermögensverfügung des R aufgrund der Zwangssituation, in der er sich befand, fehlt.

Demgegenüber verzichtet die Rechtsprechung auf das Erfordernis einer Vermögensverfügung und sieht im Raub lediglich einen Spezialfall der räuberischen Erpressung. Sie lässt daher jedes Handeln, Dulden oder Unterlassen des Opfers ausreichen. Da dem R die Duldung der Wegnahme abgenötigt wird, ist der Tatbestand nach dieser Auffassung insoweit erfüllt.

Für die Ansicht der Rechtsprechung spricht insbesondere der Gesetzeswortlaut, der das Opferverhalten anders als § 263 I StGB genau beschreibt.

**hemmer-Methode**: An dieser Stelle wurde auf eine ausführliche Darstellung des Meinungsstreites verzichtet. Arbeiten Sie insofern nochmals Fall 20 (Die Spritztour) durch. Hier wurde im Gegensatz zur Lösung des Falles 20 aus klausurtaktischen Gesichtspunkten der Ansicht der Rechtsprechung gefolgt, da man so den Ausstieg aus dem Fall bereits im objektiven Tatbestand vermeiden konnte. Vertretbar wäre es auch gewesen, den Streit offen zu lassen, mit dem Hinweis, dass eine Bestrafung möglicherweise noch aus anderen Gründen (siehe dazu sogleich) scheitern könnte.

Vermeiden Sie es, sich bereits im Vorfeld der Klausur im Rahmen Ihrer Vorbereitung bei gängigen Meinungsstreitigkeiten auf eine bestimmte Auffassung festzulegen.
Vielfach lassen sich für mehrere Auffassungen gute Argumente anführen. Dann sollten Sie in der Klausur immer taktisch denken und derjenigen Auffassung folgen, die es Ihnen gestattet, im weiteren Verlauf der Prüfung weitere Problemkreise anzusprechen.

Schließlich wurde das Vermögen des R geschädigt, da ihm der Besitz und damit die Nutzungsmöglichkeit der Stereoanlage entzogen wurde.

### 2. Subjektiver Tatbestand

M handelte hinsichtlich der objektiven Tatbestandsmerkmale mit Wissen und Wollen, also vorsätzlich.

Weiterhin hatte M die Absicht, sich einen Vermögensvorteil zu verschaffen, da es ihm darauf ankam, eine Sicherheit für seine Forderung zu erlangen, um auf diese Weise seine Vermögenslage günstiger zu gestalten. Auch ist von der Rechtswidrigkeit des erstrebten Vorteils auszugehen, da M gegen R keinen Anspruch auf Stellung dieser Sicherheit hatte.

Fraglich ist allerdings die erforderliche Stoffgleichheit zwischen erstrebtem Vermögensvorteil und vom Opfer erlittenem Schaden.[73] Im vorliegenden Fall hat das Opfer R durch die Tat den Besitz an dem weggenommenen Gegenstand verloren, der Täter hat eine Sicherheit für seine Forderung, deren Durchsetzung er beabsichtigt, erhalten.

---

72 Vgl. insofern nochmals ausführlich Fall 20 (Die Spritztour).

73 BGH, NStZ-RR 1998, 235, 236 = **juris**byhemmer; Fischer, § 253 StGB Rn. 2; Rengier § 11 Rn. 32, § 13 Rn. 106 ff.; Krey/Hellmann, Rn. 453 ff.

Dem Täter kam es vorliegend nicht auf die wirtschaftlich wertvolle Benutzungsmöglichkeit der Stereoanlage an, sondern allein darauf, ein Druckmittel zu erhalten.

Vermögensschaden und erstrebte Bereicherung können damit hier nicht als stoffgleich angesehen werden, der Vorteil ist nicht die Kehrseite des Schadens.

### 3. Ergebnis

Mangels Stoffgleichheit zwischen Besitzverlust und erlangter Sicherheit als erstrebtem Vorteil ist M daher auch nicht gem. §§ 253 I, 255, 250 II Nr. 1 StGB wegen schwerer räuberischer Erpressung zu bestrafen.

**hemmer-Methode**: Hier handelt es sich zugegebenermaßen um einen anspruchsvollen Fall, der ohne Kenntnis der zu Grunde liegenden Entscheidung des BGH nicht ohne weiteres zu lösen war. Lehrreich an der Entscheidung ist vor allem die Hervorhebung, dass auch bei der räuberischen Erpressung – genau wie beim Betrug – die Stoffgleichheit als ungeschriebenes Tatbestandsmerkmal zu prüfen ist, sowie die erfolgte Präzisierung der Voraussetzungen.
In einer Klausur wären ferner noch die §§ 239a, 239b, 240, 241, 242 StGB anzusprechen gewesen. Diese Delikte waren jedoch hier vom Bearbeitervermerk nicht umfasst. Beachten Sie, dass die §§ 239a, 239b StGB im Zwei-Personen-Verhältnis restriktiv auszulegen und nur dann einschlägig sind, wenn der Tathandlung „Sich-Bemächtigen" eine eigenständige Bedeutung zukommt.[74]

## D. Zusammenfassung

**Sound**:
Stoffgleichheit bei §§ 253, 263 StGB.

Wie der subjektive Tatbestand des Betruges setzt auch der subjektive Tatbestand der Erpressung als ungeschriebenes Merkmal Stoffgleichheit voraus. Nicht jede Bereicherungsabsicht genügt. Vielmehr ergibt sich aus dem Wesen der §§ 253 I, 255 StGB bzw. des § 263 I StGB als Vermögensverschiebungsdelikte, dass die jeweils vom Täter erstrebte Bereicherung gerade aus dem zugefügten Vermögensnachteil bzw. -schaden beim Opfer stammen muss. Die **erstrebte Bereicherung** muss sich **als Kehrseite des Schadens** in diesem spiegelbildlich niederschlagen. Auf diese Weise werden entfernte Vorteile wie Belohnungen von dritter Seite oder nur mittelbar eintretende Schäden aus der Tatbestandsmäßigkeit ausgeklammert.

[74] Vgl. Fischer, § 239a StGB Rn. 6 ff. (Zu diesem Problemfeld im Kontext mit den §§ 249 ff. StGB siehe auch BGH, NStZ 2006, 832 ff. = Life&Law 2006, 832 ff. sowie BGH, NStZ 2006, 36 ff. = Life&Law 2006, 392 ff.).

## E. Zur Vertiefung

**Zum Fall:**

- BGH, NStZ-RR 1998, 235 f.

**Zum Merkmal der Stoffgleichheit:**

- Hemmer/Wüst/Berberich, StrafR BT I, Rn. 174.

**Rechtsprechung zur Bereicherungsabsicht bei der räuberischen Erpressung, wenn nach der Vorstellung des Täters ein Anspruch auf das erpresste Vermögen besteht:**

- BGH, NStZ 2002, 597 f. = Life&Law 2003, 33 ff. = **juris**byhemmer.

**Rechtsprechung zum Konkurrenzverhältnis zwischen schwerer räuberischer Erpressung und nachfolgender Nötigung eines Dritten:**

- BGH, NStZ-RR 2002, 334 = Life&Law 2003, 38 ff. = **juris**byhemmer.

# Fall 23: Der Schuss auf die Verfolger (Fortsetzung Fall 19)

***Sachverhalt:***

*Nach dem Banküberfall wird Oskar (O) von den beiden Polizisten Peter und Paul bei seiner Flucht durch die Innenstadt verfolgt. Um mit der Beute entkommen zu können und sich seiner Verfolger zu entledigen, gibt er einen Schuss auf die beiden Polizeibeamten ab. Dieser verfehlt jedoch sein Ziel und trifft die Passantin Paula (P) auf dem Gehsteig, die auf der Stelle an den Folgen des Schusses verstirbt.*

***Bearbeitervermerk:***

*Prüfen Sie die Strafbarkeit des O nach dem 20. Abschnitt des StGB.*

## A. Einführung

Fall 23 knüpft an den Sachverhalt des Falles 19 an. Im Mittelpunkt steht nunmehr die Vorschrift des § 252 StGB. Sehr häufig liegt bei Klausuren aus dem Bereich des Raubes und der räuberischen Erpressung neben der Abgrenzung der Delikte voneinander ein erster Schwerpunkt auf der Prüfung der Qualifikationen der §§ 250, 251 StGB und ein zweiter im Bereich des § 252 StGB. Versetzen Sie sich in die Lage eines Klausurerstellers. Dieser muss lediglich den Sachverhalt um eine weitere Gewaltanwendung des Täters nach Vollendung der Wegnahme erweitern und erzwingt auf diese Weise weitere Probleme im Zusammenhang mit § 252 StGB. Insofern stellt § 252 StGB in Raub- bzw. Erpressungsklausuren eine klassische „Verlängerung“ dar, die Sie unbedingt im Auge haben sollten – zumal es sich bei § 252 StGB um eine der umstrittensten Vorschriften aus dem Bereich der Vermögensdelikte handelt.

## B. Gliederung

**I. Schwere räuberische Erpressung mit Todesfolge, §§ 253 I, 255, 250 II Nr. 1, 251 StGB**

**1.** Objektiver Tatbestand

**a)** Objektiver Tatbestand der §§ 253 I, 255, 250 II Nr. 1 StGB (+), vgl. Fall 19

**b)** Qualifikation des § 251 StGB
§ 251 StGB von der Verweisung des § 255 StGB umfasst
Tatbestandlicher Erfolg = Tod der P (+)

**(P) Räuberische Erpressung** des O zum Zeitpunkt des Schusses auf die Verfolger **bereits vollendet, § 251 StGB als Qualifikation dennoch anwendbar?**

⇨ *Nach Rechtsprechung*:
(+), auch Gewaltanwendungen in der Phase zwischen Vollendung und Beendigung der Vortat erfasst

⇨ *Nach h.M. in der Literatur*:
(-), Strafbarkeit nach § 251 StGB in dieser Phase nur über § 252 StGB möglich

**2. Ergebnis**:
§§ 253 I, 255, 250 II Nr. 1, 251 StGB (-)

**II. Räuberischer Diebstahl mit Todesfolge, §§ 252, 251 StGB**

**1.** Objektiver Tatbestand

**(P) Taugliche Vortat i.S.d. § 252 StGB**

Jedenfalls § 242 StGB (Wortlaut)

⇨ Nach einhelliger Auffassung auch § 249 StGB, da im Raub sämtliche Merkmale des § 242 StGB enthalten

⇨ Nicht jedoch §§ 253 I, 255 StGB; dadurch entstehende, kriminalpolitisch unbefriedigende Strafbarkeitslücke ist de lege lata hinzunehmen

**2. Ergebnis**:
§§ 252, 251 StGB (-)

## C. Lösung

## Strafbarkeit des O

### I. Räuberische Erpressung mit Todesfolge, §§ 253 I, 255, 250 II Nr. 1, 251 StGB

O könnte sich zunächst wegen schwerer räuberischer Erpressung mit Todesfolge strafbar gemacht haben, da der Tod der P zumindest in einem gewissen räumlichen und zeitlichen Zusammenhang mit dem Banküberfall steht.

### 1. Objektiver Tatbestand

**a)** Den objektiven Tatbestand der §§ 253 I, 255, 250 II Nr. 1 StGB hat O erfüllt.[75]

**b)** Ferner besteht Einigkeit, dass die Vorschrift des § 255 StGB auch auf die Erfolgsqualifikation des § 251 StGB verweist, vgl. deren Wortlaut „gleich einem Räuber zu bestrafen".

Weiter ist mit dem Tod der P der tatbestandliche Erfolg des § 251 StGB eingetreten.

Nach dem Wortlaut der Vorschrift muss der Tod allerdings durch den Raub bzw. hier durch die räuberische Erpressung verursacht sein. Dieser sog. Unmittelbarkeitszusammenhang erfordert, dass sich die dem konkreten Grunddelikt anhaftende spezifische Gefahr gerade in der schweren Folge verwirklicht. Die besondere Gefahr des Raubes bzw. der räuberischen Erpressung geht von der für diese Delikte relevanten Gewaltanwendung aus, die mit der Wegnahme i.S.d. § 249 I StGB bzw. der abgenötigten Handlung i.S.d. §§ 253 I, 255 StGB durch das Merkmal der Finalität verknüpft ist. Hieran fehlt es im vorliegenden Fall, denn die (räuberische) Erpressung war zum Zeitpunkt des Schusses auf die Verfolger nach dem Verlassen der Schalterhalle der B-Bank bereits vollendet. Der Tod der P ist auf eine von der ursprünglichen Gewaltanwendung unabhängige, neue Gewaltanwendung auf der Flucht zurückzuführen. § 251 StGB wäre damit an sich nicht mehr anwendbar.

Der BGH ist jedoch der Ansicht, dass auch bei einer Gewaltanwendung i.R.d. Beendigungsphase eines Raubes oder einer räuberischen Erpressung Raum für eine Anwendung des § 251 StGB bleibe.[76]

Die tatbestandsspezifische Gefährlichkeit des Raubes bzw. der räuberischen Erpressung bestehe nicht nur bei der Gewaltanwendung oder Drohung zur Ermöglichung der Wegnahme, sondern ebenso in gleicher Weise bei der anschließenden Phase der Flucht und Beutesicherung. Ein weiter angeführtes Argument für diese Ansicht ist kriminalpolitischer Natur:

---

[75] Vgl. insofern Fall 19 (Das große Ding).

[76] Vgl. BGHSt 38, 295, 298 = **juris**byhemmer; BGH, NJW 1998, 3361 = Life&Law 1999, 32 = **juris**byhemmer; BGH, StV 2000, 74.

Es sei keine ausreichende Begründung dafür zu erkennen, einen sich erst den Fluchtweg freischießenden Täter besser zu stellen als einen solchen, der die Schusswaffe bereits zur Wegnahme einsetzt.

Diese Ansicht der Rechtsprechung ist vor allem in systematischer Hinsicht Bedenken ausgesetzt, da die Berücksichtigung qualifizierender Umstände in der Beendigungsphase des Raubes die tatbestandlichen Grenzen zwischen den §§ 249-251 StGB einerseits und dem räuberischen Diebstahl gemäß § 252 StGB andererseits verwischt. Der BGH hat dieses Problem zwar gesehen, aber mit dem (zweifelhaften) Argument aus dem Weg geräumt, dass für die Anwendung des § 251 StGB über § 255 StGB insofern ein Bedürfnis bestehe, als § 252 StGB nicht alle Fälle der Gewaltanwendung nach Vollendung der Wegnahme umfasse, da die Vorschrift subjektiv die Absicht der Beuteerhaltung voraussetze und somit nicht bei bloßer Fluchtsicherung eingreifen könne.

Da aber wegen Art. 103 II GG nicht die Strafwürdigkeit eines Verhaltens die Strafbarkeit bestimmen darf, sprechen die besseren Argumente dafür, § 251 StGB bei Gewaltausübung in der Beendigungsphase des Raubes nicht direkt, sondern allenfalls über § 252 StGB zur Anwendung kommen zu lassen.[77]

**hemmer-Methode**: An dieser Stelle ist eine andere Ansicht mit der Argumentation der Rechtsprechung selbstverständlich ebenso gut vertretbar, zumal der BGH seine Rechtsprechung zur Gewaltanwendung in der Beendigungsphase des Raubes bekräftigt hat (vgl. BGH, NJW 1998, 3361 = Life&Law 1999, 32 und BGH, NJW 1999, 1039). Folgte man dieser Ansicht, so würden die §§ 255, 251 StGB die ebenfalls gegebene Qualifikation des § 250 II Nr. 3 lit. b) StGB verdrängen.
Der BGH selbst hat sich zur Gewaltanwendung nach Vollendung der räuberischen Erpressung noch nicht geäußert, die Annahme von §§ 253 I, 255, 251 StGB wäre nach den genannten Entscheidungen zum Raub aber nur konsequent.
Brisanz erhält die Lösung der Rechtsprechung dadurch, dass in Konstellationen der vorliegenden Art der Weg zu § 251 StGB über § 252 StGB (dazu sogleich!) gar nicht gangbar ist, so dass Rechtsprechung und Literatur in der Tat zu sehr unterschiedlichen Ergebnissen bei der Strafbarkeit kommen. In diesen Fällen muss das Problem in einer Klausur daher unbedingt angesprochen und erörtert werden.

### 2. Ergebnis

O hat sich nicht wegen einer (schweren) räuberischen Erpressung mit Todesfolge gem. §§ 253 I, 255, 250 II Nr. 1, 251 StGB strafbar gemacht.

## II. Räuberischer Diebstahl mit Todesfolge, §§ 252, 251 StGB

O könnte sich ferner gem. §§ 252, 251 StGB wegen räuberischen Diebstahls mit Todesfolge strafbar gemacht haben.

### 1. Objektiver Tatbestand

Problematisch ist, dass § 252 StGB als Vortat einen Diebstahl verlangt. Einen Diebstahl i.S.d. §§ 242 ff. StGB hat O nicht begangen.

[77] Vgl. WESSELS/HILLENKAMP, Rn. 355; HEFENDEHL, StV 2000, 110; FISCHER, § 251 StGB Rn. 3.

Da allerdings der Tatbestand des Raubes alle Merkmale des § 242 StGB beinhaltet, kommt nach allgemeiner Meinung auch § 249 StGB als Vortat für den räuberischen Diebstahl gem. § 252 StGB in Betracht.[78]

**hemmer-Methode**: Raub als taugliche Vortat für § 252 StGB hat gerade dann Bedeutung, wenn man sich nicht der oben wiedergegebenen Ansicht des BGH anschließt und qualifizierende Umstände i.S.d. §§ 250, 251 StGB nach Vollendung der Wegnahme nicht schon als von § 249 StGB selbst erfasst ansieht. Demgegenüber führt die Auffassung der Rechtsprechung dazu, dass man sich den „Umweg" über § 252 StGB in diesen Fällen sparen kann.
Für die Rechtsprechung bleibt der Tatbestand des § 252 StGB von Bedeutung, wenn es z.B. zunächst am Merkmal der Finalität zwischen Gewaltanwendung und Wegnahme fehlt. In einer solchen Konstellation können dann auch nach der Rechtsprechung die Qualifikationstatbestände der §§ 250, 251 StGB lediglich über § 252 StGB in Ansatz kommen.

Einen Raub hat O jedoch im vorliegenden Fall nicht begangen[79], der Überfall auf die B-Bank war als schwere räuberische Erpressung zu werten. Eine räuberische Erpressung wiederum kommt als Vortat für § 252 StGB nicht in Betracht, denn auf die §§ 253, 255 StGB verweist § 252 StGB gerade nicht und eine räuberische Erpressung beinhaltet, anders als der Raub, auch nicht die Elemente des Diebstahls, so dass die Vorschrift auch unter diesem Gesichtspunkt nicht aus sich selbst heraus angewendet werden kann.

Insofern besteht bei kriminalpolitisch durchaus vergleichbaren Sachverhalten in der Tat eine Strafbarkeitslücke, die aber aufgrund des Wortlautes des § 252 StGB und der den §§ 249 ff. StGB innewohnenden Systematik entgegen der Ansicht des BGH nicht dadurch geschlossen werden kann, die §§ 249-251 StGB auch bei Gewaltanwendung nach Vollendung der Wegnahme zur Anwendung kommen zu lassen. Vielmehr ist die seitens des Gesetzgebers getroffene Entscheidung de lege lata als solche hinzunehmen.

**hemmer-Methode**: An dieser Stelle ist der Fall wirklich anspruchsvoll. Insofern genügt es, wenn die Problematik der §§ 252, 251 StGB erkannt und mit eigener Argumentation in vertretbarer Weise gelöst wird.

### 2. Ergebnis

O hat auch keinen räuberischen Diebstahl mit Todesfolge (§§ 252, 251 StGB) begangen.

**hemmer-Methode**: Läge dagegen eine Vortat i.S.d. § 252 StGB vor, so wären hier auch dessen übrige Voraussetzungen gegeben:
Zeitlich gesehen liegt die Gewaltanwendung, der Schuss des O auf die Verfolger, zwischen Vollendung und Beendigung der Vortat. In dieser Beendigungsphase ist § 252 StGB grundsätzlich einschlägig. Ferner verfolgte O neben der Fluchtsicherung auch das Ziel, sich den Besitz an der Beute zu erhalten. Auch an einem Betroffen-Sein auf frischer Tat würde es nicht fehlen, da der von § 252 StGB vorausgesetzte zeitliche und räumliche Zusammenhang gewahrt ist, wenn die Gewaltanwendung im Rahmen einer sofort aufgenommenen Verfolgung geschieht.

---

[78] BGHSt 21, 377; JOECKS, StGB, § 252 Rn. 2; WESSELS/HILLENKAMP, Rn. 363.

[79] Vgl. nochmals oben Fall 19 (Das große Ding).

## D. Zusammenfassung

**Sound**:
Gewaltanwendung i.S.d. §§ 250, 251 StGB in der Phase zwischen Vollendung und Beendigung der Vortat.
Taugliche Vortat i.S.d. § 252 StGB.

Nach Ansicht der **Rechtsprechung** sind die Qualifikationstatbestände der §§ 250, 251 StGB auch in der Phase zwischen Vollendung und Beendigung der Vortat noch **anwendbar**, nach Auffassung der h.M. in der **Literatur** ist hier **lediglich § 252 StGB als lex specialis** einschlägig.

**Geeignete Vortat** i.S.d. § 252 StGB kann neben dem Diebstahl (§ 242 StGB) in all seinen Erscheinungsformen (§§ 243, 244, 244a StGB) auch der **Raub** gem. § 249 StGB sein, da in diesem Tatbestand alle Merkmale des Diebstahlstatbestandes enthalten sind. Eine Erpressung scheidet dagegen als Vortat für § 252 StGB aus.

## E. Zur Vertiefung

**Rechtsprechung:**

- Das Verwenden einer Waffe oder eines anderen gefährlichen Werkzeugs nach Vollendung einer Tat setzt zur Verwirklichung der Qualifikation des § 250 II Nr. 1 StGB Beutesicherungsabsicht voraus. Vgl. BGH, Beschluss vom 08.04.2010 – 2 StR 17/10 = Life&Law 2010, 675 ff. sowie BGH 5 StR 445/08 = Life&Law 2009, 35 ff. = **juris**byhemmer.
- Zur Anwendung des Zweifelssatzes bei der „Beutesicherungsabsicht“: OLG Brandenburg, NStZ-RR 2008, 201 ff. = Life&Law 2008, 605 ff. = **juris**byhemmer.
- OLG Köln, NStZ 2005, 448 ff. = Life&Law 2005, 832 ff. = **juris**byhemmer: Ergreift der Täter unter Mitnahme der Beute die Flucht, obwohl er die Möglichkeit hatte, sich ihrer zu entledigen, so rechtfertigt dies den Schluss, er habe bei der hierbei erfolgten Gewaltanwendung auch in Beuteerhaltungsabsicht gehandelt.

**Zu § 252 StGB:**

- Hemmer/Wüst/Berberich, StrafR BT I, Rn. 79 ff.

# Fall 24: Im Schluckspecht

***Sachverhalt:***

*Rudi (R) erfährt bei einem Gespräch mit dem Textilvertreter Walter (W) in der Kneipe „Zum Schluckspecht“, dass dieser seinen Wagen mit einem hochwertigen Navigationsgerät vor der Tür geparkt hat, und verlässt daraufhin unter einem Vorwand für kurze Zeit das Lokal. Toni (T) durchschaut das Vorhaben des R und lenkt W in der Kneipe ab. R entwendet draußen das Navigationsgerät aus dem verschlossenen Wagen des W. Als W ein wenig später selbst aus der Kneipe geht, sieht er gerade noch den mit der Beute davonrennenden R und will ihm nacheilen. Dabei stellt sich T dem W in den Weg und schlägt ihn nieder.*

***Bearbeitervermerk:***

*Prüfen Sie die Strafbarkeit des T.*

*Gehen Sie dabei davon aus, dass der möglicherweise gegebene Umstand, dass R und T sich hinsichtlich des Vorgehens in der Kneipe und hinsichtlich der Entwendung des Navigationsgerätes aus dem Wagen durch R inhaltlich abgesprochen haben, aus tatsächlichen Gründen in einer Hauptverhandlung nicht nachgewiesen werden kann.*

## A. Einführung

Fall 24 zeigt zunächst ein in der Ausbildung selten angesprochenes, in der Praxis dagegen allgegenwärtiges Problem: Vielfach lassen sich der Tathergang und die Umstände des Falles im Einzelnen in tatsächlicher Hinsicht nicht mehr oder nur teilweise und häufig unzureichend aufklären.

Für die Klausur gilt: In aller Regel werden Sie – zumindest in Klausuren bis zur Ersten Juristischen Staatsprüfung – ausschließlich Sachverhalte zur Bearbeitung vorgelegt bekommen, die in tatsächlicher Hinsicht eindeutig sind. Hüten Sie sich dann unbedingt davor, den einen oder anderen Umstand anzuzweifeln. In aller Regel besteht für Sie kein Anlass in der Klausur, eine wie auch immer geartete Beweiswürdigung vorzunehmen. Vielmehr sollten Sie den Sachverhalt in allen Facetten genau erfassen und als Grundlage Ihrer Subsumtion anerkennen.

Sofern (ausnahmsweise) tatsächliche Probleme in einer Klausur eine Rolle spielen, so weist die Aufgabenstellung – wie hier – mit ausreichender Deutlichkeit darauf hin.

In materieller Hinsicht liegt einer der Schwerpunkte des Falles auf einem eher unbekannten Problem aus dem Bereich des räuberischen Diebstahls.

Lehnt man mit gutem Grund wegen der unsicheren Tatsachengrundlage eine Mittäterschaft des T am Diebstahl des Navigationsgerätes ab, so stellt sich die Frage, ob T als bloßer Gehilfe der Vortat dennoch Täter des § 252 StGB sein kann. Hierzu werden in Rechtsprechung und Schrifttum zwei gegensätzliche Positionen vertreten.

Bei genauer Betrachtung zeigt sich dann aber, dass im Gesamtergebnis hier nach beiden Auffassungen eine Strafbarkeit des T gem. § 252 StGB zu verneinen ist. In einer guten Klausur sollte dies erkannt werden.

## B. Gliederung

### 1. Tatkomplex: Das Ablenken des W in der Kneipe

**I. Diebstahl in Mittäterschaft, §§ 242 I, 243 I S. 2 Nr. 1, 25 II StGB**

Vor.: gemeinsamer Tatplan mit R
⇨ nicht nachweisbar

**II. Beihilfe zum Diebstahl in einem besonders schweren Fall gem. §§ 242 I, 243 I S. 2 Nr. 1, 27 I StGB**

1. Objektiver Tatbestand
   **a)** Vorliegen einer Haupttat (+)
   ⇨ §§ 242 I, 243 I S. 2 Nr. 1 StGB durch R
   **b)** Hilfeleisten (+) ⇨ Ablenken des Opfers in der Kneipe
2. Subjektiver TB (doppelt. Gehilfenvorsatz) (+)
3. Rechtswidrigkeit und Schuld (+)
4. **Ergebnis**:
   §§ 242 I, 243 I S. 2 Nr. 1, 27 I StGB

### 2. Tatkomplex: Das Niederschlagen des W

**I. Räuberischer Diebstahl, § 252 StGB**

1. **Objektiver Tatbestand**
   Niederschlagen des W =
   Gewalt gegen eine Person

**(P) Bei einem Diebstahl auf frischer Tat betroffen?**
Fraglich, ob auch der Teilnehmer an der Vortat Täter des § 252 StGB sein kann

⇨ *Nach h.M. in der Literatur*: (-)

⇨ *Nach Rechtsprechung*: (+), allerdings auch nach dieser Ansicht hier i. Erg. § 252 StGB (-), da T ohne Besitzerhaltungsabsicht bzgl. Beute handelte

2. **Ergebnis**: § 252 StGB (-)

**II. Nötigung, § 240 I, II StGB**

1. Tatbestand
   Nötigungsmittel: Niederschlagen des W = Gewalt
   Nötigungserfolg: Duldung der Wegnahme und Flucht durch R
   Vorsatz (+)
2. Rechtswidrigkeit und Schuld
   Keine Rechtfertigungsgründe, § 240 II StGB (+)
3. **Ergebnis: § 240 I, II StGB (+)**

**III. Körperverletzung, §§ 223 I, 230 I S. 1 StGB**

1. Tatbestand
   Niederschlagen des W =
   körperliche Misshandlung und Schädigung an der Gesundheit
   Vorsatz (+)
2. Rechtswidrigkeit und Schuld (+)
3. **Ergebnis:**
   § 223 I StGB (+)
4. Strafantragserfordernis gem. § 230 I S. 1 StGB

**IV. Konkurrenzen**

§ 240 StGB und § 223 StGB ⇨ § 52 StGB

Dazu §§ 242 I, 243 I S. 2 Nr. 1, 27 I StGB ⇨ § 53 StGB

## C. Lösung

### Strafbarkeit des T

Zu untersuchen ist die Strafbarkeit des T.

## 1. Tatkomplex: Das Ablenken des W in der Kneipe

### I. Diebstahl in Mittäterschaft, §§ 242 I, 243 I S. 2 Nr. 1, 25 II StGB

T könnte sich wegen mittäterschaftlichen Diebstahls strafbar gemacht haben, indem er W im Schluckspecht ablenkte und so R die Gelegenheit gab, für kurze Zeit unbemerkt draußen das Navigationsgerät aus dem Wagen des W zu entwenden.

Da T nicht selbst das Gerät an sich genommen hat, kommt eine Bestrafung wegen täterschaftlicher Begehung eines Diebstahls nur in Betracht, wenn dem T die Wegnahmehandlung des R zugerechnet werden könnte. Eine solche mittäterschaftliche Zurechnung gem. § 25 II StGB setzt voraus, dass T seinen Beitrag aufgrund eines gemeinsamen Tatplans mit R erbracht hat. Gerade das Vorliegen einer solchen inhaltlichen Absprache kann aber hier aus tatsächlichen Gründen nicht nachgewiesen werden. T kann daher nicht als Mittäter gem. §§ 242 I, 243 I S. 2 Nr. 1, 25 II StGB bestraft werden.

### II. Beihilfe zum Diebstahl in einem besonders schweren Fall gem. §§ 242 I, 243 I S. 2 Nr. 1, 27 I StGB

#### 1. Objektiver Tatbestand

**a)** Eine Strafbarkeit des T als Gehilfe setzt zunächst das Vorliegen einer vorsätzlichen rechtswidrigen Haupttat i.S.d. §§ 26, 27 StGB voraus.

R hat den zwar während des Aufenthalts in der Kneipe gelockerten, dennoch aber fortbestehenden Gewahrsam des W am Navigationsgerät, einer für R fremden und beweglichen Sache, gebrochen und neuen, hier tätereigenen Gewahrsam, daran begründet, das Gerät also weggenommen.

R handelte dabei vorsätzlich und mit Zueignungsabsicht. Seine Tat war mangels Vorliegens eines Rechtfertigungsgrundes auch rechtswidrig.

Zudem hat er das Regelbeispiel des § 243 I S. 2 Nr. 1 StGB verwirklicht, da es sich bei dem Insassenraum eines PKW – anders als beim Kofferraum – nicht um ein Behältnis i.S.d. § 243 I S. 2 Nr. 2 StGB, sondern um ein Raumgebilde handelt, das dazu bestimmt ist, von Menschen betreten zu werden und das mit Vorrichtungen umgeben ist, die das Eindringen von Unbefugten abwehren sollen. Es liegt mithin ein umschlossener Raum vor, § 243 I S. 2 Nr. 2 Var. 3 StGB.

Damit ist jedenfalls eine teilnahmefähige, vorsätzliche und rechtswidrige Haupttat gegeben.

**b)** Die Tathandlung der Beihilfe besteht im Hilfeleisten. Darunter ist jeder Tatbeitrag zu verstehen, der die Haupttat ermöglicht oder erleichtert oder die vom Täter begangene Rechtsgutsverletzung verstärkt.[80] T hat hier das Opfer W in der Kneipe abgelenkt und es so dem R ermöglicht, ungestört im Freien das Navigationsgerät des W zu entwenden. Ein Hilfeleisten ist damit zu bejahen.

#### 2. Subjektiver Tatbestand (doppelter Gehilfenvorsatz)

In subjektiver Hinsicht setzt eine strafbare Beihilfe einen sog. doppelten Gehilfenvorsatz voraus.

Dieser muss sich einerseits auf die Unterstützungshandlung beziehen und andererseits auf die Vollendung einer bestimmten, nicht notwendig schon in allen Einzelheiten konkretisierten Haupttat.[81]

---

[80] Vgl. WESSELS/ BEULKE, Rn. 582.

[81] Vgl. BGH, NJW 1982, 2453; BGH, NStZ-RR 2000, 326 = **juris**byhemmer; GEPPERT, Jura 1999, 266, 273.

T hat den W mit Wissen und Wollen abgelenkt. Er hat dabei das Vorhaben des R durchschaut, also gewusst, dass dieser lediglich unter einem Vorwand nach draußen gegangen war, um dort das Navigationsgerät aus dem PKW zu entwenden. Dieses Vorhaben wollte T durch die Ablenkung des W ermöglichen bzw. fördern. Ein doppelter Gehilfenvorsatz lag damit bei T vor. Dieser bezog sich auch auf das Vorliegen eines besonders schweren Falles i.S.d. § 243 I S. 2 Nr. 1 StGB.

### 3. Rechtswidrigkeit und Schuld

Rechtfertigungs- und Entschuldigungsgründe sind nicht ersichtlich. Die Tat (Beihilfe) war rechtswidrig und T handelte schuldhaft.

### 4. Ergebnis

T ist wegen Beihilfe zum Diebstahl in einem besonders schweren Fall gem. §§ 242 I, 243 I S. 2 Nr. 1, 27 I StGB strafbar.

## 2. Tatkomplex: Das Niederschlagen des W

### I. Räuberischer Diebstahl, § 252 StGB

### 1. Objektiver Tatbestand

T hat durch das Niederschlagen des W Gewalt gegen eine Person angewendet.

Fraglich ist jedoch, ob er bei einem Diebstahl auf frischer Tat betroffen war. T war – wie bereits oben festgestellt – lediglich Diebstahlsgehilfe.

Aus diesem Grunde wird teilweise von vornherein eine täterschaftliche Bestrafung aus § 252 StGB abgelehnt.[82] Dieses Delikt sei – ähnlich wie § 249 I StGB – ein zweiaktiges Delikt, bestehend aus Wegnahme und Nötigungshandlung.

Von daher könne nur derjenige aus § 252 StGB als Täter bestraft werden, der auch beide Teilakte täterschaftlich verwirkliche.

Die insbesondere von der Rechtsprechung vertretene Gegenansicht[83] lehnt eine derartige Einschränkung ab, da auch ein Diebstahlsgehilfe auf frischer Tat betroffen sein könne. Dennoch käme es auch nach ihr im vorliegenden Fall nicht zu einer Bestrafung aus § 252 StGB, da sich T nicht im Besitz der Beute befand, weswegen ihm die zur Verwirklichung des § 252 StGB erforderliche Besitzerhaltungsabsicht nicht nachgewiesen werden kann.

Ein näheres Eingehen auf den Meinungsstand ist daher entbehrlich.

**hemmer-Methode**: Vorsicht vor auswendig gelernten Meinungsstreitigkeiten! Prüfen Sie stets, ob eine Kontroverse im konkret zur Bearbeitung gestellten Fall einer Entscheidung bedarf. Ist dies nicht der Fall, so können Sie dem Korrektor kurz zu erkennen geben, dass Ihnen das Problem geläufig ist. Hier bietet sich das an, da die Frage, ob der Teilnehmer der Vortat als Täter des § 252 StGB in Betracht kommt, im Sachverhalt angelegt war und sicherlich nicht allen Bearbeitern bekannt gewesen sein dürfte.

[82] ESER, in SCHÖNKE/SCHRÖDER, § 252 Rn. 15; RENGIER BT I, § 10 Rn. 15; WESSELS/HILLENKAMP, Rn. 373a; LACKNER/KÜHL, § 252 Rn. 6.

[83] BGHSt 6, 248, ferner GÜNTHER, in SK, § 252 Rn. 25.

Zeigen Sie dann aber unbedingt Ihre Fähigkeit, einen Streit, der Ihnen abstrakt geläufig ist, auf den Klausursachverhalt zu übertragen. Hier galt es zu erkennen, dass letztlich beide Ansichten nicht zu einer Strafbarkeit des T wegen räuberischen Diebstahls gelangen. Entscheidend für die Bewertung Ihrer Arbeit sind stets eine sorgfältige Subsumtion unter die Aufgabenstellung und eine ausdifferenzierte und strukturierte Argumentation.

**2. Ergebnis**

T ist nicht wegen räuberischen Diebstahls gem. § 252 StGB zu bestrafen.

**hemmer-Methode**: Eine Bestrafung des T wegen Beihilfe zum räuberischen Diebstahl scheitert daran, dass es an einer objektiv und subjektiv tatbestandsmäßigen, sowie rechtswidrigen Haupttat des R fehlt (Prinzip der limitierten Akzessorietät).

**II. Nötigung, § 240 I, II StGB**

**1. Tatbestand**

T hat dem W gegenüber mit Wissen und Wollen Gewalt angewendet, um ihn daran zu hindern, den fliehenden R zu verfolgen. Der Tatbestand des § 240 I StGB ist damit erfüllt.

**2. Rechtswidrigkeit und Schuld**

Rechtfertigungsgründe sind nicht ersichtlich. Die Tat des T war sittlich und sozial missbilligenswert, mithin verwerflich i.S.d. § 240 II StGB. Diese Missbilligung ergibt sich bereits für die Nötigungshandlung, Anwendung von Gewalt gegen Menschen, aus § 223 I StGB. T handelte auch schuldhaft.

**3. Ergebnis**

T ist wegen Nötigung strafbar.

**III. Körperverletzung, §§ 223 I, 230 I S. 1 StGB**

**1. Tatbestand**

Der Körperverletzungstatbestand verlangt entweder eine üble, unangemessene Behandlung, die das körperliche Wohlbefinden oder die körperliche Unversehrtheit nicht nur unerheblich beeinträchtigt (körperliche Misshandlung) oder das Hervorrufen oder Steigern eines krankhaften Zustandes (Schädigung an der Gesundheit). T hat den W niedergeschlagen und damit beide Varianten des Tatbestandes verwirklicht.

T handelte dabei mit Wissen und Wollen.

**2. Rechtswidrigkeit und Schuld**

Rechtswidrigkeit und Schuld sind gegeben.

**3. Ergebnis**

T ist wegen vorsätzlicher Körperverletzung gem. § 223 I StGB strafbar.

**4. Strafantragserfordernis gem. § 230 I S. 1 StGB**

Zu beachten ist die Vorschrift des § 230 I S. 1 StGB, wonach die Verfolgung der Tat von der Stellung eines Strafantrages i.S.d. §§ 77 ff. StGB, 158 II StPO abhängt.

### IV. Konkurrenzen

Die Nötigung und die Körperverletzung stehen im Verhältnis der Tateinheit gem. § 52 StGB. Auf Grund der räumlichen und zeitlichen Zäsur besteht hinsichtlich dieser Delikte und der Beihilfe des T zum Diebstahl Realkonkurrenz gem. § 53 StGB.

## D. Zusammenfassung

**Sound**:
Möglichkeit einer Strafbarkeit nach § 252 StGB bei bloßer Teilnahme an der Vortat.

In Rechtsprechung und Literatur ist umstritten, ob sich neben dem Täter der Vortat auch der Teilnehmer an dieser gem. § 252 StGB strafbar machen kann, wenn er Besitz an der Beute erlangt hat und zur Sicherung des Gewahrsams Raubmittel anwendet.

Während die **Rechtsprechung** dies unter Hinweis auf den Wortlaut des § 252 StGB grundsätzlich **bejaht**, lehnt die h.M. in der Literatur eine solche Möglichkeit ab. Als Argument wird insofern angeführt, es müsse ein Gleichgewicht zwischen § 249 StGB und § 252 StGB hergestellt werden. Beide Vorschriften setzten eine täterschaftliche Begehungsweise sowohl hinsichtlich der Nötigungskomponente als auch hinsichtlich der Diebstahlskomponente voraus.

## E. Zur Vertiefung

**Rechtsprechung zu § 252 StGB:**

- BGH, Beschluss vom 22.11.2012 – 1 StR 378/12 = Life&Law 2013, 507 ff. = **juris**byhemmer: Das Betroffen-Sein auf „frischer Tat" im Rahmen des § 252 StGB setzt einen unmittelbaren raum-zeitlichen Zusammenhang zwischen der Wegnahme der Beute und deren Verteidigung mit Raubmitteln voraus.
- BGH, Beschluss vom 06.07.2010 – 3 StR 180/10 = Life&Law 2011, 246 ff. = **juris**byhemmer: Räuberischer Diebstahl setzt gemäß § 252 StGB als Vortat eine von Zueignungsabsicht getragene vollendete Wegnahme voraus. Daran fehlt es, wenn der Täter die Zueignungsabsicht erst in dem Zeitpunkt fasst, zu welchem er schon Gewahrsam an der Sache erlangt hat.

**Zum räuberischen Diebstahl:**

- Hemmer/Wüst/Berberich, StrafR BT I, Rn. 79 ff.

# Kapitel IV: Betrug

## Fall 25: Bankirrtum zu deinen Gunsten

***Sachverhalt:***

*Markus (M) eröffnet bei einer Berliner Filiale der X-Bank ein Girokonto. Diesem Konto wird wenig später ein Betrag von 250.000 € gutgeschrieben. Dem liegt ein Tippfehler der Sachbearbeiterin Susi (S) zugrunde; diese gab bei einer bankinternen Umbuchung eine falsche Filialnummer (anstatt der von Frankfurt diejenige von Berlin) ein, weshalb es zur Gutschrift auf das Konto des M kam. M erkennt beim Ausdruck seiner Kontoauszüge sofort, dass es sich um eine fehlerhafte Gutschrift handelt. Trotzdem überweist er das Geld auf ein eigenes, überzogenes Konto bei der Y-Bank und begleicht somit seine dortigen Verbindlichkeiten.*

***Bearbeitervermerk:***

*Prüfen Sie die Strafbarkeit des M. Auf § 266 StGB ist nicht einzugehen.*

### A. Einführung

Fall 25 stellt den ersten Fall zum Tatbestand des Betruges dar. Die Tathandlung des Betruges besteht in einer Täuschung über Tatsachen. In der Vergangenheit wurde das Vorliegen einer solchen Täuschungshandlung u.a. in Fällen einer Fehlbuchung bzw. einer Fehlüberweisung kontrovers diskutiert. Insofern kommt der dem Fall zu Grunde liegenden Entscheidung des BGH zu diesem Problemkreis nicht nur für die Praxis, sondern auch für die Prüfung große Bedeutung zu.

### B. Gliederung

**I. Betrug zu Lasten der X-Bank, § 263 I StGB**

**1.** Betrug durch Vorlage des ausgefüllten Überweisungsträgers

**(P) Konkludente Täuschungshandlung?**

⇨ i. Erg. (-), Erklärungsinhalt der Handlung des M nach der Verkehrsanschauung nicht auf Vorhandensein eines entsprechenden Guthabens bzw. eine ausreichende Kontodeckung gerichtet

**2.** Betrug durch Unterlassen der Aufklärung über das Zustandekommen des Auszahlungsanspruches (§§ 263 I, 13 I StGB)

**(P) Garantenstellung des M?**

⇨ Aus Vertragsbeziehungen (-), kein zur Aufklärung verpflichtendes, enges Vertrauensverhältnis bei normalen Geschäftsabläufen innerhalb einer Kontokorrentbeziehung

⇨ Aus Ingerenz (-), weil M Gefahrenlage nicht herbeigeführt hat

⇨ Aus Treu und Glauben (-)

⇨ Aus großer Schadenshöhe (-)

**II. Ergebnis**:
Straflosigkeit des M

### C. Lösung

### Strafbarkeit des M

#### I. Betrug zu Lasten der X-Bank, § 263 I StGB

M könnte sich wegen Betruges zu Lasten der X-Bank strafbar gemacht haben.

Insofern kommen gedanklich zwei Ansatzpunkte in Betracht. Zum einen könnte die Vorlage des ausgefüllten Überweisungsträgers bei der X-Bank als Täuschungshandlung anzusehen sein. Daneben könnte sich M zum anderen aber auch wegen Betruges durch Unterlassen strafbar gemacht haben, indem er die X-Bank über das Zustandekommen des Auszahlungsanspruches nicht aufklärte.

Diese beiden Varianten sind im Folgenden getrennt zu untersuchen.

### 1. Betrug durch Vorlage des ausgefüllten Überweisungsträgers

M könnte zunächst dadurch, dass er die Überweisung in Kenntnis seines wirklichen Kontostandes durchführte, einen Betrug zu Lasten der X-Bank begangen haben.

Die Tathandlung des Betruges besteht in einer ausdrücklichen oder konkludenten Täuschung über Tatsachen. Unter diesem Begriff sind alle konkreten vergangenen oder gegenwärtigen Geschehnisse oder Zustände der Außenwelt und des menschlichen Innenlebens zu verstehen.[84] Im vorliegenden Fall kommt eine Täuschung über die Höhe des Kontostandes in Betracht.

Die Möglichkeit einer Täuschung durch konkludentes Handeln ist allgemein anerkannt.[85] Bei schlüssigem Verhalten ist entscheidend, welcher Erklärungswert dem Gesamtverhalten des Täters nach der Verkehrsanschauung zukommt. Dies ist nach den objektiven Maßstäben der Verkehrsanschauung in Bezug auf den konkret in Frage stehenden Geschäftstyp zu bestimmen.

Danach wäre hier eine Täuschungshandlung nur dann zu bejahen, wenn dem Überweisungsauftrag ein zusätzlicher, tatsächlicher Aussagegehalt dahingehend beizumessen wäre, dass für die zu überweisende Summe ein entsprechendes Guthaben bzw. eine ausreichende Kontodeckung vorhanden sei.

Während die frühere Rechtsprechung[86] einen solchen Erklärungsinhalt regelmäßig annahm, lehnt der BGH dies mittlerweile ab[87], da in der vielgestaltigen Bankpraxis Abbuchungen ohne entsprechende Kontodeckung nicht selten seien. Im Alltag würden ferner durch die Banken Dispositionskredite eingeräumt und oftmals darüber hinausgehende weitere Überziehungen geduldet.

Zudem habe auch der Überweisende häufig keine Kenntnis vom konkreten Kontostand.

Die neuere Auffassung des BGH überzeugt, da sie die Bankpraxis sachgerecht berücksichtigt.

Aus diesem Grund erschöpft sich der Erklärungswert eines Überweisungsauftrags regelmäßig im Begehren der gewünschten Transaktion. Diesem Begehren fehlt jedoch die Eignung, bei dem zur Prüfung der Kontodeckung bzw. der Kreditlinie verpflichteten Bankangestellten eine betrugsrelevante Fehlvorstellung hervorzurufen.

---

84 WESSELS/HILLENKAMP, Rn. 494 ff.; KREY/HELLMANN, Rn. 339.

85 WESSELS/HILLENKAMP, Rn. 498.

86 So etwa OLG Celle, StV 1994, 188.

87 BGH, JZ 2001, 611 = Life&Law 2001, 416 ff. = **juris**byhemmer; vgl. ferner zu dieser Entscheidung HEFENDEHL, NStZ 2001, 281.

**hemmer-Methode**: Darüber hinaus geht der BGH[88] mittlerweile davon aus, dass eine Gutschriftanzeige auf einem Kontoauszug stets ein abstraktes Schuldanerkenntnis i.S.d. §§ 780, 781 BGB darstellt, so dass grundsätzlich auch bei der sog. Fehlbuchung (= unrichtige Gutschriften und Belastungen zwischen Konten innerhalb derselben Bank) ein – wenn auch kondizierbarer – Auszahlungsanspruch des Bankkunden besteht. Damit besteht für den BGH insoweit kein Unterscheid mehr zur sog. Fehlüberweisung (= notleidender Geldtransfer von Bank zu Bank), wo dies bereits bislang anerkannt war. In beiden Fällen besteht nach aktueller Rspr. gleichermaßen ein Auszahlungsanspruch gegen die Bank, so dass darüber nicht getäuscht werden kann.[89]

Ein Betrug des M durch Vorlage des ausgefüllten Überweisungsträgers liegt somit nicht vor.

## 2. Betrug durch Unterlassen der Aufklärung

In Betracht kommt ferner eine Täuschung durch Unterlassen (§§ 263 I, 13 I StGB). Insofern wäre – um das grundsätzlich bei der Bank liegende Leistungsrisiko aufwiegen zu können – eine Garantenstellung des M erforderlich, die eine entsprechende Aufklärungs- und Offenbarungspflicht nach sich zieht.

Diese Garantenstellung könnte sich im vorliegenden Fall aus den zwischen den beiden Parteien bestehenden Vertragsbeziehungen ergeben. Auch hier ist wieder nach der Art der Rechtsbeziehung zu differenzieren: Erforderlich ist nämlich in diesem Zusammenhang innerhalb der Vertragsbeziehungen ein enges Vertrauensverhältnis. Dieses enge Vertrauensverhältnis kann zumindest bei normalen Geschäftsabläufen innerhalb eines Girokontos (vgl. § 675f BGB) nicht angenommen werden.[90] Eine konkrete vertragliche Aufklärungspflicht wurde hier nicht vereinbart.

Eine Garantenstellung aus Ingerenz scheidet aus, weil M die Gefahrenlage nicht herbeigeführt, sondern die versehentliche Gutschrift nur schlicht ausgenutzt hat.[91]

Fraglich ist weiterhin, ob eine Aufklärungspflicht und damit eine Garantenstellung des M nicht aus dem allgemein im Rechtsverkehr geltenden Grundsatz von Treu und Glauben hergeleitet werden kann. In der Begründung von Aufklärungspflichten ist die Rechtsprechung zunächst relativ weit gegangen.[92] Der BGH ist jedoch inzwischen davon abgerückt und verlangt auch hier als Grundlage ein besonderes Vertrauensverhältnis, wie es eben im vorliegenden Fall einer gewöhnlichen Kontokorrentbeziehung gerade nicht vorliegt.[93]

In Betracht käme weiterhin, die Garantenstellung aus der Höhe des der Bank entstandenen Schadens abzuleiten. Derartige Erwägungen hat z.B. das OLG Hamburg[94] anklingen lassen, das eine Garantenstellung aus Treu und Glauben insbesondere dann annehmen wollte, wenn bei der Nichtaufklärung dem Vertragspartner ein nicht unerheblicher Schaden entstünde.

---

88 BGH, JZ 2001, 611 = Life&Law 2001, 416 ff. = **juris**byhemmer.

89 Vgl. zur früher erforderlichen Unterscheidung zwischen Fällen der Fehlbuchung und der Fehlüberweisung BGHSt 39, 392, 395; WESSELS/HILLENKAMP, Rn. 498.

90 BGH, NStZ 1994, 544 = **juris**byhemmer.

91 Kritisch insofern JOERDEN, JZ 2001, 615.

92 BGHSt 6, 198.

93 BGHSt 39, 392, 398 = **juris**byhemmer; ferner OLG Köln, JZ 1988, 101; vgl. zudem BGH, wistra 2000, 420.

94 OLG Hamburg, NJW 1969, 336; vgl. ferner WESSELS/HILLENKAMP, Rn. 507.

Diese Auffassung ist jedoch mit dem BGH abzulehnen.[95]

Auch beim Betrug durch Unterlassen gelten nur die allgemein anerkannten Garantenstellungen (Gesetz, enges Vertrauensverhältnis, vertragliche Übernahme, Ingerenz), denn es ist nicht einzusehen, warum der Betrug i.R.d. unechten Unterlassungsdelikte eine Sonderstellung einnehmen sollte.

Damit scheidet mangels Garantenstellung auch die Annahme eines Betrugs durch Unterlassen gemäß §§ 263 I, 13 I StGB aus.

### II. Ergebnis

M hat sich nicht strafbar gemacht.

**hemmer-Methode**: Wäre eine Strafbarkeit des M zu bejahen gewesen, so hätten Sie auch an die Prüfung des § 263 III S. 2 Nr. 2 Alt. 1 StGB denken müssen, der hier aufgrund der Schadenshöhe (über 50.000 €) auch einschlägig gewesen wäre.

Die Prüfung des § 266 StGB ist von der Aufgabenstellung nicht umfasst. Eine Bestrafung wegen Untreue aus dem Treuebruchstatbestand (§ 266 I Alt. 2 StGB) scheiterte hier am Fehlen der erforderlichen Vermögensbetreuungspflicht des M. Eine solche Pflicht darf nicht nur eine untergeordnete sein; vielmehr muss es sich um eine wesentliche Vertragspflicht handeln. Diese wird aber von der ganz h.M. im Verhältnis Bank/Kunde ausschließlich auf Seiten der Bank gesehen.[96]

Damit muss konsequenterweise die Verwirklichung des Treuebruchstatbestands durch M verneint werden.[97]

## D. Zusammenfassung

**Sound**:
Fehlbuchung / Fehlüberweisung.

In Fällen der Fehlbuchung oder der Fehlüberweisung kommt eine Strafbarkeit des Bankkunden, der die irrtümlich erhaltene Summe weiter überweist, sowohl durch Tun als auch durch Unterlassen in Betracht, liegt aber jeweils nicht vor:

Der Vorlage des ausgefüllten Überweisungsträgers (= **Tun**) kommt **keine Täuschungsqualität** zu, da der Erklärungsinhalt dieser Handlung nach der Verkehrsanschauung nicht auf das Vorhandensein eines entsprechenden Guthabens bzw. eine ausreichende Kontodeckung gerichtet ist.

Eine Strafbarkeit wegen **Unterlassens** der Aufklärung über das Zustandekommen des Auszahlungsanspruches scheitert am **Fehlen einer entsprechenden Garantenstellung**.

[95] BGHSt 39, 392, 398 ff. = **juris**byhemmer.

[96] BGHSt 24, 387 = **juris**byhemmer.

[97] Vgl. im Einzelnen zum Tatbestand der Untreue Fälle 42 (Die überhöhte Rechnung) und 43 (Eine erfolgreiche Ausstellung).

## E. Zur Vertiefung

**Rechtsprechung zur Täuschung bei prognostischen Aussagen:**

- Bei einer Äußerung zu zukünftigen Entwicklungen, mithin einer Prognose, hängt die Frage, ob diese einen tauglichen Täuschungsgegenstand i.S.v. § 263 StGB darstellt, davon ab, ob sie Behauptungen über konkrete gegenwärtige oder vergangene Verhältnisse, Zustände oder Geschehnisse enthält oder nicht. In einer Prognose kann daher trotz ihres Zukunftsbezuges bzw. des mit ihr verbundenen Werturteils eine Täuschung über Tatsachen liegen. Vgl. BGH, Urteil vom 08.10.2014 – 1 StR 359/13 = Life&Law 2015, 424 ff. = **juris**byhemmer.

**Rechtsprechung zu den Anforderungen an die Bejahung eines Irrtums:**

- Kassenbeamte, welche lediglich die Auszahlung vollziehen, unterliegen keinem Irrtum i.S.d. § 263 I StGB, wenn die an sie gerichtete Auszahlungsanordnung materiell unrichtig ist, vgl. BGH, NStZ 2005, 157 ff. = Life&Law 2006, 260 ff.

**Rechtsprechung zu einer manipulierten Banküberweisung:**

- Wer zur Einziehung einer Forderung bei einer Bank einen Überweisungsvordruck einreicht, auf dem er selbst mit seinem eigenen Namen leserlich unterschrieben, im Übrigen aber das Konto des Schuldners als dasjenige des Auftraggebers angegeben hat, handelt ohne Betrugsvorsatz, wenn er annehmen kann (hier: durch Erörterung in einem juristischen Repetitorium!), ein tatbestandsrelevanter Irrtum werde dadurch nicht erregt: AG Siegburg, NJW 2004, 3725 = Life&Law 2005, 179 ff.

**Rechtsprechung zum Vorliegen einer Täuschungshandlung bei Versendung rechnungsähnlicher Angebotsschreiben:**

- BGH, NStZ 2001, 430 ff. = Life&Law 2001, 709 ff. = **juris**byhemmer.

**Zum Fall:**

- BGH, JZ 2001, 615 = BGH, NJW 2001, 453 = Life&Law 2001, 416 ff. = **juris**byhemmer.

**Zur Täuschungshandlung i.S.d. § 263 I StGB:**

- Hemmer/Wüst/Berberich, StrafR BT I, Rn. 119 ff.

# Fall 26: Das Schnäppchen an der Tankstelle

***Sachverhalt:***

*Werner (W) tankt an einer Tankstelle für 36 €. Im Kassenraum der Tankstelle entschließt er sich außerdem zum Kauf einer Autozeitschrift zum Preis von 5 €, die er zusammen mit einem 50-€-Schein an der Kasse vorlegt. Gleichzeitig nennt er die Nummer der Tanksäule, an der er getankt hat. Der Kassierer Konrad (K) gibt hierauf aber nicht Acht und nimmt an, W wolle lediglich die Zeitschrift bezahlen. Folglich gibt er ihm 45 € als Wechselgeld heraus. W, der den Irrtum des K sofort erkennt, denkt sich: „Auch gut, schließlich ist das Benzin momentan ohnehin viel zu teuer!", verlässt die Tankstelle mit dem Wechselgeld und fährt davon.*

***Bearbeitervermerk:***

*Prüfen Sie die Strafbarkeit des W.*

## A. Einführung

Fall 26 behandelt ein Fallbeispiel zum Problemkreis „Tanken an einer Selbstbedienungstankstelle, ohne zu bezahlen". Vermeiden Sie in diesem Bereich unbedingt ein starres, schematisches Vorgehen bei der Falllösung. Je nach Konstellation können hier die Tatbestände der §§ 263 I, 242 I StGB und § 246 I StGB in Betracht kommen.

Im vorliegenden Fall ist zunächst ein Betrug des W zu prüfen, der wie im vorangegangenen Fall durch Tun oder durch Unterlassen begangen worden sein könnte. Verneint man mit gutem Grund hier eine Täuschung durch positives Tun und das Bestehen einer Garantenstellung, so ist näher auf § 246 I StGB einzugehen, wo insbesondere das Merkmal der Fremdheit zu problematisieren ist. Häufig werden Sie in strafrechtlichen Klausuren gezwungen, zivilrechtliche Überlegungen und Wertungen in Ihre Klausur einfließen zu lassen. Das Merkmal der Fremdheit i.S.d. §§ 242 I, 246 I StGB ist hierfür ein gängiges Beispiel.

## B. Gliederung

**I. Betrug, § 263 I StGB**

**1. Betrug durch positives Tun: Tanken an der Zapfsäule**

(-), zwar auch Täuschung über innere Tatsachen (Zahlungsfähigkeit / Zahlungswilligkeit) von § 263 I StGB erfasst

⇨ W war jedoch zum Zeitpunkt des Einfüllens des Kraftstoffes in den eigenen Tank (noch) zahlungswillig und zahlungsfähig

**2. Betrug durch Unterlassen der Aufklärung des K**

**(P) Bestehen einer Garantenstellung des W?**

(-) aus Vertrag, § 263 I StGB dient nicht der Sanktionierung jedes zivilrechtlich vertragswidrigen Verhaltens ⇨ daher Aufklärungspflicht nur bei Vorliegen eines besonderen Vertrauensverhältnisses, (-) bei Bargeschäften des täglichen Lebens

(-) aus § 242 BGB

**3. Ergebnis:**

§ 263 I StGB (-)

**II. Unterschlagung, § 246 I StGB**

**1.** Objektiver Tatbestand
getankter Kraftstoff =
fremde bewegliche Sache?
Beweglichkeit (+)

**(P) Fremdheit**
Eigentumslage nach Zivilrecht umstritten

**a)** *Nach einer Ansicht*: Eigentumsübergang an dem getankten Benzin auf Kunden bereits beim Einfüllen in den Kraftfahrzeugtank

**b)** *Nach h.M.*: Eigentumserwerb des Kunden erst mit Bezahlung an der Kasse

⇨ Kein anderes Ergebnis wegen §§ 947, 948 BGB, da auch eine im Miteigentum stehende Sache für den Täter fremd ist

⇨ Im Ergebnis mit h.M. Eigentumsübergang erst an der Kasse
daher Fremdheit (+)
Fortfahren, ohne das Benzin bezahlt zu haben = objektive Manifestation des Zueignungswillens (+)

**2.** Subjektiver Tatbestand (+)

**3.** Rechtswidrigkeit und Schuld (+)

**4. Ergebnis**:
§ 246 I StGB (+)

## C. Lösung

## Strafbarkeit des W

### I. Betrug, § 263 I StGB

W könnte sich zunächst wegen Betruges gem. § 263 I StGB strafbar gemacht haben.

#### 1. Betrug durch positives Tun: Tanken an der Zapfsäule

Der Tatbestand des Betruges setzt als Tathandlung eine Täuschung über Tatsachen voraus. Zunächst könnte eine konkludente Täuschungshandlung bereits im Einfüllen des Kraftstoffes in den eigenen Tank zu sehen sein.

Unter Tatsachen versteht man konkrete Vorgänge oder Zustände der Vergangenheit oder Gegenwart, die dem Beweise zugänglich sind.[98] Dabei sind neben äußeren Tatsachen auch innere Tatsachen, wie etwa Überzeugungen, Motive, Kenntnisse oder Absichten, erfasst. Eine Strafbarkeit gem. § 263 I StGB käme im vorliegenden Fall daher dann in Betracht, wenn W bereits zum Zeitpunkt des Einfüllens des Kraftstoffes über seine eigene Zahlungsfähigkeit und/ oder seine eigene Zahlungswilligkeit hätte täuschen wollen.

Zu diesem Zeitpunkt war W jedoch (noch) zahlungswillig und auch zur Zahlung in der Lage, so dass eine solche Täuschung zu verneinen ist.

#### 2. Betrug durch Unterlassen der Aufklärung des K

Daneben kommt eine Strafbarkeit wegen Betruges durch Unterlassen gem. §§ 263 I, 13 I StGB in Betracht, da W den Irrtum des K hinsichtlich des Wechselgeldes erkannte, jedoch diesen nicht darauf hinwies.

Da W den Irrtum nicht veranlasst hat, eine positive Täuschung von seiner Seite also nicht vorliegt (W hat ja sogar die Nummer der Tanksäule genannt), kann der Tatbestand des § 263 I StGB insofern nur durch Unterlassen erfüllt sein.

[98] WESSELS/HILLENKAMP, Rn. 494.

Dies setzt gem. § 13 I StGB das Bestehen einer Aufklärungspflicht des W gegenüber K voraus (Garantenstellung).

Im vorliegenden Fall könnte sich eine solche Aufklärungspflicht des W zunächst aus Vertrag ergeben.

Um allerdings nicht jedes zivilrechtlich vertragswidrige Verhalten sofort mit dem Betrugstatbestand zu sanktionieren, ist die Rechtsprechung in dieser Hinsicht seit jeher zurückhaltend gewesen und hat eine Aufklärungspflicht nur bei Vorliegen eines besonderen Vertrauensverhältnisses bejaht und eine solche zudem nur auf Umstände bezogen, die für die Willensentschließung des anderen erkennbar von wesentlicher Bedeutung sind.[99] Ein derartiges Vertrauensverhältnis ist bei Bargeschäften des alltäglichen Lebens regelmäßig nicht gegeben. So wie durch die Entgegennahme der Leistung keine Aufklärungspflicht hinsichtlich des Bestehens und der Höhe des Anspruchs begründet wird, führt die Herausgabe des Wechselgeldes in der geschuldeten Höhe in den alleinigen Risikobereich des Auszahlenden.

W hat damit hier nicht durch Täuschung durch Unterlassen einen Irrtum bei K erregt, sondern vielmehr einen schon existierenden Irrtum des K schlicht ausgenutzt. Dieser war ohne sein Zutun entstanden und verpflichtete ihn rechtlich nicht zur Aufklärung.

**hemmer-Methode**: Hüten Sie sich davor, Tankstellenfälle vorschnell über einen Kamm zu scheren. Achten Sie bei der Beurteilung dieser Fälle insbesondere darauf, ob der Täter vom Tankstellenpersonal beim Tankvorgang beobachtet wurde, und ob dieser auch schon beim Tanken den Entschluss gefasst hatte, das Benzin nicht zu bezahlen.

In diesen Konstellationen ist grundsätzlich ein Betrug anzuprüfen, da hier das Tankstellenpersonal durch die irrige Annahme, der Täter wolle das Benzin bezahlen, zu einer Vermögensverfügung veranlasst wird und den Täter tanken lässt.

Auch der Grundsatz von Treu und Glauben gem. § 242 BGB, dessen Anwendung auf Ausnahmefälle beschränkt bleiben muss[100], ist im vorliegenden Fall aufgrund der Alltäglichkeit der Situation nicht geeignet, eine Garantenstellung des W zu begründen.

### 3. Ergebnis

W hat sich damit nicht wegen Betruges gem. § 263 I StGB strafbar gemacht.

## II. Unterschlagung, § 246 I StGB

Durch das Fortfahren aus dem Bereich der Tankstelle, ohne zuvor den getankten Kraftstoff bezahlt zu haben, könnte sich W wegen einer Unterschlagung gem. § 246 I StGB strafbar gemacht haben.

### 1. Objektiver Tatbestand

Voraussetzung dafür wäre zunächst, dass es sich bei dem Kraftstoff um ein taugliches Tatobjekt, also eine für W fremde, bewegliche Sache gehandelt hat.

Beweglich ist eine Sache, die von ihrem bisherigen Standort tatsächlich körperlich entfernt und fortbewegt werden kann.[101] Dies trifft auf den Kraftstoff zu.

---

[99] BGHSt 39, 392, 397 ff. = **juris**byhemmer; KREY/HELLMANN, Rn. 351 ff.; RENGIER BT 1, § 13 Rn. 10 ff.; WESSELS/HILLENKAMP, Rn. 506.

[100] KREY/HELLMANN, Rn. 352 ff.

[101] JOECKS, StGB, § 242 Rn. 9; RENGIER BT 1, § 2 Rn. 5.

Fraglich ist aber, ob der Kraftstoff für W fremd oder bereits in sein Alleineigentum übergegangen war. Dies bestimmt sich nach den zivilrechtlichen Eigentumsregeln.[102] Unter welchen Voraussetzungen bei einer Selbstbedienungstankstelle der Eigentumsübergang zustande kommt, ist jedoch umstritten.

Nach einer Ansicht[103] sollen Besitz und Eigentum an dem getankten Benzin nach der Verkehrsanschauung bereits beim Einfüllen in den Kraftfahrzeugtank gem. § 929 S. 1 BGB an den Kunden übergehen.

Nach der wohl h.M.[104] erlangt der Kunde dagegen das Eigentum an dem getankten Benzin erst mit Bezahlung an der Kasse. Dieses Ergebnis wird entweder damit begründet, dass in Fällen dieser Art – wiederum nach der Verkehrsanschauung – von einem stillschweigenden Eigentumsvorbehalt auszugehen sei und der Tankstelleninhaber entsprechend seine dingliche Einigungserklärung unter der aufschiebenden Bedingung der Bezahlung des Kaufpreises erkläre oder aber es wird davon ausgegangen, dass die für den Eigentumsübergang nach §§ 929 ff. BGB erforderliche dingliche Einigung erst im Kassenraum beim Bezahlen erfolge.

Dieser Streit könnte vorliegend möglicherweise dahingestellt bleiben: W könnte nämlich durch Vermischung des hinzugetankten Benzins mit dem bei Beginn des Tankvorgangs im Tank noch vorhandenen Kraftstoff schon beim Einfüllen an der Zapfsäule jedenfalls Miteigentümer des gesamten Tankinhalts kraft Gesetzes nach §§ 947 I, 948 I BGB geworden sein. Dieser Umstand schließt indes eine Strafbarkeit nach § 246 I StGB nicht aus, denn der Tatbestand der Unterschlagung kann zum Nachteil der übrigen Miteigentümer auch durch einen Täter erfüllt werden, der bereits zuvor an einer angeeigneten Gesamtmenge eines Stoffes einen Miteigentumsanteil innehatte.

Es ist daher auf den Meinungsstreit einzugehen. Im Ergebnis sprechen hier die besseren Argumente für die h.M., denn nur ihre Betrachtungsweise wird der Interessenlage zwischen Käufer und Verkäufer, der für die Bestimmung der Verkehrsanschauung über den rechtlichen Ablauf eines Selbstbedienungstankgeschäfts maßgebliche Bedeutung zukommt, in ausreichendem Maße gerecht. Im Interesse des Käufers liegt es, dass der schuldrechtliche Kaufvertrag bereits beim Einfüllen des Benzins an der Tanksäule zustande kommt, könnte doch andernfalls ein die Offerte des Kunden nach Belieben ablehnender Tankstellenbesitzer das bereits getankte Benzin sogar wieder herausverlangen. Ein weitergehender Schutz des Kunden durch gleichzeitigen Eigentumserwerb ist dagegen nicht erforderlich und entspricht unter Berücksichtigung des Verkäuferinteresses auch nicht dem übereinstimmenden Willen der Parteien.

Denn die Parteien verfahren auch hier nach dem Grundsatz „Ware gegen Bezahlung“, wobei die Abweichung des Tankgeschäfts vom typischen Handkauf allein in der im beiderseitigen Streben nach Kostenersparnis begründeten Einschaltung der Arbeitskraft des Käufers bei der Besitzverschaffung besteht.[105]

---

[102] JOECKS, StGB, § 242 Rn. 9.

[103] OLG Düsseldorf, NStZ 1982, 249 = **juris**byhemmer; OLG Düsseldorf, NStZ 1985, 270 = **juris**byhemmer; HERZBERG, JA 1980, 385, 389 ff.; HERZBERG, NStZ 1983, 251 f.; BAIER, JA 1999, 366 f.

[104] OLG Koblenz, NStZ-RR, 1998, 364 = **juris**byhemmer; ESER, in SCHÖNKE/SCHRÖDER, § 246 Rn. 7; RUß in LK, § 246 Rn. 8; RENGIER BT 1, § 5 Rn. 6; KREY/ HELLMANN, Rn. 154 ff., 158 ff.

[105] OLG Koblenz, NStZ-RR, 1998, 364.

Es ist aber kein vernünftiger Grund ersichtlich, die damit geschaffene faktisch schlechtere Position des Verkäufers, die in der räumlichen, ein Wegfahren ohne Bezahlung erst ermöglichenden Distanz begründet liegt, zusätzlich noch durch eine rechtliche Benachteiligung, nämlich einen noch vor dem Gang des Kunden zur Kasse liegenden Eigentumsverlust, zu verstärken. Nach alledem war das Benzin für W, als dieser fortfuhr, nach wie vor fremd und damit taugliches Objekt einer Unterschlagung.

In dem Fortfahren, ohne das Benzin bezahlt zu haben, tritt der Zueignungswille des W in äußerlich manifestierter Form zutage. W macht damit nach außen hin erkennbar, dass er sich die fremde, bewegliche Sache zumindest vorübergehend aneignen und den bisherigen Eigentümer auf Dauer von der Sachherrschaft ausschließen will.

### 2. Subjektiver Tatbestand

W handelte hinsichtlich sämtlicher Merkmale des objektiven Tatbestandes mit Wissen und Wollen. Der subjektive Tatbestand ist erfüllt.

**hemmer-Methode:** Ein Tatbestandsirrtum gem. § 16 I S. 1 StGB wegen Irrtums über die Fremdheit kommt nicht in Betracht, da W nach einer sog. „Parallelwertung in der Laiensphäre" klar war, dass er auch in dieser Konstellation das Benzin nicht einfach unbezahlt behalten darf. Dies braucht aber gar nicht angesprochen werden, zumal hierfür Anhaltspunkte im Sachverhalt fehlen.

### 3. Rechtswidrigkeit und Schuld

Rechtfertigungsgründe sind nicht ersichtlich. Rechtswidrigkeit und Schuld sind gegeben.

### 4. Ergebnis

W ist nach § 246 I StGB zu bestrafen.

**hemmer-Methode**: Der Qualifikationstatbestand des § 246 II StGB ist dagegen hier nicht gegeben. „Anvertraut" sind nach h.M. solche Sachen, die der Täter vom Eigentümer oder von einem Dritten mit der Verpflichtung erlangt hat, sie zu einem bestimmten Zweck zu verwenden, aufzubewahren oder auch nur zurückzugeben.[106] Hier hat W jedoch an der Zapfsäule einseitig die Verfügungsgewalt über die fremde bewegliche Sache begründet, sodass ein Anvertraut-Sein zu verneinen ist.

Ebenso ist eine Strafbarkeit wegen Diebstahls gem. § 242 I StGB nicht gegeben, da W auf Grund des generellen, tatbestandssauschließenden Einverständnisses des Tankstellenpächters keinen fremden Gewahrsam gebrochen, den Kraftstoff also nicht weggenommen hat.[107] Wenn Sie in einer Klausurlösung den Tatbestand des § 242 I StGB prüfen, so sollten Sie dies – auf Grund der formellen Subsidiarität der Unterschlagung – tun, bevor Sie auf § 246 I StGB eingehen. Die Diskussion um das Merkmal der Fremdheit ist dann bereits i.R.d. Prüfung des objektiven Tatbestandes des § 242 I StGB vor der (dann zu verneinenden) Tathandlung der Wegnahme zu prüfen, i.R.d. § 246 I StGB kann dann hinsichtlich der Fremdheit nach oben verwiesen werden.

---

106 Vgl. Fall 12 (Imponiergehabe).

107 So die h.M. in Rspr. und Lit., vgl. BGH, NJW 1983, 2827 = **juris**byhemmer; OLG Düsseldorf, JR 1982, 343 f.; RENGIER BT I, § 2 Rn. 35; KREY/HELLMANN, Rn. 156; a.A. dagegen MITSCH, BT 2/1 § 2 Rn. 13.

## D. Zusammenfassung

**Sound**:
Täuschung i.S.d. § 263 I StGB durch Unterlassen.
Fremdheit i.S.d. §§ 242 I, 246 I StGB des an einer Selbstbedienungstankstelle getankten Kraftstoffes.

§ 263 I StGB kann unter den Voraussetzungen des § 13 I StGB auch durch Unterlassen verwirklicht werden.

Erforderlich ist insofern u.a. das **Vorliegen einer Garantenstellung** des Täters. Eine solche Garantenstellung im Sinne einer Aufklärungspflicht ist zu verneinen, wenn der Täter ihm fälschlicherweise zu viel ausbezahltes Wechselgeld im Rahmen eines alltäglichen Bargeschäftes schweigend entgegennimmt und für sich behält.

Der Täter führt hier nicht durch Täuschung einen Irrtum herbei, sondern nutzt lediglich einen ohne sein Zutun entstandenen und schon bestehenden Irrtum aus.

Beim Tanken an einer Selbstbedienungstankstelle geht nach h.M. der getankte Kraftstoff nicht schon beim Einfüllen an der Zapfsäule, sondern erst mit Bezahlung an der Kasse im Verkaufsraum auf den Kunden über. Bis zu diesem Zeitpunkt ist der Kraftstoff damit fremd i.S.d. §§ 242 I, 246 I StGB.

## E. Zur Vertiefung

**Rechtsprechung:**

- BGH, Beschluss vom 20.12.2011 – 4 StR 491/11 = Life&Law 2012, 500 ff. = **juris**byhemmer: Auch im Mahnverfahren kann durch falsche Tatsachenbehauptungen bei der Antragstellung ein Betrug gemäß § 263 I StGB begangen werden.
- In den Fällen des Selbstbedienungstankens setzt die Annahme eines vollendeten Betrugs voraus, dass der Täter durch (konkludentes) Vortäuschen von Zahlungsbereitschaft bei dem Kassenpersonal einen Irrtum hervorruft. Daran fehlt es, wenn der Tankvorgang vom Kassenpersonal gar nicht bemerkt wird. In einem solchen Fall kommt jedoch regelmäßig ein versuchter Betrug in Betracht, vgl. BGH, 4 StR 254/09 = Life&Law 2010, 38 ff. = **juris**byhemmer.

**Zu Problemen der Selbstbedienungstankstelle allgemein:**

- Hemmer/Wüst/Berberich, StrafR BT I, Rn. 129.

# Fall 27: Der Schwarzfahrer

***Sachverhalt:***

*Hendrik (H) fährt mit einem Regionalzug der Deutschen Bahn AG von Würzburg nach München (Fahrpreis 30 €), ohne eine Fahrkarte gelöst zu haben. Kurz nach der Abfahrt aus Würzburg betritt der Schaffner Siegfried (S) den Großraumwagen und fragt laut: „Ist in Würzburg noch jemand zugestiegen?“*

*H reagiert nicht auf diese Frage und wühlt vermeintlich beschäftigt in seinen Unterlagen, woraufhin S in den nächsten Wagen des Zuges geht.*

***Bearbeitervermerk:***

*Prüfen Sie die Strafbarkeit des H gem. § 263 StGB.*

## A. Einführung

In Fall 27 liegen die zentralen Probleme wieder im Bereich des objektiven Tatbestandes des § 263 I StGB. Zum einen ist zu erörtern, ob dem H hier eine Täuschungshandlung durch positives Tun oder durch Unterlassen zur Last gelegt werden kann. Besondere Aufmerksamkeit verdient im Anschluss daran die Frage, welche Anforderungen an die Irrtumserregung beim Getäuschten zu stellen sind.

## B. Gliederung

**I. Betrug, § 263 I StGB**

**1.** Objektiver Tatbestand

**a)** Täuschungshandlung
hier konkludente Täuschung (+), da dem Schweigen des H auf die Frage des S nach der Verkehrsauffassung der Erklärungswert zukommt, er habe eine bereits kontrollierte Fahrkarte, hilfsweise: jedenfalls Täuschung durch Unterlassen gem. §§ 263 I, 13 I StGB (+)

**b) (P) Irrtum des S?**
(-), wenn sich S überhaupt keine Vorstellung von der maßgeblichen Tatsache gemacht hätte
⇨ Hier aber Vorstellung des S, dass H nach Schweigen auf die von S gestellte Frage bereits eine kontrollierte Fahrkarte habe, daher Irrtum (+)

**c) Vermögensverfügung**
(+) ⇨ Unterlassen, von H ein Nachlösen des Fahrscheins zu fordern, Verfügungsbewusstsein des Getäuschten beim Forderungsbetrug nicht erforderlich

**d) Vermögensschaden**
(+) ⇨ bei der Deutschen Bahn AG, entgangener Fahrpreis für die erbrachte Beförderungsleistung, **Konstellation des Dreiecksbetruges** (Verfügender und Geschädigter können personenverschieden sein)

**2.** Subjektiver Tatbestand

**a)** Vorsatz hinsichtlich aller Merkmale des objektiven Tatbestandes (+)

**b)** Absicht, sich rechtswidrig zu bereichern (+)

**c)** Stoffgleichheit (+)

**3.** Rechtswidrigkeit und Schuld (+)

**4.** Strafantragserfordernis gem. §§ 263 IV, 248a StGB

**II. Ergebnis:**

§§ 263 I, IV, 248a StGB (+)

## C. Lösung

### Strafbarkeit des H

#### I. Betrug, § 263 I StGB

H könnte durch sein Verhalten den Tatbestand des Betrugs zu Lasten der Deutschen Bahn AG erfüllt haben.

#### 1. Objektiver Tatbestand

Zunächst müsste H den kontrollierenden Schaffner S über eine Tatsache getäuscht haben. Eine Täuschung ist ein Verhalten, das bewusst irreführend auf die Vorstellung eines anderen einwirken soll.[108]

**hemmer-Methode**: Ohne ein Täuschungsbewusstsein liegt also schon objektiv keine Täuschung vor. Sie müssen daher i.R.d. Täuschung bereits eine erste subjektive Prüfung vornehmen. Es handelt sich insofern um ein objektives Tatbestandsmerkmal mit einer subjektiven Komponente.

Eine Täuschung kann ausdrücklich, konkludent oder auch bei Vorliegen einer Garantenstellung durch Unterlassen begangen werden.

In Betracht kommt hier eine konkludente Täuschung des H. Wer auf die Frage des Schaffners „Ist noch jemand zugestiegen?" schweigt, erklärt nach der Verkehrsauffassung konkludent, er sei schon kontrolliert worden. Diese konkludente Tatsachenbehauptung des H war falsch.

Selbst wenn man allerdings dem Schweigen des H einen solchen Erklärungswert nicht beilegte, läge dennoch jedenfalls ein Betrug durch Unterlassen (§§ 263 I, 13 I StGB) vor. Denn auf die Frage des Schaffners, ob noch jemand ohne kontrollierten Fahrschein sei, trifft jeden betroffenen Fahrgast eine gewohnheitsrechtlich anerkannte Pflicht, sich zu melden.

Eine Täuschungshandlung des H ist daher zu bejahen.

Weiterhin müsste H bei S einen Irrtum erregt haben. Ein Irrtum erfordert einen Widerspruch zwischen der Vorstellung des Getäuschten und der Wirklichkeit im Sinne einer positiven Fehlvorstellung und scheidet folglich aus, wenn sich der zu Täuschende überhaupt keine Vorstellung von der maßgeblichen Tatsache gemacht hat.[109]

**hemmer-Methode**: Allzu strenge Anforderungen an das Tatbestandsmerkmal des Irrtums werden freilich in dieser Hinsicht nicht gestellt. Ein unreflektiertes, sachgedankliches Mitbewusstsein des Opfers am Rande des Vorstellungsinhaltes i.S.e. ständigen Begleitwissens, das bestimmte Umstände als selbstverständlich voraussetzt, genügt. Konkrete Vorstellungen muss sich das Opfer nicht machen.
Anders wäre der Fall nach diesen Grundsätzen jedoch zu beurteilen gewesen, wenn H im Speisewagen gesessen hätte und sich gegenüber einem mehrfach durch den Wagen laufenden Kontrolleur, der keine Veranlassung mehr sah, die Gäste erneut zu kontrollieren, nicht offenbart hätte. Hier läge nicht einmal das von der h.M. geforderte sachgedankliche Mitbewusstsein beim Opfer vor. Der objektive Tatbestand des § 263 I StGB wäre dann zu verneinen gewesen.

---

[108] BGHSt 18, 235, 237; RENGIER BT 1, § 13 Rn. 4 ff.; RÖHM, ZInsO 2003, 540; krit. dagegen KREY/HELLMANN, Rn. 337a.

[109] WESSELS/HILLENKAMP, Rn. 509; RENGIER BT 1, § 13 Rn. 16 ff., 20; RENGIER, Jura 1982, 486 ff., § 13 Rn. 4 ff.

Hier ist allerdings davon auszugehen, dass S der Ansicht war, alles sei in Ordnung, insbesondere habe jeder der angesprochenen Fahrgäste bereits eine kontrollierte Fahrkarte. Wenn sich diese Annahme, alles sei in Ordnung, auf eine ganz bestimmte Tatsache – hier auf die vorangegangene Frage des S – stützt, ist von einer Irrtumserregung beim Opfer auszugehen.

Die Vermögensverfügung des S liegt im Unterlassen, von H ein Nachlösen des Fahrscheins zu fordern. Ein Verfügungsbewusstsein des Getäuschten ist beim sog. Forderungsbetrug nicht erforderlich.[110]

**hemmer-Methode**: Beim Sachbetrug setzt die ganz h.M. ein Verfügungsbewusstsein des Getäuschten voraus, um auf diese Weise die Tatbestände der §§ 242, 263 StGB voneinander abgrenzen zu können. Beim Forderungsbetrug besteht hierzu keine Veranlassung, da Forderungen als taugliche Diebstahlsobjekte von vornherein ausscheiden, sich eine Abgrenzungsfrage zu § 242 I StGB daher in diesem Bereich nicht stellt.

Bei der Deutschen Bahn AG ist durch dieses Verhalten ein kausaler Schaden entstanden, da sie für ihre erbrachte Beförderungsleistung nicht die geschuldete Gegenleistung erhalten hat.

**hemmer-Methode**: I.R.d. § 263 I StGB müssen zwar der Getäuschte, der Irrende und der Verfügende personengleich sein, der Vermögensschaden kann jedoch bei einem Dritten eintreten. Man spricht insofern von einem Dreiecksbetrug.

Dieser bedarf vielfach einer Abgrenzung zum Diebstahl in mittelbarer Täterschaft.[111]

Vorliegend steht der Schaffner S bereits auf Grund seines Anstellungsverhältnisses im Lager der Deutschen Bahn AG, sodass hier nur ein Betrug des H in Betracht kam.

Falsch wäre es ferner, den Vermögensschaden mit dem Argument abzulehnen, die Deutsche Bahn AG wäre die Strecke ohnehin gefahren. Das schädigende Verhalten des H ist nicht im Besteigen des Zuges zu sehen. Nur bei diesem Ausgangspunkt könnte man einen kausalen Schaden ablehnen. Entscheidend war hier vielmehr die Täuschung über seine angeblich bereits kontrollierte Fahrkarte.

### 2. Subjektiver Tatbestand

H handelte vorsätzlich und in der Absicht der rechtswidrigen und stoffgleichen Bereicherung, da er den geschuldeten Fahrpreis nicht bezahlen wollte.

### 3. Rechtswidrigkeit und Schuld

Die Tat war rechtswidrig und H handelte schuldhaft.

### 4. Strafantragserfordernis gem. §§ 263 IV, 248a StGB

Zu beachten ist die über § 263 IV StGB auch beim Betrug anwendbare Vorschrift des § 248a StGB, wonach die Verfolgung der Tat von der Stellung eines Strafantrages i.S.d. §§ 77 ff. StGB, 158 II StPO abhängt.

---

[110] CRAMER, in SCHÖNKE/SCHRÖDER, § 263 Rn. 60.

[111] Vgl. ausführlich hierzu unten Fall 28 (Vor Gericht und auf hoher See ist man in Gottes Hand) und Fall 30 (Der leichtgläubige Angestellte).

Da der Fahrpreis 30 € betrug, liegt hier nach der neueren Rechtsprechung ein geringwertiger Schaden vor. (Vgl. nochmals oben Fall 1 [Der aufmerksame Ladendetektiv], OLG Hamm, NJW 2003, 3145 = Life&Law 2003, 782 ff. = **juris**byhemmer).

**II. Ergebnis**

H hat sich wegen Betrugs gem. §§ 263 I, IV, 248a StGB zu Lasten der Deutschen Bahn AG strafbar gemacht.

**hemmer-Methode**: Wenn es um das Schwarzfahren mit öffentlichen Verkehrsmitteln geht, sollten Sie neben § 263 StGB immer noch § 265a StGB im Auge behalten. Dieser Tatbestand ist jedoch auf Grund seiner formellen Subsidiarität (vgl. § 265a I a.E. StGB) als Auffangtatbestand konzipiert, und daher nur dann ausführlicher zu diskutieren, wenn eine Bestrafung aus anderen Tatbeständen, die eine schwerere Strafe androhen, scheitert.

## D. Zusammenfassung

**Sound**:
Irrtum i.S.d. § 263 I StGB.

Durch die Täuschungshandlung muss im Falle des § 263 I StGB ein Irrtum erregt, d.h. eine mit der Wirklichkeit nicht übereinstimmende Fehlvorstellung über Tatsachen beim Opfer hervorgerufen oder unterhalten werden.

Ein Irrtum in diesem Sinne scheidet aus, wenn sich der Getäuschte **überhaupt keine Vorstellung von der maßgeblichen Tatsache** gemacht hat.

Nicht erforderlich ist dagegen, dass er die betreffende Tatsache im aktuellen Bewusstsein hat.

Ein unreflektiertes, **sachgedankliches Mitbewusstsein** des Opfers am Rande des Vorstellungsinhaltes i.S.e. ständigen Begleitwissens, das bestimmte Umstände als selbstverständlich voraussetzt, genügt.

## E. Zur Vertiefung

**Rechtsprechung zur Strafbarkeit sog. „Lockanrufe“ („Pingen“):**

- OLG Oldenburg, Beschluss vom 20.08.2010 – 1 Ws 371/10 = Life&Law 2011, 182 ff. = **juris**byhemmer: Durch das automatisierte Anwählen der Rufnummer wird dem Anrufempfänger ein nicht vorhandener Kommunikationswunsch vorgespiegelt. Siehe hierzu auch BGH, Urteil vom 27.03.2014 – 3 StR 342/13 = **juris**byhemmer.

**Rechtsprechung zum Vorliegen eines betrugsrelevanten Irrtums trotz Vorhandenseins gewisser Zweifel beim Opfer:**

- BGH, NJW 2003, 1198 ff. = Life&Law 2003, 417 ff.

**Zum Irrtum i.S.d. § 263 I StGB:**

- Hemmer/Wüst/Berberich, StrafR BT I, Rn. 127 ff.

# Fall 28: Vor Gericht und auf hoher See ist man in Gottes Hand

***Sachverhalt:***

*Birgit (B) hat sich von Hans (H) 3.000 € geliehen und hierüber einen Schuldschein ausgestellt. Nach Rückzahlung des Geldes vergisst sie, sich den Schuldschein zurückgeben zu lassen. H will dies ausnutzen und erhebt daher am nächsten Tag Klage beim zuständigen Amtsgericht auf Rückzahlung des Darlehens, wobei er den Schuldschein als Beweismittel beilegt. B bestreitet einen Anspruch des H und behauptet in der Klageerwiderung, das Darlehen bereits getilgt zu haben. Richter Rüdiger (R) verurteilt sie jedoch aufgrund des Schuldscheins, an H 3.000 € zu zahlen. Das Urteil wird für vorläufig vollstreckbar erklärt. Vor Rechtskraft des Urteils bzw. vor Zahlung des Geldbetrages klärt sich jedoch der Sachverhalt auf.*

***Bearbeitervermerk:***

*Prüfen Sie die Strafbarkeit des H.*

## A. Einführung

Fall 28 enthält wiederum Probleme aus dem Bereich des objektiven Tatbestandes des Betruges. Die Konstellation des Prozessbetruges taucht häufig in Klausuren auf und muss daher bekannt sein. Machen Sie sich mit dieser Fallgruppe des Betruges frühzeitig vertraut. Regelmäßig ist auf die Besonderheit einzugehen, dass Verfügender (hier R) und Geschädigter (hier die B) personenverschieden sind. Ferner stellt sich die Frage, ob es für den Eintritt eines Vermögensschadens i.S.d. § 263 I StGB genügt, wenn der Kläger einen vorläufig vollstreckbaren Titel gegen den Schuldner erwirkt.

## B. Gliederung

**I. Betrug, § 263 I StGB**

**1.** Objektiver Tatbestand

**a)** Täuschungshandlung
(+) ⇨ Erhebung der Klage sowie Vorlage des Schuldscheins enthält konkludente Behauptung, ein Anspruch des Klägers aus Darlehen bestehe

**b)** Irrtum
(+) ⇨ Richter R ist vom Vorliegen einer Darlehensschuld der B überzeugt

**c)** Vermögensverfügung

⇨ Erlass eines vorläufig vollstreckbaren Urteils durch R = Vermögensverfügung zum Nachteil der B

**(P) Konstellation des Dreiecksbetruges**, Personenverschiedenheit von Verfügendem und Geschädigtem

⇨ *Nach e.A.* (**Lagertheorie**): Verfügender kann nur sein, wer sich im Lager des Geschädigten befindet, im Fall des Prozessbetruges jedoch abzulehnen, da Gericht gerade zur Unparteilichkeit gegenüber sämtlichen Prozessbeteiligten verpflichtet

⇨ Daher hier *a.A.* (**Befugnis- oder Ermächtigungstheorie**) vorzugswürdig: Verfügender kann hiernach nur sein, wer rechtlich befugt ist, über das fremde Vermögen zu verfügen, bei Richter aus seiner gesetzlichen Aufgabe heraus (+)

**d)** Vermögensschaden
grds. konkrete Vermögensgefährdung ausreichend

**(P)** Ist vorliegend bei wirtschaftlicher Betrachtungsweise bereits von einem „**Vermögensminderwert**" auszugehen?

⇨ *Dagegen*: H muss zur Durchsetzung des Titels erst noch das Zwangsvollstreckungsverfahren einleiten

⇨ *Dafür*: tatsächliche Wertminderung bereits durch Erlass des vorläufig vollstreckbaren Urteils eingetreten

⇨ Objektiver Tatbestand (+)

**2.** Subjektiver Tatbestand
Vorsatz (+)
Bereicherungsabsicht (+)
Stoffgleichheit (+)

**3.** Rechtswidrigkeit und Schuld (+)

**II. Ergebnis:**
§ 263 I StGB (+)

## C. Lösung

### Strafbarkeit des H

#### I. Betrug, § 263 I StGB

H könnte sich durch die Erhebung der Klage wegen Betruges gem. § 263 I StGB strafbar gemacht haben.

#### 1. Objektiver Tatbestand

#### a) Täuschungshandlung

H müsste das Gericht getäuscht haben. Unter einer Täuschungshandlung versteht man die Einwirkung auf das Vorstellungsbild eines anderen zur Erregung oder Aufrechterhaltung einer Fehlvorstellung über Tatsachen.

H hat durch die Einreichung der Klage und die Vorlage des Schuldscheins den R als zuständigen Richter des erkennenden Gerichts konkludent darüber getäuscht, dass die Darlehensforderung noch bestehe. Dabei handelt es sich um einen Umstand, der einem Beweis zugänglich ist, mithin um eine Tatsache. Eine Täuschungshandlung liegt folglich vor.

#### b) Irrtum

Hierdurch müsste ein Irrtum des Gerichts bewirkt worden sein. Unter einem Irrtum versteht man ein Auseinanderfallen zwischen Vorstellung und Wirklichkeit.[112]

Richter R ging hier von einer den Angaben des Schuldscheins entsprechenden, fortbestehenden Schuld der B aus. Tatsächlich war die Schuld aber bereits getilgt. Ein Irrtum ist somit gegeben.

**hemmer-Methode**: Schwieriger liegt der Fall, wenn der Prozessgegner die falschen Behauptungen der anderen Partei nicht bestreitet, da er selbst an deren Richtigkeit glaubt. Da im Zivilprozess der Richter aufgrund des Beibringungs- oder Dispositionsgrundsatzes an einen von beiden Parteien übereinstimmend vorgetragenen Sachverhalt gebunden ist, liegt genau genommen gar kein Irrtum vor, da der Richter sich hier über die Richtigkeit der Angaben der Parteien keine Gedanken machen darf.
In diesem Fall kommt daher meist nur ein versuchter Betrug (vgl. §§ 263 I, II, 22, 23 I StGB) in Betracht, da der Täter in der Regel nicht davon ausgehen konnte, dass seine falschen Behauptungen unbestritten bleiben, und daher zumindest ein entsprechender Betrugsvorsatz vorliegt.

[112] Vgl. Cramer in Schönke/Schröder, § 263 Rn. 33.

### c) Vermögensverfügung

Weiterhin müsste das Gericht eine Vermögensverfügung getroffen haben.

Unter einer Vermögensverfügung versteht man jedes tatsächliche Handeln, Dulden oder Unterlassen des Getäuschten, welches bei diesem oder einem Dritten unmittelbar zu einer Minderung des Vermögens im wirtschaftlichen Sinne führt.[113]

Vermögen in diesem Sinne ist die Summe aller geldwerten Güter einer Person.[114] Hier wurde das Vermögen der B durch das Urteil betroffen.

Nach der eben genannten Definition des Verfügungsbegriffs ist auch ein sog. Dreiecksbetrug denkbar, bei welchem Getäuschter, Irrender und Verfügender auf der einen und durch die Verfügung Betroffener, also Geschädigter, auf der anderen Seite nicht identisch sind.

In solchen Fällen ist eine Abgrenzung vorzunehmen. Eine Strafbarkeit wegen Betruges setzt in diesem Bereich das Bestehen eines besonderen Näheverhältnisses zwischen Verfügendem und Geschädigtem voraus.

Diese müssen eine fiktive Zurechnungseinheit bilden. Fehlt es hieran und greift also der Verfügende ohne Näheverhältnis gleichsam von außen wie ein beliebiger Dritter in das Vermögen des Geschädigten ein, so kommt keine Betrugsstrafbarkeit, sondern eine Strafbarkeit wegen Diebstahls in mittelbarer Täterschaft gem. §§ 242 I, 25 I Alt. 2 StGB in Betracht.[115]

Wie genau im Einzelnen diese Abgrenzung vorzunehmen ist, ist umstritten.

Nach der sog. Lagertheorie[116] kommt als Verfügender nur derjenige in Betracht, der dem Vermögen des Geschädigten näher steht als der Täter, sich also im Lager des Geschädigten befindet.

Im Falle des Prozessbetruges vermag diese Theorie allerdings nicht weiter zu helfen, ist das Gericht doch gerade zur Unparteilichkeit gegenüber sämtlichen Prozessbeteiligten verpflichtet.

Für den Fall des Prozessbetruges stellt diese Ansicht daher auf ein Näheverhältnis des Verfügenden (hier: des Richters) zu dem Vermögen des von der Verfügung Betroffenen (hier: der Beklagten) ab. Diese Argumentation erscheint aber nicht konsequent, kann die besondere Nähe doch nicht überzeugend mit der nötigen Trennschärfe umrissen werden.

Sinnvoll erscheint es deshalb, sich in derartigen Fällen an der sog. Befugnis- oder Ermächtigungstheorie zu orientieren,[117] nach welcher es nicht auf die Nähe des Verfügenden zum fremden Vermögen, sondern auf die rechtliche Befugnis zur Verfügung über das fremde Vermögen ankommt. Die rechtliche Verfügungsmacht des Richters im Zivilprozess resultiert aus seiner hoheitlichen Stellung und seiner gesetzlichen Aufgabe, eine Zuordnung von Vermögensteilen vorzunehmen.

Durch Erlass eines vorläufig vollstreckbaren Urteils wurde eine Vermögensverfügung getroffen, die auf einem Irrtum des Richters R, also des Gerichts, basierte.

---

[113] Vgl. CRAMER in SCHÖNKE/SCHRÖDER, § 263 Rn. 55; GÜNTHER in SK, § 263 Rn. 66.

[114] Vgl. im Einzelnen zur Auslegung des Vermögensbegriffs JOECKS, StGB, § 263 Rn. 70 ff.

[115] Vgl. RENGIER BT I, § 13 Rn. 40 ff.

[116] Vgl. BGHSt 18, 221; OLG Düsseldorf, NJW 1994, 3366 f.; WESSELS/HILLENKAMP, Rn. 636 ff.

[117] Vgl. hierzu GÜNTHER, in SK, § 263 Rn. 92 ff.; FAHL, Jura 1996, 77; MITSCH, BT 2/1 § 7 Rn. 74.

### d) Vermögensschaden

Auf Grund dieser Verfügung müsste ein Schaden eingetreten sein. Dieser ist anhand eines objektiv individualisierenden Beurteilungsmaßstabes nach dem Prinzip der Gesamtsaldierung unter Berücksichtigung einer etwaigen unmittelbaren Schadenskompensation festzustellen.[118]

Es ist also das Vermögen des Geschädigten vor und nach der Vermögensverfügung zu vergleichen. Ist dabei eine nachteilige Vermögensdifferenz eingetreten, ohne dass diese Einbuße durch ein unmittelbar aus der Vermögensverfügung fließendes Äquivalent wirtschaftlich in vollem Umfang ausgeglichen wird, so ist der Eintritt eines Vermögensschadens zu bejahen.[119]

Nach der im Zivilprozessrecht herrschenden Rechtskraftlehre wird die materielle Rechtslage weder durch ein Leistungsurteil noch durch dessen Vollstreckung berührt.[120] Vorliegend entstand also durch das Urteil des Richters R kein Anspruch des H gegen die B.

Jedoch genügt für die Annahme eines Schadens i.S.d. § 263 I StGB nach h.M. bereits die im konkreten Fall naheliegende Möglichkeit des endgültigen Vermögensverlustes. Von einem vollendeten Schaden kann dann ausgegangen werden, wenn die Gefährdungslage derart groß ist, dass bei wirtschaftlicher Betrachtungsweise bereits ein Vermögensminderwert anzunehmen ist.

**hemmer-Methode**: Insoweit kann in diesem Kontext auch von einer „hinreichend konkreten bzw. schadensgleichen Vermögensgefährdung" gesprochen werden. Zwar hat die Rechtsprechung selbst klargestellt, dass diese Begrifflichkeiten kritikwürdig sind.[121] Jedoch hat das BVerfG entschieden, dass auch bei einer hinreichend konkreten Vermögensgefährdung bei wirtschaftlicher Betrachtungsweise bereits ein eingetretener Vermögensschaden angenommen werden kann.
Insoweit ist es jedoch erforderlich, die Schadenshöhe zu quantifizieren (notfalls mittels Sachverständigengutachten).[122]

Vorliegend hat H einen vorläufig vollstreckbaren Titel erstritten. Fraglich ist, ob damit bereits ein Vermögensschaden eingetreten ist.

Nach einer Ansicht[123] soll ein wirtschaftlich relevanter Vermögensminderwert erst dann anzunehmen sein, wenn die Verlustgefahr der betreffenden Vermögensposition so groß ist, dass letztere nach objektiver Bewertung praktisch nicht mehr vorhanden ist.

Dies muss aber verneint werden, wenn es noch der Vornahme weiterer Handlungen zur Schädigung bedarf. Nach dieser Ansicht wäre vorliegend ein Schaden zu verneinen, da H zur Durchsetzung des Titels noch das Zwangsvollstreckungsverfahren einleiten muss.

Gegen diese Ansicht lässt sich jedoch anführen, dass sie wirtschaftliche Aspekte nicht in einem befriedigenden Maße berücksichtigt. Tatsächlich entstehende Wertminderungen würden durch einen solch engen Vermögensbegriff ausgeklammert.

---

118 Vgl. WESSELS/HILLENKAMP, Rn. 538.

119 Vgl. BGHSt 16, 220; BGH, wistra 1999, 263 ff. **alle Entscheidungen = juris**byhemmer.

120 Vgl. THOMAS/PUTZO, § 322 Rn. 6.

121 Instruktiv dazu BGH, wistra 2009, 232 ff. = Life&Law 2009, 606 ff.

122 Vgl. BVerfG, Beschluss vom 23.06.2010 – 2 BvR 2559/08 (u.a.) = Life&Law 2011, 33 ff.

123 Vgl. MEYER, MDR 1971, 718; AMELUNG, NJW 1975, 624 f.

Die h.M. (vgl. BGH, NStZ 1992, 233 f.) erkennt deshalb bei der unterliegenden Partei einen relevanten wirtschaftlichen Vermögensminderwert bereits dann an, wenn das Urteil für vorläufig vollstreckbar erklärt wird. Dies gilt ungeachtet des Umstandes, dass eine vorläufige Vollstreckung – wie hier – nur gegen Sicherheitsleistung möglich ist, § 709 ZPO.

Ein Schaden liegt damit vor. Dieser kann – jedenfalls mit sachverständiger Hilfe – auch wirtschaftlich beziffert werden.

Der objektive Tatbestand ist erfüllt.

**hemmer-Methode**: In einer normalen Übungsklausur kann eine derart ausführliche Behandlung dieses Problems kaum erwartet werden. Wichtig war jedoch, dass man das Problem erkannt hat und mit vernünftigen Argumenten Stellung bezieht.

#### 2. Subjektiver Tatbestand

H handelte vorsätzlich und in der Absicht, sich einen rechtswidrigen Vermögensvorteil zu verschaffen. Stoffgleichheit und diesbezüglicher Vorsatz sind gegeben.

#### 3. Rechtswidrigkeit und Schuld

Rechtswidrigkeit und Schuld liegen vor.

### II. Ergebnis:

H hat sich gem. § 263 I StGB strafbar gemacht.

## D. Zusammenfassung

**Sound**:
Vermögensverfügung und Vermögensschaden beim Prozessbetrug.

Beim Prozessbetrug fallen regelmäßig Verfügender (Richter) und Geschädigter (Beklagter) auseinander. Eine Vermögensverfügung kann in diesen Fällen mit Hilfe der **Befugnis- oder Ermächtigungstheorie** auf Grund der rechtlichen Befugnis des Richters zur Verfügung über fremdes Vermögen bejaht werden.

Für einen **Vermögensschaden** i.S.e. relevanten wirtschaftlichen Vermögensminderwerts genügt es, wenn der Täter ein **vorläufig vollstreckbares Urteil** gegen den Geschädigten erwirkt.

## E. Zur Vertiefung

**Zum Irrtum i.S.d. § 263 I StGB:**

- Hemmer/Wüst/Berberich, StrafR BT I, Rn. 149.

**Rechtsprechung zur Vermögensgefährdung als Vermögensschaden:**

- BVerfG, Beschluss vom 23.06.2010 – 2 BvR 2559/08 (u.a.) = Life&Law 2011, 33 ff.
- BGH, wistra 2009, 232 ff. = Life&Law 2009, 606 ff.
- OLG Frankfurt a.M., NStZ-RR 2008, 240 ff. = Life&Law 2008, 610 ff. = **juris**byhemmer.

# Fall 29: Der vermeintliche Beamte

***Sachverhalt:***

*Bernd (B) ist als Kassenbote beschäftigt und erhält einen Auftrag der Firma Y. Nachdem er dort Lohngelder abgeholt hat und diese gerade zur Einzahlung zur X-Bank bringen will, wird er von Klaus (K), der vorgibt, Kriminalbeamter zu sein, aufgefordert, mit auf das Polizeipräsidium zu kommen, da dort das Geld wegen Verdachts der Steuerhinterziehung beschlagnahmt werden müsse. Vor dem Zimmer des Polizeipräsidenten weist K den B an, Platz zu nehmen und ihm den Aktenkoffer mit dem Geld zu übergeben. K, der in Wirklichkeit gar kein Beamter ist, verschwindet mit der Beute durch eine Nebentür.*

***Bearbeitervermerk:***

*Prüfen Sie die Strafbarkeit des K.*

## A. Einführung

Im Fall 29 steht die Abgrenzung der Tatbestände des Betruges und des Diebstahls im Mittelpunkt. Nach h.M. schließen sich diese Tatbestände aus – eine Handlung kann also nicht zugleich gem. § 242 StGB und gem. § 263 StGB bestraft werden. Entscheidend für die Abgrenzung ist, ob eine freiwillige Vermögensverfügung des Opfers vorliegt, was zu einer Strafbarkeit wegen Betruges führt, oder ob der Täter dem Opfer die Beute i.S.d. Diebstahls wegnimmt. Regelmäßig spielt es in der Klausursituation in Fällen dieser Art aufbautechnisch keine Rolle, mit welchem Tatbestand Sie Ihre Prüfung beginnen.

Am Rande ist im vorliegenden Fall ferner der Tatbestand des § 132 StGB zu erkennen. Insofern gilt es jedoch vorrangig, die Vorschrift zu finden und eine einfache Subsumtion unter deren Wortlaut vorzunehmen.

## B. Gliederung

**I. Betrug, § 263 I StGB**

**1.** Objektiver Tatbestand

**a)** Täuschungshandlung des K hinsichtlich Eigenschaft als Kriminalbeamter und Bestehen eines Beschlagnahmerechts (+)

**b)** Irrtum des B

**c)** **(P) Aushändigen des Geldes = Vermögensverfügung des B?**
Zwar Verfügungsbewusstsein (+), aber Freiwilligkeit (-), Einverständnis des B auf Grund des vermeintlich bestehenden staatlichen Zwangs nicht innerlich frei erteilt

**2.** **Ergebnis**:
§ 263 I StGB (-)

**II. Diebstahl, § 242 I StGB**

**1.** Objektiver Tatbestand
Geld = für K fremde, bewegliche Sache
Wegnahme (+), mangels Freiwilligkeit des B kein tatbestandsausschließendes Einverständnis

**2.** Subjektiver Tatbestand
Vorsatz (+)
Zueignungsabsicht (+)

**3.** Rechtswidrigkeit und Schuld (+)

**4.** **Ergebnis**:
§ 242 I StGB (+)

**III. Amtsanmaßung, § 132 Alt. 1 StGB**

1. Objektiver Tatbestand
   Kriminalbeamter = Inhaber eines öffentlichen Amtes
   Befassen: Beschlagnahme des Geldes = Vornahme einer Handlung, die nur kraft eines öffentlichen Amtes vorgenommen werden darf
   Unbefugt (+)
2. Subjektiver Tatbestand
   Vorsatz hinsichtlich sämtlicher Merkmale des objektiven Tatbestandes (+)
3. Rechtswidrigkeit und Schuld (+)
4. **Ergebnis:**
   § 132 Alt. 1 StGB (+)

**IV. Konkurrenzen**

§§ 242 I, 132 StGB ⇨ § 52 StGB

## C. Lösung

### Strafbarkeit des K

#### I. Betrug, § 263 I StGB

K könnte sich zunächst wegen Betruges gegenüber B zum Nachteil der Y strafbar gemacht haben, indem er vorgab, als Kriminalbeamter das Geld beschlagnahmen zu dürfen und B so zu dessen Übergabe veranlasste.

#### 1. Objektiver Tatbestand

K hat den B über seine Eigenschaft als Kriminalbeamter und über das Bestehen eines Beschlagnahmerechts getäuscht und hierdurch bei diesem einen Irrtum verursacht.

Fraglich ist jedoch, ob das Aushändigen des Geldes eine irrtumsbedingte Vermögensverfügung darstellt.

Unter dem ungeschriebenen Tatbestandsmerkmal der Vermögensverfügung versteht man jedes Handeln, Dulden oder Unterlassen, das unmittelbar zu einer Vermögensminderung führt. Im Falle des Sachbetruges ist zudem ein Verfügungsbewusstsein des Opfers erforderlich.[124]

B war hier der Auffassung, das beschlagnahmte Geld nach der Hingabe an K nicht alsbald wieder zu erhalten. Er ging damit von einem Gewahrsamswechsel in Abgrenzung zur bloßen Gewahrsamslockerung aus.

B war sich mithin der Tatsache bewusst, dass sein Verhalten unmittelbar vermögensmindernden Charakter aufwies.

Dies allein genügt allerdings noch nicht für die Annahme einer Vermögensverfügung. Zusätzlich ist – um die Tatbestände der §§ 242 und 263 StGB voneinander abgrenzen zu können – zu fordern, dass das Opferverhalten auf einer innerlich freien Willensentschließung beruht. Das Opferverhalten muss freiwillig sein.

An einem freiwilligen Verhalten fehlt es jedoch, wenn das Opfer sich dem vorgespiegelten behördlichen Zwang fügt, sofern dies in dem Bewusstsein geschieht, jede andere Handlung sei nicht zulässig oder zwecklos, da ansonsten die Beschlagnahme zwangsweise durchgeführt werde. So liegt der Fall hier. B sieht das Geld, auch wenn er sich der Beschlagnahme widersetzen würde, so oder so als verloren an. Sein Willensentschluss zur Aufgabe des Gewahrsams am Geld ist zwar noch selbst gefasst, aber nicht freiwillig zustande gekommen.

[124] RENGIER BT I, § 13 Rn. 24; KREY/HELLMANN, Rn. 386a; JOECKS, StGB, § 250 Rn. 58. Vgl. hierzu auch nochmals oben Fall 27 (Der Schwarzfahrer).

Die Herausgabe des Geldes an K ist Folge des den B bedrängenden Zwanges.[125]

**2. Ergebnis**

B hat keine irrtumsbedingte Vermögensverfügung getroffen. Der objektive Tatbestand des § 263 I StGB ist somit nicht erfüllt. K ist daher nicht wegen Betrugs zu bestrafen.

**hemmer-Methode**: Letztlich sind es dieselben Kriterien, welche die h.L. auch zur Abgrenzung von § 249 I StGB zu §§ 253 I, 255 StGB heranzieht. Nach dieser Ansicht ist für alle Selbstschädigungsdelikte (§§ 253, 255; 263 StGB) das Merkmal der Vermögensverfügung einheitlich auszulegen. Die Abgrenzung wird dabei nach der inneren Willensrichtung des Genötigten bzw. des Getäuschten vorgenommen. Zumindest für die Abgrenzung Raub / Erpressung stellt dagegen die Rechtsprechung auf das äußere Erscheinungsbild (Geben oder Nehmen?) ab.
Achten Sie auf zwei Signalwörter bei der Vermögensverfügung: Freiwilligkeit und Unmittelbarkeit (der Vermögensminderung).

**II. Diebstahl, § 242 I StGB**

Das Handeln des K könnte jedoch als Diebstahl gem. § 242 I StGB zu bestrafen sein.

**1. Objektiver Tatbestand**

Bei den Geldscheinen handelt es sich um für K fremde, bewegliche Sachen. Trotz der Übergabe des Geldes durch B ist von einer Wegnahme des Geldes auszugehen, da mangels Freiwilligkeit des Opferverhaltens (s. eben) von einem wirksamen, tatbestandsausschließenden Einverständnis nicht ausgegangen werden kann.

**2. Subjektiver Tatbestand**

K handelte vorsätzlich und in der Absicht, sich das Geld rechtswidrig zuzueignen.

**3. Rechtswidrigkeit und Schuld**

Die Tat war rechtswidrig und K handelte schuldhaft

**4. Ergebnis**

K ist daher wegen Diebstahls gem. § 242 I StGB zu bestrafen.

**hemmer-Methode**: Die bereits oben in Fall 2 (Weinbrand und Zigaretten) vorzunehmende Abgrenzung Betrug – Diebstahl gehört zu den Standardthemen in Klausuren für Fortgeschrittene.
Beachten Sie hierbei, dass nach praktisch allen Ansichten die Vermögensverfügung i.S.d. § 263 I StGB zu einem tatbestandsausschließenden Einverständnis i.R.d. § 242 I StGB führt, so dass Betrug und Diebstahl niemals durch ein- und dieselbe Handlung verwirklicht sein können (sog. Exklusivitätsthese).
Selbstverständlich ist es jedoch möglich, dass anschließend an einen Diebstahl noch ein Sicherungsbetrug zur Beutesicherung begangen wird. Dieser ist jedoch i.d.R. als mitbestrafte Nachtat anzusehen und führt daher nicht mehr zu einer gesonderten Bestrafung des Täters.

[125] BGHSt 18, 221, 223; WESSELS/HILLENKAMP, Rn. 627 ff.; RENGIER BT I, § 13 Rn. 32; GRAUL, JuS 1999, 568 f.

### III. Amtsanmaßung, § 132 Alt. 1 StGB

K könnte sich ferner wegen Amtsanmaßung gem. § 132 Alt. 1 StGB strafbar gemacht haben.

#### 1. Objektiver Tatbestand

Der Tatbestand des § 132 StGB enthält zwei Alternativen, von denen die erste lex specialis gegenüber der zweiten ist.

K hat sich vorliegend als Kriminalbeamter, also als Inhaber eines öffentlichen Amtes ausgegeben. Er handelte unbefugt, da er das Amt in Wirklichkeit nicht bekleidet. Überdies setzt § 132 Alt. 1 StGB voraus, dass der Täter sich mit der Ausübung dieses Amtes befasst. K hat hier mit der Anordnung der Beschlagnahme des Geldes eine Handlung vorgenommen, die nur kraft eines öffentlichen Amtes vorgenommen werden darf.[126] Ein Befassen i.d.S. liegt mithin vor.

Der objektive Tatbestand des § 132 Alt. 1 StGB ist damit erfüllt.

#### 2. Subjektiver Tatbestand

K handelte hinsichtlich sämtlicher Merkmale des objektiven Tatbestandes vorsätzlich mit Wissen und Wollen.

#### 3. Rechtswidrigkeit und Schuld

Die Tat war rechtswidrig und K handelte schuldhaft.

#### 4. Ergebnis

K hat sich gem. § 132 Alt. 1 StGB strafbar gemacht.

**hemmer-Methode**: Bei dieser eher abgelegenen Strafvorschrift waren keine Detailkenntnisse nötig. Wichtig war hier primär, dass man die Anwendbarkeit dieses Straftatbestands erkannt hat.

### IV. Konkurrenzen

§ 242 I StGB und § 132 Alt. 1 StGB stehen in Idealkonkurrenz (§ 52 StGB).

## D. Zusammenfassung

**Sound**:
Abgrenzung Diebstahl / Betrug in sog. Beschlagnahmefällen.

Bei der vorgetäuschten Beschlagnahme durch angebliche Kriminal- oder Vollstreckungsbeamte ist i.R.d. Abgrenzung Diebstahl / Betrug entscheidend, ob die Hingabe der Sache bzw. die Duldung der Wegnahme auf einem **innerlich freien Willensentschluss** beruht.

Ist das der Fall, so liegt eine **Vermögensverfügung und damit** ein **Betrug** vor. Handelt dagegen das Opfer in der Vorstellung, Widerstand gegen die Beschlagnahme sei ohnehin nicht zulässig oder zwecklos, ist es also nicht aus freien Stücken einverstanden, so liegt eine Wegnahmehandlung des Täters und damit ein Diebstahl vor.

---

[126] JOECKS, StGB, § 132 Rn. 2 ff.; WESSELS/HETTINGER, Rn. 609.

## E. Zur Vertiefung

**Zur Abgrenzung Diebstahl / Betrug in Beschlagnahmefällen:**

- Hemmer/Wüst/Berberich, StrafR BT I, Rn. 140.
- BGH, Beschluss vom 15.03.2011 – 4 StR 40/11 = Life&Law 2011, 892 ff.

# Fall 30: Der leichtgläubige Angestellte

***Sachverhalt:***

*Klaus (K) betreibt eine Galerie und hat eine große Gemäldesammlung. Der Kunstfreund Paul (P) tritt daher mit ihm in Verhandlungen über den Kauf eines wertvollen Bildes. Diese scheitern jedoch bereits im Vorfeld an den hohen Preisvorstellungen des K. Davon unbeeindruckt fährt P dennoch zur Galerie des K. Er legt dessen Angestellten Norbert (N) einen fingierten Kaufvertrag über das Bild vor und bittet ihn um die Aushändigung desselben. Der leichtgläubige N, der an der Richtigkeit der Aussagen des P nicht zweifelt, übergibt daraufhin das Bild an P.*

***Bearbeitervermerk:***

*Prüfen Sie die Strafbarkeit des P gem. § 263 I StGB.*

## A. Einführung

Wie bereits die Fälle 21 und 28 hat auch Fall 30 eine Drei-Personen-Konstellation zum Gegenstand. Häufig werden Sie in der Klausur bei den Selbstschädigungsdelikten der §§ 263; 253, 255 StGB nicht auf den einfachen Standardfall des Zwei-Personen-Verhältnisses treffen.

Im vorliegenden Fall geht es um die Abgrenzung des Dreiecksbetrugs vom Diebstahl in mittelbarer Täterschaft. Es ist zu untersuchen, ob N hier eine Vermögensverfügung trifft, die sich K zurechnen lassen muss und die zu einem Vermögensschaden bei diesem führt, oder aber ob N als gutgläubiges Werkzeug des P zur Wegnahme durch diesen anzusehen ist.

## B. Gliederung

**I. Betrug gegenüber N zum Nachteil des K, § 263 I StGB**

**1.** Objektiver Tatbestand

**a)** Täuschungshandlung = Vorlage des vermeintlichen Kaufvertrages, Vorspiegelung einer Berechtigung zur Abholung des Bildes durch P

**b)** Täuschungsbedingter Irrtum des N (+)

**c) (P) Vermögensverfügung**
Abgrenzung Dreiecksbetrug / Diebstahl in mittelbarer Täterschaft

⇨ *Faktische Nähetheorie*: Vermögensverfügung bereits immer dann (+), wenn Getäuschter rein tatsächlich eine Zugriffs- und Einwirkungsmöglichkeit auf das Vermögen des Geschädigten hat

⇨ *Befugnis- oder Ermächtigungstheorie*: Vermögensverfügung nur (+), wenn Getäuschter zur Einwirkung auf das fremde Vermögen rechtlich befugt war

⇨ *Lagertheorie (h.L.)*: Vermögensverfügung (+), wenn Getäuschter schon vor der Tat dem Lager des Geschädigten zugerechnet werden musste

⇨ i. Erg. hier Vermögensverfügung nach allen Theorien (+)
Verfügungsbewusstsein des N (+)

**d)** Vermögensschaden (+), Verlust des Besitzes am Gemälde

**2.** Subjektiver Tatbestand
Vorsatz hinsichtlich sämtlicher Merkmale des objektiven Tatbestandes (+)
Bereicherungsabsicht (+)
Stoffgleichheit (+)

**3.** Rechtswidrigkeit und Schuld (+)

**II. Ergebnis:**

§ 263 I StGB (+)

## C. Lösung

### Strafbarkeit des P

#### I. Betrug gegenüber N zum Nachteil des K, § 263 I StGB

P könnte sich wegen Betruges zum Nachteil des K strafbar gemacht haben, indem er gegenüber N vorgab, er habe mit K einen Kaufvertrag geschlossen und den N so zur Übergabe des Bildes veranlasste.

**hemmer-Methode**: Beim sog. Dreiecksbetrug, also bei einem Auseinanderfallen von Getäuschtem und Geschädigtem, sollten sie in Ihrer Überschrift deutlich machen, wer nach Ihrer Ansicht der Getäuschte („gegenüber") und der Geschädigte („zum Nachteil") ist. Dies empfiehlt sich insbesondere dann, wenn i.R.d. Klausur, mehrere Geschädigte in Betracht kommen. Erleichtern Sie dem Korrektor die Arbeit durch die Erstellung einer übersichtlichen, durchdachten und strukturierten Lösung.

##### 1. Objektiver Tatbestand

**a)** P hat dem N gegenüber vorgegeben, dass er mit K einen Kaufvertrag über das Bild geschlossen habe und daher zur Abholung des Bildes berechtigt sei. Eine Täuschungshandlung i.S.d. § 263 I StGB liegt vor.

**b)** N hat auf die Richtigkeit der Angaben des P vertraut und ist so einem entsprechenden Irrtum unterlegen.

**c)** Fraglich ist jedoch, ob eine Vermögensverfügung vorliegt. Die Herausgabe des Bildes durch N an P könnte nämlich auch als Wegnahme in mittelbarer Täterschaft mit Hilfe des N als gutgläubigem (vorsatzlosem) Werkzeug zu würdigen sein. Es stellt sich somit das Problem der Abgrenzung des sog. Dreiecksbetruges vom Diebstahl in mittelbarer Täterschaft (§§ 242 I, 25 I Alt. 2 StGB).

Wie diese Abgrenzung im Einzelnen vorzunehmen ist, ist in Rechtsprechung und Literatur umstritten.

Einigkeit besteht dabei zunächst insofern, als eine Strafbarkeit wegen Betruges jedenfalls eine rein tatsächliche Zugriffs- und Einwirkungsmöglichkeit des Getäuschten auf das Vermögen des Geschädigten voraussetzt.

Allerdings kann – entgegen der sog. faktischen Nähetheorie[127] – eine solche rein tatsächlich vorliegende Zugriffsmöglichkeit für die Annahme einer Vermögensverfügung in der Form des Dreiecksbetruges noch nicht ausreichend sein, denn ansonsten wäre eine Abgrenzung zum Diebstahl in mittelbarer Täterschaft nicht möglich. Eine Strafbarkeit nach §§ 242 I, 25 I Alt. 2 StGB setzt nämlich ebenfalls voraus, dass das Werkzeug auf das Vermögen des Geschädigten eingewirkt hat.[128]

---

[127] Vgl. insofern RGSt 25, 247; OLG Hamm, NJW 1969, 620.

[128] Wessels/Hillenkamp, Rn. 640.

Nach der Befugnis- oder Ermächtigungstheorie[129] kann eine Vermögensverfügung und damit eine Strafbarkeit wegen Betruges nur dann bejaht werden, wenn der Getäuschte bei seiner Einwirkung auf das fremde Vermögen Rechtshandlungen vornimmt oder Gewahrsamsdispositionen trifft, zu denen er ausdrücklich kraft Gesetzes, behördlichen Auftrags, Rechtsgeschäfts oder einer zumindest stillschweigend oder dem Anschein nach erteilten Ermächtigung an sich rechtlich befugt war und die er daher auch subjektiv in dem Glauben vornimmt, hierzu konkret berechtigt zu sein. Der Getäuschte und Verfügende muss sich hiernach also auf eine entsprechende Befugnisgrundlage berufen können, kraft der er auf das Vermögen des Geschädigten einwirken darf. Hier ließe sich möglicherweise eine solche Befugnisgrundlage des N aus seiner beruflichen Stellung in der Galerie des K über § 56 HGB begründen, sodass nach dieser Auffassung ein Betrug vorliegen würde.

Vorzugswürdig erscheint jedoch die von der h.L. vertretene Lagertheorie[130].

Nach dieser im Vergleich zur Befugnistheorie weitergehenden Auffassung, die deren Fälle ebenso einschließt, genügt es, wenn der Verfügende – rechtlich oder auch bloß tatsächlich – in der Lage gewesen ist, über das fremde Vermögen zu verfügen, sofern er schon vor der Tat dem Lager des Geschädigten zugerechnet werden konnte. Inhaltlich kaum einen Unterschied bringt die Position der Rechtsprechung[131] mit sich, die ein besonderes Näheverhältnis des Verfügenden zum Vermögen des Geschädigten fordert, welches den Verfügenden in eine engere Beziehung dazu bringt, als dies bei irgendeinem beliebigen Außenstehenden der Fall ist.

Gegen diese Auffassung spricht zwar, dass sich mit ihr die – auch von diesen Autoren anerkannte – Variante des Prozessbetruges nicht befriedigend erklären lässt.[132] Auf der anderen Seite aber passt diese Ansicht schlüssig zur auch im Übrigen überwiegend faktisch orientierten Auslegung der Tatbestandsmerkmale der Vermögensverfügung und des Vermögensschadens. Die in stärkerem Maße zivilrechtlich orientierte Befugnistheorie lässt sich nur schwierig mit dem wirtschaftlich ausgerichteten Vermögens- und Verfügungsbegriff des § 263 I StGB in Einklang bringen und trägt daher der Eigenständigkeit strafrechtlicher Begriffsbildung gegenüber dem Zivilrecht in diesem Bereich nicht ausreichend Rechnung.[133] Zudem lässt sich der Ansatz der Lagertheorie systematisch überzeugend auf die in gleicher Weise als Selbstschädigungsdelikt konzipierte Erpressung (§§ 253 I, 255 StGB) übertragen.[134]

N ist hier als Angestellter der Galerie dem Lager des K zuzurechnen; auf Grund seines Anstellungsverhältnisses besteht ein besonderes Näheverhältnis.

Damit liegt eine Vermögensverfügung seitens des N vor.

Auch das beim Sachbetrug zu fordernde Verfügungsbewusstsein[135] ist zu bejahen, da N den Gewahrsam am Bild auf P übertragen wollte.

---

129 KREY/HELLMANN, Rn. 407 ff.; SAMSON/GÜNTHER in SK, § 263 Rn. 92 ff.; MITSCH, BT 2/1 § 7 Rn. 74.

130 WESSELS/HILLENKAMP, Rn. 641; RENGIER BT I, § 13 Rn. 40 ff.; JOECKS, StGB, § 263 Rn. 65 ff.

131 BGHSt 18, 221; OLG Düsseldorf, NJW 1994, 3366 f.

132 Vgl. insofern nochmals oben Fall 28 (Vor Gericht und auf hoher See ist man in Gottes Hand).

133 WESSELS/HILLENKAMP, Rn. 637 ff., 639; RENGIER BT I, § 13 Rn. 47.

134 Vgl. insofern nochmals oben Fall 21 (Übers Eck zum Ziel).

135 Vgl. insofern nochmals oben Fall 27 (Der Schwarzfahrer).

**hemmer-Methode**: Im vorliegenden Fall war eine derart ausführliche Diskussion der Argumente nicht erforderlich, zumal hier die drei dargestellten Ansichten allesamt zum selben Ergebnis (Betrug statt Diebstahl) führen. Bei der Abgrenzung des Dreiecksbetrugs vom Diebstahl in mittelbarer Täterschaft handelt es sich jedoch um einen Klassiker aus dem Bereich des Vermögensstrafrechts, der vielfach in Klausuren abgeprüft wird. Auch in Fällen, in denen die unterschiedlichen Ansatzpunkte für das Ergebnis ohne Relevanz bleiben, sollten Sie daher immer zumindest kurz die vertretenen Positionen skizzieren.

**d)** Durch die Verfügung des N ist K ein Schaden entstanden, da ihm der Besitz am Gemälde entzogen wurde.

### 2. Subjektiver Tatbestand

P handelte vorsätzlich und mit der Absicht rechtswidriger Bereicherung. Schließlich stellt die erstrebte Bereicherung die Kehrseite des Vermögensschadens dar; es liegt mithin die erforderliche Stoffgleichheit vor. Auch insofern handelte P vorsätzlich.

### 3. Rechtswidrigkeit und Schuld

Rechtfertigungsgründe sind nicht ersichtlich. P handelte auch schuldhaft.

### II. Ergebnis

P hat sich wegen Betruges gem. § 263 I StGB strafbar gemacht.

**hemmer-Methode**: Eine Mindermeinung will in den Drei-Personen-Konstellationen neben dem Betrug gleichzeitig auch noch einen Diebstahl in mittelbarer Täterschaft bejahen, da K den Gewahrsam an dem Bild gegen seinen Willen verloren habe. Gegen diese Ansicht spricht jedoch, dass ihm die Vermögensverfügung des N i.R.d. § 263 I StGB zugerechnet wird, so dass dies auch für dessen tatbestandsausschließendes Einverständnis i.R.d. § 242 I StGB gelten muss. Betrug und Diebstahl schließen sich daher aus.
Je nach den Umständen des Falles wäre hier auch noch an einen besonders schweren Fall gem. § 263 III S. 2 Nr. 2 Alt. 1 StGB sowie an eine Strafbarkeit des P wegen Urkundenfälschung (§ 267 I, III S. 2 Nr. 2 StGB) zu denken, wenn dieser den Kaufvertrag mit dem Namen des K unterschrieben hätte und somit eine Identitätstäuschung zu bejahen wäre. Diese Prüfung ist jedoch vom Bearbeitervermerk nicht umfasst, außerdem fehlen hinreichende Anhaltspunkte im Sachverhalt.

## D. Zusammenfassung

**Sound**:
Abgrenzung Dreiecksbetrug ⇔ Diebstahl in mittelbarer Täterschaft.

§ 263 I StGB setzt zwar eine Identität des Getäuschten, des Irrenden und des Verfügenden voraus; dieser und der Geschädigte können aber auseinanderfallen.

Aus diesem Umstand resultiert die Möglichkeit eines sog. Dreiecksbetruges. Ein solcher setzt nach h.L. voraus, dass der Getäuschte schon vor der Tat dem Lager des Geschädigten zugerechnet werden konnte.

Erforderlich ist nach i.E. gleicher Auffassung der Rspr. ein **besonderes Näheverhältnis des Verfügenden zum Vermögen des Geschädigten**, welches den Verfügenden in eine engere Beziehung dazu bringt als irgendeinen beliebigen Außenstehenden.
Ist nach diesen Kriterien eine Vermögensverfügung zu bejahen, so scheidet eine Wegnahme wegen des **tatbestandsausschließenden Einverständnisses** des Verfügenden und damit eine Strafbarkeit des Täters wegen Diebstahls (in mittelbarer Täterschaft) aus.

## E. Zur Vertiefung

**Rechtsprechung zu einem versuchten Prozessbetrug in mittelbarer Täterschaft:**

- Dabei ging es um den Plan, einen Kfz-Sachverständigen über Mängel an einem Fahrzeug zu täuschen und diesen dann als „undoloses Werkzeug" gegenüber dem erkennenden Gericht zu benutzen, vgl. OLG München, NJW 2006, 3364 ff. = Life&Law 2007, 31 ff. = **juris**byhemmer.

**Zur Abgrenzung Dreiecksbetrug ⇔ Diebstahl in mittelbarer Täterschaft:**

- Hemmer/Wüst/Berberich, StrafR BT I, Rn. 144 ff.

# Fall 31: Ausgeliehen

***Sachverhalt:***

*Siegfried (S) hat Annette (A) seine Münzsammlung geliehen. Diese gibt sich gegenüber Ludwig (L) als Eigentümerin der Münzen aus und verkauft und übergibt diese für 2.500 €.*

***Bearbeitervermerk:***

*Prüfen Sie die Strafbarkeit der A.*

## A. Einführung

Im vorliegenden Fall stellt sich zunächst die Frage, ob trotz gutgläubigen Erwerbs ein Vermögensschaden des L i.S.d. § 263 I StGB bejaht werden kann. Dies ist in Rechtsprechung und Literatur umstritten.

Ferner müssen Sie bei Betrugsprüfungen in Mehrpersonenverhältnissen stets darauf achten, dass eine Strafbarkeit vielfach in mehreren Konstellationen denkbar ist. So ist hier nach einem Betrug zum Nachteil des Käufers L auch noch an einen Betrug zum Nachteil des bisherigen Eigentümers S zu denken. Ferner zeigt der Fall, dass auch in einer strafrechtlichen Klausur – gerade im Zusammenhang mit dem Tatbestand des Betruges – zivilrechtliche Wertungen eine Rolle spielen können.

Abschließend ist auf § 246 StGB einzugehen, wobei die Qualifikation des § 246 II StGB nicht übersehen werden sollte.

## B. Gliederung

**I. Betrug gem. § 263 I StGB gegenüber und zum Nachteil des Käufers L**

**1. Objektiver Tatbestand**

**a)** Täuschungshandlung (+), Angebot zum Kauf der Münzen enthält konkludent Behauptung, zum Verkauf berechtigt zu sein

**b)** Irrtum (+), L hielt A für veräußerungs- und verfügungsberechtigt

**c)** Vermögensverfügung (+), Bezahlung des Kaufpreises

**d)** Vermögensschaden?

**(P) Vermögensbegriff i.S.d. § 263 I StGB umstritten**

⇨ *Rechtsprechung*: wirtschaftlicher Vermögensbegriff

⇨ *Literatur*: juristisch-ökonomischer Vermögensbegriff

⇨ Von L gezahlter Kaufpreis stellt hier nach beiden Ansichten strafrechtlich durch § 263 I StGB geschütztes Vermögen dar

**(P)** Zwar Vermögensminderung durch gezahlten Kaufpreis, möglicherweise aber **Schadenskompensation** durch gleichzeitige Erlangung eines äquivalenten Gegenwertes (Eigentum an den Münzen)

⇨ Erwerb nach §§ 929 ff. BGB (-), A = Nichtberechtigte

⇨ Gutglaubenserwerb nach §§ 932 ff. BGB (+), § 935 BGB (-)

⇨ Dennoch **Schaden nach Makeltheorie des RG (+)**

⇨ Auch **nach BGH** Schaden (+), wenn trotz gutgläubigen Erwerbs entweder die (konkrete) Gefahr besteht, vom ursprünglichen Eigentümer in einen Prozess verwickelt zu werden, oder wenn Erwerber die Sache aus gesellschaftlichen oder Kulanzgründen dem früheren Eigentümer zurückgeben muss, hier (-)

⇨ Daher Vermögensschaden (-)

**2. Ergebnis**:
§ 263 I StGB zum Nachteil des L (-)

**II. Betrug gem. § 263 I StGB gegenüber L zum Nachteil des Eigentümers S**

1. Objektiver Tatbestand
Täuschungshandlung, Irrtum des L und Vermögensschaden (Eigentumsverlust) des S (+)

**(P) Vermögensverfügung, die sich unmittelbar vermögensschädigend bei S ausgewirkt hat?**

Einigung des L mit A?

(-), da sich Vermögensschaden des S nicht als unmittelbare Folge dieser Einigung darstellt, jedenfalls steht L nicht im Lager des S und hat keine rechtliche Befugnis, über dessen Vermögen zu verfügen (Dreieckskonstellation)

**2. Ergebnis**:
§ 263 I StGB gegenüber L zu Lasten des S (-)

**III. Veruntreuende Unterschlagung, § 246 I, II StGB**

1. Objektiver Tatbestand
Münzsammlung = für A fremde, bewegliche Sache
Zueignung = Angebot an L zum Kauf
Anvertrautsein i.S.d. § 246 II StGB (+)

2. Subjektiver Tatbestand, Rechtswidrigkeit und Schuld (+)

**3. Ergebnis**: § 246 I, II StGB (+)

## C. Lösung

### Strafbarkeit der A

#### I. Betrug gem. § 263 I StGB gegenüber und zum Nachteil des Käufers L

A könnte sich durch den Verkauf der Münzen des S wegen Betruges zum Nachteil des L strafbar gemacht haben.

#### 1. Objektiver Tatbestand

**a)** A müsste zunächst eine Täuschungshandlung vorgenommen haben. Täuschung ist ein Verhalten, das irreführend auf die Vorstellung eines anderen einwirken soll.[136] Das Gesetz umschreibt diese Täuschung als Vorspiegelung falscher Tatsachen bzw. Entstellung oder Unterdrückung wahrer Tatsachen.

Hier kommt ein Vorspiegeln falscher Tatsachen in Betracht, d.h. solcher, die in Wirklichkeit nicht gegeben sind. Dies ist ausdrücklich, also vor allem durch bewusst unwahre Behauptungen, aber auch durch schlüssige Handlungen möglich, nämlich durch irreführendes Verhalten, das nach der Verkehrsanschauung als stillschweigende Erklärung zu verstehen ist.

Ein Vorspiegeln durch schlüssiges (konkludentes) Verhalten und damit ein aktives Tun ist gegeben, wenn der Täter die Unwahrheit zwar nicht expressis verbis zum Ausdruck bringt, wohl aber durch sein Verhalten miterklärt.

[136] RENGIER BT I, § 13 Rn. 5.

Es kommt also entscheidend auf den Erklärungswert des Verhaltens des Täters an.[137]

Dadurch, dass A dem L die Münzen zum Kauf angeboten hat, spiegelte sie schlüssig vor, als Berechtigte über die Münzen verfügen zu dürfen. Nach der allgemeinen Verkehrsanschauung liegt im Angebot, etwas zu verkaufen, stets die stillschweigende Erklärung, dass man als Berechtigter über die Sache verfügen darf. A war aber als Entleiherin zum Verkauf nicht berechtigt.

Damit ist eine Täuschungshandlung gegeben.

**b)** Diese Täuschungshandlung müsste bei L zu einem Irrtum geführt haben. Es ist davon auszugehen, dass L aufgrund des Verhaltens der A – Angebot der Münzen – meinte, diese sei Eigentümerin der Sammlung und als solche verfügungsberechtigt.

Dagegen wird teilweise vertreten, der Erwerber mache sich wegen der Möglichkeit eines gutgläubigen Erwerbs (§§ 932 ff. BGB) keine Gedanken über die Eigentumsverhältnisse an der Sache und unterliege daher bereits keinem Irrtum. Hiergegen ist jedoch einzuwenden, dass zivilrechtlich der gutgläubige Erwerb wegen § 935 BGB in zahlreichen Fällen ausgeschlossen ist, und sich außerdem der Erwerber in solchen Fällen auch einem erhöhten Prozessrisiko ausgesetzt sehen kann.

Damit hat A bei L durch die Täuschungshandlung einen Irrtum hervorgerufen.

**c)** L müsste als Getäuschter eine Vermögensverfügung vorgenommen haben.

Es handelt sich bei der Vermögensverfügung um ein ungeschriebenes Tatbestandsmerkmal, das den ursächlichen Zusammenhang zwischen Irrtum und Vermögensschaden herstellt. Vermögensverfügung ist jedes rechtliche oder tatsächliche Handeln, Dulden oder Unterlassen, das unmittelbar zu einer Vermögensminderung im wirtschaftlichen Sinne führt.[138]

Hier liegt eine Vermögensverfügung des L in der Bezahlung des Kaufpreises für die Münzsammlung.

**d)** Unmittelbare Folge dieser Vermögensverfügung müsste ein Vermögensschaden sein.

**aa)** Nach dem insbesondere von der Rspr. vertretenen wirtschaftlichen Vermögensbegriff gehören zum Vermögen alle wirtschaftlich wertvollen, d.h. geldwerten Güter einer Person.[139] In der Lit. wird dagegen vielfach ein juristisch-ökonomischer Vermögensbegriff befürwortet, wonach unter Vermögen nur die Summe der wirtschaftlichen Güter einer Person zu verstehen ist, die ihr unter dem Schutz der Rechtsordnung oder zumindest ohne deren Missbilligung zustehen.[140] Der für die Münzsammlung gezahlte Kaufpreis fällt nach beiden Ansichten unter den Begriff des strafrechtlich durch § 263 I StGB geschützten Vermögens.

**hemmer-Methode**: Der Unterschied zwischen den beiden Positionen liegt darin, dass die Literatur zivilrechtlich (z.B. wegen §§ 134, 138 BGB) nicht geschützte Rechtspositionen grundsätzlich auch strafrechtlich nicht schützen will, während für den BGH grundsätzlich „alles, was zu Geld gemacht werden kann" dem Bereich des § 263 StGB unterfällt und einen Betrug begründen kann.

[137] CRAMER in SCHÖNKE/SCHRÖDER, § 263 Rn. 12 und 14.

[138] CRAMER in SCHÖNKE/SCHRÖDER, § 263 Rn. 54; FISCHER, § 263 StGB Rn. 70.

[139] RGSt 44, 230; BGHSt 2, 364; BGHSt 8, 254 ff.; WESSELS/HILLENKAMP, Rn. 530 ff.; KREY/HELLMANN, Rn. 427 ff.; FISCHER, § 263 StGB Rn. 89; RENGIER BT I, § 13 Rn. 52 ff.

[140] SAMSON/GÜNTHER in SK, § 263 Rn. 112 ff.; MITSCH, BT 2/1 § 7 Rn. 84.

Der Streit um den Vermögensbegriff wird jedoch in den seltensten Fällen relevant und muss nur in wenigen Ausnahmefällen diskutiert werden.
Eine bekannte Problemstellung insofern ist etwa der Fall des Komplizenbetrugs, vgl. hierzu Hemmer/Wüst/Berberich, StrafR BT I, Rn. 153.

Das Tatbestandsmerkmal des Vermögensschadens ist anhand eines objektiven Beurteilungsmaßstabes nach dem Prinzip der Gesamtsaldierung unter Berücksichtigung einer etwaigen unmittelbaren Schadenskompensation festzustellen. Ein Schaden tritt ein, wenn die Verfügung zu einer nicht durch Zuwachs ausgeglichenen Minderung des wirtschaftlichen Gesamtwerts des Vermögens führt, wobei maßgeblicher Zeitpunkt derjenige der Verfügung ist.[141]

**hemmer-Methode**: Grundsätzlich müssen Sie sich beim Tatbestandsmerkmal „Vermögensschaden“ hauptsächlich mit der Gegenleistung beschäftigen, die der Getäuschte erhält.

**bb)** L hat hier an A den Kaufpreis für die Münzen bezahlt und so sein Vermögen gemindert. Ein Schaden des L läge jedoch nicht vor, wenn die in der Bezahlung des Kaufpreises als eigene Leistung liegende Vermögensminderung durch einen erlangten Gegenwert ausgeglichen wäre (Kompensation durch Äquivalent).

L könnte als Gegenwert für den bezahlten Kaufpreis Eigentum an den Münzen erworben und insoweit ein Äquivalent erlangt haben.

Ein Erwerb nach §§ 929 ff. BGB scheidet aus, da A nicht als Berechtigte handelte.

Es könnte jedoch ein Gutglaubenserwerb nach §§ 929 ff., 932 ff. BGB in Betracht kommen, da L mangels entgegenstehender Sachverhaltsangaben nichts von der Nichtberechtigung der A wusste.

**hemmer-Methode**: Beachten Sie, dass bei Schweigen des Sachverhalts von der Gutgläubigkeit des Erwerbers auszugehen ist, da diese nach der in § 932 I S. 1 BGB enthaltenen Beweislastregel vermutet wird („[...], es sei denn, [...]“).

Ein gutgläubiger Erwerb nach §§ 929 ff., 932 ff. BGB könnte an § 935 I BGB scheitern. Dazu müssten die Münzen abhandengekommen sein. Dies ist der Fall, wenn der Eigentümer den unmittelbaren Besitz unfreiwillig, d.h. ohne oder gegen seinen Willen verloren hat. S hatte allerdings die Münzsammlung an A geliehen. Es liegt daher eine freiwillige Aufgabe des unmittelbaren Besitzes vor, so dass nicht von einem Abhandenkommen ausgegangen werden kann. Da auch die übrigen Voraussetzungen der §§ 929 S. 1, 932 I BGB vorliegen, hat L hier gutgläubig das Eigentum an der Münzsammlung erworben.

**cc)** Auf den ersten Blick scheidet damit ein Schaden des L aus, da seine Vermögensminderung (Kaufpreiszahlung) durch den erlangten Gegenwert ausgeglichen zu sein scheint. Es kann hier davon ausgegangen werden, dass die Münzen den von L als Kaufpreis bezahlten Wert haben.

In Rechtsprechung und Literatur wird dennoch teilweise in Fällen des gutgläubigen Erwerbs das Vorliegen eines Vermögensschadens bejaht:

---

141 WESSELS/HILLENKAMP, Rn. 538; FISCHER, § 263 StGB Rn. 111.

Nach der früheren Rechtsprechung des RG war es beim gutgläubigen Erwerb von Sachen von Bedeutung, wie der redliche Verkehr eine Leistung bewertete. Beim gutgläubigen Erwerb unterschlagener Sachen etwa ergebe sich dabei, dass das Eigentum mit einem Makel belastet sei und dass sich die Gefahr, dieses gegen den ursprünglich Berechtigten verteidigen zu müssen, sowie die Beeinträchtigung der freien Dispositionsmöglichkeit als merkantiler Minderwert der Sache selbst niederschlagen, weshalb ein Schaden auch dann gegeben sei, wenn der Käufer (gutgläubig) Eigentum erwerbe.

Diese vom RG begründete Meinung (sog. Makeltheorie) geht also davon aus, dass jemand, der gutgläubig eine aus einer strafbaren Handlung stammende Sache zu Eigentum erwirbt, schlechter gestellt sei als der Erwerber einer nicht aus einer strafbaren Handlung stammenden Sache, weil die erworbene Sache im ersten Falle mit einem sittlichen Makel behaftet sei.[142]

Diese Makeltheorie ist von der Rechtsprechung in der Folgezeit und der Literatur kritisiert worden und in dieser Form auch abzulehnen, weil der sittliche Makel, also ein in erster Linie moralischer Gesichtspunkt, bei der nach h.M. erforderlichen wirtschaftlichen Betrachtung keinen Vermögensnachteil darstellen kann.[143]

**dd)** Auch der BGH hat die Makeltheorie in dieser Form aufgegeben.

Nach Auffassung des BGH[144] hängt die Frage, ob in solchen Fällen ein Vermögensschaden des Erwerbers nach § 263 I StGB zu bejahen oder zu verneinen ist, wesentlich von den beteiligten Personen, dem Handelsobjekt und den sonstigen Umständen ab, unter denen sich Veräußerung und Erwerb der Sache abgespielt haben.

Dies stellt eine gewisse Rückbesinnung auf die wirtschaftliche Betrachtungsweise dar. Ein Vermögensschaden sei lediglich dann zu bejahen, wenn entweder die (konkrete) Gefahr bestehe, vom ursprünglichen Eigentümer wegen Hehlerei oder bösgläubigen Erwerbs in einen Prozess verwickelt zu werden, oder wenn der gutgläubige Erwerber die Sache aus gesellschaftlichen Gründen oder geschäftlichen Kulanzgründen dem früheren Eigentümer zurückgeben müsse. Dabei sei auf den konkreten Sachverhalt abzustellen.

Diese vorrangig mit dem Prozessrisiko begründete Meinung des BGH wird teilweise mit der Begründung abgelehnt, dass das Risiko für den gutgläubigen Erwerber nicht größer sei als das eines jeden anderen Eigentümers, dessen Eigentum unberechtigterweise bestritten wird.

Unabhängig davon zeigt der Sachverhalt hier keine besonderen Gefahren oder Risiken für L auf, in einen Rechtsstreit verwickelt zu werden.

Eine Ausnahmekonstellation i.S.d. Rechtsprechung des BGH ist damit hier nicht gegeben.

### 2. Ergebnis

Mangels Vermögensschadens des L scheidet ein Betrug der A zum Nachteil des L aus.

---

142 Vgl. RGSt 49, 16; Cramer, in Schönke/ Schröder, § 263 Rn. 111; Maurach/ Schroeder/ Maiwald BT I, § 41 Rn. 125.

143 Vgl. BGHSt 3, 370; BGH, JR 1990, 517 f.; Rengier BT I, § 13 Rn. 91; Wessels/ Hillenkamp, Rn. 571 ff.

144 Vgl. BGHSt 15, 83.

## II. Betrug gem. § 263 I StGB gegenüber L zum Nachteil des Eigentümers S

A könnte sich dadurch, dass sie dem L wirksam das Eigentum an den Münzen verschafft hat, eines Betruges zum Nachteil des S schuldig gemacht haben.

### 1. Objektiver Tatbestand

Eine Täuschungshandlung gegenüber L, durch die A bei L einen Irrtum hervorgerufen hat, liegt vor (siehe oben unter I.). Bei S ist auch ein Vermögensschaden eingetreten, da der Gutglaubenserwerb des L unmittelbar den Eigentumsverlust bei S herbeigeführt hat.

Fraglich ist jedoch das Vorliegen einer Vermögensverfügung, die sich unmittelbar vermögensschädigend bei S ausgewirkt hat.

Für das Vorliegen einer solchen Vermögensverfügung genügt jedes Handeln, Dulden oder Unterlassen, das sich auf das Vermögen unmittelbar vermögensmindernd auswirkt; die Verfügung braucht nicht rechtsgeschäftlicher Art zu sein.[145]

**a)** Vorliegend ist jedoch fraglich, ob eine Verfügung des L vorliegt, die sich unmittelbar zu Lasten des S ausgewirkt hat, d.h. ob sich der Vermögensschaden des S als unmittelbare Folge des Verhaltens des L darstellt.

Als Verhalten des L, welches sich unmittelbar im Vermögensschaden des S niederschlägt und somit allein die Vermögensverfügung darstellen könnte, kommt nur die zum Eigentumserwerb des L führende Einigung mit A in Betracht.

Diese stellt sich aber gerade nicht als vermögensschädigende Handlung gegenüber dem Vermögen des S dar, denn der Eigentumserwerb des L an den Münzen und damit der Eigentumsverlust (= Schaden) des S beruht gerade nicht auf dieser Einigung i.S.d. § 929 S. 1 BGB, sondern auf den bürgerlich-rechtlichen Grundsätzen des gutgläubigen Erwerbs. Dieser ist aber nicht als Vermögensverfügung des gutgläubigen Erwerbers und Getäuschten zu Lasten des vormaligen Eigentümers anzusehen.[146]

Der Vermögensschaden des S stellt sich damit nicht als unmittelbare Folge der Vermögensverfügung des L dar. Bereits aus diesem Grund scheidet ein Betrug gegenüber L zum Nachteil des S aus.

**b)** Doch selbst wenn man dieses Erfordernis mit dem Argument bejaht, dass die Einigung des L mit A notwendige Voraussetzung für dessen Gutglaubenserwerb nach §§ 929 S. 1, 932 BGB ist und damit bei Vorliegen der übrigen Gutglaubensvoraussetzungen doch unmittelbar zum Gutglaubenserwerb und damit zum Schaden des S führt, liegt eine Vermögensverfügung noch aus einem anderen Gesichtspunkt nicht vor:

Die Verfügung des Getäuschten muss zwar nicht das eigene Vermögen betreffen. Weiterhin müssen Getäuschter und Geschädigter auch nicht identisch sein. Jedoch ist für das Vorliegen des Tatbestandes des Betruges gem. § 263 I StGB erforderlich, dass Getäuschter und Verfügender identisch sind.

---

145 FISCHER, § 263 StGB Rn. 71.

146 So bereits RGSt 49, 19.

Um dann aber den Charakter des § 263 I StGB als Selbstschädigungsdelikt zu wahren, muss bei einem Auseinanderfallen von Verfügendem und Geschädigtem – wie vorliegend der Fall – die Verfügung des Getäuschten dem Geschädigten zurechenbar sein.

Ob für einen solchen Dreiecksbetrug ein rechtliches „Verfügen-Können" notwendig ist, der Verfügende im Lager des Geschädigten stehen muss oder ob ein Näheverhältnis und eine Obhutsbeziehung zwischen dem Verfügenden und dem betroffenen Vermögen ausreicht, kann hier dahinstehen, da im vorliegenden Fall keiner der Ansätze zu einem Dreiecksbetrug käme.[147]

**hemmer-Methode**: Eine derart ausführliche Darstellung war bezogen auf diesen Dreiecksbetrug vom durchschnittlichen Klausurbearbeiter nicht zu fordern gewesen. Beachten Sie aber beim Betrug die genaue Unterscheidung zwischen den möglichen Opfern in den Mehr-Personen-Konstellationen.

### 2. Ergebnis

Mangels Vermögensverfügung des L zu Lasten des S ist damit der objektive Tatbestand des § 263 I StGB nicht erfüllt, sodass A sich hinsichtlich des Verkaufs der Münzen auch keines Betruges gegenüber L zum Nachteil des S strafbar gemacht hat.

[147] Vgl. insofern nochmals oben Fall 30 (Der leichtgläubige Angestellte).

**hemmer-Methode**: Ein Betrug gegenüber und zum Nachteil des S seitens der A zum Zeitpunkt des Ausleihens der Münzsammlung war nicht zu prüfen, da aus dem Sachverhalt nicht ersichtlich wird, dass A bereits zu diesem Zeitpunkt die Münzsammlung weiterverkaufen wollte.

## III. Veruntreuende Unterschlagung, § 246 I, II StGB

A könnte sich schließlich dadurch, dass sie die Münzen des S dem L zum Verkauf angeboten und übergeben hat, einer veruntreuenden Unterschlagung gem. § 246 I, II StGB schuldig gemacht haben.

### 1. Objektiver Tatbestand

**a)** Bei der Münzsammlung handelt es sich um eine für A fremde, bewegliche Sache, da S auch nach Abschluss des Leihvertrages mit der A weiterhin Eigentümer der Münzen geblieben ist.

**b)** A müsste sich die Münzen rechtswidrig zugeeignet haben.

Dabei ist der Begriff der Zueignung wie in § 242 I StGB zu verstehen, er setzt also eine jedenfalls vorübergehend beabsichtigte Aneignung und eine zumindest bedingt vorsätzliche Enteignung des bisherigen Berechtigten auf Dauer voraus.

Im Unterschied zum Diebstahl muss jedoch im Falle der Unterschlagung der Zueignungswille in objektiv erkennbarer Weise betätigt werden.

Wer fremde bewegliche Sachen einem Dritten zum Kauf anbietet und übergibt, maßt sich dadurch eine eigentümerähnliche Verfügungsgewalt an, so dass vorliegend eine Zueignungshandlung gegeben ist.[148]

Ferner könnte A den Qualifikationstatbestand des § 246 II StGB erfüllt haben.

Anvertraut sind nach h.M. solche Sachen, bei denen dem Täter die Sachherrschaft mit der Verpflichtung eingeräumt worden ist, die Sache zurückzugeben oder nur zu bestimmten, dem Anvertrauenden dienenden Zwecken zu verwenden.[149] Nach dieser Definition sind geliehene Sachen dem Täter anvertraut.[150]

A hat damit in objektiver Hinsicht sowohl den Grund- als auch den Qualifikationstatbestand des § 246 I, II StGB verwirklicht.

### 2. Subjektiver Tatbestand, Rechtswidrigkeit und Schuld

A handelte hinsichtlich sämtlicher Merkmale des objektiven Tatbestandes und der Qualifikation vorsätzlich, sowie rechtswidrig und schuldhaft.

### 3. Ergebnis

A hat sich wegen einer veruntreuenden Unterschlagung (§ 246 I, II StGB) strafbar gemacht.

## D. Zusammenfassung

**Sound**:
Betrug beim gutgläubigen Eigentumserwerb.

Beim gutgläubigen Erwerb ist das Vorliegen eines betrugsrelevanten Vermögensschadens umstritten.

Die frühere Rechtsprechung des RG (**Makeltheorie**) sah den gutgläubigen Erwerb einer Sache auf Grund des sittlichen Makels als nicht gleichwertig mit dem Erwerb vom Berechtigten an und bejahte damit stets einen Schaden.

Die heute h.M. geht nur dann von einem Betrug aus, wenn der Käufer sich auf Grund der besonderen Umstände des Einzelfalles einem **besonderen Prozessrisiko** ausgesetzt sieht. Liegt ein solches nicht vor, so scheidet ein Betrug zum Nachteil des gutgläubigen Käufers aus.

Ein **Betrug gegenüber dem Käufer zum Nachteil des bisherigen Eigentümers** scheitert entweder daran, dass der Käufer keine Vermögensverfügung zum Nachteil des bisherigen Eigentümers vornimmt, jedenfalls aber auf Grund des Fehlens eines besonderen Näheverhältnisses zwischen Käufer und bisherigem Eigentümer bzw. einer entsprechenden Befugnis (Dreieckskonstellation).

---

[148] WESSELS/ HILLENKAMP, Rn. 281; RENGIER BT I, § 5 Rn. 10a.
[149] Vgl. Fall 12 (Imponiergehabe).
[150] WESSELS/ HILLENKAMP, Rn. 295 ff.; RENGIER BT I, § 5 Rn. 25 ff.

## E. Zur Vertiefung

**Rechtsprechung:**

- BGH, Urteil vom 15.04.2015 – 1 StR 337/14 = Life&Law 2015, 819 ff. = **jurisbyhemmer**: Ein Schaden tritt trotz gutgläubigen Eigentumserwerbs ein, wenn der Erwerber keine Möglichkeit zur Durchsetzung des Eigentumsanspruchs hat mit der Folge, dass sich das Erlangte auf eine wirtschaftlich wertlose kurzfristige Besitzposition beschränkt.

**Zum Betrug bei gutgläubigem Eigentumserwerb:**

- Hemmer/Wüst/Berberich, StrafR BT I, Rn. 158 ff.

# Fall 32: Der geprellte Unternehmer

***Sachverhalt:***

*Paul (P) betreibt einen Computerhandel. Er verkauft dem Unternehmer Ulrich (U) eine Computeranlage für 200.000 €, was deren Marktwert entspricht, und behauptet auf Nachfrage wahrheitswidrig, diese sei unbegrenzt erweiterbar. Als U – bereits vor Kaufpreiszahlung – feststellt, dass die Anlage nicht erweiterbar ist, ficht er den geschlossenen Kaufvertrag an, da diese Anlage aufgrund einer bevorstehenden Expansion seines Unternehmens für ihn absolut unbrauchbar ist.*

***Bearbeitervermerk:***

*Prüfen Sie die Strafbarkeit des P nach dem StGB.*

## A. Einführung

Fall 32 behandelt Probleme aus dem Bereich des Vermögensschadens i.R.d. § 263 I StGB. Zunächst ist hier die besondere Konstellation des Eingehungsbetrugs nach einer Täuschung bei Vertragsschluss zu erkennen. Außerdem ergibt sich die Besonderheit, dass im Ausnahmefall ein betrugsrelevanter Schaden auch dann angenommen werden kann, wenn die wechselseitig eingegangenen Verpflichtungen an sich objektiv gleichwertig sind.

## B. Gliederung

**I. Betrug zum Nachteil des U, § 263 I, III S. 2 Nr. 2 Alt. 1 StGB**

**1.** Objektiver Tatbestand

**a)** Täuschungshandlung (+), Erklärung des P bei den Vertragsverhandlungen, die Anlage sei unbegrenzt erweiterbar

**b)** Irrtum des U (+)

**c)** Vermögensverfügung (+), Abschluss des Kaufvertrages

**d) (P) Vermögensschaden**
Hier **Konstellation des Eingehungsbetruges**, wertmäßiger Vergleich der wechselseitigen Verpflichtungen

⇨ objektive Gleichwertigkeit, da Anlage zum Marktpreis verkauft

⇨ Korrektur über **Lehre vom individuellen Schadenseinschlag**, wenn das Opfer aufgrund besonderer Umstände des Einzelfalles die angebotene Leistung nicht oder nicht in vollem Umfang zu dem vertraglich vorausgesetzten Zweck oder in anderer zumutbarer Weise verwenden kann

⇨ Hier (+), damit Vermögensschaden (+)

**2.** Subjektiver Tatbestand
Vorsatz hinsichtlich sämtlicher Merkmale des objektiven Tatbestandes (+)
Absicht rechtswidriger Bereicherung (+)
Stoffgleichheit und diesbzgl. Vorsatz (+)

**3.** Rechtswidrigkeit und Schuld (+)

**4.** Besonders schwerer Fall des Betruges, § 263 III S. 2 Nr. 2 Alt. 1 StGB
Vermögensverlust großen Ausmaßes (+)
Diesbzgl. Vorsatz (+)

**II. Ergebnis**:
§ 263 I, III S. 2 Nr. 2 Alt. 1 StGB zum Nachteil des U (+)

## C. Lösung

### Strafbarkeit des P

### I. Betrug zum Nachteil des U, § 263 I, III S. 2 Nr. 2 Alt. 1 StGB

Durch die wahrheitswidrige Erklärung beim Verkauf der Computeranlage an U hinsichtlich deren Erweiterbarkeit könnte sich P wegen Betruges zum Nachteil des U strafbar gemacht haben.

#### 1. Objektiver Tatbestand

**a)** Zunächst müsste P eine Täuschungshandlung vorgenommen haben. P hat erklärt, die Anlage könne unbegrenzt erweitert werden, obwohl tatsächlich keine Erweiterungsmöglichkeit bestand.

Zudem muss sich die Täuschung i.S.d. § 263 I StGB auf Tatsachen beziehen. Tatsachen sind alle konkreten vergangenen oder gegenwärtigen Geschehnisse oder Zustände der Außenwelt und des menschlichen Innenlebens.[151] Die Erklärung über die Erweiterbarkeit einer Computeranlage stellt einen gegenwärtigen Zustand der Außenwelt und damit eine Tatsachenbehauptung dar.

**b)** U schenkte den Angaben des P i.R.d. Verhandlungen Glauben. Durch seine Täuschung erregte P also bei U einen Irrtum darüber, dass die Anlage erweiterbar sei.

**c)** Weiter müsste der Getäuschte durch den Irrtum zu einer Vermögensverfügung veranlasst worden sein. Es handelt sich hierbei um ein ungeschriebenes Tatbestandsmerkmal, das nach h.M. den ursächlichen Zusammenhang zwischen Irrtum und Vermögensschaden herstellt.[152]

Vermögensverfügung ist jedes Handeln, Dulden oder Unterlassen, das eine Vermögensminderung unmittelbar herbeiführt, wobei jede tatsächliche Einwirkung auf das Vermögen ausreicht, sodass eine Verfügung i.S.d. bürgerlichen Rechts oder auch nur eine Willenserklärung nicht erforderlich ist.

**hemmer-Methode**: Wollte man an dieser Stelle die Definition für die Vermögensverfügung vollständig subsumieren, könnte man bereits hier den Vermögensschaden prüfen, da das Handeln, Dulden bzw. Unterlassen ja zu einer Vermögensminderung führen müsste. Um jedoch aufbautechnisch der Struktur des Betrugstatbestandes (Täuschungshandlung / Irrtumserregung / Vermögensverfügung / Vermögensschaden) gerecht zu werden, sollten Sie in der Klausur unter dem Prüfungspunkt Vermögensverfügung lediglich feststellen, ob eine tatsächliche Vermögensminderung vorliegt.
Ob diese auch eine betrugsrelevante Minderung darstellt, ist dann erst beim Vermögensschaden zu erörtern. Wenn Sie auf diese Weise vorgehen, erübrigen sich bei der Prüfung der Vermögensverfügung auch jegliche Ausführungen zum Vermögensbegriff des § 263 I StGB; diese gehören dann systematisch in den Bereich des Tatbestandsmerkmals des Vermögensschadens.

Fraglich ist, ob hier bereits der Abschluss eines Kaufvertrages zur Begründung eines Betrugs herangezogen werden kann, denn die Vermögensverfügung des Opfers muss unmittelbar vermögensmindernd wirken.

---

151 Vgl. CRAMER in SCHÖNKE/SCHRÖDER, § 263 Rn. 8.

152 Vgl. CRAMER in SCHÖNKE/SCHRÖDER, § 263 Rn. 54.

Zu einer Kaufpreiszahlung ist es jedoch noch nicht gekommen.

Durch den Abschluss des Kaufvertrages ist U jedoch einem Anspruch auf Kaufpreiszahlung aus § 433 II BGB in Höhe von 200.000 € ausgesetzt. Dieser Umstand könnte bereits unmittelbar vermögensmindernd wirken.

Die h.M. bestraft den sog. Eingehungsbetrug zumindest dann, wenn er bereits zu einer schadensgleichen Vermögensgefährdung geführt hat. Eine solche Vermögensgefährdung ist vorliegend grundsätzlich anzunehmen, da im Prozessfall der U die Beweislast für die Geltendmachung der Anfechtung nach §§ 123 I Alt. 1, 142 I BGB als rechtsvernichtende Einwendung gegen den Kaufpreisanspruch des P trägt. Kann er das Vorliegen des Anfechtungsgrundes nicht beweisen, so wird er zur Kaufpreiszahlung verurteilt. Aus diesem Grunde kann im vorliegenden Fall bereits der Abschluss des Verpflichtungsgeschäfts zur Vollendung des Betrugs führen.

**hemmer-Methode**: Diese Ausführungen stehen thematisch genau zwischen den Tatbestandsmerkmalen der Vermögensverfügung und des Vermögensschadens und könnten in einer Klausur an beiden Stellen diskutiert werden.
Häufig erfolgt die detaillierte Auseinandersetzung mit der Problematik des Eingehungsbetrugs auch erst unter dem Prüfungspunkt Vermögensschaden.

**d)** Fraglich könnte das Vorliegen einer schadensgleichen Vermögensgefährdung jedoch deswegen sein, weil U im Gegenzug zur Eingehung der Kaufpreisverbindlichkeit aus dem Vertrag einen Lieferungs- und Übereignungsanspruch auf die Computeranlage erworben hat.

Bei einem Eingehungsbetrug, auf den insbesondere dann abzustellen ist, wenn es – wie hier – bei einem gegenseitigen Vertrag zu einem tatsächlichen Leistungsaustausch beider Parteien oder wenigstens zu einer Leistung des Getäuschten nicht kommt, sind die beiderseitigen Vertragsverpflichtungen miteinander zu vergleichen. Ein Betrug ist in einer solchen Konstellation dann zu bejahen, wenn der Anspruch, den der Getäuschte erlangt hat, in seinem wirtschaftlichen Wert hinter der von ihm übernommenen Verpflichtung zurückbleibt.[153]

Der Lieferungs- und Übereignungsanspruch des U entsprach vorliegend jedoch wertmäßig dem Kaufpreiszahlungsanspruch des P, da die Computeranlage zum Marktwert verkauft wurde. Daher hätte U bei einer rein objektiven Betrachtungsweise keinen Schaden erlitten, sondern ein vollwertiges Äquivalent erhalten. Sein Schaden wäre als kompensiert anzusehen. Ein Betrug wäre zu verneinen.

**cc)** Nach h.M. bleibt es jedoch nicht bei diesem rein objektiven Maßstab. Vielmehr ist bei der Schadensberechnung in einem zweiten Schritt die Frage nach einem sog. individuellen Schadenseinschlag zu stellen.

Der Schaden lässt sich nämlich nicht gänzlich unabhängig von der Bedürfnissituation des Geschädigten bestimmen.[154]

Für die Frage, ob trotz wirtschaftlicher Ausgeglichenheit aufgrund besonderer individueller Umstände beim Verfügenden ein Schaden entstanden ist, kommt es nach h.M. auf das vernünftige Urteil eines unbeteiligten Dritten an.

---

[153] Vgl. BGH, NJW 1991, 2573 = **juris**byhemmer; WESSELS/HILLENKAMP, Rn. 539; RENGIER BT I, § 13 Rn. 83 ff.; KREY/HELLMANN, Rn. 445.

[154] Vgl. BGHSt 16, 321 (325 ff.); WESSELS/HILLENKAMP, Rn. 547 ff.

**hemmer-Methode**: Lassen Sie sich durch die nachfolgenden Ausführungen nicht verwirren: Grundsätzlich sind i.R.d. Prüfung des § 263 I StGB zunächst die wechselseitigen Verpflichtungen rein objektiv miteinander zu vergleichen. Ergibt sich bei dieser Betrachtung eine Gleichwertigkeit (= Betrug (-)), so kann eine Korrektur dieses Ergebnisses nur beim Vorliegen besonderer Umstände erfolgen. Hüten Sie sich also davor, vorschnell über die Lehre vom individuellen Schadenseinschlag einen Vermögensschaden und damit eine Strafbarkeit wegen Betruges zu begründen. Denken Sie vom Rechtsgut her: § 263 I StGB schützt nur das Vermögen des Geschädigten, nicht aber dessen Dispositionsfreiheit!

Im Melkmaschinenfall[155] hat der BGH diesen Gesichtspunkt dahingehend zusammengefasst, dass ein Schaden aufgrund individuellen Einschlags insbesondere anzunehmen sei, wenn der Erwerber

**(1)** die angebotene Leistung nicht oder nicht in vollem Umfang zu dem vertraglich vorausgesetzten Zweck oder in anderer zumutbarer Weise verwenden kann oder

**(2)** durch die eingegangene Verpflichtung zu vermögensschädigenden Maßnahmen gezwungen wird oder

**(3)** infolge der Verpflichtung nicht mehr über die Mittel verfügen kann, die zur ordnungsgemäßen Erfüllung seiner Verbindlichkeiten oder sonst für eine seinen persönlichen Verhältnissen angemessene Wirtschafts- oder Lebensführung unerlässlich sind.

Die beiden letzteren Punkte sind allerdings umstritten, da es dabei zumindest fraglich ist, inwieweit die Unmittelbarkeit zwischen Vermögensschaden und erstrebter Bereicherung (= Stoffgleichheit) zu bejahen ist. Im Übrigen erscheint es inkonsequent, dass zugunsten des Täters eine nachträgliche Schadensbeseitigung nicht berücksichtigt wird, zu seinen Lasten hier aber spätere Ereignisse beachtet werden.

Im vorliegenden Fall kommt es allerdings hierauf nicht an, da es sich um den typischen Fall handelt, dass der Erwerber die Gegenleistung zu dem vertraglich vorausgesetzten Zweck nicht verwenden kann. Es wurde nämlich ausdrücklich eine Anlage bestellt, die eine Erweiterungsmöglichkeit bietet, so dass der Zweck des Vertrages diese Erweiterungsmöglichkeit umfasst.

Tatsächlich fehlte ihr diese Eigenschaft, sodass die Leistung, die U erhielt, im Hinblick auf seine speziellen Bedürfnisse und Zwecke kein ausreichendes Äquivalent für die von ihm erbrachte bzw. zu erbringende Gegenleistung darstellt.

**hemmer-Methode**: Beachten Sie unbedingt, dass Ausführungen zum individuellen Schadenseinschlag nur dann angebracht sind, wenn eine nach objektiver wirtschaftlicher Betrachtung gleichwertige Gegenleistung existiert. Fehlt es an einer solchen objektiven Gleichwertigkeit, so ist schon aus diesem Grund ein Vermögensschaden zu bejahen.

**dd)** Ein Vermögensschaden liegt also vor. Dieser beruht auch unmittelbar auf der Vermögensverfügung, nämlich dem Abschluss des Kaufvertrages.

## 2. Subjektiver Tatbestand

**a)** P handelte mit dem Vorsatz, bei U durch Täuschung einen Irrtum zu erregen und diesen so zu einer schädigenden Vermögensverfügung zu veranlassen.

---
155 BGHSt 16, 321 ff.

**b)** Überdies müsste P die Absicht rechtswidriger Bereicherung gehabt haben.

Dem Täter muss es hierbei darauf ankommen, sich oder einem Dritten einen Vermögensvorteil zu verschaffen, auf den er rechtlich keinen Anspruch hat.

Der Vermögensvorteil in diesem Sinn ist das Gegenstück zum Vermögensschaden des Geschädigten. Daher stellt jede günstigere Gestaltung der Vermögenslage, jede Erhöhung des Vermögenswertes einen Vermögensvorteil dar.[156]

Hier kommt die Alternative „sich einen Vermögensvorteil zu verschaffen" in Betracht, da das Erstreben des üblichen Geschäftsgewinns insoweit ausreichend ist.

Der von P erstrebte Vermögensvorteil war auch rechtswidrig, da er wegen der Anfechtbarkeit des Vertrages (infolge der später erfolgten Anfechtung) auf die Kaufpreiszahlung keinen durchsetzbaren Anspruch hatte (§§ 123 I Alt. 1, 142 I BGB). Schließlich ist auch von der Stoffgleichheit des Schadens auszugehen, da der von P erstrebte Vorteil die Kehrseite des Schadens des U darstellt.

Dies war auch vom Vorsatz des P umfasst.

### 3. Rechtswidrigkeit und Schuld

Die Tat war rechtswidrig und P handelte schuldhaft.

[156] Vgl. CRAMER in SCHÖNKE/SCHRÖDER, § 263 Rn. 167.

### 4. Besonders schwerer Fall des Betruges, § 263 III S. 2 Nr. 2 Alt. 1 StGB

P könnte ferner das Regelbeispiel des § 263 III S. 2 Nr. 2 Alt. 1 StGB verwirklicht haben und daher wegen Betruges in einem besonders schweren Fall zu bestrafen sein.

§ 263 III StGB stellt wie § 243 StGB eine Strafzumessungsregel dar. Ein Vermögensverlust großen Ausmaßes wird in der Rechtsprechung ab einem Betrag von 50.000 € angenommen.[157] Der hier bei U eingetretene Schaden beläuft sich auf 200.000 €. P handelte insofern auch vorsätzlich. Es liegt damit ein Fall des § 263 III S. 2 Nr. 2 Alt. 1 StGB vor.

### II. Ergebnis

P ist wegen Betrugs in einem besonders schweren Fall gem. § 263 I, III S. 2 Nr. 2 Alt. 1 StGB zum Nachteil des U zu bestrafen.

## D. Zusammenfassung

**Sound**:
Eingehungsbetrug.
Lehre vom individuellen Schadenseinschlag.

Ein Eingehungsbetrug liegt vor, wenn bei einem gegenseitigen Vertrag die beiderseitigen Vertragsverpflichtungen infolge Täuschung eines Vertragspartners nicht gleichwertig sind, wenn also der Anspruch, den der Getäuschte erlangt hat, in seinem wirtschaftlichen Wert hinter der von ihm übernommenen Verpflichtung zurückbleibt.

[157] Vgl. BGH, NJW 2001, 2485 f. sowie BGH, NJW 2004, 169: **alle Entscheidungen = juris**byhemmer.

In einem solchen Fall kann bereits im Abschluss des Vertrages ein Betrug zu sehen sein. Auf die Erfüllung dieses Vertrages kommt es dann nicht mehr an.

Das Tatbestandsmerkmal des Vermögensschadens ist anhand eines objektiv-individualisierenden Beurteilungsmaßstabes nach dem **Prinzip der Gesamtsaldierung** unter Berücksichtigung einer etwaigen unmittelbaren Schadenskompensation festzustellen.

Trotz objektiv gegebener wertmäßiger Ausgeglichenheit von Leistung und Gegenleistung kann beim Vorliegen besonderer Umstände im Einzelfall nach der **Lehre vom individuellen Schadenseinschlag** ein Vermögensschaden anzunehmen sein.

In der Rechtsprechung sind insofern **drei Fallgruppen anerkannt**:

Ein Schaden wird trotz objektiver Gleichwertigkeit von Leistung und Gegenleistung angenommen, wenn der Erwerber

1. die angebotene Leistung nicht oder nicht in vollem Umfang zu dem vertraglich vorausgesetzten Zweck oder in anderer zumutbarer Weise verwenden kann oder
2. durch die eingegangene Verpflichtung zu vermögensschädigenden Maßnahmen gezwungen wird oder
3. infolge der Verpflichtung nicht mehr über die Mittel verfügen kann, die zur ordnungsgemäßen Erfüllung seiner Verbindlichkeiten oder sonst für eine seinen persönlichen Verhältnissen angemessene Wirtschafts- oder Lebensführung unerlässlich sind.

## E. Zur Vertiefung

**Rechtsprechung zum sog. Sportwettenbetrug:**

- BGH, Urteil vom 20.12.2012 – 4 StR 55/12 = Life&Law 2013, 588 ff. = **juris**byhemmer: Bei Wetten mit festen Quoten ist grundsätzlich bereits mit dem Abschluss des Wettvertrags ein vollendeter Betrug zum Nachteil des Wettanbieters gegeben. Der Schaden der getäuschten Wettanbieter ergibt sich daraus, dass die von ihnen gegenüber den Wettenden eingegangene – infolge der Manipulationen mit einem erhöhten Realisierungsrisiko behaftete – Verpflichtung zur Auszahlung des vereinbarten Wettgewinns objektiv nicht mehr durch den Anspruch auf den Wetteinsatz gedeckt ist. Zur Schadensfeststellung ist der wirtschaftliche Wert der bedingten Verbindlichkeit des getäuschten Wettanbieters (Zahlung des Wettgewinns) dem Wert seines Anspruchs (Behalten-Dürfen des Wetteinsatzes) gegenüberzustellen. Ist keine verlässliche Schätzung eines so zu ermittelnden Mindestschadens möglich, scheidet eine Verurteilung wegen vollendeten Betrugs aus. **Beachten Sie:** Um diese Strafbarkeitslücke zu schließen, sieht ein Referentenentwurf vor, künftig den Sportwettenbetrug (§ 265c StGB-E) sowie die Manipulation berufssportlicher Wettbewerbe (§ 265d StGB-E) unter Strafe zu stellen.

- BGH, Beschluss vom 11.03.2014 – 4 StR 479/13 = Life&Law 2015, 100 ff. = **juris**byhemmer: Wer die Manipulation eines Fußballspiels lediglich für möglich hält und daraufhin auf den Ausgang dieses Spiels wettet, macht sich nicht wegen Betrugs gem. § 263 StGB strafbar.

**Rechtsprechung zu einem Eingehungsbetrug bei Abschluss einer Lebensversicherung:**

- BGH, Urteil vom 14.08.2009 – 3 StR 552/08 = Life&Law 2010, 173 ff. = **juris**byhemmer: Mit dem Abschluss des Lebensversicherungsvertrags liegt bereits ein Vermögensschaden vor und der Eingehungsbetrug ist damit vollendet, wenn der Versicherungsnehmer darüber getäuscht hat, dass er den Versicherungsfall fingieren will, um die Versicherungssumme geltend machen zu lassen.

**Rechtsprechung zur Bestimmung des Vermögensschadens beim verbotenen oder sittenwidrigen Geschäft:**

- BGH, Beschluss vom 01.08.2013 – 4 StR 189/13 = Life&Law 2014, 189 ff. = **juris**byhemmer: Eine Prostituierte erwirbt erst dann eine rechtswirksame Forderung, wenn die sexuelle Handlung gegen ein vereinbartes Entgelt vorgenommen worden ist, wohingegen dem gegen den Willen der Prostituierten erzwungenen Geschlechtsverkehr kein Vermögenswert zukommt. Eine Erpressung der Prostituierten i.S.d. § 253 I StGB mit dem Ziel des Verzichts auf das vereinbarte Entgelt kommt daher nur in Betracht, wenn die abgesprochene sexuelle Handlung zuvor einvernehmlich erbracht worden ist.
- BGH, NStZ 2002, 33 = Life&Law 2002, 256; BGH, NJW 2001, 86 f. = Life&Law 2001, 261 ff. = **juris**byhemmer.

**Rechtsprechung zur Bestimmung des Vermögensschadens beim Erschleichen eines Sonderrabatts:**

- BGH, NJW 2004, 2603 ff. = Life&Law 2004, 681 ff. = **juris**byhemmer.

**Rechtsprechung zum Vermögensverlust großen Ausmaßes:**

- § 263 III S. 2 Nr. 2 StGB setzt betragsmäßig einen Vermögensverlust i.H.v. mindestens 50.000 € voraus. Eine bleibende Vermögenseinbuße ist nicht Voraussetzung. Eine nachträgliche Rückführung des Geldes an den Geschädigten ist daher unbeachtlich („nicht-mehr-Fall“).

**Zur Konstellation des Eingehungsbetruges:**

- Hemmer/Wüst/Berberich, StrafR BT I, Rn. 157.

**Zur Lehre vom individuellen Schadenseinschlag:**

- Hemmer/Wüst/Berberich, StrafR BT I, Rn. 161 ff.

# Fall 33: Die vermeintliche Spende

***Sachverhalt:***

*Alfred (A) befindet sich nach dem Niedergang seiner Firma in großen wirtschaftlichen Schwierigkeiten. Deswegen sucht er die naive Katja (K) auf und spiegelt dieser vor, er führe gerade eine Spendensammlung durch, deren Erlös behinderten Menschen zugutekomme. Über so viel karitatives Engagement begeistert, gibt K dem A 100 €. A benutzt das Geld – wie von vornherein geplant – zur Begleichung seiner Schulden.*

***Bearbeitervermerk:***

*Prüfen Sie die Strafbarkeit des A nach dem StGB.*

## A. Einführung

Im Fall 33 ist i.R.d. Betrugsprüfung auf die Frage einzugehen, ob der Umstand, dass die K sich hier bewusst war, für die hingegebenen 100 € kein wirtschaftliches Äquivalent zu erhalten, der Annahme eines Vermögensschadens entgegensteht.

## B. Gliederung

**I. Betrug zum Nachteil der K, § 263 I StGB**

**1. Objektiver Tatbestand**

**a)** Täuschungshandlung des A = Vorspiegelung der Tatsache, für behinderte Menschen Spenden zu sammeln

**b)** Dadurch erregter Irrtum bei K (+)

**c)** Dadurch veranlasste Vermögensverfügung der K = Hingabe der 100 €

**d)** **(P) Vorliegen eines Vermögensschadens?**
Zwar Wertminderung des Vermögens des K um 100 €
Aber K war sich von Anfang darüber im Klaren, **für das hingegebene Geld kein wirtschaftliches Äquivalent** zu erhalten

⇨ *Nach Rechtsprechung*: unbewusste und bewusste Selbstschädigung von § 263 I StGB umfasst

⇨ *Nach h.M. in der Literatur*: bewusste Selbstschädigung von § 263 I StGB nicht umfasst, aber Korrektur über Lehre von der Zweckverfehlung

⇨ Vermögensschaden dann (+), wenn infolge der Täuschung der mit der Aufwendung verfolgte Zweck seinem sozialen Sinn nach verfehlt wird, hier (+)

**2.** Subjektiver Tatbestand
Vorsatz hinsichtlich aller Merkmale des objektiven Tatbestandes
Bereicherungsabsicht (+)
Rechtswidrigkeit und Stoffgleichheit der erstrebten Bereicherung (+)
Diesbzgl. Vorsatz (+)

**3.** Rechtswidrigkeit und Schuld (+)

**II. Ergebnis:**

§ 263 I StGB (+)

## C. Lösung

### Strafbarkeit des A

#### I. Betrug zum Nachteil der K, § 263 I StGB

##### 1. Objektiver Tatbestand

**a)** A hat die K über die Tatsache getäuscht, dass er Spenden für behinderte Menschen sammle.

**b)** Durch diese Täuschungshandlung erweckte er in K einen entsprechenden Irrtum. K schenkte den Angaben des A Glauben.

**c)** Durch den Irrtum müsste die Getäuschte zu einer Vermögensverfügung veranlasst worden sein. Es handelt sich hierbei um ein ungeschriebenes Tatbestandsmerkmal, das nach h.M. den ursächlichen Zusammenhang zwischen Irrtum und Vermögensschaden herstellt.[158]

Vermögensverfügung ist jedes Handeln, Dulden oder Unterlassen, das eine Vermögensminderung unmittelbar herbeiführt, wobei jede tatsächliche Einwirkung auf das Vermögen ausreicht, sodass eine Verfügung i.S.d. bürgerlichen Rechts oder auch nur eine Willenserklärung nicht erforderlich ist.

Eine Vermögensverfügung liegt hier darin, dass die K dem A 100 € in bar übergab.

Die Vermögensverfügung müsste ferner kausal durch die Irrtumserregung bedingt gewesen sein. Es ist davon auszugehen, dass entscheidendes Motiv für die Zahlung die von A vorgebrachten unwahren Tatsachen waren, sodass der Irrtum der K kausal für ihre Vermögensverfügung war.

**d)** Schließlich müsste die Verfügung zu einem Vermögensschaden geführt haben.

Ein Vermögensschaden erfordert eine Wertminderung des Vermögens. Die h.M. verfährt bei der Schadensberechnung nach dem Saldierungsprinzip, d.h. es werden die Vermögenslagen des Opfers vor und nach der Verfügung ohne Beachtung einzelner Vermögenspositionen miteinander verglichen. Grundsätzlich kann nur dann vom Vorliegen eines Vermögensschadens ausgegangen werden, wenn beim Vergleich der Gesamtvermögen eine Differenz zuungunsten des Verfügenden entstanden ist.[159]

Da das Vermögen der K nach der Hingabe des Geldes an A im Vergleich zu ihrem vorherigen Vermögen um 100 € geschmälert ist, besteht eine solche Differenz. Im vorliegenden Fall ist allerdings fraglich, ob die Annahme einer täuschungsbedingten Schädigung nicht bereits deswegen entfällt, weil sich die Getäuschte K hier der nachteiligen Wirkung ihrer Verfügung auf das Vermögen bewusst war.

K war es nämlich bei der Hingabe des Geldes klar, dass sie eine wirtschaftlich adäquate Gegenleistung dafür nicht bekommen werden wird. Es liegt damit hier ein Fall einer bewussten Selbstschädigung vor, der von der h.M. in der Literatur nicht unter § 263 I StGB subsumiert wird.[160]

**hemmer-Methode**: Vorsicht! Dieses Problem darf nicht mit der ebenfalls i.R.d. Betruges zu problematisierenden Frage verwechselt werden, ob i.R. der Vermögensverfügung des Opfers ein Verfügungsbewusstsein zu fordern ist.

---

158 Vgl. CRAMER in SCHÖNKE/SCHRÖDER, § 263 Rn. 54.

159 Vgl. zum Ausnahmefall des individuellen Schadenseinschlages nochmals oben Fall 32 (Der geprellte Unternehmer).

160 Vgl. CRAMER in SCHÖNKE/SCHRÖDER, § 263 Rn. 41, 102; LACKNER in LK, § 263 Rn. 170.

Nach h.M. ist dies – um eine Abgrenzung zum Diebstahl zu ermöglichen – beim Sachbetrug, nicht aber beim Forderungsbetrug der Fall. Vgl. insofern nochmals oben Fall 2 (Weinbrand und Zigaretten).

Eine solche bewusste Selbstschädigung ist aber in Fällen des Bettelbetruges nach der sog. Lehre von der Zweckverfehlung[161] nicht anzunehmen, wenn eine irrtumsbedingte Leistung den ihr immanenten sozialen Zweck verfehlt und der Verfügende dies infolge der Täuschung nicht erkennt.

Eine solche Konstellation ist hier gegeben, da K sich infolge der Täuschung nicht darüber bewusst war, dass der von ihr erstrebte soziale Zweck, Unterstützung behinderter Menschen, verfehlt wird.

**hemmer-Methode**: Die Abgrenzung bewusste / unbewusste Selbstschädigung wird von der überwiegenden Rechtsprechung abgelehnt.[162] Diese kommt jedoch zum selben Ergebnis, indem sie grundsätzlich mangels Gegenleistung einen Vermögensschaden annimmt, solange dieser nicht durch die Erreichung des vorausgesetzten sozialen Zwecks kompensiert wird.[163]

Bei der gebotenen wirtschaftlichen Betrachtungsweise stellt das Vermögensopfer des Spenders nur dann einen Vermögensschaden dar, wenn dessen Ziel, wirtschaftliche Werte ausschließlich zur Verfolgung eines sozialen Zwecks zur Verfügung zu stellen, ein wirtschaftlich vernünftiges Interesse darstellt. Davon ist im vorliegenden Fall auszugehen.

**hemmer-Methode**: Auf die Verfehlung des sozial relevanten Zwecks darf nach h.M. grundsätzlich nur dann eingegangen werden, wenn keine gegenseitigen Verträge zu beurteilen sind. Wenn z.B. der Täter Postkarten im Wert von 10 € für 10 € verkauft und die Käufer mit der falschen Behauptung motiviert, diese Postkarten seien von Behinderten hergestellt worden, weswegen diesen ein Teil des Verkaufserlöses zufließe, liegt nach h.M. kein Betrug vor, da die Käufer eine wirtschaftlich gleichwertige Gegenleistung erhalten.

### 2. Subjektiver Tatbestand

A handelte mit dem Vorsatz, bei K durch Täuschung einen Irrtum zu erregen und sie so zu einer schädigenden Vermögensverfügung zu veranlassen.

Daneben müsste er Bereicherungsabsicht gehabt haben. Der Vermögensvorteil ist das Gegenstück zum Vermögensschaden des Geschädigten. Daher stellt jede günstigere Gestaltung der Vermögenslage, jede Erhöhung des Vermögenswertes einen Vermögensvorteil dar.

Hier kommt die Alternative „sich einen Vermögensvorteil zu verschaffen“ in Betracht. Indem A 100 € erhalten hat, ist ihm insoweit ein Vermögensvorteil entstanden.

Zwischen dem Vorteil, der dem A zufließt, und dem Schaden der K besteht Stoffgleichheit, da beide auf ein und derselben Vermögensverfügung beruhen.

Der erstrebte Vorteil ist auch rechtswidrig, da A gegen die K keinen Anspruch auf Zahlung der 100 € hatte. A handelte hinsichtlich Rechtswidrigkeit und Stoffgleichheit auch vorsätzlich und daher mit Bereicherungsabsicht.

---

[161] Vgl. hierzu WESSELS/HILLENKAMP, Rn. 550 ff.

[162] Vgl. BGH, NJW 1992, 2167; BGH, NStZ 1995, 134 m. Anm. DEUTSCHER/KÖRNER, JuS 1996, 296.

[163] Vgl. auch RUDOLPHI, NStZ 1995, 290.

**3. Rechtswidrigkeit und Schuld**

Rechtfertigungsgründe sind nicht ersichtlich. Die Tat war rechtswidrig und A handelte schuldhaft.

**II. Ergebnis**

A hat sich wegen eines Betruges gem. § 263 I StGB zum Nachteil der K strafbar gemacht.

## D. Zusammenfassung

**Sound**:
bewusste / unbewusste Selbstschädigung; Lehre von der Zweckverfehlung.

Nach h.M. in der **Literatur** setzt § 263 I StGB eine **unbewusste Selbstschädigung** des Opfers voraus. Es wird also gefordert, dass dem Opfer der vermögensschädigende Charakter seines Verhaltens verborgen bleibt.

Nach der **Rechtsprechung** dagegen kann § 263 I StGB **auch bei bewussten Selbstschädigungen** eingreifen.

Der Unterschied zwischen diesen beiden Ansichten nivelliert sich aber bei näherer Betrachtung, da auch die h.M. in der Lit. unter Zuhilfenahme der Lehre von der Zweckverfehlung eine Strafbarkeit wegen Betruges annimmt, wenn das Opfer trotz bewusster Hingabe eines Vermögenswertes den mit dieser Hingabe verfolgten sozialen Zweck verfehlt, da dann zumindest insofern eine unbewusste Selbstschädigung vorliege.

## E. Zur Vertiefung

**Zum Problem der bewussten Selbstschädigung und zur Lehre von der Zweckverfehlung:**

- Hemmer/Wüst/Berberich, StrafR BT I, Rn. 166 ff.

# Fall 34: Ein zuverlässiger Betrüger

***Sachverhalt:***

*Gustav (G) war von 1978 bis 1982 beim Ministerium für Staatssicherheit der DDR (MfS) als Kraftfahrer und danach bis zur Wiedervereinigung bei der Deutschen Volkspolizei beschäftigt. 1983 hatte er sich gegenüber dem MfS als inoffizieller Mitarbeiter verpflichtet und im Rahmen dieser Zusammenarbeit zahlreiche Berichte, insbesondere Personeneinschätzungen von Ausreisewilligen, erstellt. Mit Wirkung vom 3.10.1990 wurde G Angestellter im Berliner Polizeidienst. Einen Personalfragebogen anlässlich der Prüfung seiner Weiterbeschäftigung füllte er nur teilweise aus. Zusatzfragen, die von ehemaligen inoffiziellen Mitarbeitern des MfS zu beantworten waren, ließ er unausgefüllt. Allerdings versicherte er anlässlich seiner Anhörung vor der Personalauswahlkommission bewusst wahrheitswidrig, dass er während seiner früheren Dienstzeit vom MfS nicht für „Spitzeldienste" angeworben worden sei. Die Personalauswahlkommission stellte daraufhin die persönliche Eignung des G für eine Weiterbeschäftigung beim Polizeipräsidenten in Berlin fest. Im August 1995 wurde G schließlich als Polizeihauptwachtmeister in das Beamtenverhältnis auf Probe berufen. Im April 2001 wurde seine frühere MfS-Tätigkeit bekannt, und nachdem G die fristlose Entlassung angedroht worden war, schied er im Mai 2001 freiwillig aus dem Beamtenverhältnis aus. Bis zu diesem Zeitpunkt hatte G, dessen Leistungen in fachlicher Hinsicht nicht zu beanstanden waren, Beamtenbezüge in Höhe von 200.000 DM erhalten, die nicht zurückgefordert wurden.*

***Bearbeitervermerk:***

*Prüfen Sie die Strafbarkeit des G gem. § 263 StGB.*
*Es ist bei der Bearbeitung des Falles als Zeitpunkt auf den 31.12.2004 abzustellen.*

## A. Einführung

Fall 34 ist einer Entscheidung des BGH nachgebildet. Der Fall beschäftigt sich mit der besonderen Konstellation des sog. Anstellungsbetruges. Es handelt sich hierbei um einen Sonderfall des Eingehungsbetruges (vgl. insofern oben Fall 32, „Der geprellte Unternehmer"), wobei insbesondere bei der Prüfung eines Vermögensschadens sorgfältig vorzugehen ist.

## B. Gliederung

**I. Betrug, § 263 I StGB**

**1.** Objektiver Tatbestand

**a)** Täuschungshandlung (+), wahrheitswidrige Angabe des G, nicht für Spitzeldienste angeworben worden zu sein

**b)** Irrtumserregung bei der Personalauswahlkommission (+)

**c)** Vermögensverfügung (+), zum einen Anstellung, zum anderen ausbezahlte Beamtenbezüge i.H.v. 200.000 DM

d) **(P) Vermögensschaden? Anstellungsbetrug = Sonderfall des Eingehungsbetruges**
⇨ Daher Vergleich der vertraglich begründeten gegenseitigen Ansprüche
⇨ Vermögensschaden i.S.e. schadensgleichen Vermögensgefährdung (+) bei fehlender fachlicher oder fehlender persönlicher Eignung des Täuschenden für die Amtsführung.
⇨ **Fehlende fachliche Eignung**? ⇨ hier (-)
⇨ **Fehlende persönliche Eignung**?
*Nach BGH*: (+)
*Nach Teilen der Literatur*: (-)
i. Erg. beide Auffassungen vertretbar

**2.** Subjektiver Tatbestand
Vorsatz hinsichtlich des objektiven Tatbestandes (+)
Bereicherungsabsicht (+)
⇨ Rechtswidrigkeit der erstrebten Bereicherung, Stoffgleichheit (+)
Diesbzgl. Vorsatz (+)

**3.** Rechtwidrigkeit und Schuld (+)

**4.** Besonders schwerer Fall, § 263 III S. 2 Nr. 2 Alt. 1 StGB
200.000 DM = Vermögensverlust großen Ausmaßes (+)
Diesbzgl. Vorsatz (+)

**5.** Verfahrenshindernis der Verjährung
Verjährungsfrist beim Betrug gem. § 78 III Nr. 4 StGB fünf Jahre
⇨ Aber Fristbeginn erst mit Erlangung des letzten Vermögensvorteils (§ 78a S. 2 StGB), daher Tat des G hier nicht verjährt

**II. Ergebnis:**
§ 263 I StGB (+)

## C. Lösung

### Strafbarkeit des G

### I. Betrug, § 263 I StGB

G könnte sich des Betrugs schuldig gemacht haben, indem er vor der Personalauswahlkommission seine MfS-Tätigkeit leugnete und so seine Anstellung beim Polizeipräsidenten in Berlin erreichte.

#### 1. Objektiver Tatbestand

In der bewusst wahrheitswidrigen Versicherung, nicht für Spitzeldienste angeworben worden zu sein, liegt eine Täuschung des G über Tatsachen, nämlich über vergangene Verhältnisse, die seine Person betreffen. Diese Täuschung hat auch kausal zu einem entsprechenden Irrtum der zuständigen Personen der Personalauswahlkommission als Vertreter des Landes Berlin geführt.

Als ungeschriebenes Tatbestandsmerkmal erfordert der Betrug eine Vermögensverfügung des Getäuschten. Eine solche liegt hier in zweifacher Hinsicht vor: Zum einen handelt es sich bei dem Anstellungsbetrug durch Amtserschleichung um einen Unterfall des Eingehungsbetrugs und zum anderen hat der G Beamtenbezüge in Höhe von 200.000 DM erhalten.

Fraglich ist allerdings, ob das Land Berlin auch einen Vermögensschaden erlitten hat. Dieser ist nach ständiger Rechtsprechung des BGH durch einen Vermögensvergleich mit wirtschaftlicher Betrachtungsweise zu ermitteln.

Beim Eingehungsbetrug bedeutet dies, dass der Vermögensstand vor und nach Vertragsschluss unter Berücksichtigung der vertraglich begründeten gegenseitigen Ansprüche zu vergleichen ist.

Wenn der Wert des Anspruchs auf die Leistung des Täuschenden (hier die von G zu erbringende Amtsführung) hinter dem Wert der Verpflichtung zur Gegenleistung des Getäuschten (hier im Wesentlichen der Wert des von der Behörde versprochenen Gehalts) zurückbleibt, ist der Getäuschte geschädigt.

Da die Vertragspflichten bei Vertragsschluss – nicht aber die künftig erbrachten Leistungen i.R.d. Vertragserfüllung – zu vergleichen sind, handelt es sich um eine Vermögensgefährdung, die schadensgleich sein muss, um einen Vermögensschaden i.S.d. § 263 I StGB zu begründen.

Maßgebend ist also eine ex-ante-Betrachtung, wobei aber bei längerer Dauer des Dienstverhältnisses auch die spätere tatsächliche Leistung des Verpflichteten als Indiz für die bei Vertragsschluss bestehende Gefährdung herangezogen werden kann.[164]

**hemmer-Methode**: Der Anstellungsbetrug ist somit ein Sonderfall des sog. Eingehungsbetrugs.

Im Falle des sog. Anstellungsbetruges sind an dieser Stelle zwei Fallgruppen auseinander zu halten: die fehlende fachliche und die fehlende persönliche Eignung des Täuschenden für die Amtsführung.

Im erstgenannten Fall ist das Vorliegen eines Vermögensschadens unproblematisch zu begründen: Täuscht der Beamte über für das Amt rechtlich unerlässliche Anforderungen an die fachliche Qualifikation, insbesondere die Ausbildung, die nach Gesetz oder Verwaltungsvorschriften notwendige Voraussetzung für die Anstellung oder Beförderung ist, so fehlt es regelmäßig an der Gleichwertigkeit von Leistung und Gegenleistung.

Der Beamte gilt als für sein Amt untauglich, selbst wenn er sonst zufriedenstellende dienstliche Leistungen erbringt, denn er vermag – unter rechtlichen Gesichtspunkten – keine gleichwertige Gegenleistung für die ihm gewährten Bezüge zu erbringen.

Ein Fall der fehlenden fachlichen Eignung liegt hier allerdings nicht vor.

Vielmehr geht es hier um die zweite Fallgruppe der Täuschung über die persönliche Eignung, über die charakterliche Qualifikation für das Amt.

Beispiele sind an dieser Stelle das Verschweigen von Vorstrafen, oder eben wie hier falsche Angaben über die politische Vergangenheit des Beamten, die ihn für die Behörde untragbar machen kann.

**hemmer-Methode**: Bei privatrechtlichen Anstellungsverhältnissen kommt ein Anstellungsbetrug grundsätzlich nur bei der fehlenden fachlichen Eignung in Betracht, es sei denn, die Täuschung über eine persönliche Eigenschaft führt direkt zu einer höheren Bezahlung (z.B. Promotion).

Der BGH ist der Auffassung, dass auch in diesen Fällen ein Vermögensschaden denkbar ist. Notwendige Voraussetzung ist dann aber, dass der Beamte über solche Umstände täuscht, die seiner Einstellung rechtlich entgegenstehen. Ein wirtschaftlicher Vermögensschaden soll nämlich nur dann vorliegen, wenn die Behörde den Täter aufgrund einer Ermessensreduktion auf null nicht einstellen darf.[165]

---

[164] BGH, NStZ 1999, 302, 303 = JuS 1999, 922.

[165] BGH, NStZ 1999, 302, 303 = JuS 1999, 922.

Jedenfalls soll eine schadensgleiche Vermögensgefährdung gegeben sein, wenn es nahe liegt, dass sich das Fehlen persönlicher Zuverlässigkeit nach außen nachteilig auf die Amtsführung, d.h. die Qualität der Dienstleistung des Beamten, auswirkt und deswegen zugleich ein Einstellungshindernis begründet.

Nach Ansicht des BGH hat auch und vor allem die vom Bewerber versprochene einwandfreie Amtsführung – ebenso wie bei einem privatrechtlichen Dienstverhältnis – einen Vermögenswert, der sich nach objektiven, wirtschaftlichen Maßstäben bestimmen lässt.

Bei einem persönlich unzuverlässigen Bewerber bleibt der Wert der versprochenen Leistung hinter dem objektiven, tatsächlichen Wert der Vertragspflicht zurück. Gerade bei einem Polizeibeamten, der zum Gesetzesvollzug, zu dem auch Zwangsmaßnahmen gehören können, berufen ist, muss die Gewähr gegeben sein, dass seine Amtsführung von sachfremden Gesichtspunkten unbeeinflusst bleibt. Das gehört zu dem objektiven Leistungsversprechen seiner Vertragsverpflichtung.

Eine Berücksichtigung der während der Anstellung erbrachten, fachlich nicht zu beanstandenden Leistungen lehnt der BGH ab, da maßgebend das Vorliegen einer Vermögensgefährdung im Zeitpunkt des Vertragsschlusses sei.[166]

Gerade dieser letztgenannte Punkt ist in der Literatur nicht ohne Kritik geblieben. Wer die Seriosität eines Bewerbers mit dem BGH als vermögensbildenden Faktor anerkenne, sehe letztlich allein schon in der Unzuverlässigkeit dieser Person die konkrete Vermögensgefährdung. Weiterhin führe die vom BGH befürwortete ex-ante-Betrachtung, die es ablehnt, später erbrachte Dienstleistungen in den Saldierungsvorgang einzubeziehen, dann dazu, dass die akute Gefährdung des betroffenen Vermögens letztlich allein darin besteht, dass der Täter sich durch sein Täuschungsverhalten die Gelegenheit zu späterem Fehlverhalten ermöglicht.[167] In einem solchen Fall solle aber keine Vermögensgefährdung vorliegen, die einem Vermögensschaden gleich gestellt werden kann.

Außerdem wird betont, dass es bei der Pönalisierung der hier in Rede stehenden Fehlverhaltensweisen von Amtsträgern letztlich weniger um Vermögensschutz als in Wahrheit um den Schutz des Öffentlichen Dienstes und somit in erster Linie darum gehe, einen in der Tätigkeit ungeeigneter Amtsträger liegenden Autoritätsverlust des Staates abzuwenden.[168]

Die Folgen von Täuschungshandlungen in diesem Zusammenhang sollten daher vom Vermögensdelikt des § 263 I StGB nicht erfasst sein.

**hemmer-Methode**: An sich überflüssig zu erwähnen, dass ein derartiger Tiefgang von Ihnen in der Klausur nicht erwartet wird. Wichtig ist vielmehr, die Beurteilungskriterien für das Vorliegen eines Vermögensschadens beim Eingehungsbetrug herauszuarbeiten und ein paar eigene Gedanken zu der Frage, ob die persönliche Eignung eines Beamten vermögensrechtliche Relevanz hat, zu entwickeln. Das Ergebnis ist dabei zweitrangig.

Dennoch soll hier der Auffassung des BGH gefolgt werden. Danach ist der objektive Tatbestand des § 263 I StGB aufgrund der eingetretenen Vermögensgefährdung verwirklicht.

166 BGH, NStZ 1999, 302, 304 = JuS 1999, 922.

167 Vgl. insofern Geppert, NStZ 1999, 305, 306; in diesem Sinn auch Otto, JZ 1999, 738, 739.

168 Vgl. Geppert, NStZ 1999, 305, 306.

### 2. Subjektiver Tatbestand

G handelte hinsichtlich sämtlicher Merkmale des objektiven Tatbestandes vorsätzlich und in der Absicht, sich zu bereichern. Rechtswidrigkeit der erstrebten Bereicherung und Stoffgleichheit sind zu bejahen. Da G auch davon ausging, bei Angabe richtiger Informationen nicht eingestellt zu werden (sonst hätte er diese nicht vorsätzlich verschwiegen), handelte er auch hinsichtlich der Rechtswidrigkeit vorsätzlich. Gleiches gilt für die Stoffgleichheit. Der subjektive Tatbestand des § 263 I StGB ist somit erfüllt.

### 3. Rechtwidrigkeit und Schuld

Die Tat war rechtswidrig und G handelte schuldhaft.

### 4. Besonders schwerer Fall, § 263 III S. 2 Nr. 2 Alt. 1 StGB

Da G beim Land Berlin einen Vermögensverlust i.H.v. 200.000 DM herbeigeführt hat und diesbezüglich auch vorsätzlich handelte, hat er das Regelbeispiel des § 263 III S. 2 Nr. 2 Alt. 1 StGB verwirklicht.

### 5. Verfahrenshindernis der Verjährung

Die Ahndung der Tat ist nicht gem. § 78 I S. 1 StGB wegen Verjährung ausgeschlossen.
Zwar beträgt die Verjährungsfrist im Falle des § 263 I, III StGB nach § 78 III Nr. 4, IV StGB fünf Jahre, doch beginnt diese Frist erst mit Erlangung des letzten Vermögensvorteils zu laufen, § 78a S. 2 StGB (Fischer, § 78a StGB Rn. 3; vgl. aber auch BGHSt 22, 38). Dies war hier im Mai 2001, sodass die Tat Ende 2004 noch nicht verjährt ist.

**hemmer-Methode**: Auf die Verjährungsprobleme wurden Sie indirekt durch den Bearbeitervermerk hingewiesen, der auf den genauen Zeitpunkt zur Beurteilung der Rechtslage hinwies. Bei einem solchen Hinweis ist meistens die Verjährung ein entscheidendes Problem.

### II. Ergebnis

G hat sich wegen Betruges in einem besonders schweren Fall gem. § 263 I, III S. 2 Nr. 2 Alt. 1 StGB strafbar gemacht.

## D. Zusammenfassung

**Sound**:
Anstellungsbetrug.

Beim Anstellungsbetrug handelt es sich um einen **Sonderfall des Eingehungsbetruges**.

I.R.d. Prüfung des Vorliegens eines Vermögensschadens ist daher zu untersuchen, ob die vom Arbeitgeber / Dienstherrn zu erbringenden finanziellen Leistungen die vom Verpflichteten zugesagten Dienste wertmäßig übersteigen. Ein Vermögensschaden kann dabei nach der Rechtsprechung des BGH bei einem Polizeibeamten sowohl unter dem **Gesichtspunkt der fehlenden fachlichen** als auch der fehlenden **persönlichen Eignung** des Dienstverpflichteten zu bejahen sein.

## E. Zur Vertiefung

**Zum Fall:**

- BGH, NStZ 1999, 302 ff. = **juris**byhemmer = JuS 1999, 922 ff. mit Anmerkungen Geppert, NStZ 1999, 305 ff.; Jahn, JA 1999, 628 ff.; Otto, JZ 1999, 738 ff.

# Fall 35: Die späte Geldanlage

***Sachverhalt:***

*August (A) ist als Finanzberater auf Provisionsbasis für die Firma Raffzahn (R) tätig. In dieser Funktion vermittelte er der 83-jährigen Karola (K), die auf der Suche nach einer sicheren Geldanlage war, Anteile an einem südostasiatischen Aktienfonds der Firma R als risikoloses und grundsolides Investment, obwohl er wusste, dass die Fondsanteile schon zum Zeitpunkt des Vertragsschlusses praktisch wertlos waren. Ferner war ihm bekannt, dass der Fonds auf Grund der instabilen Wirtschaftslage großen Schwankungen unterliegt. K stellt dies alles jedoch ernüchtert erst fest, nachdem sie einen Betrag in Höhe von 20.000 € an die Firma R überwiesen hat. Sie ficht daraufhin den Vertrag an.*

***Bearbeitervermerk:***

*Prüfen Sie die Strafbarkeit des A.*

## A. Einführung

Fall 35 hat die vielfach in Klausuren abgeprüfte Konstellation des Provisionsbetruges zum Inhalt. Das Hauptproblem innerhalb der Prüfung des Betrugstatbestandes liegt hier bei der Bereicherungsabsicht. § 263 I StGB setzt nämlich voraus, dass der Vermögensvorteil, dessen Erlangung der Täter anstrebt, und der beim Opfer eintretende Schaden stoffgleich sind. Dies bereitet hier insofern Schwierigkeiten, als die Auszahlung des Provisionsanspruches an A aus dem Vermögen der Firma R, nicht aber aus dem Vermögen der K erfolgt. Neben einem eigennützigen Betrug (hinsichtlich des Provisionsanspruchs) kann aber auch (hinsichtlich des Kaufpreises für die Anteile) an einen fremdnützigen Betrug zu Gunsten der Firma R gedacht werden. § 263 I StGB kennt im subjektiven Tatbestand i.R.d. Bereicherungsabsicht zwei Alternativen: Es muss dem Täter nach dem Wortlaut der Vorschrift darauf ankommen, sich oder einem Dritten einen Vermögensvorteil zu verschaffen.

Prägen Sie sich diese Konstellation ein und gewöhnen Sie sich von Anfang an bei Sachverhalten mit Mehrpersonenverhältnissen ein differenzierendes und strukturiertes Arbeiten an.

## B. Gliederung

**I. Betrug gem. § 263 I StGB**

**1. Objektiver Tatbestand**

**a)** Täuschungshandlung hinsichtlich der Werthaltigkeit der Anlage (+)

**b)** Dadurch kausal hervorgerufener Irrtum der K (+)

**c)** Dadurch kausal hervorgerufene Vermögensverfügung (+), Überweisung der 20.000 € an die Firma R

**d)** Dadurch Eintritt eines Vermögensschadens (+), Vermögen der K nach der Verfügung um 20.000 € gemindert, keine gleichwertige Kompensation durch die Anteile

**2.** Subjektiver Tatbestand

**a)** Vorsatz hinsichtlich sämtlicher Merkmale des objektiven Tatbestandes (+)

**b)** Bereicherungsabsicht

⇨ *sich einen Vermögensvorteil zu verschaffen*:
**eigennütziger Betrug (-)**

⇨ Zwar angestrebte Provision = Vermögensvorteil, aber insofern Stoffgleichheit (-)

⇨ *einem Dritten einen Vermögensvorteil zu verschaffen*:
**fremdnütziger Betrug zugunsten der Firma R (+)**

⇨ Zahlung der 20.000 € durch K an Firma R notwendiges Zwischenziel des A zur Erlangung der letztlich angestrebten Provision, hinsichtlich der Zahlung an die Firma R Stoffgleichheit, diesbzgl. Vorsatz (+)
Rechtswidrigkeit der erstrebten Bereicherung, diesbzgl. Vorsatz (+)

**3.** Rechtswidrigkeit und Schuld (+)

**4.** Besonders schwerer Fall des Betruges gem. § 263 III StGB
§ 263 III S. 2 Nr. 2 Alt. 1 StGB (-), Vermögensverlust großen Ausmaßes erst ab 50.000 €
unbenannter besonders schwerer Fall (-)

**II. Ergebnis:**
§ 263 I StGB (+)

## C. Lösung

### Strafbarkeit des A

#### I. Betrug gem. § 263 I StGB

#### 1. Objektiver Tatbestand

A könnte sich wegen Betruges gem. § 263 I StGB strafbar gemacht haben, indem er i.R.d. Finanzberatung die K über den Risikograd der Anlage getäuscht hat.

**a)** Zunächst müsste eine Täuschung des A über Tatsachen vorliegen.

A hat der K vorgespiegelt, bei dem südostasiatischen Aktienfonds handle es sich um eine risikolose und grundsolide Anlage. Dabei wusste A von der zum Zeitpunkt des Vertragsschlusses gegebenen Wertlosigkeit des Fonds und auch von dem Umstand, dass dieser auf Grund der instabilen Wirtschaftslage großen Wertschwankungen unterlag. Eine Täuschungshandlung ist damit zu bejahen.

**b)** Durch diese Täuschung erweckte er in K auch einen entsprechenden Irrtum. Die K schenkte nämlich den von A i.R.d. Beratung gemachten Angaben Glauben.

**c)** Durch diesen Irrtum müsste die Getäuschte zu einer Vermögensverfügung veranlasst worden sein.

Es handelt sich hierbei um ein ungeschriebenes Tatbestandsmerkmal, das nach h.M. den ursächlichen Zusammenhang zwischen Irrtum und Vermögensschaden herstellt.[169]

Eine Vermögensverfügung der K kann vorliegend jedenfalls in der Überweisung der 20.000 € an die Firma R gesehen werden.

**hemmer-Methode**: Wenn bereits das Erfüllungsgeschäft getätigt wurde, sollte man sich nicht mehr lange mit der Frage beschäftigen, ob der vorangegangene Abschluss des Vertrags als vermögensmindernde Verfügung anzusehen ist (Stichwort: Eingehungsbetrug).[170]

**d)** Die Verfügung müsste schließlich zu einem Vermögensschaden geführt haben.

Ein solcher erfordert eine Wertminderung des Vermögens.

---

169 CRAMER in SCHÖNKE/SCHRÖDER, § 263 Rn. 54.

170 Vgl. insofern nochmals oben Fall 32 (Der geprellte Unternehmer).

Die h.M. verfährt bei der Schadensberechnung nach dem Saldierungsprinzip, d.h. es werden die Vermögenslagen des Opfers vor und nach der Verfügung ohne Beachtung einzelner Vermögenspositionen miteinander verglichen. In diesem Fall ist hiernach von einem Vermögensschaden auszugehen, da K im Gegenzug für die Zahlung der 20.000 € nur wertlose Fondsanteile erhalten hat, die den Verlust der 20.000 € nicht kompensieren.

Der objektive Tatbestand des § 263 I StGB ist damit erfüllt.

## 2. Subjektiver Tatbestand

**a)** A handelte mit dem Vorsatz, in der K durch Täuschung einen Irrtum zu erregen und sie so zu einer schädigenden Vermögensverfügung zu veranlassen.

**b)** Daneben müsste er Bereicherungsabsicht gehabt haben. Der Tatbestand des § 263 I StGB setzt insofern als Delikt mit überschießender Innentendenz das Streben des Täters nach einem Vermögensvorteil voraus.

Dabei ist der Begriff des Vermögensvorteils als Gegenstück zum Vermögensschaden des Geschädigten zu verstehen. Jede günstigere Gestaltung der Vermögenslage, jede Erhöhung des Vermögensgesamtwertes stellt daher einen Vermögensvorteil dar.[171]

Hier kommt sowohl die Alternative „sich einen Vermögensvorteil zu verschaffen" als auch die Alternative „einem Dritten einen Vermögensvorteil zu verschaffen" in Betracht. Ersteres im Hinblick auf die von A angestrebte Provision, durch die sein eigenes Vermögen vermehrt werden sollte. Letzteres im Hinblick auf den von K an die Firma R abgeführten Kaufpreis in Höhe von 20.000 €.

**aa)** Nach allgemeiner Ansicht muss zwischen Vermögensschaden und Vermögensvorteil Stoffgleichheit bestehen, da der Betrug, anders als etwa die Untreue gem. § 266 I StGB, ein Vermögensverschiebungsdelikt ist.

Dies fordert zwar keine Identität der Gegenstände, da der Betrug kein Eigentums- sondern ein Vermögensdelikt ist. Es ist aber erforderlich, dass der erstrebte Vorteil die Kehrseite des Schadens darstellt. Voraussetzung ist, dass Schaden und Vorteil durch ein und dieselbe Vermögensverfügung herbeigeführt werden. Dies könnte hier hinsichtlich der Provision evtl. noch bejaht werden, da die Vermögensverfügung (der Kauf der Fondsanteile) den Schaden der K und die konkrete Aussicht auf die Provision des A entstehen lässt.

Weiterhin ist aber für das Vorliegen der Stoffgleichheit erforderlich, dass der erstrebte Vorteil ohne Umweg über eine andere Vermögensmasse unmittelbar aus dem Vermögen des Geschädigten dem Bereicherten zuwachsen soll.[172]

Daran fehlt es aber, wenn der Täter – wie hier der A – in der Absicht handelt, für die Vermögensschädigung des Opfers eine Belohnung durch einen Dritten, nämlich die Firma R, zu erhalten.

Der von A für sich selbst erstrebte Vorteil, die Provision, stammt damit nicht unmittelbar aus dem Vermögen der K, sondern – über einen Umweg – von der Firma R. Insoweit fehlt es also an der Stoffgleichheit.

---

171 BGH, NJW 1988, 2623; BGH, wistra 1999, 378; WESSELS/HILLENKAMP, Rn. 580.

172 Vgl. FISCHER, § 263 StGB Rn. 187 und im Zusammenhang mit der Erpressung Fall 22 (Das Pfand).

**bb)** A kommt es jedoch im vorliegenden Fall auch darauf an, der Firma R einen Vermögensvorteil zu verschaffen, da er seine erstrebte Provision nur dadurch erlangen kann, dass der Firma R ein stoffgleicher, aus dem Vermögen der K stammender Vorteil zufließt. Eine Betrugsabsicht i.S.e. zielgerichteten Handelns ist im Hinblick auf diesen Vorteil auch dann gegeben, wenn der Vorteil nur notwendiges Mittel (Zwischenziel) zur Erlangung der letztlich vom Täter erstrebten Provision ist.[173]

Zwischen dem Vorteil, der der Firma R zufließt, und dem Schaden der K besteht Stoffgleichheit, da K die Zahlung der 20.000 € direkt an die Firma R geleistet hat.

**cc)** Dieser von A erstrebte Vorteil ist auch rechtswidrig, da die Firma R gegen die K wegen der Anfechtung (§§ 123 I Alt. 1, 142 I BGB) keinen durchsetzbaren Anspruch hatte.

**dd)** A handelte sowohl hinsichtlich Rechtswidrigkeit als auch hinsichtlich Stoffgleichheit vorsätzlich und daher mit Bereicherungsabsicht. Auch der subjektive Tatbestand ist folglich erfüllt.

### 3. Rechtswidrigkeit und Schuld

Rechtfertigungsgründe sind nicht ersichtlich. Die Tat war rechtswidrig und A handelte schuldhaft.

### 4. Besonders schwerer Fall des Betruges gem. § 263 III StGB

Zu prüfen ist ferner, ob der Strafrahmen des § 263 III StGB hier zur Anwendung gelangt. Zunächst ist ein besonders schwerer Fall des Betruges gem. § 263 III S. 2 Nr. 2 Alt. 1 StGB nicht gegeben, da ein Vermögensverlust großen Ausmaßes in der Rechtsprechung erst ab einem Betrag von 50.000 € angenommen wird.[174]

Für die Annahme eines unbenannten besonders schweren Falles enthält der Sachverhalt zu wenig Anhaltspunkte. Insbesondere das hohe Lebensalter des Opfers allein vermag die Anhebung des Strafrahmens gegenüber § 263 I StGB nicht zu begründen.

### II. Ergebnis

A hat sich wegen eines fremdnützigen Betruges zu Gunsten der R, gegenüber und zum Nachteil der K, gem. § 263 I StGB strafbar gemacht.

**hemmer-Methode**: Beim Provisionsvertreterbetrug ist häufig auch ein Betrug gem. § 263 I StGB zu Lasten der eigenen Firma zu prüfen. Durch Stellung des Provisionsantrags behauptet der Provisionsvertreter nämlich grundsätzlich konkludent einen einwandfreien, ihn zur Provision berechtigenden Vertrag abgeschlossen zu haben. Dies stellt insbesondere dann eine Täuschung des vertretenen Unternehmens dar, wenn dieses nichts von den Machenschaften des Vertreters wusste. Umstritten ist insofern das Konkurrenzverhältnis. Während eine Ansicht (BGHSt 21, 384, 386; Krey/ Hellmann, Rn. 455) in solchen Fällen von einer natürlichen Handlungseinheit ausgeht, nimmt eine Gegenauffassung hier Idealkonkurrenz an (Achenbach, Jura 1984, 607 f.; Rengier BT I, § 13 Rn. 109).

## D. Zusammenfassung

**Sound**:
Provisionsbetrug.
Stoffgleichheit i.R.d. § 263 I StGB.

---

[173] Cramer in Schönke/Schröder, § 263 Rn. 169.

[174] Vgl. BGH, NJW 2001, 2485 f. = **juris**byhemmer.

§ 263 I StGB setzt Stoffgleichheit zwischen dem beim Opfer eintretenden Vermögensschaden und dem Vermögensvorteil, auf dessen Erlangung es dem Täter ankommt, voraus. Die erstrebte Bereicherung muss also unmittelbar aus dem zugefügten Schaden stammen. In den Fällen des Provisionsbetruges fehlt es insofern zwar bei einem Abstellen auf die vom Provisionsvertreter erstrebte **Auszahlung der Provision** an sich an dieser **Stoffgleichheit**; es liegt daher kein eigennütziger Betrug vor.

Bei Vorliegen der übrigen Voraussetzungen ist aber ein **fremdnütziger Betrug zu Gunsten der eigenen Firma** zu bejahen, da es dem Vertreter regelmäßig auf die Zahlung des Kaufpreises durch den Kunden an seine Firma als notwendiges Zwischenziel ankommt.

## E. Zur Vertiefung

**Zu den Fällen des Provisionsbetruges:**

- Hemmer/Wüst/Berberich, StrafR BT I, Rn. 173 f.; OLG Düsseldorf, NJW 1974, 1833 f.
- Achenbach, Jura 1984, 605 f.
- Wessels/ Hillenkamp Rn. 586.
- Rengier BT I, § 13 Rn. 109.

# Fall 36: Kontrollierte Sucht

***Sachverhalt:***

*Hugo (H) erwirbt illegal auf dem Schwarzmarkt ein Computerprogramm über den Spielverlauf des Geldspielautomatentyps „Sucht". Mit Hilfe dieses Programms kann H in einer Gaststätte bei einem Automaten des entsprechenden Typs nach einigen Probespielen das Spiel so bestimmen und steuern, dass er unter Ausschaltung des Zufalls durch Drücken einer sog. Risikotaste ein bestimmtes Gewinnbild herbeiführt. Auf diese Weise erlangt H an einem Abend 105 € in Münzen aus dem Gerät.*

***Bearbeitervermerk:***

*Prüfen Sie die Strafbarkeit des H nach dem StGB.*

## A. Einführung

In Fall 36 sind wie häufig in Klausuren mehrere Vermögensdelikte zu prüfen. So kommt zunächst ein Diebstahl bzw. eine Unterschlagung der 105 € durch H in Betracht. Insofern bereitet bereits der objektive Tatbestand Schwierigkeiten, da die §§ 242 I, 246 I StGB als Tatobjekt jeweils eine fremde, bewegliche Sache voraussetzen. Der Sachverhalt zwingt daher an dieser Stelle zu einer zivilrechtlichen Prüfung der Eigentumslage am ausgeworfenen Münzgeld.

Ferner ist an den Tatbestand des § 265a StGB zu denken, der vielfach übersehen wird.

Im Zentrum des Falles steht allerdings die Prüfung des Computerbetruges gem. § 263a StGB. Hier werden in einer Klausur insbesondere Ausführungen zur umstritten Auslegung des Tatbestandsmerkmals der Unbefugtheit i.R.d. § 263a I Var. 4 StGB erwartet.

## B. Gliederung

**I. Diebstahl, § 242 I StGB**

**1.** Objektiver Tatbestand

**(P) taugliches Tatobjekt?**
Fremdheit der 105 € (-), da Eigentum gem. § 929 S. 1 BGB auf H übergegangen, Übereignung unter konkludenter Bedingung regelkonformen Spielens (-)

⇨ Damit § 242 I StGB (-);
auch § 246 I StGB (-)

**II. Erschleichen von Leistungen, § 265a I Var. 1 StGB**

**(P) Spielautomat = Leistungs- oder Warenautomat?**
i. Erg. Entscheidung unerheblich, da Erschleichen auf Grund äußerlich vollkommen ordnungsgemäßer Bedienung durch H (-)
zudem subjektiver Tatbestand (-), H ging es nicht darum, das Entgelt für das Spiel nicht zu entrichten, sondern um Erzielung eines möglichst großen Gewinns

⇨ Damit § 265a I Var. 1 StGB (-)

**III. Computerbetrug, § 263a I StGB**

**1.** Objektiver Tatbestand

**a)** § 263a I, Var. 3 StGB

**(P) Unbefugte Verwendung von Daten nur bei Eingabe derselben?**
H hat hier keine Daten in einen beginnenden oder bereits angelaufenen Verarbeitungsvorgang eingeführt, daher 3. Var. (-), a.A. vertretbar

**b)** § 263a I Var. 4 StGB
Sonstige unbefugte Einwirkung auf den Ablauf eines Datenverarbeitungsvorgangs?
Einwirken (+), durch Drücken der Risikotaste

**(P) Unbefugtheit dieses Einwirkens?**

⇨ *Subjektivierende Auslegung*:
Unbefugtheit (+), wenn Handeln des Täters dem ausdrücklichen oder mutmaßlichen Willen des Rechtsgutträgers widerspricht

⇨ *Betrugsspezifische Auslegung*:
Unbefugtheit (+), wenn Handlung des Täters Täuschungsqualität hat, sodass § 263 I StGB zu bejahen wäre, wenn anstelle des Automaten ein Mensch stünde

⇨ *Computerspezifische Auslegung*:
Unbefugtheit (+), wenn verarbeitungsspezifische Vorgänge betroffen

⇨ i. Erg. Unbefugtheit hier nach subjektivierender und nach betrugsspezifischer Auslegung (+)
durch die unbefugte Einwirkung bedingte Beeinflussung des Ergebnisses eines Datenverarbeitungsvorgangs (+)
Vermögensschaden des Betreibers des Spielautomaten in Höhe von 105 € (+)

**2.** Subjektiver Tatbestand
Vorsatz in Bezug auf alle Merkmales des objektiven Tatbestandes (+)
Bereicherungsabsicht des H (+)

**3.** Rechtswidrigkeit und Schuld (+)

**4. Ergebnis**:
§ 263a I Var. 4 StGB (+)

## C. Lösung

## Strafbarkeit des H

### I. Diebstahl, § 242 I StGB

Zunächst könnte sich die Mitnahme des von H gewonnenen Geldes als Diebstahl gem. § 242 I StGB darstellen.

#### 1. Objektiver Tatbestand

Voraussetzung dafür wäre, dass es sich bei dem Geld zum Tatzeitpunkt um eine für H fremde Sache handelte.

Das wäre nicht mehr der Fall, wenn dem H die Münzen durch Ausschüttung nach § 929 S. 1 BGB übereignet worden wären und er somit deren Eigentümer geworden wäre.

Hätte H den Automaten in jeder Hinsicht ordnungsgemäß bedient, wäre das unstreitig. Man könnte allerdings vertreten, dass die Übereignung der Münzen von Seiten des Automatenaufstellers unter der konkludenten Bedingung regelgemäßen Spielens erfolge.

Eine solche Argumentation liefe aber im Ergebnis auf eine Fiktion hinaus. Schon aus Gründen der Rechtssicherheit wird man verlangen müssen, dass Anhaltspunkte für einen fehlenden Übereignungswillen objektiv erkennbar sind. Rein subjektiv gebliebene Vorbehalte des Betreibers genügen nicht.[175] Nach außen hin wurde nämlich der Automat von H absolut ordnungsgemäß bedient.

Des Weiteren besteht auch zu den ec-Karten-Fällen, in denen der BGH regelmäßig von einer bedingten Übereignung ausging, ein wichtiger Unterschied:

[175] Vgl. HILGENDORF, JuS 1997, 130.

Zum einen fehlt es an einem durch ein entsprechendes Legitimationsmerkmal begrenzten Personenkreis – die Spielautomaten sind allgemein zugänglich –, zum anderen gibt es in diesem Bereich noch keine allgemeinen Geschäftsbedingungen.[176]

Nach alledem ist davon auszugehen, dass H die Münzen wirksam übereignet wurden.

### 2. Ergebnis

Es fehlt damit mangels Fremdheit der Münzen bereits an einem tauglichen Tatobjekt i.S.d. § 242 I StGB. H hat sich nicht wegen Diebstahls strafbar gemacht.

Aus denselben Gründen scheidet auch eine Strafbarkeit des H wegen Unterschlagung gemäß § 246 I StGB aus.

**hemmer-Methode**: Hinzuweisen ist in diesem Kontext auch auf eine Entscheidung des OLG Celle, NJW 1997, 1518, das von § 242 I StGB (also auch von einer bedingten Gewahrsamsübertragung) ausgeht, wenn der Täter einen Geldspielautomaten mit falschen Münzen bedient, um echte zu erlangen.
Auch wenn der Automat mit einem elektronischen Münzprüfer ausgestattet sei, begehe der Täter nach Ansicht des Gerichts keinen Computerbetrug, sondern einen Diebstahl (ähnlich auch OLG Düsseldorf, StV 1999, 154). Der Unterschied zum vorliegenden Fall besteht allerdings darin, dass bei der Verwendung von Falschgeld der Automat bereits nach dem äußeren Erscheinungsbild nicht ordnungsgemäß bedient wird.

[176] Vgl. Arloth, Jura 1996, 354, 358.

## II. Erschleichen von Leistungen, § 265a I Var. 1 StGB

H könnte sich weiterhin nach § 265a I Var. 1 StGB strafbar gemacht haben.

### 1. Objektiver Tatbestand

Die noch h.M. unterscheidet im Bereich des § 265a I Var. 1 StGB zwischen Warenautomaten und Leistungsautomaten, wobei nur letztere von § 265a StGB erfasst sein sollen.

**hemmer-Methode**: Prinzipiell kommt § 265a I StGB nur bei Leistungsautomaten in Betracht, da bei Warenautomaten typischerweise bereits eine Bestrafung aus § 242 I StGB erfolgen kann, wenn diese funktionswidrig benutzt werden. Ob § 265a I StGB dann bereits tatbestandlich ausgeschlossen ist (so die h.M.), oder erst auf Konkurrenzebene auf Grund formeller Subsidiarität ausscheidet, ist hierbei umstritten.[177]

Ob dieser Differenzierung zu folgen ist und in welche Kategorie der Spielautomat überhaupt einzuordnen wäre, kann vorliegend dahinstehen, da die Strafbarkeit des H jedenfalls an anderen Merkmalen scheitert:

Erstens wird unter dem Erschleichen der Leistung eines Automaten nur die ordnungswidrige oder zumindest missbräuchliche Benutzung der technischen Vorrichtungen verstanden. Daran fehlt es, denn H hat den Spielautomaten äußerlich vollkommen ordnungsgemäß bedient.

[177] Vgl. näher OLG Düsseldorf, NJW 1999, 3208 f. = **juris**byhemmer; OLG Düsseldorf, NJW 2000, 158 = **juris**byhemmer; Fischer, § 265a StGB Rn. 11 ff.; Rengier BT I, § 16 Rn. 3; Krey/Hellmann, Rn. 517; Joecks, StGB, § 265a Rn. 5.

Zum zweiten ist auch der subjektive Tatbestand nicht gegeben: Dem H ging es nicht darum, das Entgelt für das Spiel nicht zu entrichten, sondern einen möglichst großen Gewinn zu erzielen.

**2. Ergebnis**

H hat sich damit auch nicht wegen Erschleichens von Leistungen nach § 265a I Var. 1 StGB strafbar gemacht.[178]

**hemmer-Methode:** Beachten Sie die in § 265a I a.E. StGB angeordnete Subsidiarität dieser Vorschrift. Wenn es also – anders als im vorliegenden Fall – nicht eindeutig ist, dass der Tatbestand nicht verwirklicht ist, so prüfen Sie § 265a I StGB erst nach den anderen in Betracht kommenden Vorschriften, um dann ggf. nur noch feststellen zu müssen, dass dieser aufgrund der Subsidiaritätsregelung nicht einschlägig ist.

**III. Computerbetrug, § 263a I StGB**

H könnte sich schließlich wegen eines Computerbetrugs gem. § 263a I StGB strafbar gemacht haben.

**hemmer-Methode**: Klausurrelevant sind i.R.d. § 263a I StGB insbesondere die Var. 3 („unbefugte Verwendung von Daten") und die als Auffangtatbestand konzipierte Var. 4 („sonst durch unbefugte Einwirkung auf den Ablauf").

**1. Objektiver Tatbestand**

**a) § 263a I Var. 3 StGB**

In Betracht kommt zunächst eine Strafbarkeit des H nach § 263a I Var. 3 StGB (durch unbefugte Verwendung von Daten). An dieser Stelle ist umstritten, ob eine unbefugte Verwendung von Daten nur bei Eingabe derselben vorliegt. Hieran würde es fehlen, denn H hat keine Daten in den beginnenden oder bereits angelaufenen Verarbeitungsvorgang eingeführt.

Allerdings lässt sich eine Beschränkung auf das Eingeben von Daten dem Wortlaut der Vorschrift nicht entnehmen.

Es wird daher vertreten, dass eine Datenverwendung nicht nur vorliege, wenn die Daten selbst Gegenstand einer Tätigkeit sind, sondern auch dann, wenn die fragliche Tätigkeit in Kenntnis und nach Maßgabe entsprechender Daten erfolgt.[179] Die Rechtsprechung hat in vergleichbaren Sachverhaltskonstellationen – systematisch fragwürdig – im Ergebnis die Verwirklichung der 3. Variante offengelassen, da sie jedenfalls die 4. Variante als gegeben ansah.

Es sprechen jedoch gerade im Hinblick auf diese 4. Variante einige Gründe dafür, den Wortlaut des § 263a I Var. 3 StGB nicht zu überdehnen und daher eine Verwirklichung dieser Vorschrift hier abzulehnen.[180]

**b) § 263a I Var. 4 StGB**

H könnte jedoch in sonstiger Weise unbefugt auf den Ablauf eines Datenverarbeitungsprogramms eingewirkt haben und sich daher gem. § 263a I Var. 4 StGB strafbar gemacht haben. Nach allgemeiner Auffassung stellt die 4.Variante des § 263a I StGB einen Auffangtatbestand dar, mit dem der Gesetzgeber das Entstehen von Strafbarkeitslücken verhindern wollte.

[178] Das Ergebnis entspricht der ganz h.M. in der Literatur, vgl. nur HILGENDORF, JuS 1997, 130, 131; ARLOTH, Jura 1996, 354, 359.

[179] In diesem Sinn HILGENDORF, JuS 1997, 130, 131; RANFT, JuS 1997, 19, 20; dagegen ARLOTH, Jura 1996, 354, 356 f.

[180] An dieser Stelle war sowohl die Annahme als auch die Ablehnung der 3. Var. vertretbar.

Das Merkmal des Einwirkens ist zu bejahen: Das Drücken der Risikotaste hat zur Folge, dass zu diesem Zeitpunkt das normale Spiel in ein besonders programmiertes Spiel übergeht, bei dem erhöhte Gewinnchancen bestehen.[181]

Fraglich ist aber, ob H unbefugt gehandelt hat. Die Auslegung dieses Merkmals ist umstritten. Es werden im Wesentlichen drei Meinungen vertreten:

Nach einer Ansicht kennzeichnet der Begriff „unbefugt“ eine Datenverwendung, die dem ausdrücklichen oder mutmaßlichen Willen des Automatenaufstellers widerspricht (sog. subjektivierende Auslegung).[182]

Nach anderer Ansicht ist, um die Parallelität mit § 263 I StGB zu wahren, eine betrugsspezifische Auslegung erforderlich. Der Täter muss eine täuschungsgleiche Handlung begehen, so dass § 263 I StGB einschlägig wäre, wenn anstelle des Automaten ein Mensch stünde. Eine solche Auslegung hat das OLG Köln insbesondere für den ec-Karten-Missbrauch vertreten.[183]

Schließlich wird noch eine computerspezifische Auslegung vertreten, wonach die unbefugte Verwendung von Daten verarbeitungsspezifische Vorgänge betreffen muss. Auch nach der 4. Variante soll daher eine Computermanipulation erforderlich sein, an der es nach den Vertretern dieser Auffassung im Fall des Leerspielens von Glücksspielautomaten fehlt.[184] Gegen diese Ansicht spricht aber, dass auch das Merkmal der Computermanipulation sehr unbestimmt ist und daher vorhersehbare Ergebnisse nicht gewährleistet.[185]

[181] BGHSt 40, 331 = NJW 1995, 669, 670 = **juris**byhemmer.

[182] Z.B. Hilgendorf, JuS 1997, 130, 132.

[183] Vgl. OLG Köln, NJW 1992, 125, 126.

[184] Vgl. Arloth, Jura 1996, 354, 358.

[185] So Hilgendorf, JuS 1997, 130, 132; aber auch Arloth, Jura 1996, 354, 358.

Der BGH hat sich für den Fall des Leerspielens von Glücksspielautomaten der subjektivierenden Auslegung angeschlossen. Dies hat er wie folgt begründet: Da geschütztes Rechtsgut des § 263a StGB wie beim Betrug das Individualvermögen sei, müsse dem Willen des Automatenbetreibers als dem Inhaber dieses Rechtsguts maßgebliche Bedeutung zukommen.

Gewinnbringendes Spielen an einem Geldautomaten sei daher nicht unbefugt, wenn es der Aufsteller ausdrücklich oder stillschweigend gestattet habe. Das verneint der BGH aber für den Fall, dass der Täter – wie vorliegend – ein rechtswidrig erlangtes Computerprogramm auswertet, um so einen „illegalen Schlüssel“ zu einem Spielverlauf einzusetzen, den der Hersteller des Spielautomaten aus gutem Grund „verschlüsselt“ hat. In solchen Fällen sei das Spielen an dem Geldautomaten von dem Willen des Betreibers nicht mehr gedeckt.

Aber auch wenn man sich der betrugsspezifischen Auslegung anschließt, kann man eine Strafbarkeit des H im vorliegenden Fall bejahen, wenn man darauf abstellt, dass der Umstand, sich nicht illegal Kenntnis vom Programmablauf verschafft zu haben, schlüssig miterklärt wird.[186] In der Bedienung des Geldautomaten liegt dann zugleich die Erklärung, ein Risiko auch tatsächlich eingehen zu wollen.

Eine unbefugte Einwirkung auf den Ablauf und eine dadurch bedingte Beeinflussung des Ergebnisses eines Datenverarbeitungsvorgangs, nämlich in Form andauernder Gewinne des H, ist damit zu bejahen.

Schließlich liegt ein Vermögensschaden des Betreibers des Spielautomaten auf Grund des Auswurfs von Münzen im Gesamtwert von 105 € vor.

[186] So vor allem Lackner/Kühl, § 263a Rn. 14a.

Dass der Gewinn des H eventuell durch die Verluste späterer Spieler kompensiert wird, kann nicht entscheidend sein, denn der Geldstand im Automaten ist aufgrund der Manipulationen des H jedenfalls niedriger, als er ohne das Spiel des H gewesen wäre.

Der objektive Tatbestand des § 263a I Var. 4 StGB ist damit erfüllt.

### 2. Subjektiver Tatbestand

Vorsatz in Bezug auf alle Merkmale des objektiven Tatbestandes und Bereicherungsabsicht des H sind ebenfalls gegeben. Der von H erstrebte Vermögensvorteil ist rechtswidrig, da dem H kein fälliger und einredefreier Anspruch auf die 105 € zustand. Schließlich sind der eingetretene Vermögensschaden und der erstrebte Vermögensvorteil stoffgleich. Da insofern auch ein vorsätzliches Handeln des H gegeben ist, hat er den subjektiven Tatbestand des § 263a I Var. 4 StGB verwirklicht.

### 3. Rechtswidrigkeit und Schuld

Rechtswidrigkeit und Schuld liegen vor.

### 4. Ergebnis

H ist wegen Computerbetruges gem. § 263a I Var. 4 StGB zu bestrafen.

**hemmer-Methode**: Es handelt sich um ein Problem, dessen Bearbeitung in der Klausur in dieser Breite nicht erwartet werden konnte. Mit guter eigener Argumentation konnte hier jede Ansicht vertreten werden. Insbesondere war es auch möglich, eine Strafbarkeit des H nach dem StGB völlig abzulehnen.

Einigkeit zwischen Literatur und Rechtsprechung besteht aber dahingehend, dass das Leerspielen eines Glücksspielautomaten eine strafbare Geheimnishehlerei nach § 17 II Nr. 2 UWG darstellt, was aber laut Bearbeitervermerk nicht zu prüfen war.

## D. Zusammenfassung

**Sound**:
Unbefugtheit i.S.d. § 263a I Var. 3 und 4 StGB.

Die Auslegung des Tatbestandsmerkmals der Unbefugtheit i.S.d. § 263a I Var. 3 und 4 StGB ist umstritten.

Nach der **computerspezifischen Auslegung** setzt der Tatbestand insofern stets eine irreguläre Einwirkung gerade auf den Datenverarbeitungsprozess voraus.

Nach der **subjektivierenden Auslegung** ist Unbefugtheit zu bejahen, wenn das Verhalten des Täters dem ausdrücklichen oder mutmaßlichen Willen des über die Datenverarbeitungsanlage Verfügungsberechtigten zuwiderläuft.

Schließlich fordert die **betrugsspezifische Auslegung**, dass das Verhalten des Täters Täuschungsqualität haben muss. Die Verwendung der Daten muss hiernach bei einem Handeln des Täters gegenüber einem Menschen an Stelle des Automaten als Täuschungshandlung i.S.d. § 263 I StGB zu werten sein.

## E. Zur Vertiefung

**Zum Fall:**

- BGHSt 40, 331, 334 f.

**Zur Strafbarkeit bei einer privaten Nutzung einer Tankkarte nach Ausscheiden des Arbeitsnehmers:**

- OLG Koblenz, Beschluss vom 02.02.2015, 2 OLG 3 Ss 170/14 = Life&Law 2015, 584 ff. = **juris**byhemmer: Ein Arbeitnehmer, der die ihm von seinem Arbeitgeber überlassene Tankkarte nach Beendigung des Arbeitsverhältnisses nicht zurückgibt, sondern sie für Betankungen seines privaten Pkw weiter verwendet, begeht keinen Computerbetrug nach § 263a StGB. Es ist nur eine solche Verwendung von Daten als „unbefugt" im Sinne von § 263a I Var. 3 StGB anzusehen, welche täuschungsäquivalent ist. Dies ist dann der Fall, wenn die Verwendung der Daten gegenüber einem menschlichen Empfänger, der sich mit denselben Fragen befasst, die auch das Computerprogramm prüft, eine Täuschung darstellen würde.

**Zur Strafbarkeit bei der Beantragung eines Mahnbescheids in dem Wissen, tatsächlich keinen Anspruch zu haben:**

- BGH, Beschluss vom 19.22.2013 – 4 StR 292/13 = Life&Law 2014, 511 ff. = **juris**byhemmer: Die Beantragung eines Mahn- und Vollstreckungsbescheids im automatisierten Mahnverfahren auf Grundlage einer fingierten, tatsächlich nicht bestehenden Forderung stellt eine Verwendung unrichtiger Daten im Sinne des § 263a I Var. 2 StGB dar. Der Antrag auf Erlass eines Pfändungs- und Überweisungsbeschlusses nach Titulierung einer nicht bestehenden Forderung im Mahnverfahren begründet keine konkludente Täuschung. Für die Annahme einer Täuschung durch Unterlassen fehlt es regelmäßig an der notwendigen Garantenstellung, weil Ingerenz ausscheidet

**Zur Strafbarkeit des sog. „Schwarzsurfens" in offenen drahtlosen Computernetzwerken:**

- LG Wuppertal, Beschluss vom 19.10.2010 – 25 Qs 10 Js 1977/08 = Life&Law 2011, 253 ff. = **juris**byhemmer: Das unerlaubte „Schwarzsurfen" erfüllt weder den Tatbestand des Computerbetrugs gemäß § 263a I StGB noch einen sonstigen Tatbestand und ist damit straffrei.

**Rechtsprechung zum Ausnutzen eines Defekts bei einer vollautomatischen Selbstbedienungstankstelle:**

- OLG Hamm, Beschluss vom 08.08.2014 – 5 RVs 56/13 = Life&Law 2014, 29 ff. = **juris**byhemmer: Der Tatbestand des § 263a I StGB erfordert, dass die Manipulation des Datenverarbeitungsvorgangs unmittelbar eine vermögensrelevante Disposition des Computers verursacht. Die Vermögensminderung muss unmittelbar, d.h. ohne weitere Zwischenhandlungen des Täters, des Opfers oder eines Dritten durch den Datenverarbeitungsvorgang selbst eintreten.

- OLG Braunschweig, NJW 2008, 1464 ff. = Life&Law 2008, 467 ff. = **juris**byhemmer: Das Ausnutzen eines Defekts einer vollautomatischen Selbstbedienungstankstelle zum kostenlosen Tanken mittels einer Bankkarte kann ein unbefugtes Einwirken auf den Ablauf des Datenverarbeitungsvorgangs i.S.d. § 263a I Var. 4 StGB darstellen.

**Die Problematik des sog. „Phishing":**

- Unter „Phishing" versteht man Aktivitäten, bei denen der Täter mittels gefälschter E-Mails versucht, vertrauliche Identifikationsdaten wie beispielsweise Kennwörter für online geführte Konten zu erschleichen. Instruktiv zur Strafbarkeit nach § 263a I StGB beim Einsatz der erlangten Kennwörter siehe Berberich/Hauburger, Life&Law 2008, 413 ff., sowie Graf, NStZ 2007, 129 ff.

**Rechtsprechung zum Missbrauch einer Krankenversicherungskarte:**

- Die Inanspruchnahme von Versicherungsleistungen unter Vorlage einer Krankenversicherungskarte trotz vorheriger Kündigung der Mitgliedschaft erfüllt nicht den Tatbestand des Computerbetrugs nach § 263a I StGB. Es fehlt insoweit an der Unmittelbarkeit der Vermögensminderung durch den Datenverarbeitungsvorgang. In Betracht kommt jedoch eine Strafbarkeit wegen Betrugs (gegenüber dem Arzt zu Lasten der Versicherung, „Dreiecksbetrug"). Siehe dazu OLG Hamm, NJW 2006, 2341 = Life&Law 2007, 251 ff. = **juris**byhemmer.

**Rechtsprechung zum unbefugten Wiederaufladen von Telefonkarten:**

- BGH, StV 2003, 21 ff. = Life&Law 2004, 180 ff. sowie zum missbräuchlichen Benutzen fremder Telefonkarten BGH, NStZ 2005, 213 ff., sowie im Überblick Schnabel, NStZ 2005, 18 ff.

**Zum Tatbestandsmerkmal der Unbefugtheit i.S.d. § 263a I Var. 4 StGB:**

- Hemmer/Wüst/Berberich, StrafR BT I, Rn. 176 ff.

**Zu § 265a StGB:**

- Hemmer/Wüst/Berberich, StrafR BT I, Rn. 184 ff.

# Fall 37: Knapp bei Kasse

***Sachverhalt:***

*Stefan (S) hat bei der B-Bank ein Konto eröffnet und erhält von dieser eine ec-Karte mit persönlicher Identifikationsnummer (PIN) zur Benutzung am Geldautomaten. Gleichzeitig wird ihm ein Dispokreditrahmen in Höhe von 10.000 € eingeräumt. Obwohl er mit seinem Konto schon 5.000 € im Soll steht, hebt S bei der D-Bank am Geldautomaten 1.000 € ab. Dabei weiß er genau, dass er nicht mehr in der Lage ist, das Konto auszugleichen. Außerdem ist er hierzu auch nicht bereit.*

***Bearbeitervermerk:***

*Prüfen Sie die Strafbarkeit des S gem. § 263a StGB und § 266b StGB.*

## A. Einordnung

Im Fall 37 steht die Prüfung und Abgrenzung der §§ 266b, 263a StGB im Mittelpunkt. Fälle im Zusammenhang mit einer missbräuchlichen Nutzung einer ec-Karte oder einer Kreditkarte werden in Klausuren häufig gestellt. Hüten Sie sich hier – wie überhaupt – vor einem zu schematischen Lernen. Eine kleine Veränderung im Sachverhalt kann hier möglicherweise die Prüfung anderer Strafvorschriften und die Erzielung anderer Ergebnisse bedingen. Generell ist in diesem Zusammenhang regelmäßig (zumindest gedanklich) an die §§ 242, 246, 263, 263a, 266, 266b StGB zu denken.

## B. Gliederung

**I. Missbrauch von Scheckkarten, § 266b I StGB**

**1.** Objektiver Tatbestand

**a)** S = tauglicher Täter, die eingesetzte ec-Karte war ihm von der B-Bank überlassen

**b)** ec-Karte verliert Eigenschaft als Scheckkarte nicht dadurch, dass sie sich als Automatenkarte benutzen lässt

**c)** Vorliegen eines Drei-Personen-Verhältnisses (+)

**d)** Missbrauch angesichts des Umfangs der Inanspruchnahme trotz desolater wirtschaftlicher Situation (+)

**e)** Eintritt eines Vermögensschadens bei der B-Bank (+)

**2.** Subjektiver Tatbestand
Vorsatz hinsichtlich aller Merkmale des objektiven Tatbestandes (+)

**3.** Rechtswidrigkeit und Schuld (+)

**4. Ergebnis**:
§ 266b I StGB (+)

**II. Computerbetrug, § 263a I Var. 3 StGB**

**1.** Objektiver Tatbestand

**(P) Auslegung des Merkmals „unbefugt“**
Subjektivierende Auslegung
⇨ § 263a I Var. 3 StGB (+)
Betrugsspezifische Auslegung
⇨ § 263a I Var. 3 StGB (-)

**2. Ergebnis:**
§ 263a I Var. 3 StGB (-), a.A. vertretbar

## C. Lösung

### Strafbarkeit des S

#### I. Missbrauch von Scheckkarten, § 266b I StGB

Durch das Abheben der 1.000 € am Geldautomaten der D-Bank könnte sich S wegen Missbrauchs von Scheckkarten nach § 266b I StGB strafbar gemacht haben.

#### 1. Objektiver Tatbestand

S hat mit der ihm von der B-Bank überlassenen ec-Karte 1.000 € am Geldautomaten der D-Bank abgehoben.

Fraglich ist zunächst, ob § 266b I StGB auf eine solche Konstellation überhaupt anwendbar ist. Dies ist nicht unumstritten.

Zwar ist das vorliegende Verhalten des S vom Wortlaut des § 266b I StGB umfasst. Bei dem S handelt es sich ferner um einen tauglichen Täter, weil ihm die zum Einsatz gebrachte Scheckkarte von der B-Bank überlassen worden ist.

**hemmer-Methode**: § 266b I StGB ist ein Sonderdelikt! Das heißt, tauglicher Täter kann nur derjenige sein, dem die Karte von der betreffenden Bank (= Ausstellerbank) überlassen worden ist. Bei der Strafbarkeit von Teilnehmern ist deshalb an § 28 I StGB zu denken.

Weiter verliert die Karte ihre Eigenschaft als Scheckkarte nicht dadurch, dass sie sich als Automatenkarte benutzen lässt. Auch in dieser Nutzung war dem S die Möglichkeit eröffnet, den Aussteller zu einer Zahlung zu veranlassen.

Denn unter Zahlung ist auch der bargeldlose Zahlungsverkehr zu verstehen.[187]

Teilweise wird jedoch vertreten, § 266b I StGB könne trotzdem auf Geldautomatenfälle nicht angewendet werden, weil es bei Codekarten, die ja auch bloße Bankkundenkarten sein können, an der für Scheck- und Kreditkarten typischen Garantiefunktion fehle[188] bzw. diese hier bloß in ihrer Funktion als Schlüssel für den Automatenzugang benutzt würden.

Diese Ansicht ist aber abzulehnen.[189] Denn § 266b I StGB bestraft den Missbrauch des dem Kunden durch Überlassung der Scheckkarte und Einräumung einer Deckungsgarantie entgegengebrachten Vertrauens.

Und auch in dieser Fallgestaltung entsteht – zumindest bei Abhebungen an Automaten einer fremden Bank – zwischen dem auszahlenden Geldinstitut und dem Aussteller der Scheckkarte ein Garantievertrag, durch den Letzterer zur Deckung des abgehobenen Betrages verpflichtet wird.[190]

**hemmer-Methode**: Anders wäre der Fall zu beurteilen, wenn der Täter mit der Karte bei Automaten seiner eigenen Bank Geld abgehoben hätte. Dann wäre nicht die in der Karte steckende und für die Bank so gefährliche Garantiefunktion ausgelöst worden, weil kein Anspruch eines Dritten entstanden wäre.

---

187 FISCHER, § 266b StGB Rn. 7.

188 FISCHER, § 266b StGB Rn. 8.

189 Ebenso OLG Stuttgart, NJW 1988, 981 f. = jurisbyhemmer.

190 Dabei wird man jedoch den Kunden, der den Geldautomaten bedient, nicht als Boten, der eine Garantieerklärung der Bank überbringt, sondern eher als Aktivator einer bereits zwischen den Geldinstituten getroffenen Garantievereinbarung anzusehen haben.

Der BGH lehnt daher im Zwei-Personen-Verhältnis die Anwendung des § 266b StGB ab.[191]

Weiterhin müsste auch ein Missbrauch durch S gegeben sein. Zwar liegt ein solcher noch nicht bei jeder Krediterschöpfung vor.[192] Der Missbrauch ergibt sich hier aber aus dem Umfang der Inanspruchnahme des Geldautomaten, obwohl in absehbarer Zeit angesichts der wirtschaftlichen Gesamtsituation des S mit einem Ausgleich des Kontos nicht zu rechnen war und S auch nicht bereit war, für einen solchen Ausgleich zu sorgen.[193]

Schließlich hat S durch die Abhebung die kartenausgebende B-Bank in Höhe von 1.000 € geschädigt.

Der objektive Tatbestand ist damit erfüllt.

**hemmer-Methode**: Anders ist die Benutzung der ec-Karte im Lastschriftverfahren zu beurteilen. Hier wird keine Garantie für die Zahlung übernommen. Vielmehr erteilt der Karteninhaber lediglich eine Einzugsermächtigung, so dass der Geschäftspartner das Risiko der Nichteinlösung trägt. Ein Schaden tritt daher nicht bei der kartenausgebenden Bank, sondern allenfalls beim Geschäftspartner ein. Hier ist also eine Strafbarkeit gem. § 263 StGB zu Lasten des Geschäftspartners zu prüfen.

#### 2. Subjektiver Tatbestand

S handelte mit Vorsatz hinsichtlich aller Merkmale des objektiven Tatbestandes.

**hemmer-Methode:** § 266b I StGB erfordert, anders als etwa §§ 263 I, 263a I StGB, keine überschießende Innentendenz in Form der Bereicherungsabsicht.

#### 3. Rechtswidrigkeit und Schuld

Die Tat war rechtswidrig und S handelte schuldhaft.

#### 4. Ergebnis

S hat sich gem. § 266b I StGB strafbar gemacht.

### II. Computerbetrug, § 263a I Var. 3 StGB

#### 1. Objektiver Tatbestand

S könnte durch den Abhebevorgang weiter den Tatbestand des § 263a I StGB verwirklicht haben.

In Betracht kommt die Tatbestandsvariante der unbefugten Verwendung von Daten (§ 263a I Var. 3 StGB).

Umstritten ist zunächst, welche Bedeutung dem Tatbestandsmerkmal „unbefugt“ in diesem Rahmen zukommt.[194]

Eine Ansicht versteht den Begriff subjektiviert:[195] Unbefugt handelt demnach jeder, der den erkennbaren, ausdrücklichen oder mutmaßlichen Willen des über die Datenverarbeitungsanlage und die Daten Verfügungsberechtigten missachtet. Als verfügungsberechtigt über die Daten in diesem Sinne muss auch die Bank angesehen werden, die die ec-Karte ausgab.

---

[191] Vgl. BGHSt 38, 281, 282 ff.

[192] FISCHER, § 266b StGB Rn. 16.

[193] FISCHER, § 266b StGB Rn. 18.

[194] Vgl. insofern nochmals den vorstehenden Fall 36 („Kontrollierte Sucht“).

[195] BayObLG, NJW 1991, 438 = **juris**byhemmer.

Da eine Abhebung ohne die Bereitschaft, das Konto wieder auszugleichen, wie sie von S vorgenommen wurde, dem mutmaßlichen Willen der B-Bank entgegensteht, wäre nach dieser Ansicht ein Computerbetrug des S gem. § 263a I Var. 3 StGB zu bejahen.

Dem ist aber entgegenzuhalten, dass sich aufgrund der systematischen Stellung des § 263a StGB im Gesetz hinter dem Betrugstatbestand des § 263 StGB und aufgrund seines Zwecks, die (genauso wie die Täuschung eines Menschen beim Betrug strafwürdige) „Täuschung" eines Computers aufzufangen, die Auslegung dieses Tatbestandes an der Betrugsstrafbarkeit orientieren muss. Andernfalls würde man § 263a I StGB zu weit gesteckte Grenzen setzen.

Konkret bedeutet das, dass sich auch die unbefugte Verwendung von Daten als täuschungsgleich darstellen muss. Erfasst werden durch diese Variante also nur die Fälle, die im Betrugsbereich dadurch gekennzeichnet sind, dass der Täter durch konkludentes Verhalten seine Berechtigung zur Inanspruchnahme der Leistung vorspiegelt. Die Befugnis zur Inanspruchnahme der Computerleistung muss so schlüssig vorgespiegelt werden wie vergleichsweise bei einer Rechtshandlung, die gegenüber einem Menschen vorgenommen wird.

Wenn man im Rahmen dieser Täuschungsäquivalenz den Automaten mit einem Schalterangestellten vergleicht, der an der Stelle des Automaten das Geld an S ausgezahlt hätte, so ist festzustellen, dass sich auch dieser nur mit der Frage befasst hätte, ob sich der Kunde i.R.d. Verfügungsrahmens bewegt, nicht aber, ob der Kunde bereit und/ oder fähig ist, einen gewährten Kredit zurückzuzahlen (Zahlungswilligkeit und Bonität des Kunden).

Einem Schalterangestellten fehlt damit das für einen täuschungsrelevanten Irrtum erforderliche sachgedankliche Mitbewusstsein, denn er macht sich über die Zahlungswilligkeit und Bonität des Kunden grundsätzlich keine Gedanken.

S ist daher nach dieser Ansicht nicht aus § 263a I Var. 3 StGB zu bestrafen.

Zum gleichen Ergebnis kommen die Vertreter der Ansicht, die die betrugsspezifische Auslegung des § 263a I Var. 3 StGB wegen der damit verbundenen Rechtsunsicherheit ablehnen, und eine unbefugte Verwendung von Daten nur dann annehmen wollen, wenn mit gefälschten Karten operiert wird (vgl. Ranft, NJW 1994, 2574). Diese Ansicht widerspricht jedoch dem historischen Willen des Gesetzgebers und ist auch schwerlich mit dem Wortlaut des § 263a I StGB zu vereinbaren (vgl. insofern auch Cramer, in Schönke/Schröder, § 263a Rn. 10).

### 2. Ergebnis

Nach der vorzugswürdigen betrugsspezifischen Auslegung hat sich S nicht wegen Computerbetruges strafbar gemacht (a.A. vertretbar).

## D. Zusammenfassung

**Sound**:
Missbrauch von Scheck- und Kreditkarten nach § 266b I StGB.

Hebt der an sich berechtigte Inhaber einer ec-Karte mit dieser am **Geldautomaten einer anderen Bank** Bargeld ab, obwohl er weiß, dass sein Konto eine ausreichende Deckung nicht aufweist und er auch nicht willens ist, für eine ausreichende Deckung zu sorgen, so macht er sich gem. § 266b I StGB strafbar.

Mangels Täuschungsäquivalenz ist dagegen der Tatbestand des Computerbetruges (§ 263a I StGB) nicht erfüllt (str.).

## E. Zur Vertiefung

**Rechtsprechung:**

- BGH, NStZ 2005, 633 ff. = Life&Law 2006, 185 ff. Die Verwendung der durch Hehlerei erlangten SIM-Karte erfüllt nicht den Tatbestand des Computerbetrugs, wenn sie von einem „berechtigten Karteninhaber“ erworben wurde. Insoweit folgt der BGH auch bei den Telefonkartenfällen dem „betrugsspezifischen“ Ansatz.

**Zum Tatbestand des § 266b StGB:**

- Hemmer/Wüst/Berberich, StrafR BT I, Rn. 155 ff.
- Guter Überblick zur Strafbarkeit bei Missbrauch eines Bankomaten in Life&Law 2003, 810 ff.

# Kapitel V: Hehlerei

## Fall 38: Tafelsilber für den Dietrich

***Sachverhalt:***

*Anton (A) stellt Paul (P) einen Dietrich für dessen Einbruch in der Villa des Dieter (D) zur Verfügung. Als Gegenleistung fordert er die Überlassung des wertvollen Tafelsilbers des D. Nach Durchführung des Einbruchs übergibt P dem A wie versprochen das Tafelsilber, das er neben anderen Gegenständen entwendet hat.*

***Bearbeitervermerk:***

*Prüfen Sie die Strafbarkeit des A. Auf § 246 StGB ist nicht einzugehen.*

### A. Einordnung

Die Hehlerei gem. § 259 StGB bildet einen vielfach unterschätzten Tatbestand. In vielen Lehrbüchern zum Besonderen Teil des StGB und auch in diesem Skript wird sie erst gegen Ende angesprochen, was systematisch auf Grund ihres Charakters als Anschlussdelikt durchaus sinnvoll erscheint. Nichtsdestotrotz sollte der Tatbestand aber von Studenten nicht auf die leichte Schulter genommen werden.

§ 259 I StGB stellt Rechtsprechung und Literatur vor eine Reihe von schwierigen Auslegungsfragen. Der Tatbestand lässt sich auf vielfältige Weise mit Vortaten aus dem Bereich der Vermögensdelikte kombinieren und bietet unter diesem Gesichtspunkt eine dankbare Verlängerungsmöglichkeit für den Klausurersteller. Ferner können – wie im Fall 38 – Fragen des Allgemeinen Teils, insbesondere aus dem Bereich Täterschaft und Teilnahme, gut im Zusammenhang mit § 259 I StGB abgeprüft werden. All diese Gesichtspunkte zeigen, dass eine gründliche Beschäftigung mit dem Tatbestand der Hehlerei im Rahmen der Klausurvorbereitung unerlässlich ist.

Im vorstehenden Fall ist vor allem die Frage aufzuwerfen, ob einer Strafbarkeit des A nach § 259 I StGB seine Eigenschaft als Teilnehmer an der Vortat entgegensteht.

### B. Gliederung

**I. Beihilfe zum Wohnungseinbruchsdiebstahl, §§ 242 I, 244 I Nr. 3, 27 I StGB**

**1.** Objektiver Tatbestand
**Vortat des P, Inzidentprüfung**

**a)** Objektiver Tatbestand
fremde und bewegliche Sache (+)
Wegnahmehandlung (+)
Villa des D = Wohnung (+)
Einbrechen (+)

**b)** Subjektiver Tatbestand
Vorsatz (+)
Zueignungsabsicht (+)

**c)** Rechtswidrigkeit (+)

⇨ Vorsätzliche und rechtswidrige Haupttat des P (+)

⇨ Hilfeleisten des A = Aushändigen des Dietrichs

**2.** Subjektiver Tatbestand
Doppelvorsatz in Bezug auf Haupttat und Hilfeleisten (+)

**3.** Rechtswidrigkeit und Schuld (+)

**4. Ergebnis:**
§§ 242 I, 244 I Nr. 3, 27 I StGB (+)

**II. Hehlerei, § 259 I Var. 2 StGB**

1. Objektiver Tatbestand
Vortat: §§ 242 I, 244 I Nr. 3 StGB = eine gegen fremdes Vermögen gerichtete rechtswidrige Tat

**(P) A = tauglicher Täter i.S.d. § 259 I StGB?**

⇨ *BGH und die h.L.*: (+), Täter der Vortat kann nicht Täter i.S.d. § 259 I StGB sein, Teilnehmereigenschaft an der Vortat steht dagegen nicht entgegen, arg. Wortlaut der §§ 26, 27 StGB

⇨ *Mindermeinung*: Strafbarkeit des Teilnehmers an der Vortat nach § 259 I StGB nur dann möglich, wenn dieser durch die Teilnahme an der Vortat noch kein Anrecht auf die Beute erworben hat

⇨ Nach h.L.: A = tauglicher Täter
Tathandlung: Sich-Verschaffen (+)

2. Subjektiver Tatbestand
Vorsatz in Bezug auf alle Merkmale des objektiven Tatbestandes (+)
Bereicherungsabsicht (+)

3. Rechtswidrigkeit und Schuld (+)

**III. Gesamtergebnis und Konkurrenzen:**
§§ 242 I, 244 I Nr. 3, 27 I StGB;
§ 259 I Var. 2 StGB; § 53 StGB

## C. Lösung

### Strafbarkeit des A

#### I. Beihilfe zum Wohnungseinbruchsdiebstahl, §§ 242 I, 244 I Nr. 3, 27 I StGB

**1. Objektiver Tatbestand**

Zunächst müsste eine vorsätzliche rechtswidrige Haupttat vorliegen, § 27 I StGB. Diese könnte hier in einem Wohnungseinbruchsdiebstahl des P liegen.

P hat zur Ausführung des Diebstahls den Eingang zur Villa des D mit dem Dietrich gewaltsam geöffnet. Er ist damit in eine Wohnung i.S.d. § 244 I Nr. 3 Var. 1 StGB eingebrochen.

In der Villa hat er das Tafelsilber und andere Gegenstände mit Wissen und Wollen entwendet. Eine vorsätzliche Wegnahmehandlung liegt damit vor. P handelte ferner mit Zueignungsabsicht, so dass eine vorsätzliche rechtswidrige Tat gem. §§ 242 I, 244 I Nr. 3 StGB als Haupttat i.S.d. § 27 I StGB zu bejahen ist.

Mit dem Aushändigen des Dietrichs hat A dem P zu dieser Tat objektiv Hilfe i.S.d. § 27 I StGB geleistet.

**hemmer-Methode**: Beginnen Sie in Ihrer Klausur grundsätzlich mit der Prüfung der Strafbarkeit des Haupttäters und gehen Sie erst im Anschluss daran auf die Teilnehmerstrafbarkeit ein. Ist allerdings wie hier lediglich nach der Strafbarkeit des Gehilfen gefragt, so ist es erforderlich, im Rahmen der Prüfung des § 27 I StGB zunächst inzident auf das Vorliegen einer vorsätzlichen und rechtswidrigen Haupttat einzugehen (Prinzip der limitierten Akzessorietät[196]).

[196] Der Begriff „Akzessorietät" meint so viel wie „Abhängigkeit" und beschreibt die Tatsache, dass die Strafbarkeit des Teilnehmers sich grundsätzlich nach der des Täters richtet. „Limitiert" ist die Akzessorietät insoweit, als sie „begrenzt" ist auf eine rechtswidrige Vortat. Auf die Schuld des Täters kommt es also nicht an.

Vorliegend konnte diese Prüfung knapp gehalten werden, da die Vorschriften der §§ 242 I, 244 I Nr. 3 StGB hier keine besonderen Schwierigkeiten aufwerfen.

**2. Subjektiver Tatbestand**

A handelte vorsätzlich hinsichtlich der Vollendung der Haupttat und seiner eigenen Beihilfehandlung (Doppelvorsatz).

**3. Rechtswidrigkeit und Schuld**

Die Tat war rechtswidrig und A handelte schuldhaft.

**4. Ergebnis**

A hat sich wegen Beihilfe zum Wohnungseinbruchsdiebstahl gem. §§ 242 I, 244 I Nr. 3 Var. 1, 27 I StGB strafbar gemacht.

**II. Hehlerei, § 259 I Var. 2 StGB**

A könnte sich ferner wegen Hehlerei gem. § 259 I Var. 2 StGB strafbar gemacht haben, indem er das Tafelsilber des D von P entgegennahm.

**1. Objektiver Tatbestand**

**a)** Der Wohnungseinbruchsdiebstahl des P gem. §§ 242 I, 244 I Nr. 3 StGB stellt eine gegen fremdes Vermögen gerichtete rechtswidrige Tat dar und ist damit eine taugliche Vortat i.S.d. Hehlereitatbestandes.

**hemmer-Methode**: Häufig wird übersehen, dass nicht nur der Diebstahl, sondern auch andere Vermögensdelikte als Vortat einer Hehlerei in Betracht kommen.

Fraglich ist jedoch, ob diese Tat als Tat eines anderen i.S.d. § 259 I StGB anzusehen ist, da A zwar nicht Täter, aber doch Teilnehmer der Vortat war.

Der BGH und die h.L. bejahen uneingeschränkt die Strafbarkeit des Vortatteilnehmers wegen Hehlerei.[197]

Sie berufen sich insoweit auf den Gesetzeswortlaut der §§ 26, 27 StGB, wonach der Teilnehmer die Tat eines anderen unterstützt.

Die in der Literatur teilweise vertretene Gegenansicht, die nach differenzierenden Lösungen strebt, hält eine Strafbarkeit des Teilnehmers an der Vortat gemäß § 259 I StGB zumindest dann für möglich, wenn dieser durch die Teilnahme an der Vortat noch kein Anrecht auf die Beute erworben hat, sondern vielmehr die Übertragung der Beute auf den potentiellen Hehler erst durch eine freie Verfügung des Vortäters erfolgt.[198]

Nach dieser Ansicht wäre eine Bestrafung aus § 259 I StGB hier abzulehnen, da die Weitergabe des Tafelsilbers an A letztlich nur noch die Erfüllung einer bereits bestehenden Verpflichtung des P darstellt, und daher nicht mehr selbständig zu bestrafen wäre.

Gegen diese Ansicht spricht jedoch, dass sich dem Gesetzeswortlaut des § 259 I StGB keine Anhaltspunkte für derartige Einschränkungen entnehmen lassen.

Außerdem steht letztlich dem Vortäter die tatsächliche Aushändigung der Beute an den Teilnehmer immer noch frei, so dass diese Differenzierung wenig überzeugend erscheint.

A ist damit als tauglicher Täter des § 259 I StGB anzusehen.

[197] BGHSt 33, 50 ff. = **juris**byhemmer; BGHSt 7, 134 ff.; JOECKS, StGB, § 259 Rn. 7; RENGIER BT 1, § 22 Rn. 42; FISCHER, § 259 StGB Rn. 31.

[198] STREE, in SCHÖNKE/SCHRÖDER, § 259 Rn. 57.

**hemmer-Methode**: Zum tauglichen Täterkreis des § 259 I StGB zählen alle Personen außer dem Vortäter. Teilweise wird sogar der Vortäter, der die Sache von einem Zwischenhehler zurückerwirbt, wieder als tauglicher Täter des § 259 I StGB angesehen.
*Beispiel*: X stiehlt eine Sache, verkauft sie an Y für 1.000 € und kauft sie diesem wieder für 800 € ab, da Y sie nicht anderweitig veräußern kann. Als taugliche Vortat eines anderen käme hier die Hehlerei (§ 259 I StGB) des Y in Betracht.

**b)** Unter dem Begriff des „Sich-Verschaffens" ist die bewusste und gewollte Übernahme der tatsächlichen Verfügungsgewalt über die „bemakelte" Sache zu eigenen Zwecken im Wege des abgeleiteten Erwerbs und des einverständlichen Zusammenwirkens mit dem Vortäter oder dem sonstigen Vorbesitzer zu verstehen (BGHSt 15, 53).

A hat sich in diesem Sinne das Tafelsilber im Einvernehmen mit P verschafft.

#### 2. Subjektiver Tatbestand

A handelte vorsätzlich in Bezug auf alle Merkmale des objektiven Tatbestandes und in Bereicherungsabsicht.

#### 3. Rechtwidrigkeit und Schuld

Die Tat war rechtswidrig und A handelte schuldhaft.

### III. Gesamtergebnis und Konkurrenzen

A hat sich gem. §§ 242 I, 244 I Nr. 3 Var. 1, 27 I StGB und § 259 I Var. 2 StGB strafbar gemacht.

Die beiden Delikte stehen auf Grund der räumlichen und zeitlichen Zäsur zueinander im Verhältnis der Tatmehrheit, § 53 StGB.

## D. Zusammenfassung

**Sound**:
Tauglicher Täter i.S.d. § 259 I StGB.

Im Gegensatz zum Vortäter kann nach h.M. in Rechtsprechung und Literatur der **Teilnehmer an der Vortat** (Anstifter oder Gehilfe) den **Tatbestand des § 259 I StGB als Täter erfüllen**. Dies gilt selbst dann, wenn bereits seine Teilnahmehandlung auf die spätere Beuteerlangung abzielt.

## E. Zur Vertiefung

**Rechtsprechung:**

- LG Karlsruhe, CR 2008, 256 ff. = Life&Law 2008, 179 ff. = **juris**byhemmer: Beim Erwerb gestohlener Ware über eine Internet-Auktion ist auch bei einem deutlich unter dem regulären Neupreis liegenden Zuschlag nicht ohne weiteres der Rückschluss gerechtfertigt, der Ersteigerer nehme billigend in Kauf, dass es sich um Diebesgut handele. Entsprechendes gilt, soweit eine solche Auktion mit dem Startpreis 1,- € beginnt.
- BGH, NStZ 2005, 447 ff. = Life&Law 2005, 679 ff. = **juris**byhemmer: Ein Versicherungsmissbrauch (§ 265 I StGB) kommt als Vortat des Hehlereitatbestandes nicht in Betracht. Denn durch das Beschädigen oder Beiseiteschaffen der eigenen versicherten Sache entsteht keine rechtswidrige Vermögenslage.

**Zum Tatbestand des § 259 StGB:**

- Hemmer/Wüst/Berberich, StrafR BT I, Rn. 210 ff.

# Fall 39: Der Deal

***Sachverhalt:***

*Alfons (A) hat einen Wagen gestohlen. Den Weiterverkauf organisiert Franz (F) aufgrund einer bereits vor dem Diebstahl getroffenen Absprache vollkommen selbständig. Sein Mitarbeiter Igor (I) hatte daher schon einen Tag vor dem Diebstahl ein Inserat in eine Tageszeitung gesetzt und auf Weisung des F den Norbert (N) als potentiellen Kaufinteressenten angesprochen.*

*Wenige Tage nach dem Diebstahl kann sich F mit N auf einen Kaufpreis in Höhe von 60.000 € für den gestohlenen Wagen einigen. Er erhält für den geglückten Deal von A 15.000 € als Verkaufsprovision.*

***Bearbeitervermerk:***

*Prüfen Sie die Strafbarkeit des F und des I gem. § 259 StGB.*

## A. Einordnung

Im Mittelpunkt des Falles 39 steht wiederum der Tatbestand der Hehlerei. An Hand dieses Falls soll gezeigt werden, wie wichtig eine exakte Subsumtion unter die unterschiedlichen Tathandlungen des § 259 I StGB ist. Setzen Sie in diesem Bereich keinesfalls auf Lücke. Prägen Sie sich die entsprechenden Definitionen gut ein.

## B. Gliederung

**Strafbarkeit des F**

**I. Hehlerei, § 259 I StGB**

1. Objektiver Tatbestand

Vortat = Diebstahl des Wagens durch A

Tathandlung

⇨ Sich-Verschaffen (-), keine Erlangung eigentümerähnlicher Verfügungsgewalt durch F

⇨ Absetzen (+), selbständiges Tätigwerden für fremde Rechnung

2. Subjektiver Tatbestand
   Vorsatz (+)
   Bereicherungsabsicht (+)
3. Rechtswidrigkeit und Schuld (+)

**II. Ergebnis:**

§ 259 I Var. 3 StGB (+)

**Strafbarkeit des I**

**I. Hehlerei, § 259 I StGB**

1. Objektiver Tatbestand

Vortat = Diebstahl des A

Tathandlung

⇨ Sich-Verschaffen (-), keine Erlangung eigentümerähnlicher Verfügungsgewalt

⇨ Absetzen (-), keine eigenverantwortliche Stellung des I beim Weiterverschieben

⇨ Absatzhilfe (-), zwar unselbständige Unterstützung durch I, aber Handlung des I erfolgte zeitlich vor Vollendung des Diebstahls; unvereinbar mit Charakter des § 259 StGB als Anschlussdelikt

Objektiver Tatbestand (-)

**II. Beihilfe zur Hehlerei, §§ 259 I Var. 3, 27 I StGB**

1. Objektiver Tatbestand
   teilnahmefähige Haupttat = § 259 I Var. 3 StGB durch F (+)
   Hilfeleisten i.S.d. § 27 I StGB = Aufgabe des Inserats und Ansprechen des Interessenten N

**2.** Subjektiver Tatbestand
doppelter Gehilfenvorsatz (+)
**3.** Rechtswidrigkeit und Schuld (+)
**4. Ergebnis**:
§§ 259 I Var. 3, 27 I StGB (+)

## C. Lösung

### Strafbarkeit des F

#### I. Hehlerei, § 259 I StGB

#### 1. Objektiver Tatbestand

Der von F weiterverkaufte Wagen wurde von einem anderen – dem A – gestohlen. Es liegt damit eine taugliche Vortat zur Hehlerei gem. § 242 I StGB bzw. gem. §§ 242 I, 243 StGB vor.

Als Tathandlung kommt zunächst ein Sich-Verschaffen durch F in Betracht (§ 259 I Var. 2 StGB). Unter dem Begriff des Sich-Verschaffens ist die bewusste und gewollte Übernahme der tatsächlichen Verfügungsgewalt über die „bemakelte" Sache zu eigenen Zwecken im Wege des abgeleiteten Erwerbs und des einverständlichen Zusammenwirkens mit dem Vortäter oder dem sonstigen Vorbesitzer zu verstehen.[199] F hat sich damit den Wagen nicht verschafft, da er aufgrund des Weiterverkaufs für A selbst keine eigentümerähnliche Verfügungsgewalt an diesem erlangt hat.

F könnte jedoch den vom Vortäter A gestohlenen Wagen abgesetzt haben (§ 259 I Var. 3 StGB). Unter Absetzen ist die Unterstützung eines anderen beim Weiterschieben der „bemakelten" Sache durch selbständiges Handeln zu verstehen.

[199] WESSELS/HILLENKAMP, Rn. 848; BGHSt 15, 53.

Absetzen setzt also im Gegensatz zur Absatzhilfe (§ 259 I Var. 4 StGB) ein Tätigwerden für fremde Rechnung in eigener Regie voraus, wohingegen der Begriff der Absatzhilfe die weisungsabhängige, unselbständige Unterstützung umschreibt, die dem Vortäter bei dessen Absatzbemühungen gewährt wird.[200]

Da F nur auf Provisionsbasis tätig wurde und nicht selbst die Kaufsumme kassierte, kann ein Tätigwerden für fremde Rechnung, nämlich die des A, angenommen werden. F unterlag auch keinerlei Anweisungen bei der Weiterverschiebung, sodass das für das Absetzen nötige selbständige Tätigwerden vorliegt. Die Tathandlungsvariante des Absetzens ist damit erfüllt.

#### 2. Subjektiver Tatbestand

F handelte mit Wissen und Wollen. Insbesondere muss das erforderliche Vorsatzwissen hinsichtlich der Vortat nicht in allen Einzelheiten konkretisiert sein. Insofern genügt die Annahme irgendeiner gegen fremde Vermögensinteressen gerichteten Vortat.[201] F handelte ferner mit Bereicherungsabsicht i.S.d. § 259 I StGB.

#### 3. Rechtswidrigkeit und Schuld

Rechtswidrigkeit und Schuld sind zu bejahen.

#### II. Ergebnis

F hat sich wegen Hehlerei gem. § 259 I Var. 3 StGB strafbar gemacht.

[200] WESSELS/HILLENKAMP, Rn. 863.
[201] BGH, NStZ 1992, 84 = jurisbyhemmer.

## Strafbarkeit des I

### I. Hehlerei, § 259 I StGB

#### 1. Objektiver Tatbestand

Der Diebstahl des A stellt eine taugliche Vortat i.S.d. § 259 I StGB dar. Als Tathandlung kommen bei I, da auch er keine eigentümerähnliche Verfügungsgewalt über den gestohlenen Pkw erlangt hat, lediglich die 3. und 4. Var. (Absetzen oder Absatzhilfe) durch die Mitwirkung bei der Veräußerung des PKW in Betracht.

**a)** Im Unterschied zur Absatzhilfe setzt die Tathandlung des Absetzens voraus, dass der Hehler die Sache in eigener Verantwortung weiterverschiebt.[202] Da I jedoch im vorliegenden Fall keine eigenverantwortliche Stellung beim Weiterverschieben einnimmt, ist ein Absetzen zu verneinen.

**b)** Die Absatzhilfe ist dagegen eine unselbständige Unterstützung des Vortäters zu der von dem Vortäter selbst vorgenommenen Veräußerung.

**hemmer-Methode**: Es handelt sich dabei eigentlich um eine Beihilfehandlung zum Absetzen des Vortäters. Da die Hehlerei des Vortäters mangels einer fremden Vortat jedoch nicht strafbar ist, wäre nach dem den §§ 26, 27 StGB zu Grunde liegenden Prinzip der limitierten Akzessorietät auch die Beihilfe dazu straflos. Deshalb hat der Gesetzgeber durch die Aufnahme der Tathandlung der Absatzhilfe in § 259 I StGB eine Beihilfehandlung als täterschaftliche Hehlerei eingestuft, um so eine andernfalls bestehende kriminalpolitisch unbefriedigende Strafbarkeitslücke zu schließen.

Fraglich ist, ob I vorliegend durch die Aufgabe des Inserats und durch das Ansprechen des N eine Absatzhilfe i.S.d. § 259 I Var. 4 StGB vorgenommen hat. Dies ist problematisch, da diese mögliche Hehlereihandlung zeitlich vor Vollendung des Diebstahls erfolgte.

Nach h.M. ergibt sich aus dem Wortlaut „erlangt *hat*“ und aus dem Sinn und Zweck der Hehlerei als Anschlussdelikt, dass die Hehlereihandlung der Vortat zeitlich nachfolgen muss.[203]

**hemmer-Methode:** Diese Argumentation müssen Sie hier nicht unbedingt bringen. Denkbar wäre es auch, gleich mit der Prüfung der §§ 259 I Var. 3, 27 I StGB zu beginnen, da dem § 259 I Var. 4 StGB nur eine Auffangfunktion zukommt.

Damit scheidet auch eine Bestrafung des I gemäß § 259 I Var. 4 StGB aus.

### II. Beihilfe zur Hehlerei, §§ 259 I Var. 3, 27 I StGB

Als teilnahmefähige Haupttat ist das durch Verkauf an N verwirklichte Absetzen des F i.S.d. § 259 I Var. 3 StGB anzusehen.

In der Aufgabe des Inserats und im Ansprechen des Interessenten N ist durch den I ein kausaler Beitrag zum Gelingen des Absatzerfolges geleistet worden.[204]

**hemmer-Methode**: Rein äußerlich besteht zwischen der Beihilfe zum Absetzen und der Absatzhilfe kein Unterschied. Entscheidend ist, wem beim Absatz geholfen wird.

---

[202] Vgl. insofern nochmals eben die Prüfung der Strafbarkeit des F.

[203] Vgl. BGH, NStZ 1994, 486 = **juris**byhemmer.

[204] So auch BGH, NStZ 1994, 486 = **juris**byhemmer.

Macht sich diese Person selbst wegen Absetzens strafbar, so wird der Unterstützende wegen Beihilfe zum Absetzen bestraft.
Scheitert eine Strafbarkeit wegen Absetzens daran, dass der den Absatz Organisierende gleichzeitig der Vortäter ist oder er für eigene Rechnung tätig wird (sich also die Sache bereits vorher i.S.d. § 259 I Var. 1 oder 2 StGB verschafft hat) kommt für den Unterstützenden nur Absatzhilfe (Var. 4) in Betracht, da eine Beihilfe aus Akzessorietätsgründen scheitert.

### 2. Subjektiver Tatbestand

I handelte mit dem für eine Strafbarkeit als Gehilfe nach § 27 I StGB erforderlichen doppelten Gehilfenvorsatz.

### 3. Rechtswidrigkeit und Schuld

Rechtfertigungs- oder Schuldausschließungsgründe sind nicht ersichtlich. Die Tat des I war rechtswidrig und er handelte schuldhaft.

### 4. Ergebnis

I hat sich daher wegen Beihilfe zur Hehlerei gem. §§ 259 I, Var. 3, 27 I StGB strafbar gemacht.

## D. Zusammenfassung

**Sound**:
Tathandlungen des § 259 I StGB.

Beim **Ankaufen** (§ 259 I Var. 1 StGB) handelt es sich lediglich um einen Unterfall des Sich-Verschaffens.

Unter dem **Begriff des Sich-Verschaffens** (§ 259 I Var. 2 StGB) ist die bewusste und gewollte Übernahme der tatsächlichen Verfügungsgewalt über die „bemakelte" Sache zu eigenen Zwecken im Wege des abgeleiteten Erwerbs und des einverständlichen Zusammenwirkens mit dem Vortäter oder dem sonstigen Vorbesitzer zu verstehen.

**Absetzen** (§ 259 I Var. 3 StGB) meint die Unterstützung eines anderen beim Weiterschieben der bemakelten Sache durch selbständiges Handeln.

Absetzen setzt also im Gegensatz zur Absatzhilfe (§ 259 I Var. 4 StGB) ein Tätigwerden für fremde Rechnung in eigener Regie voraus, wohingegen der **Begriff der Absatzhilfe** die weisungsabhängige, unselbständige Unterstützung umschreibt, die dem Vortäter bei dessen Absatzbemühungen gewährt wird.

Bei den Tathandlungen des Ankaufens und des Sich-Verschaffens (§ 259 I Var. 1 und 2 StGB) steht der Hehlereitäter also im Lager des Erwerbers, während er beim Absetzen und bei der Absatzhilfe dem Lager des Vortäters zuzurechnen ist. Absetzen und Absatzhilfe (§ 259 I Var. 3 und 4 StGB) sind durch die selbständige bzw. unselbständige Handlungsweise des Hehlers zu unterscheiden. Dabei stellt die Absatzhilfe gem. § 259 I Var. 4 StGB eine vertypte Beihilfehandlung dar. Diese Variante wird dann relevant, wenn eine Strafbarkeit nach §§ 259 I, 27 I StGB ausscheidet, was der Fall sein kann, wenn dem Vortäter oder einer Person, die sich die Sache bereits i.S.d. § 259 I Var. 1 oder 2 StGB verschafft hat, beim Absatz geholfen wird.

## E. Zur Vertiefung

**Zu den Tathandlungen des § 259 I StGB:**

Hemmer/Wüst/Berberich, StrafR BT I, Rn. 217 ff.

# Fall 40: An den Falschen geraten

***Sachverhalt:***

*Gunther (G) sucht auf Bitten des Theo (T) nach Abnehmern für mehrere gestohlene Waren, da dieser ihm eine Belohnung von 1.000 € versprach. Dummerweise gerät G bei seinen Bemühungen an einen verdeckten Ermittler der Polizei, dem er das Diebesgut übergibt. Nach der Übergabe wird G durch diesen sofort festgenommen.*

***Bearbeitervermerk:***

*Prüfen Sie die Strafbarkeit des G gem. § 259 StGB.*

## A. Einordnung

Im Bereich der Tathandlungen des Absetzens und der Absatzhilfe war lange Zeit umstritten, ob der Tatbestand des § 259 I StGB einen Erfolg voraussetzt, oder ob es für die Vollendungsstrafbarkeit genügt, wenn der Täter entsprechende, auf einen solchen Absatzerfolg gerichtete Aktivitäten entfaltet. Mit dieser Frage setzt sich Fall 40 auseinander.

## B. Gliederung

### Strafbarkeit des G

**I. Hehlerei, § 259 I StGB**

**1.** Objektiver Tatbestand

**a) Sich-Verschaffen, § 259 I Var. 2 StGB** (-), da keine eigentümerähnliche Verfügungsgewalt über die „bemakelte“ Sache; kein Handeln des G in eigenem Interesse

**b) Absatzhilfe, § 259 I Var. 4 StGB**
Unselbständige Unterstützung des Vortäters bei der Suche nach einer Verwertungsmöglichkeit für die „bemakelten“ Gegenstände? An sich (+), aber Förderungserfolg (-)

**(P) Setzen § 259 I Var. 3 und 4 StGB den Eintritt eines Absatzerfolges voraus?**

⇨ *h.L.*: Absatzerfolg = Tatbestandsvoraussetzung

⇨ *BGH (früher)*: auf Absatz gerichtetes Bemühen ausreichend; aber nur, wenn Bemühen im konkreten Fall geeignet, die rechtswidrige Vermögenslage aufrechtzuerhalten oder zu vertiefen; hier bei Veräußerung an Polizeibeamten (-)

⇨ *BGH (heute)*: wie nach h.L. Absatzerfolg = Tatbestandsvoraussetzung

⇨ Nach allen Ansichten hier § 259 I Var. 4 StGB (-)

**2. Ergebnis**:
§ 259 I StGB (-)

**II. Versuchte Hehlerei, §§ 259 I, III, 22, 23 I StGB**

**1.** Vorprüfung
Nichtvollendung (+)
Strafbarkeit des Versuchs gem. §§ 23 I Alt. 2, 259 III StGB (+)

**2.** Tatentschluss (+)

**3.** Unmittelbares Ansetzen (+), Kontaktaufnahme mit dem verdeckten Ermittler

**4.** Rechtswidrigkeit und Schuld (+)

**5. Ergebnis**:
§§ 259 I Var. 4, III, 22, 23 I StGB (+)

## C. Lösung

### Strafbarkeit des G

#### I. Hehlerei, § 259 I StGB

#### 1. Objektiver Tatbestand

#### a) § 259 I Var. 2 StGB

Indem sich G auf Bitten des T nach einem Abnehmer für die Diebesbeute umsah, könnte er sich wegen Hehlerei in Form des Sich-Die-Sache-Verschaffens strafbar gemacht haben.

Diese Variante setzt allerdings voraus, dass der Täter die tatsächliche, vom Vortäter abgeleitete Verfügungsgewalt über die Sache erlangt.[205] Hieran fehlt es, denn G handelte nicht im eigenen Interesse, sondern primär im Interesse des T, dem er bei der wirtschaftlichen Verwertung der Sache behilflich sein wollte. In solchen Fällen scheidet Hehlerei in Form des Sich-Verschaffens (§ 259 I Var. 2 StGB) aus.

#### b) § 259 I Var. 4 StGB

In Betracht kommt aber eventuell die Variante der Absatzhilfe. Hierunter versteht man die unselbständige Unterstützung des Vortäters bei der Suche nach einer Verwertungsmöglichkeit für die „bemakelten“ Gegenstände.

**hemmer-Methode**: Der Sache nach handelt es sich bei der Absatzhilfe eigentlich um eine Beihilfehandlung. Die Aufnahme dieser Hehlereihandlung in den Tatbestand des § 259 I StGB war gleichwohl erforderlich, da eine Strafbarkeit eines solchen „Gehilfen“ nach § 27 I StGB an der fehlenden Strafbarkeit des Haupttäters scheitert, denn der Vortäter kann sich ausweislich des Wortlauts des § 259 I StGB („ein anderer“) nicht wegen Hehlerei strafbar machen. Beachten Sie, dass neben der Absatzhilfe daher sehr wohl eine Strafbarkeit wegen Beihilfe zum Absetzen denkbar ist, nämlich grds. dann, wenn es sich – wie im vorstehenden Fall 39 – bei dem selbständig Absetzenden nicht um den Vortäter handelt.

Fraglich ist, wie es sich auswirkt, dass es zu einem Förderungserfolg an sich nicht gekommen ist, da die Sache einem verdeckten Ermittler der Polizei übergeben wurde.

Der überwiegende Teil des Schrifttums verlangt für die Annahme einer vollendeten Hehlerei gem. § 259 I Var. 3 und 4 StGB, dass es zu einem Absatzerfolg kommt.[206]

Diese Ansicht kann sich auf eine systematische Auslegung der Vorschrift stützen, denn für die Variante des Sich-Verschaffens ist anerkannt, dass diese nur in Betracht kommt, wenn der Täter die tatsächliche Verfügungsgewalt über die „bemakelte“ Sache erlangt.

Demgegenüber verzichtete der BGH früher auf das Erfordernis eines Absatzerfolges, da bereits das Bemühen um den Absatz geeignet sei, die rechtswidrige Vermögenslage aufrechtzuerhalten oder zu vertiefen. Zur Vollendung der Hehlerei sollte bereits jede – vom Absatzwillen getragene – vorbereitende, ausführende oder helfende Tätigkeit genügen, die geeignet ist, den Vortäter bei seinen Bemühungen um eine wirtschaftliche Verwertung der „bemakelten“ Sache zu unterstützen.[207]

---

205 Vgl. BGH, NJW 1997, 2610, 2611 = **juris**byhemmer.

206 Vgl. LACKNER/KÜHL, § 259 Rn. 13 ff.; STREE, in SCHÖNKE/SCHRÖDER, § 259 Rn. 32.

207 BGHSt 26, 358; BGHSt 27, 45; BGHSt 29, 249; BGHSt 33, 44, 47: **alle Entscheidungen** = **juris**byhemmer; ferner aus der Literatur

Ein solch weitgehendes Verständnis vermag aber nicht zu überzeugen. Bereits nach dem Wortlaut setzen die Tatvarianten Absetzen und Absetzen-Helfen zu ihrer Vollendung einen Absatzerfolg voraus. Zudem ist anderenfalls ein Versuch des Absetzens quasi nicht möglich, was insbesondere den „Absatz-Helfer" i.S.d. § 259 I Var. 4 StGB, welchem schon die Strafrahmenverschiebung des § 27 II S. 2 StGB nicht zugutekommt, unangemessen benachteiligen würde. Wegen diesen überzeugenden Argumenten fordert nunmehr auch der BGH für die Vollendung von § 259 I Var. 3 und 4 StGB einen Absatzerfolg.[208]

Mangels Vorliegens eines solchen Absatzerfolgs – mit Übergabe an den Polizisten kam es nicht zur Perpetuierung der rechtswidrigen Vermögenssituation – scheidet vorliegend eine Strafbarkeit des G wegen vollendeter Absatzhilfe aus.

**hemmer-Methode**: Auch die frühere Rechtsprechung des BGH kam im hier vorliegenden Fall ausnahmsweise zum selben Ergebnis. Denn für eine Vollendungsstrafbarkeit musste danach das Bemühen um den Absatz nicht nur in abstrakter Weise, sondern auch im konkreten Fall zumindest geeignet gewesen sein, die rechtswidrige Vermögenslage aufrechtzuerhalten oder zu vertiefen.[209] Daran fehlt es nach Ansicht des BGH, wenn ein Täter, der Diebesgut absetzen will, ausschließlich mit einem – von ihm nicht als solchen erkannten – Polizeibeamten verhandelt und diesem die Beute ausliefert. Solche Bemühungen sind nämlich per se nicht geeignet, den rechtswidrigen Vermögenszustand aufrechtzuerhalten, sondern führen im Gegenteil gerade umgekehrt dazu, dass der rechtmäßige Zustand wieder hergestellt wird.

### 2. Ergebnis

Der objektive Tatbestand des § 259 I StGB ist vorliegend nicht erfüllt. G hat keine vollendete Hehlerei begangen.

## II. Versuchte Hehlerei, §§ 259 I, III, 22, 23 I StGB

### 1. Vorprüfung

Eine Strafbarkeit des G wegen vollendeter Hehlerei ist – wie eben geprüft – nicht gegeben. Der Versuch dieses Vergehens ist nach §§ 23 I Alt. 2, 259 III StGB mit Strafe bedroht.

### 2. Tatentschluss

G müsste Tatentschluss, d.h. Vorsatz bezüglich aller Merkmale des objektiven Tatbestandes und ggf. weitere subjektive Merkmale gehabt haben. Ersteres ist unproblematisch zu bejahen. Insbesondere wusste G auch, dass es sich um Diebesgut handelte. Da die Absatzhilfe gegen Entgelt erfolgen sollte, handelte G auch in der Absicht, sich zu bereichern.

**hemmer-Methode**: Beachten Sie, dass die Bereicherungsabsicht (anders als bei §§ 253 I, 263 I StGB) nicht rechtswidrig zu sein braucht. Auch Stoffgleichheit zwischen Schaden und Vorteil ist im Rahmen der Hehlerei nicht erforderlich.

---

FISCHER, § 259 StGB Rn. 18 ff.; WESSELS/HILLEN-KAMP, Rn. 865 ff.

208 Vgl. BGH, Anfragebeschluss vom 14.05.2013 – 3 StR 69/13 = Life&Law 2014, 24 ff. = **juris**byhemmer.

209 Vgl. die dem Fall zu Grunde liegende Entscheidung BGHSt 43, 110 = NJW 1997, 2610 = NStZ 1997, 493 = **juris**byhemmer.

Schließlich sei noch an BGH, NStZ 1995, 595 erinnert: (Dritt)Bereicherungsabsicht ausschließlich zugunsten des Vortäters reicht für § 259 I StGB nicht aus.
Zu dieser Auffassung gelangt der BGH aufgrund des Wortlauts der Vorschrift (der Vortäter wird hier als „anderer“ bezeichnet, während die Bereicherungsabsicht zugunsten des Hehlers oder eines „Dritten“ gegeben sein muss) und in einer systematischen Abgrenzung zu § 257 I StGB. Vgl. zu diesem Problem ausführlich den nachfolgenden Fall 41 („Verwandtschaftsdienst“).

### 3. Unmittelbares Ansetzen

Indem G den verdeckten Ermittler bereits kontaktierte, hat er jedenfalls unmittelbar zur Tatbestandsverwirklichung angesetzt. Es liegt die Konstellation eines untauglichen Versuchs vor.

### 4. Rechtswidrigkeit und Schuld

G handelte rechtswidrig und schuldhaft.

### 5. Ergebnis

Da auch kein strafbefreiender Rücktritt gemäß § 24 I StGB in Betracht kommt (es liegt ein fehlgeschlagener Versuch vor), hat G sich wegen versuchter Hehlerei gemäß §§ 259 I Var. 4, III, 22, 23 I StGB strafbar gemacht.

## D. Zusammenfassung

**Sound**:
Absatzerfolg i.R.d. § 259 I Var. 3 und 4 StGB.

In Rechtsprechung und Literatur war umstritten, ob der Tatbestand des § 259 I Var. 3 und 4 StGB den **Eintritt eines Absatzerfolges** voraussetzen oder ob das bloße auf Absatz gerichtete Tätigwerden zur Tatbestandsverwirklichung genügt.

Während das Schrifttum mehrheitlich der ersten Auslegung zuneigt, vertrat die Rechtsprechung die letztgenannte Auffassung.

Für die Literatur kann der **Wortlaut des § 259 I StGB** (Absetzen, Absatzhilfe) und die Parallelität der Var. 3 und 4 zu § 259 I Var. 1 und 2 StGB als Argument angeführt werden, wo unstreitig ein tatbestandlicher Erfolg vorausgesetzt wird **(systematisches Argument)**.

Für die Rechtsprechung spricht dagegen, dass die unterschiedlichen Begehungsformen des § 259 I StGB **nicht zwingend deckungsgleich ausgelegt werden** müssen, zumal sich die Wesenszüge des hehlerischen Erwerbs nicht mit denen des hehlerischen Absatzes decken. Absatz setzt grundsätzlich ein Ausschauhalten in verschiedenen Kreisen und vielfältigere Unternehmungen voraus.

Insofern weisen bereits auf Absatz gerichtete Tätigkeiten in der Praxis vielfach eine Gefährlichkeit auf, vor der der Tatbestand des § 259 I StGB schützen will.

Auch nach Auffassung der früheren Rechtsprechung sind jedoch vom Tatbestand des § 259 I Var. 3 und 4 StGB **nur geeignete Bemühungen umfasst**.

Die heutige Rechtsprechung hat sich gänzlich der Literatur angeschlossen und verlangt auch für Var. 3 und 4 einen Absatzerfolg.

## E. Zur Vertiefung

**Zum Fall:**

- BGH, Anfragebeschluss vom 14. Mai 2013 – 3 StR 69/13 = Life&Law 2014, 24 ff. = **juris**byhemmer.
- BGHSt 43, 110 = NJW 1997, 2610 = NStZ 1997, 493 = **juris**byhemmer mit Anmerkungen Krack, NStZ 1998, 462; Endriß, NStZ 1998, 463 und Rosenau, NStZ 1999, 352.

**Zum Problem des Absatzerfolges:**

- Hemmer/Wüst/Berberich, StrafR BT I, Rn. 221.

# Fall 41: Verwandtschaftsdienst

***Sachverhalt:***

*Julius (J) versteckt unentgeltlich einen PKW, den sein Bruder Bernd (B) gestohlen hat, in seiner Garage und hilft diesem bei der Suche nach Abnehmern, die letztlich auch erfolgreich ist. J handelt dabei ausschließlich, um seinem Bruder zu helfen. Er erhält für sein Tun keine Gegenleistung.*

***Bearbeitervermerk:***

*Prüfen Sie die Strafbarkeit des J. Auf § 261 StGB ist nicht einzugehen.*

## A. Einordnung

Fall 41 wirft im Bereich des subjektiven Tatbestandes des § 259 I StGB die umstrittene Frage auf, ob sich die Bereicherungsabsicht des „Hehlereitäters" auch auf den Täter der Vortat als Dritten beziehen kann.

Vielfach werden Sie in einer Klausur mit einem Fall konfrontiert werden, der eine Konstellation zum Gegenstand hat, die in Rechtsprechung und Literatur umstritten ist. Gerade solche Bereiche reizen den Klausurersteller. Ferner werden Sie teilweise das jeweilige Problem nicht kennen. Aus diesem Grunde gilt es, durch regelmäßiges Training ein Problembewusstsein und ein Gespür für juristische Wertungen und Maßstäbe zu entwickeln.

Fall 41 bildet insofern ein gutes Beispiel, wie sich auch bei Unkenntnis des hier sicherlich speziellen Problems mit allgemeinen juristischen Auslegungsregeln (Wortlaut, Systematik, Gesetzgebungsgeschichte, Sinn und Zweck) ein qualitativ und argumentativ ausdifferenziertes Ergebnis erzielen lässt. Prägen Sie sich daher bei Ihrer Vorbereitung auf juristische Prüfungen weniger einzelne Problemkonstellationen oder gar die jeweiligen Argumentationsketten ein, sondern erarbeiten Sie sich eine saubere Methodik, eine gute Subsumtionstechnik und ein Gespür für Wertungsgesichtspunkte. Solchermaßen erworbenes Wissen lässt sich in jeder Klausur gewinnbringend einsetzen.

## B. Gliederung

**I. Hehlerei, § 259 I StGB**

**1.** Objektiver Tatbestand

**a)** Diebstahl des PKW durch B = taugliche Vortat i.S.d. § 259 I StGB

**b)** § 259 I Var. 2 StGB (**Sich-Verschaffen**)?

⇨ zwar Besitzerlangung des J durch Unterstellen des Wagens, aber keine eigentümerähnliche Verfügungsgewalt

⇨ daher (-)

§ 259 I Var. 3 oder 4 StGB (**Absetzen, Absetzen-Helfen**)

Absetzen (-), kein selbständiges Handeln des J

Absatzhilfe (+) ⇨ Verstecken des Wagens und Hilfe bei der Suche nach Abnehmern = lediglich untergeordnete und den B unterstützende Tätigkeit des J

**2.** Subjektiver Tatbestand

**a)** Vorsatz hinsichtlich sämtlicher Merkmale des objektiven Tatbestandes (+)

**b)** Bereicherungsabsicht

⇨ Sich-Bereicherungsabsicht (-), J erhält keine Gegenleistung, lediglich Handeln, um seinen Bruder zu unterstützen

⇨ Drittbereicherungsabsicht zugunsten des B?
An sich (+), aber B = Täter der Vortat

**(P) Kann der Vortäter Dritter i.S.d. von § 259 I StGB vorausgesetzten Absicht sein?**

⇨ *BGH und die h.M.*: (-)

⇨ *Mindermeinung in der Literatur*: (+)

⇨ Nach h.M. § 259 I StGB (-)

**II. Begünstigung, § 257 I StGB**

**1.** Tatbestand

**a)** Objektiver Tatbestand
Diebstahl des PKW durch B = rechtswidrige Tat eines anderen i.S.d. § 257 I StGB
Hilfeleisten = Verstecken des Wagens und Hilfe bei der Suche nach Abnehmern

**b)** Subjektiver Tatbestand
Vorsatz hinsichtlich sämtlicher Merkmale des objektiven Tatbestandes (+)
Absicht, die Vorteile der Tat zu sichern (+)

**2.** Rechtswidrigkeit und Schuld (+)

**3. Ergebnis**:
§ 257 I StGB (+)

**III. Strafvereitelung, § 258 I StGB**

⇨ (-), Hilfeleistung des J ausschließlich sach- und nicht personenbezogen; überdies Strafausschließungsgrund des § 258 VI StGB

## C. Lösung

### Strafbarkeit des J

#### I. Hehlerei, § 259 I StGB

Zu untersuchen ist, ob sich J, indem er zum einen den Wagen in seiner Garage versteckte und zum anderen seinen Bruder bei der Suche nach Abnehmern unterstützte, wegen Hehlerei gemäß § 259 I StGB strafbar gemacht hat.

#### 1. Objektiver Tatbestand

Der Diebstahl des PKW durch B gem. § 242 I StGB stellt eine taugliche Vortat dar. Bei dem Wagen handelt es sich für J um eine Sache, die ein anderer gestohlen hat, und damit um ein taugliches Hehlereiobjekt.

Durch das Unterstellen des Wagens in seiner Garage könnte sich J diesen i.S.d. § 259 I Var. 2 StGB verschafft haben.

J hat allerdings den Besitz an der bemakelten Sache nicht erlangt, um über sie wie ein Eigentümer zu eigenen Zwecken zu verfügen.

Unmittelbarer Besitz an der Sache reicht solange nicht aus, als er von einem Fremdbesitzerwillen getragen wird. J ist hier nicht dem Lager des Erwerbers, sondern vielmehr dem des Vortäters zuzurechnen. Ein Sich-Verschaffen gem. § 259 I Var. 2 StGB liegt damit nicht vor.

Zu prüfen ist aber eine Strafbarkeit nach § 259 I Var. 3 und 4 StGB. Die Tathandlungen des Absetzens und der Absatzhilfe unterscheiden sich durch Grad und Maß der Selbständigkeit des Hehlereitäters bei seinen Bemühungen.

Vorliegend kommt auf Grund der lediglich untergeordneten und unterstützenden Tätigkeit, die J dem Vortäter B leistet, nur Absatzhilfe (§ 259 I Var. 4 StGB) in Betracht. Diese Variante ist einschlägig, da sogar der Verkauf infolge der Unterstützung des J gelingt, weswegen der Streit über den Charakter der Absatzhilfe als Tätigkeits- oder Erfolgsdelikt nicht geführt werden muss.[210]

Der objektive Tatbestand des § 259 I Var. 4 StGB ist damit erfüllt.

### 2. Subjektiver Tatbestand

In subjektiver Hinsicht müsste J vorsätzlich und in der Absicht, sich oder einen Dritten zu bereichern, gehandelt haben.

J handelte hinsichtlich des objektiven Tatbestandes mit Wissen und Wollen, so dass ein entsprechender Vorsatz zu bejahen ist.

Problematisch erscheint allerdings das Vorliegen einer Bereicherungsabsicht bei J. Dieser erhielt nämlich keine Gegenleistung für das Unterstellen des Wagens, sondern handelte lediglich, um seinen Bruder auf diese Weise zu unterstützen. Die Absicht, sich zu bereichern, hatte J also nicht. Seine Bereicherungsabsicht kann sich daher allenfalls auf B beziehen. B jedoch hat selbst den Diebstahl des PKW begangen; er ist also Täter der Vortat.

In Rechtsprechung und Literatur ist umstritten, ob als Dritter i.S.d. von § 259 I StGB vorausgesetzten Absicht auch der Vortäter in Betracht kommen kann.[211]

Nach einer Mindermeinung kann es für die Strafwürdigkeit des Handelnden nicht darauf ankommen, ob er einen Dritten oder gerade den Vortäter bereichern wollte.

Der BGH und die h.M. im Schrifttum haben sich dagegen eine enge Auslegung zu Eigen gemacht und verneinen diese Möglichkeit.

Hierfür spricht zum einen der Wortlaut des § 259 I StGB, der den Vortäter im objektiven Tatbestand als „anderen" bezeichnet und von diesem den „Dritten" unterscheidet, dem die Sache verschafft oder der bereichert werden soll. Diese unterschiedliche Bezeichnung legt es zumindest nahe, dass der Dritte, auf den sich die Absicht bezieht, mit dem anderen (dem Vortäter) nicht identisch sein kann.

Zum anderen ermöglicht die enge Auslegung eine klarere Abgrenzung zu § 257 I StGB, denn die unentgeltliche Hilfe, die dem Vortäter geleistet wird, ist gerade der klassische Fall der Begünstigung.

### 3. Ergebnis

J hat sich somit nicht nach § 259 I StGB strafbar gemacht.

## II. Begünstigung, § 257 I StGB

### 1. Tatbestand

Der Diebstahl des PKW durch B stellt eine rechtswidrige Tat i.S.d. § 257 I StGB dar.

Unter dem Begriff des Hilfeleistens ist nach h.M. jede Handlung zu verstehen, die objektiv zur Sicherung der Vorteile der Haupttat geeignet ist und die subjektiv mit dieser Tendenz vorgenommen wird.[212]

---

[210] Vgl. insofern nochmals den vorstehenden Fall 40 („An den Falschen geraten").

[211] Vgl. BGH, NStZ 1995, 595 = **juris**byhemmer; Ruß, in LK, § 259 Rn. 38; Samson, in SK, § 259 Rn. 35; Wessels/Hillenkamp, Rn. 876; Lackner/Kühl, § 259 Rn. 17; Maurach/ Schroeder/ Maiwald BT I, § 39 Rn. 41; a.A. Stree, in Schönke/ Schröder, § 259 Rn. 50; ferner auch BGH, JR 1980, 213.

[212] Vgl. ausführlich Rengier BT I, § 20 Rn. 5.

Mit dem Unterstellen des Wagens leistete J dem B Hilfe in diesem Sinne, da das Entdeckungsrisiko bei einem Verbleib der Sache bei B als Vortäter größer gewesen wäre.

Bei dieser Handlung handelte J mit Wissen und Wollen. Er verfolgte ferner das Ziel, dem B die Vorteile aus dieser Tat, nämlich den erlangten Besitz an dem PKW, zu sichern.

Der Tatbestand des § 257 I StGB ist damit erfüllt.

#### 2. Rechtswidrigkeit und Schuld

Die Tat war rechtswidrig und J handelte schuldhaft.

#### 3. Ergebnis

J hat sich wegen Begünstigung gem. § 257 I StGB strafbar gemacht.

**hemmer-Methode**: Als weitere Anschlusstat, die im Einzelfall zu prüfen sein kann, ist auf die Geldwäsche (§ 261 StGB) hinzuweisen. Diese bezieht sich nicht nur auf Geld, sondern auch auf sonstige Vortatobjekte. Insofern ist § 261 StGB weiter gefasst als § 259 StGB, da unter den Begriff des „Gegenstandes" i.S.d. § 261 StGB nicht nur Sachen (vgl. § 259 I StGB), sondern auch Rechte subsumiert werden können. Allerdings ist i.R.d. § 261 StGB der Kreis der Vortaten beschränkt (vgl. insofern den abschließenden Katalog des § 261 I S. 2 StGB). Lesen Sie zur Geldwäsche den hemmer-Background zur Besprechung der Entscheidung BGH, NJW 2006, 1297 ff. = Life&Law 2006, 608 (613 ff.), welcher einen instruktiven Überblick über diesen Tatbestand verschafft.

### III. Strafvereitelung, § 258 I StGB

**hemmer-Methode**: Die Abgrenzung zwischen § 258 StGB und § 257 StGB lässt sich gut am alten Gesetzeswortlaut dieser Vorschriften verdeutlichen: während § 257 StGB die sog. sachliche (= beutebezogene) Begünstigung erfasst, hat § 258 StGB die persönliche (= täterbezogene) Begünstigung zum Gegenstand.

Eine Bestrafung des J wegen Strafvereitelung ist nach den Angaben des Sachverhalts zu verneinen, denn die Hilfeleistung des J war ausschließlich auf die Sicherung der deliktisch erlangten Sache bezogen und nicht darauf gerichtet, Strafverfolgungsmaßnahmen gegen B abzuwenden.

Außerdem wäre der Strafausschließungsgrund des § 258 VI StGB einschlägig, vgl. § 11 I Nr. 1 lit. a) StGB.

## D. Zusammenfassung

**Sound**:
Drittbereicherungsabsicht i.R.d. § 259 I StGB.

Der subjektive Tatbestand des § 259 I StGB setzt neben dem Vorsatz hinsichtlich sämtlicher Merkmale des objektiven Tatbestandes auch die **Absicht** des Täters voraus, **sich oder einen Dritten zu bereichern**. Dabei kann nach h.M. in Rechtsprechung und Literatur der Täter der Vortat nicht zugleich der Dritte i.S.d. § 259 I StGB sein, auf dessen Bereicherung es dem Hehlereitäter ankommt.

## E. Zur Vertiefung

**Zum Fall:**

- BGH, NStZ 1995, 595.

**Rechtsprechung zur Strafbarkeit eines Strafverteidigers wegen Geldwäsche (§ 261 StGB) durch die Annahme eines aus einer Katalogtat i.S.d. § 261 I S. 2 StGB stammenden Honorars:**

- BVerfG, NStZ 2004, 259 ff. = Life&Law 2004, 475 ff. = **juris**byhemmer: § 261 II Nr. 1 StGB ist mit dem Grundgesetz vereinbar, soweit Strafverteidiger nur dann mit Strafe bedroht werden, wenn sie im Zeitpunkt der Annahme ihres Honorars sichere Kenntnis von dessen Herkunft haben.

**Rechtsprechung zur Konkurrenz zwischen Hehlerei und Geldwäsche:**

- Trifft die Geldwäsche mit einer gewerbsmäßigen Hehlerei zusammen, so tritt sie dahinter zurück, vgl. BGH, NJW 2006, 1297 ff. = Life&Law 2006, 608 ff. = **juris**byhemmer, mit lehrreichem hemmer-Background zum Geldwäschetatbestand des § 261 StGB.

**Zu den Anschlussdelikten allgemein:**

- Berberich/Löper, Life&Law 2014, 534 ff.

**Zum subjektiven Tatbestand des § 259 I StGB:**

- Hemmer/Wüst/Berberich, StrafR BT I, Rn. 223 f.

# Kapitel VI: Untreue

## Fall 42: Die überhöhte Rechnung

***Sachverhalt:***

*Richard (R) ist Einkaufsleiter eines großen Autokonzerns. Als verantwortlicher Leiter des Zubehör- und Ersatzteillagers hat er ein Jahresbudget von 20 Millionen € zu verwalten. Mit dem Zulieferer Hans (H) vereinbart er eine Zusammenarbeit, wenn dieser bereit sei, für an den Konzern zu liefernde Bremsbeläge im Vergleich mit dem günstigsten anderen Anbieter 45.000 € mehr in Rechnung zu stellen und diesen Betrag nach Erhalt an R zu überweisen. H geht darauf ein und überweist diesen Betrag nach Erhalt der Zahlung durch den Autokonzern an R.*

***Bearbeitervermerk:***

*Prüfen Sie die Strafbarkeit des R.*

### A. Einordnung

Fall 42 hat zunächst eine Prüfung des Tatbestandes der Untreue gem. § 266 StGB zum Inhalt. Bei der Untreue handelt es sich um einen schwierigen Tatbestand aus dem Bereich des Vermögensstrafrechts. Machen Sie sich insofern Aufbau und Struktur an Hand der nachfolgenden Gliederung und mit Hilfe der Vertiefungshinweise bewusst.

Anschließend sind im vorstehenden Fall die Vorschriften der §§ 299, 300 StGB zu erkennen. Hierbei handelt es sich um weniger klausurrelevante Tatbestände, die aber dennoch im Einzelfall abgeprüft werden können und dann nicht übersehen werden dürfen.

### B. Gliederung

**Strafbarkeit des R**

**I. Untreue, § 266 I StGB**

**1.** Objektiver Tatbestand

**a) Missbrauchstatbestand,**
§ 266 I Alt. 1 StGB: Durch Rechtsgeschäft eingeräumte Befugnis, über fremdes Vermögen zu verfügen (+)

**(P) Missbrauch dieser Befugnis?**
(+), wenn ein rechtsgeschäftliches Handeln i.R.d. rechtlichen Könnens (= wirksam im Außenverhältnis) unter Überschreitung des rechtlichen Dürfens im Innenverhältnis vorliegt

Hier (-), weil Geschäft zwischen R und H im Außenverhältnis wegen § 138 I BGB nichtig

**b) Treubruchstatbestand**,
§ 266 I Alt. 2 StGB

**aa)** Vermögensbetreuungspflicht des R als Einkaufsleiter (+), qualifizierte, selbständige Stellung des R im Konzern

**bb)** Pflichtverletzung (Treubruch) (+), Abschluss der Vereinbarung mit H zum Nachteil des Konzerns

**cc)** Taterfolg: Eintritt eines Vermögensnachteils beim Konzern i.H.v. 45.000 € (+)

**2.** Subjektiver Tatbestand
Vorsatz bezüglich sämtlicher Merkmale des objektiven Tatbestandes (+)

**3.** Rechtswidrigkeit und Schuld (+)

**4.** Ergebnis: § 266 I Alt. 2 StGB (+)

**5.** Besonders schwerer Fall der Untreue, §§ 266 II, 263 III S. 2 Nr. 2 Alt. 1 StGB (-)

**II. Bestechlichkeit und Bestechung im geschäftlichen Verkehr, § 299 I StGB**

**1.** Objektiver Tatbestand
R = Angestellter (+)
Autokonzern = geschäftlicher Betrieb (+)
Fordern eines Vorteils für sich (+)
Bezugshandlung: künftige, unlautere Bevorzugung des H beim Bezug von Waren (+)

**2.** Subjektiver Tatbestand
Vorsatz hinsichtlich sämtlicher Merkmale des objektiven Tatbestandes (+)

**3.** Rechtswidrigkeit und Schuld (+)

**4.** Ergebnis: § 299 I Nr. 1 StGB (+)

**5.** Regelbeispiel des § 300 S. 2 Nr. 1 StGB: Vorteil großen Ausmaßes? Keine allgemeinen Maßstäbe, Wertung nach den Umständen des Einzelfalls, hier (+), a.A. vertretbar

**III. Konkurrenzen:**

§ 266 I Alt. 2 StGB; §§ 299 I, 300 S. 2 Nr. 1 StGB; § 52 I StGB

## C. Lösung

### Strafbarkeit des R

#### I. Untreue, § 266 I StGB

R könnte sich zunächst wegen Untreue gem. § 266 I StGB strafbar gemacht haben, indem er den H veranlasste, einen zusätzlichen Betrag in Höhe von 45.000 € in Rechnung zu stellen, wodurch wirtschaftlich im Ergebnis der Autokonzern belastet wurde.

#### 1. Objektiver Tatbestand

Als Einkaufsleiter im Zubehör- und Ersatzteilbereich war dem R durch Rechtsgeschäft die Befugnis eingeräumt, über fremdes Vermögen zu verfügen, § 266 I Alt. 1 StGB (sog. Missbrauchstatbestand).

§ 266 I Alt. 1 StGB erfasst jedoch nur rechtsgeschäftliches Handeln. Ein Missbrauch i.S.d. Vorschrift erfordert damit, dass ein rechtswirksames Handeln für einen anderen vorliegt, mit anderen Worten dass der Vertretene im Außenverhältnis gebunden wird. Nimmt man vorliegend einen Fall der Kollusion an, weil R und H gemeinsame Sache zum Nachteil des Autokonzerns gemacht haben, sind die abgeschlossenen Verträge wegen Sittenwidrigkeit nach § 138 I BGB nichtig, so dass § 266 I Alt. 1 StGB aus diesem Grund ausscheidet.

**hemmer-Methode**: Der Missbrauch setzt voraus, dass der Täter im Außenverhältnis mehr kann, als er bezogen auf das Innenverhältnis darf.
Das Handeln des Täters muss demzufolge i.R.d. rechtlichen Könnens liegen, aber das rechtliche Dürfen im Innenverhältnis überschreiten.
Im Falle der Kollusion kann er aber nicht wirksam vertreten. Es liegt folglich mangels entsprechender Bindung kein „Missbrauch" der rechtlichen Befugnis vor.

Das Verhalten des R könnte allerdings den sog. Treubruchstatbestand des § 266 I Alt. 2 StGB erfüllen. Dem R oblag im Verhältnis zum Autokonzern als Einkaufsleiter eine qualifizierte Vermögensbetreuungspflicht als vertragliche Hauptpflicht, wobei ihm auch eigene Entscheidungsfreiheit über die Verwendung des Vermögens zukam.

Durch die mit H getroffene Vereinbarung hat R seinem Arbeitgeber einen Vermögensschaden in Höhe von 45.000 € zugefügt.

**hemmer-Methode**: Das Verhältnis der beiden Alternativen des § 266 I StGB zueinander ist umstritten. Die h.M. geht davon aus, dass die Vermögensbetreuungspflicht auch für den Missbrauchstatbestand Voraussetzung ist, so dass § 266 I Alt. 1 StGB als lex specialis angesehen werden muss.[213]

### 2. Subjektiver Tatbestand

R handelte mit Wissen und Wollen, also vorsätzlich.

### 3. Rechtswidrigkeit und Schuld

Die Tat war rechtswidrig und R handelte schuldhaft.

### 4. Ergebnis

R hat sich gem. § 266 I Alt. 2 StGB strafbar gemacht.

### 5. Besonders schwerer Fall der Untreue, §§ 266 II, 263 III S. 2 Nr. 2 Alt. 1 StGB

R könnte ferner das Regelbeispiel des § 266 II i.V.m. § 263 III S. 2 Nr. 2 Alt. 1 StGB verwirklicht haben und daher wegen Untreue in einem besonders schweren Fall zu bestrafen sein. § 263 III StGB enthält insofern eine Strafzumessungsregel.

Ein Vermögensverlust großen Ausmaßes wird in der Rechtsprechung ab einem Betrag von 50.000 € angenommen.[214]

Der hier beim Autokonzern eingetretene Schaden beläuft sich dagegen lediglich auf 45.000 €. Da auch sonst kein Fall des § 263 III S. 1, 2 StGB ersichtlich ist, liegt damit kein Fall des § 266 II StGB i.V.m. § 263 III StGB vor.

## II. Bestechlichkeit und Bestechung im geschäftlichen Verkehr, § 299 I StGB

R könnte sich weiterhin wegen Bestechlichkeit im geschäftlichen Verkehr gem. § 299 I StGB strafbar gemacht haben.

**hemmer-Methode**: Zu diesem zumindest in der juristischen Ausbildung eher stiefmütterlich behandelten Delikt werden in einer Klausur sicherlich keine Detailkenntnisse vorausgesetzt. Derartige Vorschriften werden in Klausuren typischerweise zur Notendifferenzierung eingebaut. Für eine überdurchschnittliche Benotung sind aber zumindest das Auffinden dieser Vorschriften und eine ordentliche Subsumtion unter den Wortlaut zu verlangen. Es empfiehlt sich insofern, im Rahmen einer Strafrechtsklausur kurz das Inhaltsverzeichnis des StGB durchzugehen, um so das Übersehen von möglicherweise einschlägigen Vorschriften zu vermeiden.

### 1. Objektiver Tatbestand

R müsste als Angestellter eines Unternehmens im geschäftlichen Verkehr gehandelt haben.

---

[213] Vgl. RENGIER, § 18 Rn. 1 f., 8; KREY/HELLMANN, Rn. 541 f.; LENCKNER/PERRON, in SCHÖNKE/SCHRÖDER, § 266 Rn. 20; WESSELS/HILLENKAMP, Rn. 750.

[214] Vgl. BGH, NJW 2004, 169 ff. = jurisbyhemmer; BGH, NJW 2001, 2485 f. = jurisbyhemmer; RENGIER, § 14 Rn. 119.

Angestellter i.S.d. § 299 I StGB ist, wer in einem mindestens faktischen Arbeitsverhältnis zum Geschäftsherrn steht und dessen Weisungsrecht unterliegt.

Ein Unternehmen nach § 299 I StGB meint jede auf gewisse Dauer betriebene Tätigkeit im Wirtschaftsleben, die sich durch Austausch von Leistungen und Gegenleistungen vollzieht.

R ist bei einem großen Autokonzern als Einkaufsleiter angestellt. Bei diesem Konzern handelt es sich um ein Unternehmen i.d.S. R forderte im Rahmen der Ausübung seiner Tätigkeit, mithin im geschäftlichen Verkehr, einen Vorteil für sich, indem er von H die Zahlung eines Schmiergeldes in Höhe von 45.000 € an sich verlangte und diesem im Gegenzug eine Zusammenarbeit dergestalt anbot, dass er ihn künftig bei den von ihm i.R.d. Wareneinkaufs abzuschließenden Verträgen bevorzugen werde.

Die Bevorzugung ist unlauter, wenn sie geeignet ist, Mitbewerber durch Umgehung der offengelegten Regeln des Wettbewerbs und durch Ausschaltung der Konkurrenz zu schädigen. Dies ist hier der Fall.

Der objektive Tatbestand ist mithin erfüllt.

#### 2. Subjektiver Tatbestand

R handelte vorsätzlich mit Wissen und Wollen.

#### 3. Rechtswidrigkeit und Schuld

Rechtswidrigkeit und Schuld sind gegeben.

#### 4. Ergebnis

R hat sich auch gemäß § 299 I Nr. 1 StGB strafbar gemacht.

#### 5. Regelbeispiel des § 300 S. 2 Nr. 1 StGB

Darüber hinaus könnte ein besonders schwerer Fall der Bestechlichkeit im geschäftlichen Verkehr vorliegen und daher der Strafrahmen des § 300 I S. 1 StGB einschlägig sein. Dies wäre der Fall, wenn sich die Tat i.S.d. § 300 S. 2 Nr. 1 StGB auf einen Vorteil großen Ausmaßes beziehen würde.

Ein Vorteil großen Ausmaßes liegt vor, wenn der Wert des erlangten oder erstrebten Vorteils den Wert der durchschnittlich erlangten Vorteile erheblich überschreitet. Anders als etwa bei den §§ 263 III S. 2 Nr. 2 Alt. 1, 264 II S. 2 Nr. 1 StGB stellt die h.M. hier nicht auf allgemeine Maßstäbe ab. Vielmehr muss eine Beurteilung nach den Umständen des Einzelfalls vorgenommen werden. Eine Orientierung an der für § 263 III S. 2 Nr. 2 Alt. 1 StGB vielfach angenommenen Grenze von 50.000 € erscheint nicht sachgerecht; bereits ein Schmiergeld i.H.v. 45.000 € kann im Einzelfall das Regelbeispiel erfüllen. Im vorliegenden Fall kann durchaus von einem Vorteil großen Ausmaßes ausgegangen werden. R hat damit auch das Regelbeispiel des § 300 S. 2 Nr. 1 StGB verwirklicht (a.A. vertretbar).

### III. Konkurrenzen

§ 266 I Alt. 2 StGB und §§ 299 I, 300 S. 2 Nr. 1 StGB stehen zueinander im Verhältnis der Tateinheit, § 52 I StGB.

## D. Zusammenfassung

**Sound**: Tathandlungen der Untreue.

Der **Missbrauchstatbestand** des § 266 I **Alt. 1** StGB erfasst Fälle, in denen dem Täter im Rahmen eines rechtsgeschäftlichen Handels eine rechtliche Befugnis eingeräumt ist, nach außen hin rechtswirksam über fremdes Vermögen zu verfügen bzw. einen anderen zu verpflichten. Dabei muss der Täter die ihm im Innenverhältnis gesetzten Schranken überschreiten.

Der **Treubruchstatbestand** d. § 266 I **Alt. 2** StGB ist weit gefasst und umfasst jede rechtsgeschäftliche oder auch rein tatsächliche Verletzung der Vermögensbetreuungspflicht.

Nach h.M. handelt es sich bei § 266 I Alt. 1 StGB um einen **Spezialfall** im Verhältnis zu § 266 I Alt. 2 StGB, d.h. beide Tatbestände setzen das **Vorliegen einer qualifizierten Vermögensbetreuungspflicht** voraus.

## E. Zur Vertiefung

**Rechtsprechung:**

- BVerfG, Beschluss vom 23.06.2010 – 2 BvR 2559/08 (u.a.) = Life&Law 2011, 33 ff. = **juris**byhemmer: Der Untreuetatbestand des § 266 StGB ist mit dem Bestimmtheitsgebot des Art. 103 II GG vereinbar. Die Rechtsprechung ist gehalten, Unklarheiten über den Anwendungsbereich von Strafnormen durch Präzisierung und Konkretisierung im Wege der Auslegung nach Möglichkeit auszuräumen (sog. „Präzisierungsgebot").
- § 551 III BGB begründet eine gesetzliche Vermögensbetreuungspflicht des Vermieters von Wohnraum. Damit hat er die Pflicht, die Mietkaution wie gesetzlich angeordnet anzulegen. Tut er dies nicht, kommt eine Strafbarkeit wegen Untreue in Betracht. Jedoch fehlt es am erforderlichen Vermögensnachteil, solange der Vermieter bezüglich des Zinsverlustes und der Kaution jederzeit ausgleichswillig und ausgleichsfähig ist, vgl. BGH, NJW 2008, 1827 ff. = Life&Law 2008, 531 ff. = **juris**byhemmer.
- Der Tatbestand der Untreue ist verwirklicht, wenn ein Amtsträger unter bewusster Missachtung vergaberechtlicher Vorschriften Auszahlungsanordnungen erteilt, vgl. BGH, NStZ 2005, 157 ff. = Life&Law 2006, 260 ff. mit hemmer-Background zum Fall "Mannesmann", vgl. BGH, NJW 2006, 522 ff. = **juris**byhemmer.
- Untreue eines Rechtsanwalts durch abredewidrige Verwendung von zur Erfüllung eines Auftrags erhaltenen Geldmitteln: BGH, NStZ-RR 2004, 54 f. = Life&Law 2004, 313 ff. = **juris**byhemmer.

**Zum Tatbestand der Untreue:**

- Hemmer/Wüst/Berberich, StrafR BT I, Rn. 225 ff.

# Fall 43: Eine erfolgreiche Ausstellung

***Sachverhalt:***

*Christoph (C) ist als Galerist tätig. Mit der ausstellenden Malerin Paloma (P) vereinbart er, dass er die Bilder nach Möglichkeit zu den von P festgesetzten Preisen verkaufen und den erzielten Erlös am Ende der Ausstellung unter Abzug einer Provision von 50 % an sie abführen soll. In der Tat läuft die Ausstellung auch sehr gut und C verkauft zwölf Bilder zu den von P festgesetzten Preisen in deren Namen. Das Geld wird von den Kunden zunächst auf ein Konto des C überwiesen. Wie bereits von vornherein beabsichtigt, unterlässt es C, nach Beendigung der Ausstellung die vereinbarten 50 % an P abzuführen.*

***Bearbeitervermerk:***

*Prüfen Sie die Strafbarkeit des C. Auf § 263 StGB ist nicht einzugehen.*

## A. Einordnung

In aller Regel besteht das Hauptproblem des Untreuetatbestandes in der Feststellung, ob der Täter eine Vermögensbetreuungspflicht innehatte oder nicht.

Fall 43 ist insofern an eine Entscheidung des OLG Düsseldorf angelehnt und bietet Gelegenheit zur Auseinandersetzung mit diesem Tatbestandsmerkmal. Häufig lassen sich in diesem Bereich mehrere Ansichten vertreten. Hüten Sie sich aber vor einer allzu großzügigen Annahme von Vermögensbetreuungspflichten. Der Tatbestand der Untreue, insbesondere der Treubruchstatbestand (§ 266 I Alt. 2 StGB), ist sehr weit gefasst und bedarf daher grundsätzlich einer restriktiven Auslegung. Ein denkbares Korrektiv stellt insofern gerade das Tatbestandsmerkmal der Vermögensbetreuungspflicht dar.

Im Anschluss an § 266 StGB ist – bei Verneinung einer Vermögensbetreuungspflicht – noch an die Vorschrift des § 246 StGB zu denken.

## B. Gliederung

**I. Untreue, § 266 I StGB**

1. Objektiver Tatbestand

a) **Missbrauchstatbestand,** § 266 I Alt. 1 StGB

⇨ Zwar durch Rechtsgeschäft eingeräumte Befugnis des C über das fremde Vermögen der P zu verfügen, aber kein Missbrauch. C hat beim Verkauf die Grenzen des rechtlichen Dürfens aus dem Innenverhältnis nicht überschritten

b) **Treubruchstatbestand**, § 266 I Alt. 2 StGB
**(P) Vorliegen einer Vermögensbetreuungspflicht des C?**
Kriterien: Ermessensspielraum, Selbständigkeit, Bewegungsfreiheit, keine ins Einzelne vorgegebene Weisungsunterworfenheit, Eigenverantwortlichkeit; hier im Erg. (-)

2. **Ergebnis**: § 266 I StGB (-)

**II. Veruntreuende Unterschlagung, § 246 I, II StGB**

1. Objektiver Tatbestand

**(P) objektiv manifestierte Zueignungshandlung?**

**a)** Verkauf der Bilder?
⇨ (-), keine Anmaßung einer eigentümerähnlichen Position durch C, da Verkauf und Übereignung im Namen der P
**b)** Verbrauch des erzielten Verkaufserlöses?
⇨ (-), bereits auf Grund der Überweisung und damit Übereignung des Geldes an C kein taugliches Tatobjekt, Fremdheit (-)
**2. Ergebnis**:
§ 246 I, II StGB (-)

## C. Lösung

### Strafbarkeit des C

#### I. Untreue, § 266 I StGB

C könnte sich wegen Untreue nach § 266 I StGB strafbar gemacht haben, indem er die Bilder der P veräußerte, ohne im Anschluss daran den hälftigen Erlös an diese abzuführen.

#### 1. Objektiver Tatbestand

In Betracht kommt zunächst eine Strafbarkeit nach § 266 I Alt. 1 StGB. Vorliegend war dem C i.S.d. Missbrauchstatbestands durch Rechtsgeschäft die Befugnis eingeräumt worden, über das für ihn fremde Vermögen der P zu verfügen. Allerdings kann ihm ein Vorwurf insoweit nicht gemacht werden, denn bei seinen Verkaufsverhandlungen hat er sich an die preislichen Vorgaben der P gehalten. Seine Befugnis, die P zu vertreten, hat C nicht missbraucht. Der Vorwurf geht vielmehr dahin, den hälftigen Erlös nicht – wie verabredet – an P weitergeleitet zu haben. Der Missbrauchstatbestand scheidet damit aus.

Fraglich ist, ob insofern der Treuebruchstatbestand in Betracht kommt. § 266 I Alt. 2 StGB setzt Rechtsbeziehungen voraus, bei denen der Täter innerhalb eines nicht unbedeutenden Pflichtenkreises – bei Einräumung von Ermessensspielraum, Selbständigkeit und Bewegungsfreiheit – zur fremdnützigen Vermögenssorge verpflichtet ist. Die Wahrnehmung fremder Vermögensinteressen muss dabei den wesentlichen Inhalt des Vertragsverhältnisses ausmachen und darf nicht nur von untergeordneter Bedeutung sein.[215]
Hieran fehlt es im vorliegenden Fall: Das Interesse, einen Vertrag zu erfüllen und auf den Vertragsgegner Rücksicht zu nehmen, ist keine eine Untreue i.S.d. Treubruchstatbestands nach § 266 I Alt. 2 StGB begründende Pflicht. Allein die Abrede, die übergebene Ware weiter zu verkaufen und den Erlös abzuführen, löst für sich alleine noch keine Vermögensbetreuungspflicht aus. Mit der „Pflicht, fremde Vermögensinteressen wahrzunehmen", sind nur inhaltlich besonders qualifizierte Pflichten gemeint. Hinzu kommen muss ferner, dass dem Täter die übertragene Tätigkeit nicht durch ins Einzelne vorgegebene Weisungen vorgezeichnet ist, sondern ihm, sei es auch im Rahmen vorgegebener Ziele und allgemeiner Richtlinien, Raum für eigenverantwortliche Entscheidungen lässt.[216]

[215] Vgl. zum Tatbestandsmerkmal der Vermögensbetreuungspflicht i.S.d. § 266 StGB RÖHM, ZInsO 2003, 540 f.
[216] Vgl. OLG Düsseldorf, NJW 2000, 529, 530 = **juris**byhemmer.

**hemmer-Methode**: Bei gegenseitigen Verträgen, bei denen sich Vertragspartner mit regelmäßig entgegengesetzten Interessen gegenüber stehen, insbesondere bei Austauschverträgen, ist die Rechtsprechung sehr zurückhaltend bei der Anwendung der §§ 263 I, 266 StGB. Dahinter steckt die Überlegung, dass nicht jedes vertragswidrige Verhalten mit Mitteln des Strafrechts geahndet werden soll. Schließlich gibt es genügend zivilrechtliche Sanktionen, wie etwa das Gewährleistungsrecht, welche die geschädigte Partei ausschöpfen kann.

### 2. Ergebnis

C hat sich daher mangels Vorliegens einer Vermögensbetreuungspflicht nicht wegen Untreue strafbar gemacht.

## II. Veruntreuende Unterschlagung, § 246 I, II StGB

In Betracht kommt aber eine Strafbarkeit des C wegen veruntreuender Unterschlagung gem. § 246 I, II StGB durch die Veräußerung der Bilder der P.

### 1. Objektiver Tatbestand

Voraussetzung dafür wäre, dass dem C ein Verhalten vorgeworfen werden könnte, in dem sich sein Zueignungswille, d.h. sein Wille, sich zumindest vorübergehend die Sache oder den in ihr verkörperten Sachwert mit dauerhafter Ausschlusswirkung gegenüber dem Eigentümer seinem Vermögen oder dem Vermögen eines Dritten einzuverleiben, objektiv manifestiert.

Ein solcher Zueignungsakt könnte hier in der Veräußerung der Bilder liegen, weil C zu diesem Zeitpunkt schon die Absicht hatte, den Erlös nicht an die P weiterzuleiten. Man könnte annehmen, dass C durch diese Handlung den zuvor bestehenden Fremdbesitz in Eigenbesitz umgewandelt hätte.

Ein Zueignungsakt ist hier aber im Ergebnis zu verneinen, weil C die Bilder im Namen der P verkaufte und übereignete. Die Eigentumsposition der P wurde also zu keinem Zeitpunkt in Frage gestellt.

### 2. Ergebnis

C hat sich daher auch nicht nach § 246 I, II StGB strafbar gemacht.

**hemmer-Methode**: Eine Unterschlagung des Geldes kommt nicht in Betracht, da der Kaufpreis von den Kunden auf das Konto des C überwiesen und C somit Eigentümer des Geldes wurde, weswegen es schon an einem geeigneten Tatobjekt (= fremde bewegliche Sache) fehlt.

# D. Zusammenfassung

**Sound**:
Vermögensbetreuungspflicht.

Nach h.M. setzen beide Alternativen des § 266 I StGB das Vorliegen einer qualifizierten Vermögensbetreuungspflicht des Täters voraus. Bei dieser Pflicht muss es sich um eine **Hauptpflicht** handeln, die also nicht von bloß untergeordneter Bedeutung ist, sondern die den **typischen und wesentlichen Inhalt des Treueverhältnisses** ausmacht.

Ferner muss dem Täter auf Grund seiner Tätigkeit **Spielraum für eigenverantwortliche und selbständige Entscheidungen** gegeben, eine gewisse Selbständigkeit und Bewegungsfreiheit muss ihm eingeräumt sein.

Seine Tätigkeit darf ihm also nicht durch Weisungen und Vorgaben in allen Einzelheiten vorgegeben werden.

## E. Zur Vertiefung

**Zum Tatbestandsmerkmal der Vermögensbetreuungspflicht i.S.d. § 266 I StGB:**

- Hemmer/Wüst/Berberich, StrafR BT I, Rn. 231 f.
- Rechtsprechung: BGH, NStZ 2007, 704 ff. = Life&Law 2008, 383 ff. = **juris**byhemmer: Zu den Anforderungen an einen Untreuevorsatz in Bezug auf eine schadensgleiche Vermögensgefährdung.
- KG, NJW 2007, 3366 ff. = Life&Law 2008, 32 ff. = **juris**byhemmer: Beabsichtigt ein Rechtsanwalt, gegen den Anspruch seines Mandanten auf Herausgabe in Empfang genommener Gelder mit eigenen Ansprüchen aufzurechnen, versäumt er jedoch die Erklärung der Aufrechnung, kann er sich wegen Untreue strafbar machen.

# Kapitel VII: Erschleichen von Leistungen

## Fall 44: Der vergessliche Egon

***Sachverhalt:***

*Egon (E) stellt auf dem Weg zur Straßenbahnhaltestelle fest, dass er sein Portemonnaie samt seiner Monatsfahrkarte vergessen hat. Da er aber sehr in Eile ist, besteigt er gleichwohl die Straßenbahn, ohne einen Einzelfahrschein zu lösen. Bei einer Fahrscheinkontrolle kann E nur beteuern, dass er im Besitz einer gültigen Monatsfahrkarte sei, die sich allerdings zu Hause in seinem Portemonnaie befinde. Dies entspricht den Tatsachen.*

***Bearbeitervermerk:***

*Prüfen Sie die Strafbarkeit des E nach dem StGB.*

### A. Einordnung

Der letzte Fall dieses Skriptes führt zu zwei im Rahmen des § 265a I StGB kontrovers diskutierten Auslegungsfragen. Zum einen ist der Begriff des Erschleichens umstritten, zum anderen stellt sich das Problem, ob es einer Strafbarkeit wegen Erschleichens von Leistungen entgegensteht, wenn der Täter keinen Vermögensschaden herbeiführt, weil er an sich – hier auf Grund des vorangegangenen Kaufes einer Monatsfahrkarte – zur Benutzung des Verkehrsmittels berechtigt war.

### B. Gliederung

**Strafbarkeit des E**

**I. Betrug, §§ 263 I, IV, 248a StGB**

(-), keine Täuschungshandlung des E, da keine Einwirkung auf das intellektuelle Vorstellungsbild eines anderen

**II. Erschleichen von Leistungen, § 265a I Var. 3 StGB**

**1.** Tatbestand

**(P) Auslegung des Begriffs des Erschleichens**

⇨ *erste Ansicht*: jedes unbefugte und ordnungswidrige Erreichen der Leistung bzw. hier der Beförderung

⇨ *zweite Ansicht*: zudem Erweckung des Anscheins einer ordnungsgemäßen Benutzung erforderlich

⇨ *dritte Ansicht*: zudem Umgehung von Kontrollen und Sicherungen gegen unbefugte Inanspruchnahme erforderlich

⇨ i. Erg. hier nach allen Ansichten Erschleichen (-), da § 265a StGB = Vermögensdelikt

⇨ daher Eintritt eines Vermögensschadens Voraussetzung, hier (-), da E vor der Tat eine Monatskarte erworben hatte

**2. Ergebnis**:
§ 265a I StGB (-)

## C. Lösung

### Strafbarkeit des E

#### I. Betrug, § 263 I, IV StGB i.V.m. § 248a StGB

Zunächst könnte das Verhalten des E den Tatbestand des Betruges gem. § 263 I, IV StGB i.V.m. § 248a StGB erfüllen.

Die Tathandlung des Betruges besteht in einer Täuschung über Tatsachen.

Täuschung ist ein Verhalten, durch das im Wege der intellektuellen Einwirkung auf das Vorstellungsbild eines anderen eine Fehlvorstellung über Tatsachen erzeugt wird.[217]

Hier jedoch wurde E beim Einsteigen in die Straßenbahn von keiner Person beobachtet.

E hat daher nicht auf das Vorstellungsbild eines anderen eingewirkt; es liegt damit bereits keine Täuschungshandlung vor.

Eine Strafbarkeit des E nach § 263 I StGB ist folglich nicht gegeben.

#### II. Erschleichen von Leistungen, § 265a I Var. 3 StGB

E könnte sich aber wegen Erschleichens von Leistungen gem. § 265a I Var. 3 StGB strafbar gemacht haben, indem er die Straßenbahn benutzt hat, ohne eine gültige Fahrkarte bei sich zu haben.

**hemmer-Methode**: § 265a StGB ist gewissermaßen der Auffangtatbestand der Vermögensdelikte, der völlig verschiedene Begehungsweisen im Bagatellkriminalitätsbereich erfasst. Neben dem Automatenmissbrauch kommt insbesondere der unberechtigten Benutzung von Verkehrsmitteln größere praktische Bedeutung und damit zwangsläufig auch höhere Klausurrelevanz zu.

##### 1. Tatbestand

Die Tathandlung des § 265a I StGB besteht im Erschleichen. Wie dieses Merkmal auszulegen ist, ist umstritten.

Nach früher h.M. bedeutete Erschleichen jedes unbefugte und ordnungswidrige Erreichen der Leistung bzw. hier der Beförderung, ohne zuvor den erforderlichen Fahrausweis zu erwerben. Nach a.A. ist erforderlich, dass der Anschein einer ordnungsgemäßen Benutzung erweckt wird oder ein Verheimlichen gegeben ist.

Nach heute h.L. soll es beim Schwarzfahren wie bei allen anderen Varianten des § 265a I StGB darauf ankommen, ob Kontrollen und Sicherungen gegen unbefugte Inanspruchnahme umgangen werden.[218]

**hemmer-Methode**: Die Rechtsprechung nimmt das Vorliegen einer Beförderungserschleichung nach wie vor dann an, wenn der Täter sich mit dem Anschein der Ordnungsmäßigkeit umgibt.[219] Die h.L. hält dem entgegen, dass ein „Erschleichen“ als objektive Tathandlung nach außen hin erkennbar sein müsse. Zudem wirft die Lehre der Rechtsprechung innere Widersprüchlichkeit vor. Denn bei den sonstigen Varianten des § 265a I StGB (Var. 1, 2 und 4) fordert auch die Rechtsprechung bei einem Erschleichen das Umgehen oder Durchbrechen bestehender Kontrollmechanismen.

[217] CRAMER, in SCHÖNKE/SCHRÖDER, § 263 Rn. 6; JOECKS, StGB, § 263 Rn. 22.

[218] Vgl. zu diesem Streit RENGIER BT 1, § 17 Rn. 6; WESSELS/HILLENKAMP, Rn. 672; KREY/ HELLMANN, Rn. 512a.

[219] Vgl. BGH, NStZ 2009, 211 ff. = Life&Law 2009, 472 ff. = **juris**byhemmer.

Welcher Auslegung der Vorrang einzuräumen ist, könnte im vorliegenden Fall dahinstehen, wenn der Tatbestand jedenfalls aus anderen Gründen nicht gegeben wäre.

Zu beachten ist nämlich, dass es sich bei § 265a StGB um ein Vermögensdelikt handelt. Die Strafbarkeit setzt demzufolge nach Sinn und Zweck der Vorschrift den Eintritt eines Vermögensschadens voraus, der im Falle des § 265a I Var. 3 StGB darin liegt, dass der Täter die Leistung eines Transportunternehmens in Anspruch nimmt, ohne diese bezahlt zu haben.

Wenn es ein Verkehrsbetrieb – wie hier – einem Kunden ermöglicht, nach Bezahlen einer Monatskarte innerhalb ihres zeitlichen und räumlichen Geltungsbereichs beliebig viele Fahrten zu unternehmen, erleidet dieser nicht dadurch einen Vermögensschaden, dass der Fahrgast, der die Karte zuvor tatsächlich bezahlt hat, sie bei einer Kontrolle lediglich nicht bei sich führt und es – ggf. vertragswidrig – unterlässt, erneut eine Fahrkarte zu kaufen. Der hierin möglicherweise liegende Verstoß gegen die Beförderungsbedingungen mit der Folge einer nach diesen nicht ordnungsgemäß durchgeführten Fahrt ist von den Voraussetzungen der Strafbarkeit nach § 265a I StGB zu trennen. Sinn der Pflicht zum „Bei-Sich-Führen“ des Fahrausweises ist die Beweiserleichterung, die darin liegt, dass nicht der Verkehrsbetrieb die Nichtzahlung, sondern der Fahrgast durch Mitführen des Fahrscheins die Zahlung des Entgelts nachzuweisen hat.

Hingegen kann die bloße Nichteinhaltung einer solchen Regelung eine Vermögensstraftat nicht begründen (vgl. OLG Koblenz, NJW 2000, 86 f. = Life&Law 2000, 183).

**hemmer-Methode**: Ein Sonderproblem besteht dann, wenn der Täter z.B. eine Straßenbahn mit einem Schild betritt, welches klarstellt, dass er „schwarzfahre“. Dann kann jedenfalls nicht ohne weiteres davon ausgegangen werden, dass sich der Täter – wie von der Rechtsprechung gefordert – „mit dem Anschein der Ordnungsmäßigkeit“ umgebe. Wird eine Strafbarkeit mit dieser Begründung verneint, kommt jedoch eine Strafbarkeit wegen Hausfriedensbruchs gemäß § 123 I StGB in Betracht. Die Straßenbahn ist insoweit ein Raum, welcher zum öffentlichen Verkehr bestimmt ist.

### 2. Ergebnis

E hat sich demnach nach Sinn und Zweck der Vorschrift auch nicht nach § 265a I StGB strafbar gemacht.

**hemmer-Methode**: Im Originalfall hatte der Angeklagte zudem erst bei der Kontrolle bemerkt, dass er seine Monatsfahrkarte vergessen hatte (OLG Koblenz, NJW 2000, 86 f. = Life&Law 2000, 183).

In einer solchen Konstellation scheitert eine Strafbarkeit daher zusätzlich auch am subjektiven Tatbestand, da der Täter ohne Vorsatz handelt. Die Tatsache, dass E das Vergessen des Fahrscheins schon vor dem Einsteigen in die Straßenbahn bemerkte, führt im vorliegenden Fall allerdings nicht in den Bereich der Versuchsstrafbarkeit. Denn selbst wenn C davon ausgehen würde, dass die Fahrt ohne Bei-Sich-Führen der Fahrkarte Unrecht verwirkliche, läge (angesichts dieser rechtlichen Fehlvorstellung) nur ein strafloses Wahndelikt vor.

## D. Zusammenfassung

**Sound.**
Erschleichen i.S.d. § 265a I StGB.

Der Begriff des Erschleichens i.S.d. § 265a I StGB ist umstritten.

Während eine Ansicht **jedes unbefugte und ordnungswidrige Erreichen** der Leistung, der Beförderung oder des Zutritts ausreichen lässt, verlangen andere ein Verhalten, das den **Charakter des Verheimlichens** oder der Erweckung des Anscheins einer ordnungsgemäßen Benutzung aufweist.

Eine dritte Ansicht fordert das **Überwinden von Sicherungs- oder Kontrollmechanismen**, welches sich objektiv manifestieren muss.

## E. Zur Vertiefung

**Zum Fall:**

- OLG Koblenz, NJW 2000, 86; Kudlich, NStZ 2001, 90 = **juris**byhemmer.
- LG Wuppertal, Beschluss vom 19.10.2010 – Qs 10 Js 1977/08 – 177/10 = Life&Law 2011, 253 ff. = **juris**byhemmer: Das unerlaubte „Schwarz-Surfen" in offenen drahtlosen Computernetzwerken erfüllt nicht den Tatbestand des Erschleichens von Leistungen gemäß § 265a I StGB und ist auch im Übrigen straffrei.

**Rechtsprechung zu § 265a StGB:**

- OLG Köln, Beschluss vom 02.09.2015 – 1 RVs 118/15 = Life&Law 2016, 101 ff. = **juris**byhemmer: Das Erschleichen einer Beförderungsleistung liegt nach der Rechtsprechung dann vor, wenn der Täter sich mit dem Anschein der Ordnungsmäßigkeit umgibt. Dies ist nur dann nicht der Fall, wenn der Täter beim Besteigen des Verkehrsmittels in offener und unmissverständlicher Weise nach außen zum Ausdruck gebracht hat, die Beförderungsbedingungen nicht zu erfüllen und den Fahrpreis nicht entrichten zu wollen.

**Zum Tatbestand des § 265a StGB:**

- Hemmer/Wüst/Berberich, StrafR BT I, Rn. 184 ff.

Die Zahlen beziehen sich auf die Nummern der Fälle.

## A



## B



## C



## D



## E



## F

**hemmer/wüst**
Verlagsgesellschaft mbH

**Mergentheimer Str. 44 / 97082 Würzburg**
**Tel.: 09 31 /7 97 82 38 / Fax: 09 31/7 97 82 40**
**Internet: www.hemmer-shop.de**

## Reihe intelligentes Lernen

ISBN 978-3-86193

### Grundwissen für Anfangssemester

| | | | Auflage/Jahr/Euro |
|---|---|---|---|
| GW10 | (-460-8) | BGB-AT Theorieband zu den wicht. Fällen | 8.A/16 · 9,90 |
| GW11 | (-481-3) | SchuldR-AT Theorieband zu den wicht. Fällen | 7.A/16 · 9,90 |
| GW12 | (-457-8) | SchuldR-BT I Theorieband zu den wicht. Fällen | 7.A/16 · 9,90 |
| GW13 | (-399-1) | SchuldR-BT II Theoriebd. zu den wicht. Fällen | 6.A/15 · 9,90 |
| GW14 | (-357-1) | Sachenrecht I Theorieband zu den wicht. Fällen | 6.A/15 · 9,90 |
| GW15 | (-455-4) | Sachenrecht II Theorieband zu den wicht. Fällen | 6.A/16 · 9,90 |
| GW20 | (-525-4) | Strafrecht AT Theorieband zu den wicht. Fällen | 7.A/16 · 9,90 |
| GW21 | (-301-4) | Strafrecht BT Theorieband zu den wicht. Fällen | 5.A/14 · 9,90 |
| GW30 | (-308-3) | StaatsR Theorieband zu den wicht. Fällen | 6.A/14 · 9,90 |
| GW31 | (-523-0) | VerwaltungsR Theorieband zu den wicht. Fällen | 7.A/16 · 9,90 |

### Die wichtigsten Fälle

| | | | |
|---|---|---|---|
| DF0 | (-198-0) | **Sonderband:** Der Streit- und Meinungsstand im neuen Schuldrecht | 5.A/13 · 14,80 |
| DF1 | (-493-6) | 76 Fälle - BGB AT | 9.A/16 · 12,80 |
| DF2 | (-386-1) | 55 Fälle - Schuldrecht AT | 9.A/15 · 12,80 |
| DF3 | (-456-1) | 51 Fälle - Schuldrecht BT - Kauf/WerkV | 9.A/16 · 12,80 |
| DF4 | (-518-6) | 42 Fälle - GoA/Bereicherungsrecht | 9.A/16 · 12,80 |
| DF5 | (-345-8) | 45 Fälle - Deliktsrecht | 7.A/14 · 12,80 |
| DF6 | (-517-9) | 44 Fälle - Verwaltungsrecht | 9.A/16 · 12,80 |
| DF25 | (-400-4) | 30 Fälle - Verwaltungsrecht BT Bayern | 4.A/15 · 12,80 |
| DF7 | (-453-0) | 32 Fälle - Staatsrecht | 10.A/16 · 12,80 |
| DF8 | (-510-0) | 34 Fälle - Strafrecht AT | 10.A/16 · 12,80 |
| DF9 | (-350-2) | 44 Fälle Strafrecht BT I - Vermögensd. | 9.A/14 · 12,80 |
| DF10 | (-377-9) | 44 Fälle Strafrecht BT II - Nicht-Vermögensd. | 8.A/15 · 12,80 |
| DF11 | (-461-5) | 50 Fälle - Sachenrecht I | 8.A/16 · 12,80 |
| DF12 | (-494-3) | 43 Fälle - Sachenrecht II - ImmobiliarSR | 9.A/16 · 12,80 |
| DF13 | (-346-5) | 40 Fälle - ZPO I - Erkenntnisverfahren | 7.A/14 · 12,80 |
| DF14 | (-485-1) | 25 Fälle - ZPO II - ZwangsvollstreckungsV | 7.A/16 · 12,80 |
| DF15 | (-423-3) | 35 Fälle - Handelsrecht | 7.A/15 · 12,80 |
| DF16 | (-506-3) | 36 Fälle - Erbrecht | 7.A/16 · 12,80 |
| DF17 | (-489-9) | 26 Fälle - Familienrecht | 8.A/16 · 12,80 |
| DF18 | (-416-5) | 32 Fälle - Gesellschaftsrecht | 6.A/15 · 12,80 |
| DF19 | (-515-5) | 39 Fälle - Arbeitsrecht | 7.A/16 · 12,80 |
| DF20 | (-533-9) | 35 Fälle - Strafprozessrecht | 6.A/16 · 12,80 |
| DF21 | (-428-8) | 23 Fälle - Europarecht | 5.A/15 · 12,80 |
| DF22 | (-422-6) | 10 Fälle - Musterkl. Examen ZivilR | 7.A/15 · 14,80 |
| DF23 | (-475-2) | 10 Fälle - Musterkl. Examen StrafR | 6.A/16 · 14,80 |
| DF24 | (-391-5) | 8 Fälle - Musterkl. Examen SteuerR | 8.A/15 · 14,80 |

### Skripten Basics (110)

| | | | |
|---|---|---|---|
| BI/1 | (-448-6) | Zivilrecht I - BGB AT u.vertragl. SchuldV | 10.A/16 · 16,90 |
| BI/2 | (-454-7) | Zivilrecht II - Sachenrecht/gesetzl. SV | 8.A/16 · 16,90 |
| BI/3 | (-442-4) | Zivilrecht III - FamilienR/ErbR | 8.A/15 · 16,90 |
| BI/4 | (-364-9) | Zivilrecht IV - ZivilprozessR | 8.A/15 · 16,90 |
| BI/5 | (-486-8) | Zivilrecht V - Handels-/GesellschR | 8.A/16 · 16,90 |
| BI/6 | (-522-3) | Zivilrecht VI - ArbeitsR | 6.A/16 · 16,90 |
| BII | (-122-5) | Strafrecht | 6.A/12 · 16,90 |
| BIII/1 | (-268-0) | Öffentliches Recht I -VerfassR/StaatsHR | 6.A/14 · 16,90 |
| BIII/2 | (-388-5) | Öffentliches Recht II - VerwaltungsR | 7.A/15 · 16,90 |
| BIV | (-403-5) | Steuerrecht - EstG & AO | 9.A/15 · 16,90 |
| BV | (-512-4) | Europarecht | 9.A/16 · 16,90 |

ISBN 978-3-86193

### Skripten Zivilrecht (120)

| | | | Auflage/Jahr/Eu |
|---|---|---|---|
| 1 | (-415-8) | BGB-AT I, Ensteh.d.Primäranspruchs | 14.A/15 · 19,9 |
| 2 | (-479-0) | BGB-AT II, Scheitern des Primäranspr. | 14.A/16 · 19,9 |
| 3 | (-343-4) | BGB-AT III, Erlösch.d. Primäranspruchs | 13.A/14 · 19,9 |
| 4 | (-278-9) | Schadensersatzrecht I | 8.A/14 · 19,9 |
| 5 | (-492-9) | Schadensersatzrecht II | 7.A/16 · 19,9 |
| 6 | (-532-2) | Schadensersatzrecht III (§§ 249 ff.) | 12.A/17 · 19,9 |
| 7 | (-342-7) | Verbraucherschutzrecht | 4.A/14 · 19,9 |
| 51 | (-443-1) | Schuldrecht AT | 10.A/15 · 19,9 |
| 52 | (-359-5) | Schuldrecht BT I | 9.A/15 · 19,9 |
| 53 | (-379-3) | Schuldrecht BT II | 9.A/15 · 19,9 |
| 8 | (-519-3) | Bereicherungsrecht | 15.A/16 · 19,9 |
| 9 | (-321-2) | Deliktsrecht I | 12.A/14 · 19,9 |
| 10 | (-203-1) | Deliktsrecht II | 9.A/13 · 19,9 |
| 11 | (-447-9) | Sachenrecht I | 13.A/15 · 19,9 |
| 12 | (-465-3) | Sachenrecht II | 11.A/16 · 19,9 |
| 12A | (-378-6) | Sachenrecht III | 12.A/15 · 19,9 |
| 13 | (-333-5) | Kreditsicherungsrecht | 11.A/14 · 19,9 |
| 14 | (-483-7) | Familienrecht | 13.A/16 · 19,9 |
| 15 | (-459-2) | Erbrecht | 13.A/16 · 19,9 |
| 16 | (-313-7) | Zivilprozessrecht I | 12.A/14 · 19,9 |
| 17 | (-317-5) | Zivilprozessrecht II | 11.A/14 · 19,9 |
| 18 | (-433-2) | Arbeitsrecht | 15.A/15 · 19,9 |
| 19A | (-462-2) | Handelsrecht | 11.A/16 · 19,9 |
| 19B | (-360-1) | Gesellschaftsrecht | 13.A/15 · 19,9 |
| 31 | (-450-9) | Herausgabeansprüche | 7.A/16 · 19,9 |
| 32 | (-254-3) | Rückgriffsansprüche | 7.A/13 · 19,9 |

### Skripten Strafrecht (120)

| | | | |
|---|---|---|---|
| 20 | (-511-7) | Strafrecht AT I | 13.A/16 · 19,9 |
| 21 | (-385-4) | Strafrecht AT II | 12.A/15 · 19,9 |
| 22 | (-355-7) | Strafrecht BT I | 12.A/14 · 19,9 |
| 23 | (-392-2) | Strafrecht BT II | 12.A/15 · 19,9 |
| 30 | (-374-8) | Strafprozessordnung | 11.A/15 · 19,9 |

### Skripten Öffentliches Recht (120/130)

| | | | |
|---|---|---|---|
| 24 | (-478-3) | Verwaltungsrecht I | 13.A/16 · 19,9 |
| 25 | (-380-9) | Verwaltungsrecht II | 12.A/15 · 19,9 |
| 26 | (-347-2) | Verwaltungsrecht III | 12.A/14 · 19,9 |
| 27 | (-524-7) | Staatsrecht I | 12.A/16 · 19,9 |
| 28 | (-287-1) | Staatsrecht II | 9.A/14 · 19,9 |
| 29 | (-463-9) | Europarecht | 12.A/16 · 19,9 |
| 40 | (-335-9) | Staatshaftungsrecht | 4.A/14 · 19,9 |
| 33 | (-369-4) | Baurecht/Bayern | 11.A/15 · 19,9 |
| 33 | (-505-6) | Baurecht/Nordrhein-Westfalen | 9.A/16 · 19,9 |
| 33 | (-435-6) | Baurecht/Baden-Württembg. | 4.A/15 · 19,9 |
| 33 | (-331-1) | Baurecht/Hessen | 2.A/14 · 19,9 |
| 33 | (-847-0) | Baurecht/Saarland | 1.A/08 · 19,9 |
| 34 | (-327-4) | Polizeirecht Bayern | 10.A/14 · 19,9 |
| 34 | (-097-6) | Polizei- u. Ordnungsrecht/NRW | 5.A/12 · 19,9 |
| 34 | (-432-5) | Polizeirecht/Baden-Württembg. | 4.A/15 · 19,9 |
| 34 | (-417-2) | Polizei- u. Ordnungsrecht/Hessen | 2.A/15 · 19,9 |
| 34 | (-028-0) | Polizei- u. Ordnungsrecht/Rheinl.-Pfalz | 1.A/11 · 19,9 |
| 34 | (-877-7) | Polizei- u. Sicherheitsrecht/Saarland | 1.A/09 · 19,9 |
| 35 | (-371-7) | Kommunalrecht/Bayern | 10.A/15 · 19,9 |
| 35 | (-076-1) | Kommunalrecht/NRW | 8.A/11 · 19,9 |
| 35 | (-541-4) | Kommunalrecht/Baden-Württembg. | 5.A/17 · 19,9 |

hemmer/wüst Verlagsgesellschaft mbH
Mergentheimer Str. 44 / 97082 Würzburg
Tel.: 09 31 /7 97 82 38 / Fax: 09 31/7 97 82 40
Internet: www.hemmer-shop.de

ISBN 978-3-86193 — Auflage/Jahr/Euro

### Lexikon/Definitionen

| | | |
|---|---|---|
| 1 (-288-8) | Definitionen Strafrecht - schnell gemerkt | 4.A/14 · 19,90 |
| 2 (-065-5) | Legal terms für Juristen - Fachwörterbuch Englisch - Deutsch | 1.A/11 · 19,90 |

### Skripten Schwerpunkt (120)

| | | |
|---|---|---|
| 1 (-429-5) | Kriminologie | 7.A/15 · 21,90 |
| 2 (-245-1) | Völkerrecht | 8.A/13 · 21,90 |
| 4 (-349-6) | Kapitalgesellschaftsrecht | 5.A/14 · 21,90 |
| 7 (-243-7) | Rechtsgeschichte I | 3.A/13 · 21,90 |
| 8 (-119-5) | Rechtsgeschichte II | 2.A/12 · 21,90 |
| 11 (-085-3) | Rechts- und Staatsphilosophie sowie Rechtssoziologie | 2.A/11 · 21,90 |
| 12 (-183-6) | Insolvenzrecht | 3.A/12 · 21,90 |

### Skripten Steuerrecht (120)

| | | |
|---|---|---|
| 2 (-528-5 ) | Abgabenordnung | 9.A/16 · 21,90 |
| 3 (-267-3) | Einkommensteuerrecht | 8.A/14 · 21,90 |

### Skripten für BWL´er, WiWi & Steuerberater

| | | |
|---|---|---|
| 1 (-430-1) | PrivatR f. BWL'er, WiWi & Steuerberat | 8.A/15 · 19,90 |
| 2 (-102-7) | Ö-Recht f. BWL'er, WiWi & Steuerberat | 4.A/12 · 19,90 |
| 3 (-480-9) | Musterkl. für´s Vordiplom PrivatR | 2.A/04 · 19,90 |
| 4 (-197-6) | Musterkl. für´s Vordiplom Ö-R | 1.A/00 · 19,90 |
| F1 (-472-1) | Die 74 wicht. Fälle (BGB AT, SchuldR AT/BT) | 5.A/16 · 19,90 |
| F2 (-247-5) | Die 44 wicht. Fälle (GoA, BerR, GesR, ...) | 2.A/13 · 19,90 |

### Skripten Fachbegriffe & Erläuterungen

| | | |
|---|---|---|
| 1 (-146-1) | Mikroökonomie & Makroökonomie | 1.A/12 · 19,90 |
| 2 (-147-8) | Buchführung/Jahresabschl./Rechnungsw. | 1.A/12 · 19,90 |
| 6 (-151-5) | HandelsR/GesellschaftsR/WirtschaftsR | 1.A/12 · 19,90 |
| 7 (-152-2) | Öffentl. Recht/EuropaR/VölkerR | 1.A/12 · 19,90 |

### Basics Karteikarten

| | | |
|---|---|---|
| K1 (-329-8) | Basics - Zivilrecht | 6.A/14 · 16,90 |
| K2 (-441-7) | Basics - Strafrecht | 4.A/15 · 16,90 |
| K3 (-320-5) | Basics - Öffentliches Recht | 4.A/14 · 16,90 |

### Karteikarten Zivilrecht

| | | |
|---|---|---|
| K1 (-408-0) | BGB-AT I | 9.A/15 · 16,90 |
| K2 (-496-7) | BGB-AT II | 8.A/16 · 16,90 |
| K3 (-539-1) | Schuldrecht AT I | 10.A/17 · 16,90 |
| K4 (-507-0) | Schuldrecht AT II | 8.A/16 · 16,90 |
| K5 (-476-9) | Schuldrecht BT I (Kauf-u.WerkVR) | 8.A/16 · 16,90 |
| K6 (-480-6) | Schuldrecht BT II | 7.A/16 · 16,90 |
| K7 (-464-6) | Arbeitsrecht | 5.A/16 · 16,90 |
| K8 (-413-4) | Bereicherungsrecht | 7.A/15 · 16,90 |
| K9 (-531-5) | Deliktsrecht | 7.A/16 · 16,90 |
| K11 (-484-4) | Sachenrecht I | 9.A/16 · 16,90 |
| K12 (-482-0) | Sachenrecht II | 8.A/16 · 16,90 |
| K13 (-495-0) | Kreditsicherungsrecht | 4.A/16 · 16,90 |
| K14 (-336-6) | Familienrecht | 4.A/14 · 16,90 |
| K15 (-188-1) | Erbrecht | 4.A/13 · 16,90 |
| K16 (-225-3) | ZPO I | 6.A/13 · 16,90 |
| K17 (-491-2) | ZPO II | 6.A/16 · 16,90 |
| K18 (-358-8) | Handelsrecht | 5.A/14 · 16,90 |
| K19 (-383-0) | Gesellschaftsrecht | 6.A/15 · 16,90 |

ISBN 978-3-86193 — Auflage/Jahr/Euro

### Die Shorties (Minikarteikarten) inkl. Box

| | | |
|---|---|---|
| SH1 (-498-1) | **Box 1:** BGB AT, Schuldrecht AT | 9.A/16 · 24,90 |
| SH2/I (-326-7) | **Box 2/1:** vertragliches Schuldrecht | 5.A/14 · 24,90 |
| SH2/II (-514-8) | **Box 2/2:** gesetzliches Schuldrecht | 6.A/16 · 24,90 |
| SH3 (-405-9) | **Box 3:** Sachenrecht, ErbR, FamR | 7.A/15 · 24,90 |
| SH4 (-368-7) | **Box 4:** ZPO I/II, GesellschaftsR, HGB | 6.A/15 · 24,90 |
| SH5 (-446-2) | **Box 5:** Strafrecht | 9.A/15 · 24,90 |
| SH6 (-537-7) | **Box 6:** Grundrecht, StaatsOrgR, BauR, u.a. | 8.A/17 · 24,90 |
| SH7 (-534-6) | **Box 7:** EuropaR, StaatshaftungsR | 1.A/16 · 24,90 |
| SH8 (-513-1) | **Box 8:** ArbeitsR, StPO | 1.A/16 · 24,90 |

### Karteikarten Strafrecht

| | | |
|---|---|---|
| KK20 (-540-7) | Strafrecht AT I | 9.A/17 · 16,90 |
| KK21 (-376-2) | Strafrecht-AT II | 8.A/15 · 16,90 |
| KK22 (-488-2) | Strafrecht-BT I | 9.A/16 · 16,90 |
| KK23 (-410-3) | Strafrecht-BT II | 8.A/15 · 16,90 |
| KK24 (-409-7) | StPO | 6.A/15 · 16,90 |

### Karteikarten Öffentliches Recht

| | | |
|---|---|---|
| KK25 (-538-4) | Verwaltungsrecht I | 9.A/17 · 16,90 |
| KK26 (-348-9) | Verwaltungsrecht II | 6.A/14 · 16,90 |
| KK27 (-352-6) | Verwaltungsrecht III | 6.A/14 · 16,90 |
| KK28 (-389-2) | Staats- u. Verfassungsrecht | 9.A/15 · 16,90 |
| KK29 (-470-7) | Europarecht | 4.A/16 · 16,90 |

### Überblickskarteikarten

| | | |
|---|---|---|
| ÜK I (-477-6) | BGB im Überblick I | 12.A/16 · 30,00 |
| ÜK II (-282-6) | BGB im Überblick II (Nebengebiete) | 7.A/14 · 30,00 |
| ÜK III (-469-1) | StrafR im Überblick | 9.A/16 · 30,00 |
| ÜK IV (-467-7) | Öffentl.-R im Überblick | 10.A/16 · 19,90 |
| ÜK V (-487-5) | Öffentl.-R im Überblick II Bayern | 8.A/16 · 19,90 |
| ÜK VI (-468-4) | Öffentl.-R im Überblick II NRW | 3.A/16 · 19,90 |
| ÜK VII (-242-0) | Europarecht | 5.A/13 · 19,90 |

### Assessor-Basics/Theoriebände (410)

| | | |
|---|---|---|
| A IV (-401-1) | Die zivilrechtl. Anwaltsklausur/Teil 1 | 11.A/15 · 19,90 |
| A VII (-543-8) | Das Zivilurteil | 12.A/17 · 19,90 |
| A VIII (-270-3) | Die Strafrechtskl. im Assessorexamen | 7.A/14 · 19,90 |
| A IX (-412-7) | Die Assessorklausur Öffentl. Recht | 6.A/15 · 19,90 |

### Assessor-Basics/Klausurentraining

| | | |
|---|---|---|
| A I (-471-4) | Zivilurteile | 17.A/16 · 19,90 |
| A II (-298-7) | Arbeitsrecht | 14.A/14 · 19,90 |
| A III (-411-0) | Strafrecht | 12.A/15 · 19,90 |
| A V (-396-0) | Zivilrechtl. Anwaltsklausuren/Teil 2 | 11.A/15 · 19,90 |
| A VI (-390-8) | Öff.rechtl. u. strafrechtl.Anwaltskl. | 6.A/15 · 19,90 |

### Assessorkarteikarten

| | | |
|---|---|---|
| AK I (-353-3) | Zivilprozessrecht im Überblick | 6.A/14 · 19,90 |
| AK II (-516-2) | Strafprozessrecht im Überblick | 8.A/16 · 19,90 |
| AK III (-384-7) | Öffentliches Recht im Überblick | 5.A/15 · 19,90 |
| AK IV (-195-9) | Familien- und Erbrecht im Überblick | 2.A/13 · 19,90 |

hemmer/wüst
Verlagsgesellschaft mbH
Mergentheimer Str. 44 / 97082 Würzburg
Tel.: 09 31 /7 97 82 38 / Fax: 09 31/7 97 82 40
Internet: www.hemmer-shop.de

## Sonderartikel

| | | Euro |
|---|---|---|
| | **Lernkarteikartenbox (28.01)** | |
| LB ______ | Die praktische Lernbox für die Karteikarten | 1,99 |
| S 810 ______ | Din A4, 80 Blatt 10er Pack | 17,50 |
| S1 ______ | **Der Referendar (70.01)**<br>24 Monate zwischen Genie und Wahnsinn ( Format A6) | 9,80 |
| S2 ______ | **Der Rechtsanwalt (70.02)**<br>Meine größten Rein-) Fälle ( Format A6) | 9,80 |
| S3 ______ | **Der Jurist (70.03)**<br>Ein Lehrbuch für Leader ( Format A6) | 9,80 |
| S5 ______ | **Coach dich! (70.05)**<br>Psychologischer Ratgeber | 19,80 |
| S6 ______ | **Lebendiges Reden (70.06)**<br>Psychologischer Ratgeber inkl. Audio-CD | 21,80 |
| S7 ______ | **NLP für Einsteiger (71.01)**<br>Psychologischer Ratgeber | 12,80 |
| S8 ______ | **Prüfungen als Herausforderung (70.08)**<br>Psychologischer Ratgeber | 14,80 |
| ______ | **Wiederholungsmappe (75.01)**<br>Intelligentes Lernen<br>inkl. Handbuch und Kurzskript | 9,90 |
| ______ | **Ordner hemmer.group (88.20)**<br>Ringbuchmappe für Einlagen, DIN A4 | 2,50 |
| (-200-0) ______ | **Die wahren Paradiese - 15 traumhafte Gärten**<br>Gebunden (Hardcover) mit Schutzumschlag, 208 Seiten<br>(275 x 255 mm) | 39,80 |
| (-500-1) ______ | **Vom „Baumeland" zum Traumgarten**<br>**Ein ländlicher Garten mit mediterranem Charme**<br>Gebunden (Hardcover) mit Schutzumschlag, 180 Seiten<br>(275 x 255 mm) - 1. Auflage Mai 2016 | 34,80 |

Ein Buch über den eigenen Garten

Die intensive Beschäftigung mit dem Thema Garten seit mehr als zwanzig Jahren, all die Tätigkeiten im Jahreslauf, das Erleben der Natur und die Erfahrungen, die ich gemacht habe, fließen in dieses Werk über unseren Garten ein. Es werden sowohl die Entstehung der Gartenanlage als auch die vier Jahreszeiten mit den dazugehörenden Aufgaben im Garten beschrieben.

## Life&Law

| | | Euro |
|---|---|---|
| ______ | Einzelheft der Life&LAW | 6,80 |
| AboLL ______ | Abonnement der Life&LAW<br>Life&Law 3 Monate kostenfrei,<br>danach erhalten Sie die Life&Law zum Preis von | 5,80 |
| LLJ ______ | Life&LAW Jahrgangsband 1999 - 2014 | |
| ______ | bitte Jahrgang eintragen | je 50,00 |
| LLJ14 ______ | Life&LAW Jahrgangsband 2015 | 80,00 |
| LLE ______ | Einband für Life&LAW Jahrgang | je 6,00 |

## Die AnwaltsBasics

| | | |
|---|---|---|
| 978-3-9813969-0-4 ______ | **Die AnwaltsBasics Erbrecht**<br>**1. Auflage, November 2010, 429 S.** | 39,90 |
| 978-3-9813969-5-9 ______ | **Die AnwaltsBasics Mediation**<br>erweiterte **2. Auflage, November 2013, 237 S.** | 23,90 |
| 978-3-9813969-4-2 ______ | **Die AnwaltsBasics Mietrecht**<br>**1. Auflage, November 2013, 401 S.** | 39,90 |

**Endsumme:**

Lieferung erfolgt in aktueller Auflage

Kundennummer D | | | | |

Prüfen Sie in Ruhe zuhause!
Alle Produkte dürfen innerhalb von 14 Tagen an den Verlag (Originalzustand) zurückgeschickt werden. Es wird ein uneingeschränktes gesetzliches Rückgaberecht gewährt. Hinweis: Der Besteller trägt bei einem Bestellwert bis 40 Euro die Kosten der Rücksendung. Über 40 Euro Bestellwert trägt er ebenfalls die Kosten, wenn zum Zeitpunkt der Rückgabe noch keine (An-) Zahlung geleistet wurde.

Die Lieferung erfolgt (ausschließlich innerhalb Deutschlands) versandkostenfrei an Ihre angegebene Adresse.
Ich weiß, dass meine Bestellung nur bearbeitet wird, wenn ich zum Einzug ermächtige. Bestellungen auf Rechnung können nicht berücksichtigt werden.
Bei fehlerhaften oder unleserlichen Angaben, sowie einer Rücklastschrift aufgrund Nichtdeckung meines Kontos wird der branchenübliche Schaden in Rechnung gestellt. Der Kunde ist berechtigt, diesem Pauschalbetrag den Nachweis entgegenzuhalten, dass nur ein geringerer Schaden entstanden ist. Die Lieferung erfolgt unter Eigentumsvorbehalt.

Name: ______________________ Vorname: ______________________

Adresse: ______________________________________________

Telefon: ______________________ e-mail-adresse: ______________________

**Buchen Sie die Endsumme von meinem Konto ab:**

Konto-Nr.: ______________________ Bankleitzahl: ______________________

Bank: ______________________ BIC: ______________________

IBAN: | | | | | | | | | | | | | | | | | | | | | | |

Ort, Datum: ______________________ Unterschrift: ______________________

# Die wichtigsten Fälle

FALLSAMMLUNG

## DIE 44 WICHTIGSTEN FÄLLE STRAFRECHT BT II

Die Nichtvermögensdelikte sind in der Klausur ausrechenbar. Seit 1976 analysieren wir Examensklausuren. Über 1000 Klausuren wurden allein im Rahmen des Klausurenkurses von uns erstellt. Probleme des Vermögensstrafrechts sind häufig Gegenstand von Hausarbeiten und Klausuren. Wir kennen das Anforderungsprofil in der Prüfung ganz genau. Lernen Sie frühzeitig, den Horizont des Klausurerstellers in Ihr Lernen aufzunehmen. So werden Sie selbst zum Experten. In dieser Fallsammlung finden Sie die wichtigsten Probleme zum Strafrecht BT II klausurtypisch aufbereitet. Die den Fällen zugrundegelegte Dreiteilung entspricht unserer Unterrichtserfahrung:

1. Einführung in das Problem (Problem erkannt, Gefahr gebannt)
2. Gliederung (zum schnellen Rekapitulieren)
3. Ausformulierte Lösung (der ideale Formulierungsvorschlag für Ihre Klausur und Hausarbeit)

- **Tötungs- und Körperverletzungsdelikte**
- **Straftaten gegen die persönliche Freiheit und Ehre**
- **Verkehrsstraftaten**
- **Straftaten gegen die Rechtspflege**
- **Aussagedelikte**
- **Urkundendelikte**
- **Brandstiftungsdelikte u.a.**

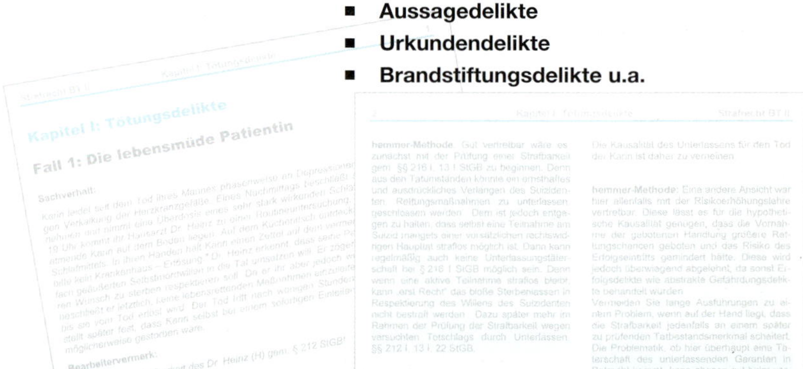


**Das Erfolgsprogramm - Ihr Training für Klausur und Hausarbeit**